国家社科基金重大委托项目
中国社会科学院创新工程学术出版资助项目

中国民族地区
经济社会调查报告

总顾问　陈奎元
总主编　王伟光

景宁畲族自治县卷

本卷主编　陈建樾

中国社会科学出版社

图书在版编目 (CIP) 数据

中国民族地区经济社会调查报告·景宁畲族自治县卷 / 陈建樾主编 . —北京：
中国社会科学出版社，2015.11
ISBN 978 - 7 - 5161 - 7251 - 3

Ⅰ. ①中…　Ⅱ. ①陈…　Ⅲ. ①民族地区经济 – 经济发展 – 调查报告 – 景宁
畲族自治县②民族地区 – 社会发展 – 调查报告 – 景宁畲族自治县　Ⅳ. ①F127. 8

中国版本图书馆 CIP 数据核字 (2015) 第 283003 号

出 版 人　赵剑英
责任编辑　宫京蕾
特约编辑　芮　信
责任校对　郝阳洋
责任印制　李寡寡

出　　版　中国社会科学出版社
社　　址　北京鼓楼西大街甲 158 号
邮　　编　100720
网　　址　http：//www. csspw. cn
发 行 部　010 - 84083685
门 市 部　010 - 84029450
经　　销　新华书店及其他书店

印刷装订　北京市兴怀印刷厂
版　　次　2015 年 11 月第 1 版
印　　次　2015 年 11 月第 1 次印刷

开　　本　710×1000　1/16
印　　张　22.25
插　　页　2
字　　数　372 千字
定　　价　76.00 元

《21世纪中国少数民族地区经济
社会发展综合调查》
项目委员会

顾问委员会

总 顾 问　陈奎元

学术指导委员会

主　　任　王伟光

委　　员（按姓氏笔画为序）

丹珠昂奔　李　扬　李培林　李　捷　陈政户　武　寅
赵胜轩　　郝时远　高　翔　黄浩涛　斯　塔

专家委员会

首席专家　王延中

委　　员（按姓氏笔画为序）

丁卫东　丁　宏　丁　赛　马　援　王　平　王希恩
王　锋　开　哇　车明怀　扎　洛　方　勇　方素梅
尹虎彬　石玉钢　龙远蔚　卢献匾　田卫疆　包智明
吐尔干·皮达　朱　伦　色　音　刘正寅　刘世哲
刘　泓　江　荻　赤列多吉　李云兵　李红杰　李克强
吴大华　吴　军　何星亮　张若璞　张昌东　张继焦
陈建樾　青　觉　郑　堆　赵立雄　赵明鸣　赵宗福
赵剑英　段小燕　姜培茂　聂鸿音　晋保平　特古斯
俸代瑜　徐　平　徐畅江　高建龙　黄　行　曹宏举
曾少聪　管彦波　毅　松

项目工作组

组　　长　扎　洛　孙　懿

成　　员（按姓氏笔画为序）

丁　赛　孔　敬　刘文远　刘　真　李凤荣　李益志
宋　军　陈　杰　周学文　程阿美　管彦波

总　序

　　实践的观点是马克思主义哲学最基本的观点，实事求是是马克思主义的活的灵魂。坚持一切从实际出发、理论联系实际、实事求是的思想路线，是中国共产党人把马克思主义基本原理与中国实际相结合，领导中国人民进行社会主义革命和社会主义建设不断取得胜利的基本经验。改革开放以来，在实事求是、与时俱进思想路线指导下，中国特色社会主义伟大事业取得了举世瞩目的伟大成就，中国道路、中国经验在世界上赢得广泛赞誉。丰富多彩的成功实践推进了中国化马克思主义的理论创新，也为哲学社会科学各学科的繁荣发展提供了坚实沃土。时代呼唤理论创新，实践需要哲学社会科学为中国特色社会主义理论体系的创新发展做出更大的贡献。在中国这样一个统一的多民族的社会主义国家，中国特色的民族理论、民族政策、民族工作，构成了中国特色社会主义的重要组成部分。经济快速发展和剧烈社会转型，民族地区全面建成小康社会，进而实现中华民族的伟大复兴，迫切需要中国特色民族理论和民族工作的创新，而扎扎实实开展调查研究则是推进民族研究事业适应时代要求、实现理论创新、服务发展需要的基本途径。

　　早在20世纪50年代，应民族地区的民主改革和民族识别之需，我国进行了全国规模的少数民族社会历史与语言调查，今称"民族大调查"。这次大调查搜集获取了大量的有关民族地区社会历史的丰富资料，形成300多个调查报告。在此次调查的基础上，整理出版了400余种、6000多万字的民族社会历史建设的巨大系统工程——《民族问题五种丛书》，为党和政府制定民族政策和民族工作方针，在民族地区开展民主改革和推动少数民族经济社会的全面发展提供了重要的依据，也为新中国民族研究事业的发展奠定了坚实的基础。

半个多世纪过去了，如今我国边疆民族地区发生了巨大而深刻的变化，各民族逐渐摆脱了贫困落后的生产生活状态，正在向文明富裕的现代化社会迈进。但同时我们也要看到，由于历史和现实的原因，各民族之间以及不同民族地区之间经济社会的发展依然存在着很大的差距，民族地区经济发展不平衡性问题以及各种社会问题、民族问题、宗教问题、生态问题，日益成为推动民族地区经济社会发展必须着力解决的紧迫问题。深入民族地区开展长期、广泛而深入的调查研究，全面了解各民族地区经济社会发展面临的新情况、新问题，科学把握各民族地区经济社会发展趋势，是时代赋予民族学工作者的使命。

半个多世纪以来，中国社会科学院民族学与人类学研究所一直把调查研究作为立所之本。1956 年成立的少数民族语言研究所和 1958 年成立的民族研究所（1962 年两所合并），从某种意义上讲，就是第一次民族大调查催生的结果。作为我国多学科、综合性、国家级的民族问题专业研究机构，民族所非常重视田野调查，几代学人已在中国各民族地区近 1000 个点进行过田野调研。20 世纪 90 年代，民族所进行了第二次民族地区典型调查，积数年之功完成了 20 余部调研专著。进入新的历史时期，为了更好地贯彻党中央对我院"三个定位"的要求，进一步明确今后一个时期的发展目标和主攻方向，民族所集思广益，经过反复酝酿、周密论证，组织实施了"21 世纪初中国少数民族地区经济社会发展综合调查"。这是我国民族学研究事业发展的迫切需要，也是做好新时期民族工作的前提和基础。

在充分利用自 20 世纪 50 年代以来开展的少数民族社会历史与语言调查相关研究成果的基础上，本次民族大调查将选择 60—70 个民族区域自治地方（包括城市、县旗或民族乡）作为调查点，围绕民族地区政治、经济、社会、文化、生态五大文明建设而展开，计划用 4—5 年的时间，形成 60—70 个田野调查报告，出版 50 部左右的田野民族志专著。民族调查是一种专业性、学科性的调查，但在学科分化与整合均非常明显的当代学术背景下，要通过调查研究获得开拓性的成果，除了运用民族学、人类学的田野调查方法外，还需结合社会学问卷调查方式和国情调研、社会调查方式，把静态与动态、微观与宏观、定量分析与定性分析、典型与一般有机结合起来，突出调查研究的时代性、民族性和区域性。这是新时期开展民族大调查的新要求。

立足当代、立足中国的"民族国情"，妥善处理民族问题，促进各民族平等团结，促进各民族地区繁荣发展，是中国特色社会主义的重要任务。"21世纪初中国少数民族地区经济社会发展综合调查"作为国家社科基金特别委托项目和中国社会科学院创新工程重大项目，希望立足改革开放以来少数民族地区的发展变化，围绕少数民族地区经济社会发展，有针对性地开展如下调查研究：（1）民族地区经济发展现状与存在问题调查研究；（2）民族地区社会转型、进步与发展调查研究；（3）西部大开发战略与民族问题调查研究；（4）坚持和完善民族区域自治制度调查研究；（5）民族地区宗教问题调查研究；（6）民族地区教育与科技调查研究；（7）少数民族传统文化与现代化调查研究。

调查研究是加强学科建设、队伍建设和切实发挥智库作用的重要保障。基础研究与应用对策研究是现代社会科学不可分割的有机统一的整体。通过全面深入系统的调查研究，我们冀望努力达成以下几个目标：一是全面考察中国特色民族理论、民族政策的探索和实践过程，凝练和总结中国解决民族地区发展问题、确立和谐民族关系、促进各民族共同繁荣发展的经验，把握民族工作的一般规律，为未来的民族工作提供坚实的理论支撑，为丰富和发展中国特色社会主义理论体系做出贡献。二是全面展示改革开放特别是进入21世纪以来民族地区经济社会发展的辉煌成就，展示以"平等、团结、互助、和谐"为核心内容的新型民族关系的当代发展状况，反映各族人民社会生活的深刻变化，增强各民族的自豪感、自信心，建设中华民族共同体，增强中华民族凝聚力。三是深入调查探寻边疆民族地区经济社会发展中存在的问题，准确把握未来发展面临的困难与挑战，为党和国家全面了解各民族发展现状、把握发展趋势、制定未来发展规划提供可靠依据。四是通过深入民族地区进行扎实系统的调研，搜集丰富翔实的第一手资料，构筑我国民族地区社会发展的基础信息平台，夯实民族研究的基础，训练培养一支新时代的民族问题研究骨干队伍，为民族学研究和民族地区未来发展奠定坚实的人才基础。

我们深信，参与调查研究的每一个专家和项目组成员，秉承民族学人类学界前辈学人脚踏实地、不怕吃苦、勤于田野、精于思考的学风，真正深入民族地区、深入田野，广泛汇集干部群众的意见、倾听干部群众的呼声，通过多种方式方法取得丰富的数据资料，通过科学严谨的数据分析和系统深入的理论研究，一定会取得丰硕的成果。这不仅会成为新世纪我国民族学与人类学学科建设的一个重要里程碑，也一定会为党和政府提供重要决策参考，为促进我国民族理论和民族工作的新发展，为在民族地区全面建成小康社会，为实现中华民族的伟大复兴做出应有的贡献。

王伟光

序

　　这是一部反映 21 世纪以来地方发展思路、主要举措、成就问题和时代特色的调研专著，中国社会科学院与国家民委将本次"大调查"畲族专著列入第一批编写出版。《中国民族地区经济社会调查报告·景宁畲族自治县卷》全书共由 10 章 38 个小节组成，全面、系统地调查研究了 21 世纪以来景宁畲族自治县在经济、政治、文化、社会、生态"五位一体"方面文明建设的成果。

　　景宁是全国唯一的畲族自治县，设县 30 年来，十七万畲汉人民在各级党委政府的领导和关心支持下，求真务实，艰苦创业，开拓创新，积极进取，不断探索独具特色的发展道路。特别是近年来，在上级党委、政府的特殊关爱和社会各界的大力支持帮助下，坚定不移地实施"三县并举"发展战略，全力打造"中国畲乡　小县名城"，进一步开创了社会经济发展大投入、大建设、大发展的新局面。

　　此次"大调查"和编写工作，不仅是展示 21 世纪以来畲汉人民艰苦奋斗的创业成果，对于增进其他民族对畲族人民的了解、促进民族团结，对于面向全国、世界宣传畲族悠久的历史、社会经济的进步、畲汉人民的勤劳勇敢，都具有深远的历史意义，这也是让更多人了解畲族以及畲乡景宁的一个重要机遇平台。

　　《中国民族地区经济社会调查报告·景宁畲族自治县卷》是首批十个列入"大调查"的民族之一，我们要借着此项工作的强劲东风，全面、完整地展现 21 世纪以来景宁县取得的丰硕成果，为各民族提供最真实、可借鉴的经验做法，以此来践行习近平总书记对畲乡景宁提出的"志不求易　事不避难"、"推动科学发展、促进社会和谐、增进民族团结上走在全国民族自治县前列"的殷切期望!

　　以此为序。

2015 年 8 月

前　言

　　景宁县境西周属越。春秋仍属越地。三国属临海郡。隋开皇九年
（589）废永嘉、临海二郡，置处州设立括苍县（含景宁地域）。明景泰三
年（1452）建立景宁县，属处州府。清沿其制。辛亥革命（1911）后，
属处州军政分府。1914年属瓯海道。1927年直属浙江省政府。1935年9
月属浙江省第九行政督察区；1948年4月，属浙江省第六行政督察区，7
月属浙江省第七行政督察区。1949年5月12日景宁解放，6月15日景宁
县人民政府成立，属丽水专区。1952年丽水专区撤销，改属温州专区。
1960年并入丽水县。1962年划丽水县原云和县、景宁县辖地置云和县，
属温州专区。1963年5月复设丽水专区，属云和县。1984年6月30日，
国务院批准以原景宁县地域建立景宁畲族自治县，是全国唯一的畲族自治
县，也是华东地区唯一的民族区域自治地方。

　　景宁畲族自治县地处洞宫山脉，其西北部和东南部分别属于瓯江、飞
云江两水系支流之源，地理坐标位于东经119°11′—119°58′，北纬
27°39′—28°11′，属东半球低纬度北部地区。东邻青田、文成县，南衔泰
顺、寿宁县（福建省），西枕庆元县、龙泉市，北连云和县、丽水市。县
域面积为1949平方公里，人口17万，辖2街道4镇15乡，254个建制
村。据2010年第六次全国人口普查资料统计，景宁畲族自治县常住人口
为10.71万人。在全县常住人口中，少数民族人口为1.52万人，占
14.19%；其中，畲族人口为1.45万人，占13.54%。全县常住人口中，
居住在城镇的人口为4.32万人，占40.36%；居住在乡村的人口为6.39
万人，占59.64%。

　　景宁地形复杂，地势由西南向东北渐倾。地貌以深切割山地为主，发
源于洞宫山脉的瓯江支流小溪，自西南向东北贯穿全境，将县境分为南北

两部分，形成两岸宽约 124.6 公里的狭长带，构成了"九山半水半分田"和"两山夹一水，众壑闹飞流"的地貌格局。境内海拔高低悬殊，最高的大漈乡海拔 1020 米，最低的九龙乡海拔 80 米，全县海拔 1000 米以上的山峰 779 座，其中 1500 米以上的山峰有 10 座，最高峰为大漈上山头，海拔 1689.1 米，海拔 250 米以下的低丘占 4.4%，海拔 250—500 米的高丘占 20.6%，海拔 500—800 米的低山占 34.5%，海拔 800 米以上中山占 40.5%，中低山合占 70%，坡度在 25°以上的占 91.72%，25°以下的占 8.28%，是浙江全省地壳厚度最大的地域之一。2012 年末土地变更调查与遥感监测时，景宁畲族自治县土地总面积 193883.69 公顷。其中耕地面积 18196.91 公顷，占全县总面积的 9.39%；园地面积 2580.11 公顷，占全县总面积的 1.33%；林地面积 158174.7 公顷，占全县总面积 81.58%；草地面积 1813 公顷，占全县总面积的 0.94%。景宁是飞云江、瓯江两江源头区，森林覆盖率 80%，全县 95% 的地表水水质达到国家 Ⅱ 类以上，生态环境质量评价连续多年位列全国第五，2007 年被环保部授予"国家级生态示范区"称号。2012 年荣获"浙江省森林城市"称号。景宁是浙南生态休闲养生旅游黄金目的地，拥有"云中大漈"和"中国畲乡之窗——大均"两个国家 4A 级景区以及千峡湖、畲族风情旅游度假区、"华东第一峡"炉西峡、"华东最大高山湿地"望东洋高山湿地、九龙省级地质公园等一批优质旅游资源，先后荣膺"中国国际旅游文化目的地"、"中国最佳民族风情旅游名县"、"中华最佳文化生态旅游胜地"等称号。在中国环境监测总站的测评中，景宁的环境质量连续多年保持全国前五位。境内水资源极为丰富，水力资源可开发装机容量 53.04 万千瓦，占全省可开发量的 1/10。截至目前，全县已建成水电站 151 座，总装机容量 30.6 万千瓦。荣获国家首批"绿色能源示范县"称号。

景宁物产丰富，是中国名茶之乡。域内惠明茶获两届浙江省"十大名茶"之一。早在 1915 年获巴拿马万国博览会金奖，在 2010 年上海世博会上再获金奖。是我国人工栽培香菇的发源地之一，香菇、黑木耳多次荣获中国农业博览会金奖，被农业部命名为"中国香菇之乡"。景宁民间艺术多姿多彩，"畲族三月三"、"畲族民歌"和"畲族婚俗"等被国务院列入国家级非物质文化遗产名录。2008 年，景宁被文化部授予"中国民间艺术之乡"称号。遵照习近平同志 2009 年 4 月 27 日的要求，"努力在推动科学发展、促进社会和谐、增进民族团结上走在全国民族自治县的前列。"景宁畲族自治县深入实施"三县并举"（生态立县、产业富县、文化名县）发展战略，以"四个新区"（新园区、新城区、新景区、新山区）建设为重点，努力打造民族经济和畲族文化"两个总部"。据北京中郡县域经济研究所主持开展的第十三届全国县域经济基本竞争力指标分析显示，2012年景宁在全国120个民族自治县中的经济基本竞争力排名从2008年的第28位上升到第9位。

目　录

绪　　论

畲族是南中国的一个古老民族，关于畲族的起源，学术界有不同的观点。比较公认的看法是，在公元 6 世纪末 7 世纪初，以广东潮州凤凰山为中心的闽、粤、赣三省交界地的广袤的地理空间已居住着比较稳定的人们共同体——畲族先民。汉文献中所记载的"蛮"、"南蛮"、"蛮僚"、"峒僚"、"峒蛮"、"百越"、"山越"等不同称谓，均与畲族先民有一定的关联。

"畲"同"畲"，其字来历甚古，《易》《诗》等典籍中已经出现。如《周易·无妄》有"菑畲"之句，《诗经·周颂》有"新畲"之语。意为耕后熟田，或火烧田（火种）。清光绪本《龙泉县志》载："民以畲名，其善田者也。"又据汉族文献，广东有俗字"輋"，音同"畲"（shē）。清乾隆本《海丰县志》载："土人以山林中结木覆居为'輋'，故称傜所止曰'輋'。"总之，从"畲"、"輋"字意可知，畲族的族称，包含了他们传统的生产、生活方式，即以刀耕火种为业（畲），以山间棚寮为居（輋）。畲民之称，始于宋代，如刘克庄《后村先生大全集》卷九十三《漳州谕畲》便详言漳州地区畲民生活形态与聚落特点。畲族自称"山哈"，意为"山客"，此称谓与客家文化有关。1956 年 12 月，畲族作为单一民族被正式确认。

一　畲族的人口、分布，历史过程与文化特征

根据 2010 年第六次人口普查数据，畲族总人口为 708651 人，占全国总人口的 0.0532%。主要分布在我国南方的闽、浙、赣、粤、黔、皖、湘、鄂诸省，其中福建 365514 人，浙江 166276 人，江西 91068 人，广东 29549 人，贵州 36558 人，安徽 1682 人，湖南 3059 人，湖北 3058 人，其

他省区 11887 人。在民族区域自治制度以及补充形式（民族乡）于畲族聚居地的实践过程中，我国先后设立了 1 个畲族自治县，即浙江省景宁畲族自治县，以及 45 个畲族乡，其中包括福建省 18 个畲族乡、浙江省 18 个畲族乡（镇）、江西省 7 个畲族乡、广东省 1 个畲族乡、安徽省 1 个畲族乡。

畲族有着千余年的民族发展史，在其历史进程之中，积淀了与众不同的文化特征。

（一）畲族移民史：从闽粤赣交界地到闽浙赣交界地

古代畲族是一个山地游耕民族，其民族发展史也是民族迁移史。虽然畲族的起源、发展莫衷一是，但是我们仍将畲族历史叙事的逻辑起点定在 6 世纪末 7 世纪初。就畲族迁移历史的总体而言，其地理空间的移动是从闽粤赣交界地到闽浙赣交界地，一般而言，前者的时间在唐宋元时期，后者的时间在明清时期。千余年来畲民迁徙的动因可概括成"戎"与"耕"二字。

隋唐时期，闽粤赣交界地居民之一是畲族先民。清代学者杨澜认为，当年畲族先民的分布是"长汀为光龙峒，宁化为黄连峒。峒者，苗人散处之乡。大历（766—799）后始设郡县，其巢窟招集流亡，辟土植谷，而纳贡赋。其地环万山中，厥壤宜稻田，有山溪水足资灌溉，故郡以汀名，表水利也。于是负耒耜者，皆望九龙山而来"。[①] "唐时初置汀州，徙内地民居之，而本土之苗仍杂处其间，今人呼曰畲客"。[②] 唐代发生在这里的三次军事事件都与畲族先民有关。

其一，唐高宗总章二年（669），"泉、潮间，蛮僚啸乱"。[③] 这是史书上关于畲族先民兵事的最早记载。这时，唐高宗诏令河南光州固始人、"卫翊府左郎归德将军"陈政统率唐军进兵闽、粤、赣交界地，几经交锋，在畲族先民的军事压力下，陈政"自以众寡不敌，退保九龙山，奏请益兵"。唐王朝派其兄陈敏、陈敷"领军校五十八姓来援"。陈敏、陈敷二人死于途中，其母魏氏"代领其众入闽，乃进师屯御梁山之云霄镇"。[④] 仪凤二年（677），陈政死后，其子陈元光"代领其众"，继续与

---

① 杨澜：《临汀汇考》卷 1《方域考》。
② 杨澜：《临汀汇考》卷 3《风俗考·畲民附》。
③ 薛凝度：《云霄厅志》卷 11《宦绩》，清嘉庆二十一年（1816）本。
④ 同上。

苗自成、蓝奉高、雷万兴等畲军较量，并一再增兵，终于"讨山寨诸贼，遂擒蓝、雷二贼酋，杀之，平三十六寨"。① 唐垂拱二年（686），漳州建郡，陈元光出任刺史。唐景龙二年（708），畲族先民发起更大规模的战争，其首领为苗自成、雷万兴之子和蓝奉高。漳州刺史陈元光率兵应战，几经交战，唐军兵败，陈元光被蓝奉高手刃而亡。唐开元三年（715）唐王朝以"岭南多故"，命陈元光之子陈珦"代州事"，"率武勇，夜袭巢洞，斩前刃父贼蓝奉高，并俘其余党，迁州治于李澳州（现漳浦县治）"。② 这场发生在闽粤赣交界地的军事对峙，历时半个世纪，与畲族先民兵戎相见，陈政、陈元光、陈珦等人付出了祖孙三代的代价。

其二，唐末自"安史之乱"后，国内藩镇割据，唐光启元年（885）正月，王绪率河南光州、固始二州数千人渡江。八月，王潮掌兵权，和其弟王审知统率中州部队南下由赣入闽。据《资治通鉴》记载，唐昭宗景福元年（892），王潮所部从泉州"将兵攻福州，民自请输米饷军，平湖洞及滨海蛮夷者，皆兵船助之"。③ 胡省三的考证，"平湖洞在泉州莆田县界外"。平湖洞及滨海蛮夷就包括畲族先民。这次行动在闽东、闽北畲族的众多家谱中均有记载。如福安市甘棠镇田螺园畲族村《冯翊雷氏宗谱》载，"唐光启二年，盘、蓝、雷、钟、李共三百六十一口，从王审知为乡导官入闽，至连江马鼻登岸，时徙罗源大坝头居焉。盘王端（一说为'碧'——引者）一船被大风漂流，不知去向"。④ 关于闽王王审知与畲族先民的关系，在地方志书与畲民谱牒中还有其他记载。

其三，唐乾宁元年（894），"黄连洞蛮二万围汀州"。⑤ 胡省三注曰："黄连洞在汀州宁化县南，今潭飞石祭即其地"。这次"蛮乱"，被王潮的部将李承勋击破。

宋元时期，畲族先民的军事活动区域扩大，对其后向闽浙赣交界地的迁徙产生了很大的作用。刘克庄《漳州谕畲》是宋人谈到畲族先民居住在漳州一带最为详尽的篇章，其文曰："……漳尤闽之近里，民淳而事简，乐土也。……省民、山越，往往错居……凡溪洞种类不一：曰蛮、曰

---

① 杨澜：《临汀汇考》卷11《兵寇考》。
② 薛凝度：《云霄厅志》卷11《宦绩》，清嘉庆二十一年（1816）本。
③ 《资治通鉴》卷259《唐纪》七。
④ 福安甘棠田螺园《冯翊雷氏宗谱》，清光绪三十二年（1906）本。
⑤ 《资治通鉴》卷259《唐纪》七五。

瑶、曰黎、曰疍，在漳者曰畲。西畲隶龙溪，犹是龙溪人也。南畲隶漳浦，其地西通潮、梅，北通汀、赣，奸人亡命之所窟穴。……二畲皆刀耕火耘，崖栖谷汲，如猱升鼠伏，有国者以不治治之。畲民不悦（役），畲田不税，其来久矣"。① 宋理宗景定年间，"畲人不堪"统治者的盘剥，"遂怙众据险，剽略省地"。景定四年（1263），宋王朝统兵"会合剿捕，仅得二捷"，无法根本解决"畲乱"。遂命官吏"入畲招谕"，他们"且招且捕"。"于是，西九畲相继受招"，"南畲三十所，酋长各籍户口三十余家，愿为版籍民。二畲既定，漳民始知有土之乐"。② 自唐高宗之后，在闽粤赣交界区域，畲族先民的军事行动此起彼伏，未曾停息。宋宁宗嘉定二年（1209），湖南郴州"黑风洞寇"李元砺起事，"众数万"，攻城略地，历时两年，转战湘、赣、闽三省数州。宋理宗绍定二年（1229）宁化"宴头陀"宴彪起事，《宋史·理宗本纪》称其为"汀、赣、吉、建昌蛮僚窃发"。此事历时两年，波及福建的汀、剑、邵武和江西的赣、吉、建昌等州、军。宴头陀之乱初熄，赣南陈三枪的反抗之火又燃。陈三枪的军队又得到蛮僚钟全的呼应，他们转战福建、江西、广东三路数州，连营六十寨。

据《元史》记载，宋景炎元年（1276），陈吊眼、许夫人等组织"畲军"配合陆秀夫等人抗元。"时诸郡盗起，其最盛者陈吊眼，拥众五万，陷漳州"。③ 他们在泉州配合文天祥、张世杰讨伐蒲寿庚，"张世杰围泉州将淮军及吊眼、许夫人诸洞畲军，兵威稍振"。④ 他们的行军路线包括漳浦、安溪、云霄、诏安等地。元至元十九年（1282），建宁黄华举事，⑤畲妇许夫人又率畲军转战闽北与黄华军汇合。畲军的行军路线又涉及南平、建宁、崇安、浦城、政和等地。元至元二十三年（1286），钟明亮在广东的循州举事，他们转战于闽西南、赣东南等地。钟明亮的军队得到闽南、闽北等地的畲人响应，并出现了"拥众十万，声摇数郡"的局面。福建按察使王恽上疏朝廷曰："况福建归附之民户几百万，黄华之变，十去四五，今明亮之势又烈于华。"⑥ 此起彼伏的抗元斗争促成了畲族的迁

---

① 刘克庄：《后村先生大文集》卷93《漳州谕畲》。
② 同上。
③ 《元史》卷135《塔里赤传》。
④ 《宋季三朝政要》附录卷6。
⑤ 《元史》卷162《刘国杰传》。
⑥ 《元史记事本末》卷1《江南群盗之平》。

徙，迁徙的范围几遍闽南、闽北。上述的抗元斗争虽然最终失败，但产生了很大的影响。元朝对抗元队伍采取了善后政策："放福建畲军，收其军器，其部长于近处州郡民官迁转。"① "诏福建黄华畲军有恒产者放为民，无恒产与妻子者，编为守城军。"②

总之，唐宋元时期，闽粤赣交界地的军事史，大都有畲民参与其间，而且相当规模的畲族迁徙都与军事行动相关，即畲军纵横千里，转战南北，便有人滞留在某个地方，安家落户。而封建朝廷的招抚和屯田，也会使大量的畲民被控制在朝廷"立屯耕作"的地方，休养生息。在闽粤赣交界地，畲族先民在日常生活中，与汉族民系客家人、闽南人（福佬）交往密切、文化互动，有斗争、有融合，对畲民族的传统文化的形成产生了直接影响。

明清时期，畲族迁徙的主要动因，从军事行动逐渐演变成了经济活动。明正德年间，闽粤赣交界地的赣南、汀州一带曾发生"畲乱"，被巡抚南赣都御史王守仁"檄四省备官选募民兵操练。……平之"。③ 正德十五年（1520）他精心设计了《南赣乡约》，凡十六条，是军事围剿后所进行的精神洗涤与社会控制。王阳明"心学"的胜利使赣南、汀州的畲民逐渐融入了客家民系。清康雍乾三世，闽南漳浦的蓝氏家族跟随施琅征台，出现了一批如蓝理、蓝廷珍、蓝元枚等清廷水师将领，以及政治家"筹台宗匠"蓝鼎元。石椅蓝氏遂为位高权重的华丽家族，他们习文练武，逐渐融入了闽南福佬人的上流社会。明清之际，畲民活动的闽粤赣交界地历史舞台，逐渐沉寂下来，并渐渐地移到了闽浙赣交界地。

自明代开始，在闽粤赣交界地的大量畲民迫于生计，以家庭为单位，开始向闽浙赣交界地徐徐而行，移民的主要动因是种菁业。明代"福建蓝"名冠天下，为了获取丰厚利润，盛极一时的种菁业在闽粤赣交界地悄然崛起。该区域的畲民以"菁客"的身份，大批量地跟随"菁寮"寮主，向人口相对稀疏的闽浙赣交界地移动，他们向当地的"山主"租赁山地，种植蓝靛，生产染料，发展产业。闽浙赣交界地因为倭寇、邓茂七等兵燹、战乱，以及连年山洪水灾等天灾人祸，造成田园荒芜，人口锐减，客观上为畲民腾出了定居的空间。畲民们种植畲禾等粮食作物与苎

① 《元史》卷13《世祖本纪》10。
② 《元史》卷98《兵志》1。
③ 《明史记事本末》卷48《平南赣盗》。

麻、蓝靛等经济作物，维持生计，安家落户。闽浙赣交界地的畲民便有"畲寮"、"菁寮"、"苎寮"的"三寮"之称。据畲族宗谱记载，大量的畲民定居闽浙赣交界地是始于明代中叶。

清朝是少数民族政权，其较为宽松的民族政策为闽浙赣交界地的畲民生存发展提供了社会空间。乾隆年间，最后一批畲族乡村实施了"编图隶籍"政策，将畲民与普通的黄册黎民视为同等地位，又将畲民编入《皇清职贡图》，即承认了畲民的苗夷之异。同意畲区的读书取士，诞生了畲族的文化精英与精英文化。畲族"大分散小聚居"的聚落格局在闽浙赣交界地逐渐形成。当下畲族传统文化的基本构件，即风俗文化、服饰文化、歌言文化、巫术文化与宗族文化的建构与定型也完成于这个地理空间。20 世纪 50 年代，畲民族成分的鉴别、认定便主要是在这个区域得以佐证的。闽浙赣交界地对畲民族形成至关重要，学者认为"在闽浙赣交界地中畲民完成了民族共同体的建构，并且闽浙赣交界地作为一个关系的总体本身又在畲民族的建构过程中实现了其地理意义。换句话说，我们要理解畲族就不能不理解闽浙赣交界地，而要认识闽浙赣交界地就不能排除畲族的因素"。[①] 闽浙赣交界地畲族人口最密集、分布最广，所保留的民族特征最明显、最丰富。

（二）在新民主主义革命中做出应有的贡献

在新民主主义革命时期，以闽西、赣南、闽东、浙南畲族为代表，畲族为民族解放事业做出了应有的贡献，畲民革命在我国少数民族革命史中是比较突出的。在大革命时期，闽西畲族乡村出现了民主革命的先驱者。土地革命时期，赣南、闽西中央苏区的红色政权建立在畲族乡村，毛泽东在上杭县苏家坡畲族村养病并兴办了第一所平民小学，陈毅在官庄畲族乡传达了党中央"九月来信"，确立毛泽东的领导地位，在红军长征湘江战役的战斗中有畲族红军的身影。20 世纪 30 年代，闽东第一支革命武装工农游击队建立于福安县溪潭马山畲族村，闽东独立团成立于霞浦县西胜畲族村。闽东苏维埃政权在福安溪柄斗面村成立，并在东山畲族村开展分田试点工作。包括畲族游击队员在内闽东红军独立师与浙南挺进师分别被编入了新四军三支队六团与二支队四团，并走上抗日前线。当年闽东革命领

① 蓝图、蓝炯熹：《闽浙赣交界地：地理枢纽与畲民族共同体的建构——以历史地理为视角》，《福州大学学报》2010 年第 6 期，第 6 页。

导人叶飞副委员长曾给予畲族高度评价："在闽东三年游击战争最艰苦的年代，畲族人民的作用是很大的。他们具有两大特点：第一，最保守秘密，对党很忠实；第二，最团结。"

（三）近八成的人口处于东南沿海改革开放与经济发达的省份

在畲族人口分布的格局中，一个突出的特点是将近八成的人口分布于我国东南沿海，畲族是我国东南沿海人口最多、分布最广的世居少数民族。据"六普"人口统计资料，福建、广东、浙江三省的畲族人口有561339人，占畲族人口总数的79.21%，其中福建、浙江的每一个县（市、区）都有畲族人口。广东、福建是20世纪80年代改革开放的前沿，闽、粤、浙三省是沿海经济发达省份。接受市场经济思想与改革开放意识，畲族乡村有着近水楼台与得天独厚的条件。畲族人民是我国改革开放进程的参与者与见证人。在民族政策与沿海改革开放政策的双重优惠中，畲族乡村是五大文明建设的实践者，也是文明成果的受益者。

（四）台港澳、东南亚和欧美大陆都有大量的畲族宗亲

在畲族歌言中，有两种版本的《过番歌》，即闽南、闽东的畲族同胞漂洋过海远渡南洋的长篇叙事诗歌，文本分别以畲语和闽南语倾诉了畲民海外漂流的冒险、动荡生活与悲凉、困顿境遇。畲族的台港澳同胞与海外侨胞人口有十余万人，比较典型的地区，譬如漳浦畲族在台湾，安溪畲族在新加坡，古田畲族在马来西亚，连江畲族在美国，文成畲族在意大利，等等。境外畲族与本乡本土的交往，大都以家族的形式进行。闽粤浙赣都是汉族家族文化发达的地区，间接、直接地影响了当地的乡村畲族。从明代末期开始，畲族也仿效汉人编修谱牒，鼎建宗祠，畲族是少数民族中家族文化比较发达的民族。畲民家族文化中既有汉族影响的烙印，又有着本民族独有的文化元素。改革开放以来，依凭血缘的纽带，畲民家族之间的往来促进了畲族乡村的对外开放与经济、文化、社会的进步。

二　畲族调查研究的历史回顾

（一）清代的畲民调查

关于畲民的田野调查始于清代，福建、浙江、广东、江西等省的许多地方志书里对当地畲民有详略不一的记载。其中较有价值的是乾隆朝处州府青田县令吴楚椿于四十一年（1776）所撰的《畲民考》，这是现存的第

一篇地方行政主官亲书的畲民调查文献,该文刊载于他主修的《续青田县志》中。在《畲民考》中,吴楚椿介绍了畲民的族源来历、生存处境等,他对畲民读书考试问题,表示了特别的关注,认为:"阻其上进之阶,是草野之横议也。"[1]另者是刊载于清乾隆十四年(1748)《汀州府志》的长汀贡生范绍质的《猺民纪略》,该文较为详尽、生动地记载了明清时期福建畲民的社会生活,包括畲民居住环境、社会制度、体貌特征、服饰穿戴、姓氏构成、婚姻状况、信仰葬制、民风习俗、耕作行猎、物产贸易等。光绪三十二年(1906)上海虹口顺成书局出版的《畲客风俗》被认为是第一部以现代社会调查实录方法对畲民风俗生活的"牺轩之采",作者为浙江云和人魏兰(笔名:浮云)。专著内容包括畲民起源、分布、迁徙、耕作、祭祖、婚嫁、饮食、服饰、伦理、信仰、语言、歌谣等。

(二)民国时期的畲民调查研究

民国初年,许多著名的学者开始关注位于南中国的畲民聚落。1920年7月,我国植物学先驱者南京高等师范学校教授胡先骕往浙江东部采集植物标本,同时调查了当地畲民,并作《浙江温州处州间土民畲客述略》,载1922年《科学》杂志第7卷。北京大学教授沈作乾先后作《畲民调查记》《括苍畲民调查记》,分别刊载于1924年《东方杂志》第21卷第7号和1925年《北京大学研究所国学门周刊》第1卷第4—5期。福州协和大学董作宾作《说"畲"》《畲语十八名》《福建畲民考略》,分别刊载于1926年《北京大学研究所国学门周刊》第1卷、第2卷和1927年《中山大学语言历史研究所集刊》第1集第2期。中山大学中文系钟敬文作《惠阳崀仔山苗民的调查》,刊于1926年《中山大学语言历史研究所集刊》第1集第6期。1929年夏天,同济大学教授、德国学者史图博(A. Stübel)和他的学生李化民赴浙江省景宁县敕木山调查。《敕木山畲民调查记》报告德文版刊于1931年中央研究院社会科学研究所《专刊》第6号。该书是西方学者第一部以人类学视角对浙江畲民的全面考察,著作中作者阐明了调查动机,认为:"研究这个特殊的民族有多方面的重要性。以前,关于福建和浙江土人的情况,还是比较不为人所熟悉的。而这少量的材料,又是散见于简短的、往往难以弄到的报告中。这种土人居住

---

[1] 吴楚椿等:《续青田县志》卷之六"文部",乾隆四十二年(1777)本。

地，多半还根本没有被从事民族学研究的旅行家访问过。再则，这些当初从南方迁来的居民的遗族，在文化史的意义上毫无疑问是值得注意的。我们在这里可以看到，伟大的、比较统一的华南民族是由许多不同的民族混合形成的。这一同化过程，如今还在进行。旧的风俗和服装，原始的性格特征和原始的宗教，这是一个方面；汉人的农业经济和土著居民的农业经济，几乎没有区别，这是另一方面。这里在一定程度上给我们一个机会来抓住华南原始民族最终形成中华民族一部分的一个发展阶段。"该书内容丰富，包括畲民称谓、浙江畲民分布、聚落特点、服装服饰、农业经济、食物饮料、身体特征、健康状况、民族性格、社会生活、畲汉关系等。20世纪30年代，燕京大学研究院硕士林耀华在闽东山区调查，作《闽境僻壤中苗夷现状》，载1937年2月3日《益世报》。福州协和大学翁绍耳在童年生活过的福州郊区调查，作《福州北岭黄土岗特种部族人民生活》和《福州北岭黄土岗畲民生产概况》，分别载于1939年《福建文化》第27期与《协大农报》第1卷第4期。同时，中央研究院院长蔡元培热心于提倡民族学的研究，中研院社会科学研究所民族学组原计划在1932年"赴北满调查鄂伦春人及索伦（鄂温克）人，自'九·一八'事变后，东北三省失陷，事实上已不能进行"，于是改为调查福建、浙江等地的畲族。[①] 民族学组研究员凌纯声在浙江丽水调查畲族，先后作《浙南畲民图腾文化的研究》《畲民图腾文化的研究》，分别载1939年《人类学集刊》第1卷第2期与1947年《国立中央研究院历史语言研究所集刊》第16本。福建学院副教授傅衣凌作《福建畲姓考》，刊于1944年《福建文化》第2卷第1期。

（三）新中国的畲族调查研究

中华人民共和国成立以后，党和政府对民族工作十分重视，各级政府多次组织专门调查组深入畲族乡村，开展畲族社会历史文化的调查研究。1952年7月8日福建省人民政府的《畲族福安县仙岭洋村调查情况》是中华人民共和国成立后，福建省人民政府的第一份社会调查资料。这份资料对福安仙岭洋村畲族迁徙历史、生活习俗作了简要叙述，着重调查了新中国成立前后畲民政治地位、生活水平，阐述了畲民族称问题，反映了畲

---

① 参见中央研究院社会科学研究所《国立中央研究院社会科学研究所二十年度工作报告》，1932年。

族群众的要求，包括办学校与合作社，以及民族管理机构等。从 1953 年至 1982 年，中央开展了规模较大的畲族调查。

1.1953 年，全国人大民委与中央民委组织进行全国性的民族识别调查。中央派出全国畲族识别调查小组，施联朱为组长。在福建、浙江两省省委统战部、民政厅配合下，调查小组赴福建省罗源县八井、漳平县山羊隔、上杭县庐丰和浙江省景宁县东衕等畲村，进行为期三个月的民族识别调查，编写了《福建罗源县八井畲族调查报告》《福建漳平县山羊隔畲族调查报告》《福建上杭县庐丰畲族调查报告》和《浙江景宁县东衕畲族调查报告》。此次民族识别调查，为确定畲族是单一少数民族提供了直接证据。

2.1958 年，为响应党中央关于抢救我国少数民族文化遗产的号召，在国务院民族事务委员会和中国科学院哲学社会科学部领导下，由中国科学院民族研究所主持，全国成立 16 个少数民族社会历史调查组，其中福建少数民族社会历史调查组，负责调查福建、浙江、江西、安徽等省的畲族。调查组由中国科学院民族研究所、中央民族学院、北京大学、中央音乐学院、厦门大学、福建省文联、福建省文化厅和民政厅等单位的 50 多人组成。调查组成员分赴福建省福安县的山岭、凤洋、仙岩，福鼎县的双华、浮柳、牛埕下，宁德县的飞鸾、七都、八都，霞浦县的盐田、青皎、草岗，罗源县的八井、飞竹、西兰，连江县的总洋；浙江省景宁县的东衕，平阳县的王神峒、章家山、李家旺、牛角湾，泰顺县的竹垟等 20 多个畲村；江西省铅山县的太源、贵溪县的樟坪等，进行为期半年的畲族社会历史调查，搜集了丰富的资料，编写了 20 多篇调查报告。1961 年，根据田野调查和文献资料，撰写《畲族简史简志合编》一书。该书于 1963 年由中国社会科学院民族研究所内部发行。后来由于"文化大革命"的原因，这项工作长期陷于停顿状态。1979 年 1 月，国家民委重新规划出版"民族问题五种丛书"，在 1963 年内部发行的《畲族简史简志合编》基础上，修改补充，作为中国少数民族简史丛书之一的《畲族简史》，于 1980 年由福建人民出版社出版。1958 年福建少数民族社会历史调查组专门组织文艺调查小组，中央文化部派郑小瑛为小组长，小组到闽浙两省 7 个县、22 个点、50 多个自然村，完成了《畲族文艺调查》报告。60 年代初，全国政协委员吴文藻、费孝通、潘光旦、浦熙修等人到罗源县石别下畲族村，专门调查畲族文化。

　　3. 1982 年，国家民委又委派调查小组，赴福建省的霞浦、福安、罗源、贵溪，浙江省的景宁、遂昌，安徽省宁国，江西省铅山，广东省潮州等县市的畲族乡村，继续进行畲族社会历史调查，获得大量有价值的资料，填补了 1958 年福建少数民族社会历史调查组尚未调查的许多空白点。最后汇编成册，作为中国少数民族社会历史资料丛刊之一的《畲族社会历史调查》，于 1986 年由福建人民出版社出版。1986 年《景宁畲族自治县概况》作为中国少数民族自治地方概况丛书之一由浙江人民出版社出版。

　　此外，20 世纪 80 年代，厦门大学人类学系到福建省漳浦县的赤岭、湖西，宁德县的金涵，霞浦县的崇儒、水门等畲乡，对畲族进行社会历史文化调查，先后编写了《崇儒乡畲族》《宁德金涵畲族》《霞浦水门畲族》《漳浦赤岭、湖西畲族》和《畲族民俗》等书。

　　1983 年 6 月，厦门大学历史系、人类博物馆和复旦大学生物系人类学教研组、上海自然博物馆人类学组组成联合调查组，在霞浦县崇儒乡的霞坪、新村、上水等畲族村，进行畲族体质人类学调查。

　　1994 年 4—6 月，按照国家民委、卫生部、国家统计局所制定的全国少数民族人口健康素质抽样调查及福建省畲族人口健康素质抽样调查实施方案，调查组调查了福建省宁德、龙岩地区，漳州市以及福安、上杭、漳浦等县（市）的畲族人口健康素质等课题。调查组共完成了《福建省畲族人口金字塔分析》《福建省畲族居民死因分析》《福建省畲族妇女生育状况分析》《畲族小儿血红蛋白 M 病 3 例报道》《畲族红细胞 ACP1、6—PGD、ADA 和 AK1 的遗传多态性》《畲族组特异性成份的遗传多态性》《畲族红细胞磷酸葡萄糖变位酶 1 的遗传多态性》《福建省畲族人口健康素质抽样调查结果分析》《福建省福安市畲族成人体质调查报告》《福建省霞浦县畲族遗传病调查研究报告》等十余篇调查报告。

　　20 世纪 90 年代，中共中央统战部、中国社会科学院民族研究所主持开展了"中国少数民族现状与发展"的调研，这是对 50 年代的我国各少数民族调查的跟踪调查与延续研究，福建省福安市畲族是先期工作的 13 个点之一，调查组完成了《中国少数民族现状与发展调查研究丛书·福安市·畲族卷》的调查报告，该成果于 1999 年由民族出版社出版。

　　1997 年 12 月 8—13 日，在福建省宁德市—厦门市召开"面向二十一世纪畲族社区研讨会"。对于这次研讨会，时任福建省委副书记的习近平是这样评价的，他说："经国家民委党组批准，由中国民族理论学会、国家民委民族问题研究中心、中国社会科学院民族研究所和福建省民族研究学会联合主办的'面向21世纪中国畲族社区研讨会'在福建省召开，这个会议得到福建省委、省政府的高度重视，全国人大常务委员会布赫副委员长专程亲临会议。与会代表有我国畲族聚居的浙江、江西、广东、安徽、湖南、贵州、福建的民族工作者以及我国大专院校和科研院所的专家学者。与会者考察了畲族社区的风貌，研讨了畲族社区的发展，为了畲族的明天，献计献策，会议开得很成功。这次会议的直接成果之一便是这个《畲族社区研究》的论文结集。在这本论文集中，我们可以读到畲族的历史和现状，读到畲族社区的方方面面。每个论者都试图从一个侧面论述畲族社区发展的经验和教训，都在努力寻求畲族社区的小康之路，都不约而同地传递着一个共同的心声：一切为了畲族的发展。"① 这次会议在历史、现实与未来的思考中，对21世纪的畲族发展作了展望。

21世纪畲族调查研究更加深入、全面、系统，其中最具影响力的调查研究成果有三种。其一，2007年"民族问题五种丛书"中《畲族简史》《畲族社会历史调查》《畲语简志》《景宁畲族自治县概况》等由民族出版社修订再版。其二，"畲族研究书系"于2002年由福建人民出版社出版，"书系"包括吴永章《畲族与瑶苗比较研究》、谢重光《畲族与客家福佬关系史略》、蓝炯熹《畲民家族文化》、蓝雪霏《畲族音乐文化》、雷弯山《畲族风情》、游文良《畲族语言》等六部专题研究畲族文化、历史论著。其三，"闽东畲族文化全书"于2009年由民族出版社出版，"全书"包括现代文明卷、乡村卷、语言卷、歌言卷、民间故事卷、民俗卷、服饰卷、工艺美术卷、体育卷、医药卷、民间信仰卷、谱牒祠堂卷、文物卷13卷共12册800万字。

三　本书的基本内容

2013年年初，国家社会科学基金特别委托项目、中国社会科学院"创新工程"重大专项《21世纪初中国少数民族地区经济社会发展调查》正式立项；2014年，"21世纪初畲族聚居区经济社会综合调查"作为其中的一个子项目随之立项。这是继"民族问题五种丛书"关于四项畲族

---

① 习近平：《一切为了畲族发展——〈畲族社区研究〉序言》，《福建民族》1999年第2期，第1页。

调查报告和《中国少数民族现状与发展调查研究丛书·福安市·畲族卷》
调查报告之后的第三次大规模的畲族地区调查项目。

　　为了反映 21 世纪畲族地区发展的面貌，我们调查的重点置于浙江省
景宁畲族自治县，其次是闽东（宁德市）畲族乡村。因为新中国大规模
的畲族调查与畲族文化的表述都发生在这个地方。这两个区域均位于闽浙
赣交界地，即上述畲民千百年移民史中的最后落脚点，畲族人口集中，特
色鲜明，既蕴藏着丰富的畲民族文化传统，又能体现畲族历史嬗变与现实
发展。选取这两地作为调查的重点区域，既能保持历年畲族经济社会调查
之时间的衔接、呼应与空间的连续、固定，又能准确、翔实地记叙我国民
族区域自治制度与党的民族政策在畲族地区的实践。

　　景宁畲族自治县地处洞宫山脉，其西北部和东南部分别属于瓯江、飞
云江两水系支流之源。景宁设县于明景泰三年（1452），取"景泰绾宁"
之义，故名景宁。后几经撤并，1984 年经国务院批准以原景宁县地域建
立景宁畲族自治县。县域面积 1950 平方公里，设 2 个街道 4 个镇 16 个乡
254 个建制村。2010 年第六次全国人口普查资料统计，全县常住人口为
10.71 万人，其中畲族人口为 1.45 万人，占总人口的 13.54%。景宁是全
国唯一的畲族自治县，也是华东地区唯一的民族自治县。

　　本调查报告以上述两个区域的经济、政治、文化、社会、生态建设等
"五位一体"的文明建设为基本框架，叙述 21 世纪初畲族地区的发展。
强调以 21 世纪的畲族自治县、畲族乡村的现实问题为主，注重调研材料
与数据之鲜活而有说服力的形态，在如实叙述畲族地区发展的过程中，关
注"五位一体"建设中之现实问题的分析与思考。

　　本调查报告全面、系统地调查研究景宁畲族自治县"五位一体"文
明建设是本书的重点。1984 年 6 月 20 日，国务院批准建立景宁畲族自治
县，景宁畲族自治县以 1960 年被撤销归入丽水县，后又并入云和县的原
景宁县地域为自治县县域版图。建立于明景泰三年（1452）浙西南古县，
在改革开放的新时期，在我国民族区域自治制度落实与党的民族政策实施
过程中，重焕新姿。景宁县是我国唯一的畲族自治县，也是华东地区唯一
的民族自治县。景宁畲族自治县，因其县一级行政单元的特殊性与唯一
性，遂成为我国 70 余万畲族同胞心目中值得骄傲与永远惦记的精神家园。
因此，要了解 21 世纪初的畲族发展就不能不了解景宁畲族自治县的发展，
要了解景宁畲族自治县的发展就不能不将畲族的发展置于首要的位置加以

考虑。

　　需特别指出的是，从1988年至2007年的世纪之交，习近平同志先后在福建、浙江两省的地方党委、政府部门工作，1988—1990年任福建省宁德（闽东）地委书记，1990—2002年先后担任福建省福州市委书记、福建省委副书记、省长等职务。在担任省委副书记期间，分管福建省的民族工作。2002—2007年先后担任浙江省委副书记、书记、代省长。在世纪之交的近20年时间里，他在民族工作实践中，接触最多的少数民族是畲族，用他自己的话说："我和畲族是有缘的。"① 他对畲族的历史与文化、现状与发展都有深入而独到的见解。世纪之交的闽东以及福建、浙江的民族工作与畲族的发展留下了他的心血与思路。在"21世纪初畲族聚居区经济社会综合调查"课题的完成过程中，习近平同志关于民族工作和畲族发展的一系列思考是值得特别关注与认真总结的。

---

　　① 习近平：《一切为了畲族发展——〈畲族社区研究〉序言》，《福建民族》1999年第2期，第1页。

第一章

景宁的传统经济与现代经济

第一节　传统经济结构

景宁属典型的山区，素有"九山半水半分田"之说。特殊的地理环境，闭塞的交通，形成了以农业、林业、畜牧业、淡水养殖业、水利为主的多样化发展的传统经济结构。农业在经济生活中居主导地位，农业生产技术、经营方式落后，工业基本空白，商业发展滞后。

一　农业结构情况

农业生产主要以粮食作物（稻谷、大豆、玉米、马铃薯）、经济作物（惠明茶、食用菌、水果、厚朴）为主。

新中国成立后，景宁农业生产关系进行过三次变革：1950 年 12 月至1951 年 5 月，实行土地改革，使贫民也拥有土地。特别是畲族群众第一次有了自己的土地，经济地位大为提高，极大地解放了生产力。1951 年 5月至 1978 年，实行农业生产"合作化"、"集体化"，农业经济发展步入了一个崭新的阶段。1995 年，全县粮食种植面积 184294 亩，总产量57687 吨。其中鲜食大豆、鲜食玉米、马铃薯、蚕豌豆等粮菜兼用型作物播种面积为 88696 亩，占粮食种植面积的 48.12%。1980 年 9 月，景宁开始全面贯彻中央《关于进一步加强和完善农业生产责任制的几个问题》，到 1983 年 7 月，全面落实了家庭联产承包责任制。特别是 1984 年 6 月景宁畲族自治县成立后，农业进入全面发展时期。这时食用菌等新产业开始得到发展。在 1994 年国家实施的"八七"扶贫攻坚计划中，景宁县委、县政府立足于当地资源，着手抓转换土地经营机制，采取租山开发、联户开发、联资开发等措施，鼓励农民以土地、投工、投肥等方式入股，大力发展特色农业。至 1999 年粮食种植面积达 181377 亩，总产量 56370 吨，占粮食种植面积的 46.86%。

其中，曾在 1915 年荣获巴拿马万国博览会金奖的惠明茶，生产规模迅速扩大。全县茶园面积在千亩以上的乡镇有鹤溪、澄照、外舍、郑坑、沙湾、梧桐 6 个。至 2000 年，全县共有茶园面积 2.08 万亩，总产量 380 吨，产值 3250 万元。

作为全国食用菌生产先进县，在 20 世纪 90 年代，食用菌是景宁最大的特色产业。景宁食用菌主要有香菇、木耳、茶树菇、平菇、金针菇、杏鲍菇等十多个品种，量多质好。景宁是世界香菇人工栽培发源地之一，已有 800 余年生产历史。1985 年前，菇民利用椴木生产香菇，资源消耗大，经济效益低。1986 年，全县组织实施了国家"星火计划"——利用林产品木屑和秸秆等做原料，应用科技手段制作菌棒获得成功。香菇、黑木耳在 1995 年全国第二届农业博览会上荣获金奖。至 2000 年，食用菌总产量 5226 吨，产值 13000 万元。

此外，景宁厚朴、杜仲、茯苓、金银花等中药材产量均较大，并打造出了全国面积最大的人工厚朴林基地；水干果产品主要有板栗、柑橘、雪梨、杨梅等，1999 年种植面积达 24798 亩，总产量 6194 吨，产值 1481 万元。其中猕猴桃、柑橘、雪梨、野生菜类均得到前所未有的开发。

二　工业结构情况

1950 年前，全县无工业厂家，手工业产值也仅 25 万元。经逐年发展，至 1992 年，工业企业 985 家（其中乡级以上企业 156 家），职工 6552 人，固定资产原值 6841 万元，工业总产值 16317 万元，占工农业总产值的 51.85%，其中国有工业占 18.43%，集体工业占 67.2%，私营工业占 14.37%。

（一）国有工业

1980 年起，景宁开始执行以经济建设为中心的基本路线，国有工业迈向稳步发展的新阶段。1992 年地方国营工业有钢铁、铁矿、造纸、酿造、轴承、针织、电光源 7 家企业，固定资产 1690.31 万元，职工 872 人，年产值 3007 万元，占全县工业总产值的 18.43%。

（二）集体工业

二轻工业方面，1953 年组织行业生产合作社。1958 年"大跃进"，并社转厂，兴办地方国营铁器、木器、服装三类企业，是为二轻工业之发端。1965 年，二轻系统集体企业有农机、木器、五金、印刷、工艺品等18 家，从业人员 401 人，年产值 55.28 万元。1984—1988 年，随着重视技术引进、资金投入和技术改造，5 年累计产值 1442.54 万元，年均产值288.5 万元。1992 年，有机械制造、纺织、医疗器材、纺织器材、印刷、五金、玻璃纤维、制鞋、塑编等企业 11 家，固定资产原值 795.03 万元，职工 856 人，年产值 2295 万元，占全县工业总产值的 14.07%。

乡镇工业方面，党的十一届三中全会后，景宁乡镇企业蓬勃发展。1983 年，有企业 241 家，职工 1619 人，固定资产原值 476.36 万元，年产值 570.64 万元。1984 年后，县委、县政府把发展乡镇企业作为农村脱贫的一大举措，景宁成立乡镇企业局，并建地方工业供销公司，多方筹集资金引进技术。至 1992 年，全县有 934 家企业，固定资产原值 2350 万元，年产值 7337 万元，职工 3927 人，占全县工业产值 44.97%，占农业总产值 48.23%。

（三）私营工业

1985 年有私营工业 142 家，从业 622 人，年产值 179.55 万元。至1992 年，有私营企业 781 家，从业 1574 人，年产值 2344 万元，占工业总产值 14.7%。行业涉及火力发电、碾米厂、锯板厂等。

第二节　新世纪经济增长的主要特点与发展趋势

进入 21 世纪以来，景宁的经济发展迎来了诸多有利形势和机遇。在党中央、国务院和上级党委、政府的特殊关爱之下，景宁充分发挥民族自治政策优势，特别是抓住 2008 年浙江省委、省政府出台专门扶持景宁发展的〔2008〕53 号文件和省委主要领导联系景宁的历史机遇，立足生态优势，突出民族特色，狠抓产业发展，县域经济通过"十五"、"十一五"的赶趟补课、裁弯取直、趁势而上，至"十二五"实现了跨越发展，基本实现了县域经济在全国 120 个少数民族自治县位居前十的目标。这一时期，景宁经济发展的主要特点有以下几点。

一　经济总量显著增强

2013 年全县生产总值 38.7 亿元，比 2000 年的 8.3 亿元增长 2.4 倍

（按可比价计算），年均增长 9.9%（如图 1-1 所示）。三产比重从 2000年的 33∶33∶34 优化调整到 2013 年的 16∶37∶47，第一产业的比重下降了 17 个百分点，第二、第三产业的比重分别上升了 4 个和 13 个百分点（如图 1-2 所示）。其中，第一产业增加值 6.2 亿元，年均增长 2.9%；第二产业增加值 14.4 亿元，年均增长 11.0%；第三产业增加值 18.1 亿元，年均增长 12.8%。常住人口人均生产总值从 2000 年的 5431 元上升到 2013 年的 36494 元（折合 5893 美元），实际增长 3.9 倍，年均递增 13.0%，经济实力显著增强。

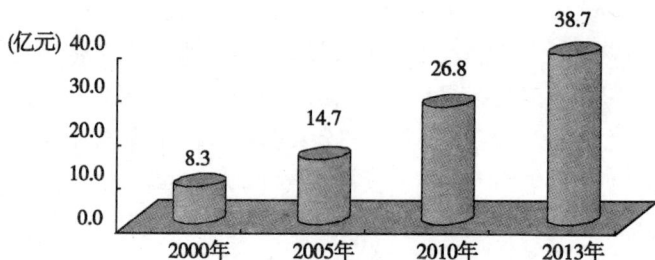

图 1-1　景宁县相关年度地区生产总值

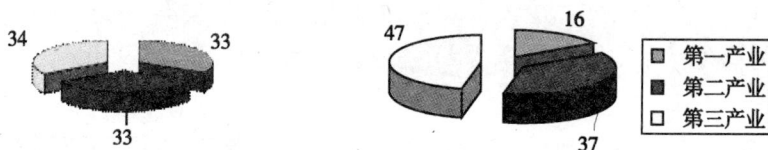

图 1-2　2000 年与 2013 年三产比重对比

二　农业经济稳步发展

进入 21 世纪以来，景宁积极推进农业粮食生产功能区和现代农业综合区"两区"建设，通过多年的发展培育，初步形成了鹤溪澄照茶叶带、澄照养殖带、东坑毛竹带、沿溪水干果带、高山菌花菜烟带等产业区域格局。与此同时，景宁深入实施主导产业提升、新型农业主体培育、农产品质量控制"三大工程"，制定出台现代农业产业扶持政策，基本形成了以食用菌、茶叶、毛竹、水干果、蔬菜、花卉、吊瓜、药材生产和黄牛、山羊、田鱼养殖等为代表的农业骨干项目。其中，茶、菌、竹等主导产业已培育成型，并向生态化、品牌化发展，提升了市场竞争力及经济效益。

2013 年全县实现农林牧渔业总产值 9.7 亿元，比 2000 年的 4.2 亿元增长了 1.3 倍（如图 1-3 所示），其中农业产值 6.6 亿元，林业产值 1.5 亿元，畜牧业产值 1.4 亿元，渔业产值 0.2 亿元。全年粮食播种面积 12.1 万亩，粮食总产量 4.3 万吨，肉类总产量 6441 吨。

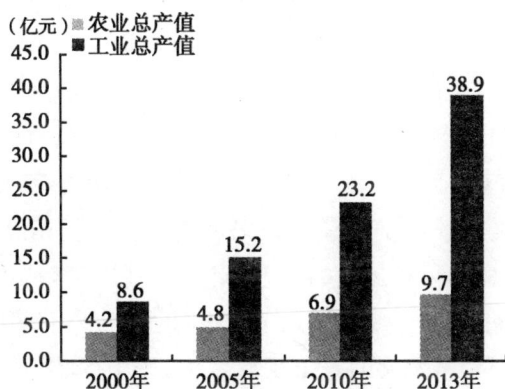

图 1-3 相关年度工农业总产值

三 工业经济加快发展

2013 年全县工业总产值达到 38.9 亿元，比 2000 年的 8.6 亿元增长了 3.5 倍，年均递增 12.3%（如图 1-3 所示），初步形成了电力、阀门、食品加工、不锈钢、竹木加工、金属、饮料、矿产、铸造、家具、医药、化工、印刷等近 20 个制造和加工业，电力、阀门、不锈钢、食品加工、竹木加工成为景宁工业的主要行业。截至 2013 年年底，全县已建成水电站 161 座，装机容量 33 万千瓦，占可开发资源的 51%。2013 年全县发电量达 9.4 亿千瓦时，电力生产及供应业总产值达 6.8 亿元，占全县工业经济总量 38.9 亿元的 17.5%，成为景宁工业经济的支柱产业。2004 年 9 月，国家水利部正式批准景宁县为"中国农村水电之乡"。2013 年，全县有不锈钢管企业 21 家，总产值达 6.4 亿元，占全县工业总产值的 16.5%，已成为景宁县工业的主要行业之一，并逐步向"上规模、上档次、创龙头、创名牌，形成集团化生产"的方向发展。竹木加工业是景宁的传统产业，到 2013 年年底，全县有竹木加工企业 29 家，其中大部分企业年产值在 1000 万元以上，实现产值 5.4 亿元（含个体），占全县工业总产值的 13.9%。阀门制造行业是景宁"十五"期间引进培育的新兴产业，2013

年，全县有阀门制造企业 12 家，产值达 3.6 亿元，占全县工业总产值的 9.3%。

四　现代服务业加快培育

按照"一环两沿三区"的旅游产业布局，景宁加快以畲族风情旅游业为主导的服务业发展，成功创建了中国畲乡之窗、云中大漈两个国家 4A 级旅游景区及其他特色景区，"中国畲乡"旅游品牌逐步提升。其中"中国畲乡之窗"景区被评为浙江省非物质文化遗产旅游经典景区，望东洋高山湿地、草鱼塘森林公园、九龙地质公园、炉西峡等景区资源优势突出，正启动开发建设。目前，景宁已先后获得"中国国际旅游文化目的地"、"中国最佳民族风情旅游名县"殊荣。2013 年接待国内外游客 433 万多人次，实现旅游收入 18.3 亿元。与此同时，民族总部经济加快发展，制定出台加快总部经济发展的若干意见，总部经济园前期工作全面启动，2013 年全县共有总部经济企业 45 家，实现销售收入 106.3 亿元，上缴税费合计 5.69 亿元。电子商务产业初显成效，山山商城、星天地等电子商务网商加快发展，商业模式创新助推产业发展；外出创业群体经济加快发展，近 5 万人异地开创小超市、小宾馆、小水电，开创了"三小"经济发展模式。

五　财政收入平稳增长

2013 年，全县财政总收入达到 9.6 亿元，比 2000 年的 1.1 亿元增长了 7.4 倍，年均增长 17.8%。其中地方财政收入近 4.8 亿元，比 2000 年的 0.5 亿元增长了 8.0 倍，年均增长 18.4%（如图 1 - 4 所示）。地方财政支出 19.0 亿元，比 2000 年的 1.6 亿元增长了 10.5 倍，年均增长 20.7%。财政总收入和地方财政收入的总量跃居丽水市（县市区）中游水平。

六　金融保险飞速发展

2000 年以来，景宁全面推进金融改革创新，率先在全国推出"政银保"扶持低收入农户贷款保证保险、银行卡助农取款服务试点、林木火灾统一保险等创新业务；全面推进农村信用体系建设，率先在全省开展"整村批发、集中授信"、"一村一社一店"贷款模式；全市首批启动林权

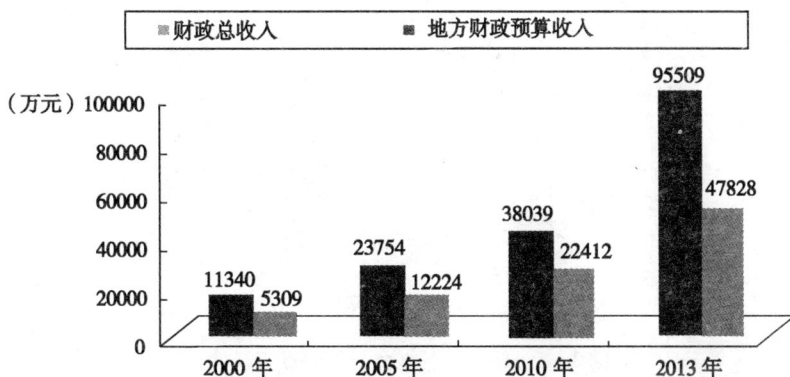

图1-4 相关年度财政总收入与地方财政预算收入

抵押贷款、小水电股权质押贷款；创新建设农村金融服务站，成功创建了全省首个保险服务民生示范区，全县保险服务站乡镇全覆盖。2010年以来，新增成立了中国银行、中国邮政银行、银座村镇银行、聚丰小额贷款公司、泰隆银行、稠州商业银行等银行网点。首家证券营业部——财通证券于2014年入驻景宁；2014年还成立了渤海商品交易所景宁营业部。2013年，金融机构各项存款余额达到64.8亿元，比2000年的6.8亿元增长了9.5倍。其中城乡居民储蓄存款余额26.8亿元，比2000年的3.8亿元增长了7.1倍（如图1-5所示）；金融机构各项贷款余额达到47.6亿元，比2000年的3.9亿元增长了12.2倍。2013年，全年保险业保费收入8340万元，比2000年的1010万元增长了7.3倍，年均增长17.6%，其中：财产险4933万元，人身险3407万元。保险业赔款、给付3072万元，比2000年的375万元增长了7.2倍，年均增长17.5%，其中：财产险2566万元，人身险506万元。

七 内外贸易协调增长

2013年全县社会消费品零售总额达到19.9亿元，比2000年的3.5亿元增长了4.6倍，年均递增14.2%（如图1-6所示）。2013年外贸进出口总额累计完成3423万美元，进口总额183万美元，出口总额3240万美元。

八 固定资产投资大幅增长

2013年固定资产投资额为33.7亿元，比2000年的3.5亿元增长了

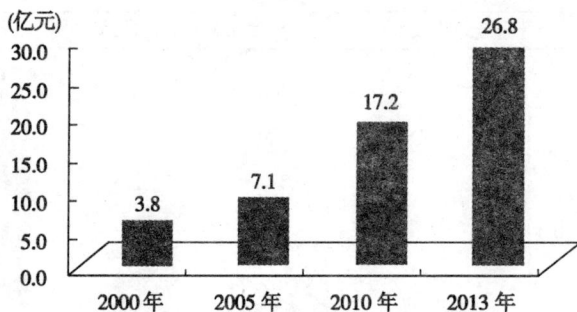

图 1 – 5　相关年度城乡居民储蓄存款余额

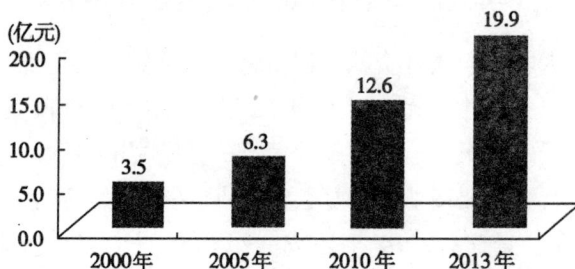

图 1 – 6　相关年度社会消费品零售总额

8.6 倍，年平均增速达到 19.0%（如图 1 – 7 所示）。2000 年以来全县累计完成固定资产投资 175 亿元，投资结构不断优化。基础设施投资是全县投资的主体，保持高速增长，主要重大项目建设有上标电站、英川电站、景泰公路、庆景公路、景中迁建、220 千伏景宁输变电工程、外舍围滩、云景高速、丽景园基础设施、农民创业园基础设施等，2012 年获得国家能源局、农业部、财政部联合颁发的首批"国家绿色能源示范县"，2013 年获得了设县以来唯一的投资奖项——"全市完成固定资产投资先进县"称号。

九　居民收入较快增长

2013 年，景宁城镇居民人均可支配收入 25332 元，比 2000 年增长了 18142 元，年均增长 10.2%；农村居民人均纯收入 9466 元，比 2000 年增长了 7216 元，年均增长 11.7%，城乡居民收入呈较快增长态势。城乡居民收入差距进一步缩小，从 2000 年的 3.20∶1 缩小为 2013 年年底的 2.68∶1（如表 1 – 1 及图 1 – 8 所示）。2013 年全县城乡居民人均消费性支出分别为：15516 元、7580 元，同比分别增长 8.7%，15.63%，城镇、

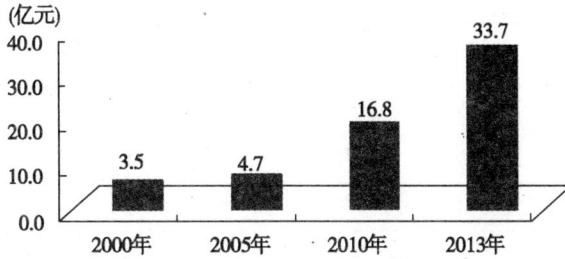

图1-7　相关年度固定资产投资额

农村居民恩格尔系数分别为 0.27 和 0.43。

　　展望未来，景宁将以自治县建立 30 周年为新起点，以改革为动力，进一步优化项目发展环境，坚信以"三个走在前列"、"三县并举"、"五个发展"和"四个新区"建设为主要内容的景宁科学发展路径，努力打造"中国畲乡·小县名城"，使全县经济社会再上新台阶，走在全国少数民族自治县前列。

表1-1　　　　　　　　相关年度国民经济主要指标

指标	单位	2000 年	2005 年	2010 年	2013 年	年均增长（%）
年末总人口数（户籍）	人	176837	177252	171867	173414	-0.2
其中：少数民族人口	人	17468	18247	18810	19351	0.8
非农业人口	人	19905	28090	31055	30398	3.3
常住人口	万人	15.44	13.68	10.72	10.61	-2.8
其中：城镇人口	万人	3.89	4.23	4.32	4.84	1.7
城市化率	%	25.4	30.9	40.3	45.6	4.6
地区生产总值	万元	83419	146842	267831	387014	9.9
其中：第一产业	万元	27260	31156	44757	62438	2.9
第二产业	万元	27662	54337	101680	143943	11.0
第三产业	万元	28497	61349	121394	180632	12.8
常住人口人均生产总值	元	5431	10526	24662	36494	13.0
GDP 比重：第一产业	%	32.7	21.2	16.7	16.1	
第二产业	%	33.2	37.0	38.0	37.2	
第三产业	%	34.1	41.8	45.3	46.7	
农业总产值	万元	41618	48217	69125	96636	6.7
工业总产值	万元	85971	151535	231734	389171	12.3

续表

指标	单位	2000 年	2005 年	2010 年	2013 年	年均增长（％）
固定资产投资额	万元	35090	46986	167897	336804	19.0
社会消费品零售总额	万元	35486	63310	125802	198705	14.2
自营出口	万美元	780	772	847	3240	11.6
财政总收入	万元	11340	23754	38039	95509	17.8
地方财政预算收入	万元	5309	12224	22412	47828	18.4
地方财政预算支出	万元	16478	41917	124976	189898	20.7
金融机构年末存款余额	万元	68162	160775	420508	647205.8	18.9
其中：居民储蓄存款余额	万元	38205	70633	171535	267538	16.2
金融机构年末贷款余额	万元	38936	93857	243520	475868	21.2
旅游总人数	万人	8.9	35.3	175.5	432.8	34.8
旅游总收入	亿元	0.29	1.36	7.36	18.26	37.6
全社会用电量	万度	7131	8534	12736	15426	6.1
其中：工业用电量	万度	4444	4772	6000	6192	2.6
农村居民人均纯收入	元	2250	3292	6202	9466	11.7
城镇居民人均可支配收入	元	7190	10830	17901	25332	10.2

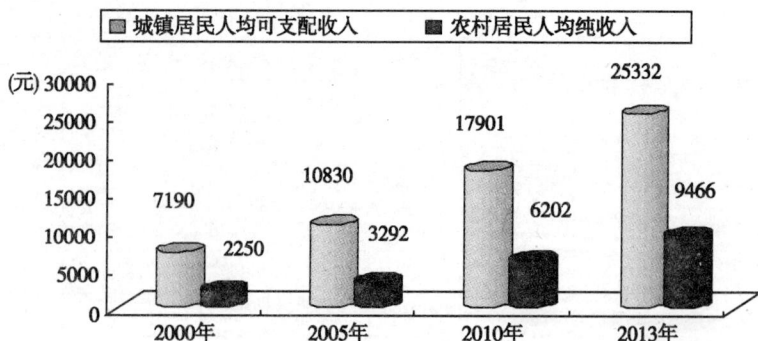

图 1-8　相关年度城镇居民人均可支配收入和农村居民人均纯收入

第三节　新世纪以来三大基础设施建设情况

一　交通基础设施建设情况

景宁交通历来闭塞，经济社会发展一直处于欠发达状态。设县以来，景宁交通可以说从零起步：1984 年县境内公路里程 326 公里，那时景宁车站属浙江省运输公司丽水运输段云和车站的景宁自设站，全县只有 9 趟过境客班，陆路运输基本靠"天目山"三轮车与拖拉机，水路运输基本靠"蚱蜢"船。1986 年 1 月 1 日正式设景宁车站，归属丽水地区运输公司云和分公司。到 1990 年县境公路里程才达 444.18 公里（全部为沙石路面），全县拥有客车 18 辆（全部都是老解放、老东风牌大客车），日发客班 38 班次，并于 4 月开通景宁至省城（杭州）客运班车，当时全县还有 4 个乡未通汽车。那时全县公路靠扫把、簸箕、锄头进行手工养护，生产设备极其简陋，基础设施相当落后。

21 世纪以来，在浙江省委、省政府、省交通厅的特殊扶持下，全县 17 万畲汉人民团结一致、艰苦创业。路从少到多、从窄到宽、从沙石路到沥青路、直至文明路、美丽公路，又从路线形成路网。县境内公路总里程从 2000 年的 1269.48 公里，发展到 2013 年的 1797.814 公里。2008 年千峡湖水库建成后，景宁县新增水域面积 36.72 平方公里，通航里程 110 公里。水路交通百废待兴，在短短几年间，新建水运码头 30 座，跨溪桥梁 6 座，建造标准化运输船舶 15 艘。陆路、水路交通网的全面形成，基本达到人便于行、货畅其流。

"十五"以来，浙江省交通厅加大交通扶贫的力度，倾力支持景宁县完成南北干线 52 省道景泰段二级公路（二期）改造（2000 年 12 月至 2004 年 1 月）。随着全省交通"六大工程"的实施，2003 年及时启动"乡村康庄工程"，村道公路进行标准化改造，村道公路等级化实现零的突破（并于 2006 年实现了全县乡乡通公路和乡乡路硬化的目标）。提升了公路网的通达深度和质量，改善了全县一纵一横一连四通道为主骨架的干线公路网通行质量。同时规划了扶贫大通道——龙丽温高速公路云景段。

"十一五"以来景宁交通进入快速发展期。随着全省交通"三大建设"的推进，交通发展迎来了前所未有的机遇，浙江省交通厅进一步加大扶持力度，专门出台《关于扶持景宁畲族自治县加快交通发展的意见》（浙交〔2008〕308号）。"十一五"期间连续五年交通基础设施建设投入平均达3亿元以上（其中2006年2.25亿元，2007年3.41亿元，2008年3.455亿元，2009年3.661亿元，2010年3.886亿元）。年度投资均占全县基础设施固定资产投入的1/4左右。浙江省交通厅扶持景宁交通资金总量和建设项目资金补助比例均在逐年提高。期间重要建设项目有：一是滩坑库区交通复建工程的顺利实施。先后完成主线庆景青公路改建、滩坑库区码头、库周通村公路。二是云景高速的开工建设。2008年3月20日举行开工典礼，11月15日实现云景高速公路主体工程正式开工建设。三是康庄公路的全面完成。2003年以来，紧紧抓住乡村康庄工程建设这一历史性机遇，确立"加快农村交通建设，服务农村经济发展"的工作理念，坚持"质量第一"和"安全第一"的管理理念，按照"量力而为、因地制宜、分步推进、科学实施"的工作原则，分阶段、有重点地稳步推进农村公路建设，2010年实现"村村通公路，村村路硬化"的建设目标；四是2009年围绕省交通厅"建设大路网、打造五型路"的战略目标，按照"畅、洁、绿、美、优、安"要求，完成了52省道云寿线景宁段50.362公里文明公路创建工程；五是于2010年相继开工建设52省道岚头岭段二级公路改造、交叶线二级改建等工程。

"十二五"以来景宁交通进入建设升级、服务提质的交通现代化阶段。浙江省交通运输厅继续加大扶持力度，出台《关于加大力度继续扶持景宁畲族自治县加快交通运输发展的意见》（浙交〔2013〕6号）。2011年完成投资4.08亿元，实现景宁县交通首次年度投资超4亿元。7月28日开工建设港航中心，12月16日开工建设交通客运中心；2012年完成投资3.313亿元，12月10日启动汇溪公路改建项目，12月25日设立了景宁畲族自治县公交有限公司，同时开通了城市公交东西环线。2013年完成投资4.65亿元，4月云景高速建成通车，7月完成港航中心主体工程，52省道云寿线被评为全省"最美公路"。截至2013年年底，全县新建14个农村客货运一体站、150个港湾式停靠站、60个农村货运网络配送站，实现了"路、站、运"一体化发展。254个行政村中有199个行政村通客车，行政村农村客运通达率达到78.35%。在轰轰烈烈推进工程项目的进程中，农村物流配送网络暖心工程初具规模。运管部门结合县情和行业实际，因地制宜构建城乡物流配送网络，积极发展现代农村物流业。在全县 21 个乡镇（街道）建立起 60 个农村货运配送网络站，网点覆盖全县 70% 的乡村，乡镇覆盖率达到 100%。2014 年将完成的项目有交通客运中心、52 省道岚头岭段二级公路改造等工程；"十二五"末完成的项目有交叶线改建、汇溪公路改建等工程，同时将启动张村至张山岙、大漈至景南、52 省道县城过境段及龙丽温高速公路景文段等。在发展交通运输事业的进程中，景宁高度重视畲族文化和民族团结氛围营造，在交通运输设施建设中融入畲族文化和民俗风情元素，扎实完成交通干线及景区沿线公路畲族文化景观工程。2009 年成功创建全省独具畲乡特色的 52 省道景宁段文明公路，这条色彩斑斓的集公路绿化、景观点、公路管理宣传、畲族文化、民俗风情旅游介绍和地方产品介绍为一体的文明公路于 2013 年被评为全省"最美公路"之一。2013 年建成通车的云景高速沿路景观带也极具畲族特色和地域文化，尤其是充满畲乡风情的收费站成为景宁的又一个文化标志。2013 年建成了 50 个统一具有民族特色的乡村公路"港湾式"停靠站。2012 年投入营运的城市公交车外观图案和 2014 年将要完成的县城公交站及交通客运中心大楼同样将融入畲族风格和民俗风情元素。这些建筑选用了仿古式设计，注入"生态"和"文化"内涵，与景宁的畲族文化相协调。

随着交通运输网络覆盖广度和深度及等级的提升，城乡交通一体化得到不断推进。特别是云景高速（幸福大道）的开通，让景宁纳入浙江省四小时交通圈；干线公路的提升，让通往周边县、市的通道更加顺畅；县内公路形成网络、康庄公路延伸到各个乡村，既解决群众出行难题，又促进农民致富。农村从乡间小道发展到机耕路再到等级路，再从沙石路到硬化路直至文明路；专业机械化公路养护替代手工养护，路政管理从无到有、从小到大、从弱到强实现深刻变革；渡口交通历经木质渡船到钢质渡船直到撤渡建桥的变迁；现在欧江小溪变成库区，水上交通由客轮渡和车轮渡替代了"蚱蜢"船；公路客运生产工具从"老解放"到了豪华快客、绿谷巴士直至康庄小巴；客运公司从无到有、从小到大，客运班线从少到多，从 9 趟过境班车到自有班线 49 条，投放客运班车 89 辆，日发班车212.5 车次的转变；汽车站从简易棚过渡到极具民族特色的标准站场，直至新二级客运站等的升级换代，这一切都让我们切身感受到景宁交通面貌翻天覆地的变化。

随着"十二五"交通发展规划和前期项目的有序推进，景宁交通描绘的新蓝图日渐清晰。全面推进交通"建、管、养、运"系统工程，以"建设主通道，改造农村路，完善水运网，配套站场点，管理促和谐，服务新畲乡"为总思路，全力打造畲乡交通网络。"十二五"交通发展规划既定目标：完善与提升"一高二纵一横一连四通道"为主骨架的公路网；水路网主要以滩坑电站库区和大均电站库区为主，继续完善滩坑库区水路交通网络，推进"水上康庄工程"建设，与公路网互为配套，积极推进跨库大桥的建设；着力功能的布局和交通网络的配套，运输和站场规划以建设层次分明、高效安全、舒适便捷、设施配套、服务完善的运输网络和站场体系为目标。重点加快交通客运中心建设，形成以交通客运中心为枢纽，乡镇客货运一体站为网络，推进城乡公交一体化的进程，方便群众出行。公路站场将以公路网布局，按大道班建设的要求，在重点乡镇建设大道班。同时完善县域内景区旅游线路、县境内的绕城公路和联网公路。届时公交网络将覆盖整个城区，基本满足"一新一老一副城"市民生产、生活安全便捷出行需求。最终形成以城为主、城乡结合、相互衔接、安全可靠、经济适用、便捷高效的公共交通服务体系。

二　能源基础设施建设情况

景宁能源以水电能源为主。境内峰峦叠嶂、沟壑纵横、山高坡陡、水流湍急、雨量充足，瓯江小溪和飞云江两大水系在1950平方公里大地上流过，水能资源丰富。经普查，全县水电资源理论蕴藏量约66.62万千瓦、年发电量18.56亿千瓦时。

1984年刚设县时，境内共有水电站17座，总装机容量0.7265万千瓦；35千伏变电所2座，容量0.815万千伏安；35千伏线路2条，线路长度50.47公里；10千伏线路14条，线路长度493公里；配变189台，容量0.99万千伏安。1984—1999年，景宁发展资金有限，制约了电源开发和电网建设进度，直到1995年8月才建成自治县成立后的第一座110千伏变电站。到了1999年年底，县境内共有水电站86座，总装机容量8.0865万千瓦；110千伏变电站1座，容量6.3万千伏安；35千伏变电所6座，容量2.23万千伏安；35千伏线路11条，线路长度150.16公里；10千伏线路37条，线路长度982公里；配变687台，容量14.61万千伏安。

进入 21 世纪以来，景宁充分开发水利资源，境内新建成水电站 77 座，新增装机容量 25.5135 万千瓦，小水电成为景宁的支柱产业。同时，全县电网发展实现重大突破。累计投入电网建设与改造资金达到 8 亿多元，建成全县首座 220 千伏鹤溪变电所并正式投入运行，结束了景宁没有 220 千伏变电所的历史；新建并改造 35 千伏变电所共 10 座，新增容量 7.535 万千伏安；新增 35 千伏线路 10 条，新增线路 82.216 公里；新增 10 千伏线路 23 条，新增线路 337.129 公里；新增配电变压器 661 台，新增容量 11.383 万千伏安。建成 124 个电气化村、21 个电气化乡镇，顺利实现全县镇镇电气化，景宁正式成为新农村电气化县。

到 2014 年，区域内有 220 千伏变电站 1 座，容量 33 万千伏安；110 千伏变电站 1 座，容量 6.3 万千伏安；35 千伏变电所 10 座，容量 9.765 万千伏安；35 千伏线路 21 条，线路长度 232.376 公里；10 千伏线路 60 条，线路长度 1319.129 公里；配电变压器 1351 台，容量 25.993 万千伏安；小水电站 163 座，总装机容量 33.6 万千瓦。

为不断满足景宁区域的经济远期发展需求，今后，景宁将以电网大网为依托，加强 110 千伏电网建设，尽早形成以 110 千伏电网为主干网架的配电网络体系，把景宁电网建设成为"电源容量充足、系统安全稳定、网络构架坚强、电网运行灵活、设备先进规范"的现代化智能电网。景宁远景电网规模将达到 220 千伏变电所 1 座，变电容量 51 万千伏安；110 千伏变电所 6 座，变电容量 56.3 万千伏安；35 千伏变电所 13 座，变电容量 13.025 万千伏安；最高用电负荷及全社会用电量：最高用电负荷 7.22 万千瓦，全社会用电量 3.20 亿千瓦。

三　水利基础设施建设情况

景宁境内雨量充沛，水资源丰富，多年平均降雨量 1666.91—1895.53 毫米，平均降水量 34.31 亿立方米。多年平均水资源总量为 22.73 亿立方米，过境水资源量 10.85 亿立方米。境内河流水质状况良好，基本达到水环境质量 Ⅱ 类标准以上，属水资源丰富地区，但县域内径流量年际变化大，年内的季节分配不均。

从设县至 1999 年，经历水灾、旱灾 20 余起，有些年份出现较为严重的旱涝双重灾害。从中也暴露出景宁县虽水资源丰富，但水利设施落后、单一，工程性缺水问题较为突出，抗御自然灾害的能力还比较脆弱。到90年代末，全县建成各类水利设施2286处：其中蓄水工程346处，总蓄水量2484万立方米；引水工程1663处；提水工程（固定机电排灌动力）93处；防洪堤184处，总长35.35公里。人畜饮水工程除鹤溪镇有标准净化水厂外，其他乡镇都是直接饮用河水、井水、山泉水，部分乡村自筹资金建水池引水进村到户。

进入21世纪后，景宁的水利基础建设投入逐年加大，特别是进入"十二五"，2010年"中央出台1号文件"以来，水利资金成倍增长，年投入资金从过去的几千万元增加到现在的近两亿元，实施了一批重大项目，呈现出"大项目顶天立地、小项目遍地开花"的格局，在防洪减灾体系、农田水利设施、水资源管理、水生态保护和修复等方面取得可喜成绩。

2002年启动农民饮用水工程，改善1.25万人的饮水条件。2003年被列为浙江省第一批"千万农民饮用水工程"，农村供水事业有了飞速的发展。到2012年年底，完成了31个农村饮水安全工程项目建设，解决了全县254个行政村约15.09万人的饮水安全问题，基本实现全县行政村饮水安全工程全覆盖，农村饮水条件得到极大改善。

2006年开始，中央、省级财政有专项资金支持景宁小型农田水利基础设施建设，县财政每年调拨资金25万元以"以奖代补"的方式用于农村水利设施维修。2007年县水利局开始实施小型自流灌区改造工程。小型灌区工程主要由渠道和堰坝组成，采用三面光渠道流径配水到田块，大大减少输水损耗。景宁主要小型灌区有沙湾灌区、鹤溪灌区、鸬黄灌区、澄梅灌区4个。其中沙湾、鸬黄、澄梅灌区为"浙江省千万亩十亿方节水工程"项目，鹤溪灌区为中央财政支持的"小型农田水利工程"项目。灌区运行后，灌溉水利用系数从过去的0.45提高到0.75，甚至达到0.8，灌溉保证率从50%提高到78%。从2012年开始，中央财政小型农田水利重点县项目开始建设，项目实施后，基本完成县域范围内主要小型农田水利设施建设任务，初步实现基本农田"旱能灌、涝能排"，使农业生产条件明显改善，农业综合生产能力明显提高，农业抗御自然灾害能力明显增强。

2003年以来，浙江省先后下达病险水库和千库保安建设计划。同时根据中央决策和水利部部署，在高标准完成五年1021座"千库保安"工程建设的基础上，浙江省进一步加大水库安全管理工作，大力推进病险水库除险加固，把水库除险加固列入省委、省政府实施"强塘固防"工程的重要内容之一。景宁牢牢把握这个历史机遇，依托千库保安项目，在2009年就全面完成了蒲洋水库等符合政策的全部6座隶属政府所有的小二型水库的除险加固工作。同时依托小型农田水利项目建设，完成全县范围内近70座山塘的综合整治。

景宁的蓄水工程也有了长足的发展，全县范围内共有水库43座（蓄水1000万—4000万立方米水库3座，蓄水100万—1000万立方米水库9座，蓄水10万—100万立方米水库31座），登记在册的蓄水1万—10万立方米山塘共有86座。2009年千峡湖水库下闸蓄水后，全县水库、山塘蓄水量达到18.95亿立方米。

此外，从2007年起，优先对洪涝易发、人口集中、经济发达、农田连片的河段进行堤岸加固和清淤疏浚等小流域的综合性治理，加快对人口集中的乡镇、中心村和重要保护区域的堤防进行加固及防洪工程建设。先后对县域主要流域河道开展大规模的河道治理工作，完成大均水碓洋移民小区河道整治工程、县城青少年宫堤防工程、沙湾镇沙湾堤防工程、梧桐乡梧桐堤防工程、三插溪东坑景南段治理工程；完成了东坑根底砚村、毛垟乡底垟村、秋炉乡下圩村、标溪乡预章等村河道的综合整治；标溪港东坑段治理工程、英川溪英川鸬鹚段治理工程、鹤溪河治理省重点工程2014年年底前将全部完工。

2013年省委、省政府提出"治污水、防洪水、排涝水、抓节水、保供水""五水共治"的战略部署。基于对景宁当前水利发展基本特点的理性认识，县委、县政府认真梳理全县防洪水、保供水方面暴露的突出问题，提出"防洪水、保供水、抓节水"的工作思路，做好"以水固城、以水宜居、以水强农、以水惠民、以水兴业"五篇文章，加快美丽畲乡建设，提高水资源利用率，保障广大群众安居乐业，幸福生活。到2016年，奋战三年，重点解决严重影响群众生命财产安全的防洪水保供水突出矛盾。主要项目包括：小型水库、山塘加固工程，县城山洪整治工程，沙湾、东坑、渤海中心集镇防洪工程，仙姑预章防洪工程，外舍引调水工程，龙潭桥水库、秋炉坑、岭里、英川水库、三插溪等两江源头综合治理工程，千峡湖库尾生态保护与修复工程，节水改造等工程建设；产业聚集区佃源区块防洪排涝工程、毛垟港治理工程、县城备用水源水库工程、产业聚集区佃源区块饮用水工程和沙湾片、东坑片农村饮水安全提升工程建设。到 2020 年，基本解决防洪供水问题，强库工程、固堤工程、开源工程、引调工程、提升工程基本达到规划标准，全县集中式供水水源全面达标、农村饮水安全保障水平基本与城镇同步。

第四节　新世纪以来农业产业发展情况

一　农业六大产业

改革开放以来，农业发展历经家庭联产承包责任制、统筹城乡发展、深化农村经济体制改革等一系列重大改革，见证了耕地保护制度、农产品保护价收购、全面取消农业税、发放农民"四补贴"（直接补贴、良种补贴、农机具购置补贴和农业生产资料综合补贴）等一系列重大举措，农业得到了迅猛发展。但就整个社会经济的增长来说，农业的贡献率却有明显的下降趋势，究其原因是工业、金融业、服务业的高速增长，农业占国民收入的比重持续下滑，这也是很多发达国家农业发展的历史轨迹。但是对于景宁来说，这一比重下滑的趋势并不是特别明显。一是景宁的工业发展跟浙江其他地区比起来，增速相对缓慢，服务业和金融业也没有爆发式发展，因而农业在景宁国民经济中一直占有较大比例。二是进入 21 世纪以来，上至中央下至地方都高度重视农业发展，中央连续 9 年以一号文件重申农业的基础性地位，对农业发展高位"护盘"，省委、省政府出台了《关于扶持景宁畲族自治县加快发展的若干意见》（浙委〔2008〕53 号）、《关于加大力度继续支持景宁畲族自治县加快发展的若干意见》（浙委〔2012〕115 号），省农业厅、市、县也相继出台了扶持农业产业发展的政策，农业发展面临着大好的机遇，农业得到高速发展。三是在市场优胜劣汰的自然竞争法则下和政府的产业扶持引导下，逐渐形成了农业六大产业，这六大产业支撑着景宁农业经济的快速增长。

景宁山多地少且山较高，生态资源十分丰富，可谓"山好、水好、空气好、土壤好"。县委、县政府结合实际情况及景宁农业特色，大力发展生态精品高效农业，制定了"近期茶叶、中期毛竹、远期香榧"的农业主导产业发展战略，确定了茶叶、食用菌、山地蔬菜、生态养殖、中药材、水干果六大农业产业。随着时间的推移和市场需求的变化，六大产业逐步完善的同时，也经历着内部结构的调整和产业的转型升级。

（一）茶产业

2000 年，景宁茶叶种植面积为 2.08 万亩，产量 380 吨，产值 3250 万元，占农业总产值的 7.8%。"十五"期间，茶树良种基地规模得到快速扩大，良种茶苗引繁工作取得了显著成效，大大提高了茶叶的经济效益，也激发了茶农的积极性。茶叶种植面积和产量都得到一定规模的提升，同时，惠明茶机械化加工得到普及推广，惠明茶叶公司、浙江奇尔茶叶公司得到发展壮大。2002 年、2004 年两次被评为浙江省茶树良种化先进县。2005 年，景宁茶叶种植面积为 3.34 万亩，产量 816 吨，产值 7036 万元，占农业总产值的 14.6%。"十一五"期间，景宁惠明茶叶得到迅猛发展。一是统一商标，打造品牌。2006 年 3 月 17 日相关部门和各茶叶生产企业达成共识，签订许可使用协议，解决了久悬未决的"惠明"品牌统一整合难题，全县茶叶生产企业统一使用"惠明"品牌，茶叶包装上统一用"金奖惠明茶"茶名。二是实施标准化生产，并制定行业标准。2006 年拨专项资金 5 万元，制定了《景宁畲族自治县惠明茶地方标准》，同年成立了景宁县惠明茶行业协会，2007 年根据标准制定了《惠明茶苗木技术规范》《惠明茶茶园建设规范》《惠明茶鲜叶加工技术规范》《惠明茶施肥用药操作规程》4 个支撑性技术规程，并结合生产编辑了惠明茶标准化生产技术推广手册，使标准化生产技术覆盖到各产茶乡镇及生产企业。2007 景宁惠明茶业公司被授予"浙江农产品加工示范企业"称号。截至 2008 年，按计划全县改造优化（合并）初制茶厂 51 座，初制茶厂优化改造完成率达 100%。三是被列为主导产业。2008 年县政府出台了《加快惠明茶产业发展试行办法》（景政办〔2008〕47 号），2008—2012 年每年用于惠明茶扶持资金 500 万元，大力扶持惠明茶产业，使景宁惠明茶生产得到快速转型升级与发展。2009 年兴建景宁县澄照茶青交易市场。2010 年，全县年产惠明茶 1485 吨，建成高标准高效生态茶基地规模达 2932.4 公顷（43986 亩），其中良种茶园 1906.7 公顷（28600 亩），良种茶园面积覆盖率达 65%，名列全省前茅，茶叶年产值 1.5 亿元。

2010—2013 年，景宁惠明茶继续延续了"十一五"期间迅猛的发展势头，近几年，每年新增茶园面积均在 5000 亩以上，无论是茶叶种植规模还是产量、产值都达到了历史新高度，到 2013 年年底全县共有茶园面积 5.2 万亩，其中采摘茶园面积 3.2 万亩，产量 1970 吨，总产值 2.46 亿元，占农业总产值的 25.46%。全县从事茶叶种植、生产、销售人员共40150 人，占全县总人口的 23.15%，其中茶农有 32120 人；茶树良种率达 65%，茶园机剪率达 80%。惠明白茶（景宁品种）繁育推广工作取得突破性进展——2013 年景宁县开展景白 1 号、景白 2 号品种审定工作，2014 年春通过省专家现场考察，专家组一致同意推荐报浙江省非主要农作物品种认定委员会认定。目前，景宁白茶基地总面积达到了 7000 多亩，景宁白茶已全面走向产业化发展之路。景宁金奖惠明茶被中国茶叶品牌价值评估课题组评估，2013 年品牌价值达到 8.47 亿元人民币（2011 年5.08 亿元，2012 年 7.13 亿元）。

随着景宁惠明茶营销网络逐渐健全，加上"金奖惠明"品牌影响力的逐步提升，惠明茶已成为目前景宁山区少数民族人员增收致富效益最显著，景宁县最具优势、最具竞争力、最具发展潜力的名特优农产品。21世纪以来，景宁县茶产业经过 13 年的发展，荣获了一系列殊荣（如表1－2 所示）；茶园总面积从 2000 年的 2.08 万亩增加到 2013 年的 5.2 万亩，增加了 1.5 倍；产量从 380 吨增加到 1970 吨，增长了 4.18 倍；年产值从 3250 万元增加到 24600 万元，增长了 6.57 倍（如表 1－3 所示），经济效益显著，茶产业成为景宁农村农业的主导产业，惠明茶也成为景宁县名副其实的一张"金名片"。

表 1－2　　　　　　　　2000 年以来景宁惠明茶叶获奖情况

时间	奖项及荣誉	颁发机构
2001 年	浙江省精品名茶展示会金奖	
2004 年	浙江十大名茶	浙江省第一届十大名茶评选
2007 年	"惠明"牌惠明茶被认定为浙江名牌	
2008 年	"奇尔"牌惠明茶被认定为浙江名牌	
2008—2010 年	惠明茶先后通过有机茶、绿色食品茶、无公害生产基地三认证	
2009 年	香雨有机茶通过欧盟有机茶认证（ECOCERT）	
2009 年	浙江十大名茶	浙江省第二届十大名茶评选
2010 年	中国名茶之乡	中国茶叶学会
2010 年	中国茶文化之乡、中国文化名茶	中国国际茶文化研究会
2010 年	上海世博会名茶评选金奖	
2010 年	第八届国际名茶评比金奖	世界茶联合会
2010 年	实施地理标志产品保护	国家质检总局

表 1-3　　　　　　　　　　2000—2013 年景宁茶叶生产情况

年份	面积（万亩）	产量（吨）	产值（万元）	年份	面积（万亩）	产量（吨）	产值（万元）
2000	2.08	380	3250	2007	3.79	1012	9108
2001	2.29	392	3320	2008	3.95	1230	11170
2002	2.76	405	3490	2009	4.19	1380	12850
2003	2.96	426	3683	2010	4.4	1485	14780
2004	3.12	475	4190	2011	4.6	1665	16800
2005	3.34	816	7036	2012	4.8	1890	19377
2006	3.59	920	7920	2013	5.2	1970	24600

（二）食用菌产业

2000 年以前，景宁的食用菌生产已初具规模，良好的经济效益带动全县 22900 人种植、生产食用菌。但栽培品种比较单一，主要以香菇、黑木耳生产为主，2000 年全县食用菌生产规模 4530 万袋，鲜品总量 3.62万吨，产值 1.2 亿元。"十五"期间（2001—2005 年），景宁菇民在继承和保留传统的生产工艺上，不断改进了生产技术。把改良品种、改进生产工艺作为突破口，发展高标准无公害优质花菇为首要任务，建立县、乡、村示范基地，大力推广"135"、"9015"等花菇新品种。至 2005 年全县食用菌生产规模 5329 万袋，鲜品总量 4.2 万吨，产值 1.59 亿元。景宁香菇、黑木耳 2001 年分别被评为中国国际农业博览会名牌产品。"十一五"期间（2006—2010 年），引进了香菇 L808、黑木耳 916、大球盖菇、杏鲍菇、猴头菇、茶树菇、北冬虫夏草和灵芝等食用菌新品种 9 个，建立新品种新技术示范基地 28 个，引进推广食用菌循环生产技术、耳—稻轮作技术等新技术 5 项；组织开展《袋料黑木耳发展项目》实施，使景宁袋料黑木耳生产得到快速发展，调整了食用菌品种结构。同时，组织开展了食用菌质量安全整治，使景宁县香菇蜡棒得到彻底根治，促进了食用菌产业持续稳定健康发展。至 2010 年全县食用菌生产规模 5870 万袋，鲜品总量4.87 万吨，产值 2.5 亿元。2006 年景宁香菇被浙江省农业厅评为"浙江十大名菇"，2007 年景宁县被浙江省政府评为浙江省特色优势食用菌产业强县。"十二五"时期（2011—2013 年），引进了香菇 9319、庆科 212、白背毛木耳、秀珍菇、金福菇等食用菌新品种 8 个，示范推广食用菌集约化生产技术、食用菌循环生产技术等新技术 3 项，组织开展了全县标准菇棚规范的制订和鹤溪街道周湖、金山洋菇棚整改。完成了鹤澄省级现代农业综合区食用菌主导产业示范区、景宁景元食用菌研究所二级菌种场、景宁大自然食品有限公司食用菌即食产品加工厂以及鹤溪街道周湖、英川镇湖后、毛洋乡新建洋等食用菌主产区的食用菌菌棒集中生产厂家等产业基础设施建设，有效地推进了景宁县食用菌产业的转型升级与提升发展。2011 年景宁被中国食用菌协会评为全国食用菌产业化发展示范县。2013 年全县完成食用菌生产 6190 万袋，鲜品总量 5.12 万吨，产值 2.75 亿元，全县食用菌生产呈现可持续发展态势（见表 1－4）。

表 1－4　　　　　　　　2000—2013 年景宁食用菌生产情况

指标年份	种植规模（万袋）	产量（万吨）	产值（亿元）	从业人口（人）
2000	4530	3.62	1.2	22900
2005	5329	4.2	1.59	25100
2010	5870	4.87	2.5	19000
2013	6190	5.12	2.75	17000

（三）畜禽养殖业

2000 年以前，景宁的畜禽养殖品种主要有猪、牛、羊、兔、鸡、鸭、鹅等。截至 2000 年，全县养殖生猪 92401 头、牛 10546 头、羊 18211 头、兔 130939 只、禽类 678193 羽，全年禽畜肉产量（猪牛羊兔禽）4146.4 吨，牧业收入 5837.84 万元。"十五"期间，一方面由于非典、禽流感及市场波动较大造成的巨大损失极大影响了散户的养殖信心，直接导致景宁猪、牛养殖数量的大幅下降；另一方面由于"省山区海岛特色畜牧业项目"（2002 年）的实施，对景宁禽畜养殖数量又有一定拉升，主要表现在羊、兔的养殖上。通过立项先后对景宁梧桐、郑坑、景南、沙湾、英川、雁溪、东坑、鹤溪、梅岐、家地、九龙、渤海等 14 个山羊养殖示范基地和鸬鹚乡一个肉兔养殖示范基地进行了补助，累计补助扶持资金 300 万元。

"十一五"期间，随着农村劳动力外出打工、经商、子女就学等原因，农村家庭散养逐年减少，加上省厅"畜牧进山、养殖上山"和"山区海岛特色畜牧业项目的实施"，一批畜禽龙头企业和规模养殖户出现，畜禽养殖向规模化、品牌化、生态化方向发展，规模养殖逐渐取代了家庭散养并占据主导地位。2007年，国家发改委、省农业厅对饲养500头以上养猪场实行扶持政策，每个猪场根据规模大小得到扶持资金20万元、30万元、50万元、80万元，截至2010年，共扶持规模猪场项目10个，累计280万元，并且从2009年开始每年每头能繁母猪补贴100元，能繁母猪政策性保险保费标准为每头60元，保险金额为每头1000元，保费由政府和投保养殖户共同承担，这些举措极大地提高了规模养殖户的投资热情。2010年年底，猪年末存栏数34510头，牛年末存栏数5908头，羊年末存栏数13194头；2010年全县有万羽禽场7个、千头养猪场17个、百头养羊场18个，五十头以上养羊户113户。这一期间还引进了香猪、梅花鹿、天鹅等特色养殖。

进入"十二五"，景宁的禽畜养殖业延续了"十一五"期间的发展劲头，禽畜养殖量、肉产品量及牧业收入均逐年平稳增加，标准化养殖得到推广，生态、精品畜牧业得到较快发展，规模养殖场数量再创新高，到2013年全县有年存栏生猪50头以上的规模猪场49个，其中享受财政补贴资金的生态标准化猪场25家，羊常年出栏30头以上的有86户，牛常年存栏20头以上的有71户，家禽常年存栏2000羽以上的有54户，兔常年存栏1000只以上的有4户，梅花鹿常年存栏20头以上的有2户，鹌鹑常年存栏4万羽以上的有1户。2013年全县生猪饲养量8.67万头，其中母猪存栏0.29万头，山羊饲养量为4.06万头，牛饲养量0.86万头，家禽饲养量为76.52万羽（见表1-5）。

表1-5　　　　　2000—2013年养殖畜牧业养殖情况　　　单位：万头

项目	猪			牛		羊	
	饲养量	出栏	存栏	出栏	存栏	出栏	存栏
2000	9.24	3.60	5.64	0.1	1.05	0.54	1.29
2001	9.26	3.60	5.66	0.12	1.01	0.74	1.47
2002	9.31	3.77	5.54	0.1	0.96	0.92	1.63
2003	9.36	3.92	5.44	0.11	0.89	0.98	1.6
2004	8.98	4.22	4.76	0.11	0.81	1.23	1.78
2005	8.31	4.02	4.29	0.12	0.77	1.35	1.76
2006	6.87	3.49	3.38	0.12	0.58	1.26	1.29
2007	6.64	3.58	3.06	0.12	0.58	1.10	1.24
2008	6.51	3.40	3.11	0.12	0.58	0.98	1.28

续表

项目	猪			牛		羊	
	饲养量	出栏	存栏	出栏	存栏	出栏	存栏
2009	7.04	3.88	3.16	0.13	0.61	1.08	1.38
2010	7.64	4.19	3.45	0.13	0.59	1.12	1.31
2011	7.51	4.16	3.35	0.13	0.54	1.32	1.33
2012	8.01	4.28	3.73	0.14	0.52	1.42	1.51
2013	8.67	5.27	3.39	0.86	0.62	4.06	1.94

（四）山地蔬菜产业

2000 年前蔬菜生产主要以农民自产自销为主，主要种植品种有：萝卜、茄子、白菜、芥菜、南瓜、四季豆、豇豆等。种植模式是以家庭为单位，以家庭需求为基础，种植季节蔬菜自销为主。"十五"期间，高山蔬菜起步发展，引进了高山冷水茭白、松花菜（庆农 65）、小尖椒、茄子（杭茄 1 号）等新品种在景宁大漈乡、景南乡、沙湾镇等地进行试验示范，取得了成功，种植面积逐步扩大。到 2005 年全县高山商品蔬菜基地达到 2.2 万亩。这一时期山地蔬菜的主要特点是：蔬菜品种得到了优化，新品种逐步取代了老品种；蔬菜经营模式得到了改变，从过去的零星种植改为连片种植；销售方式得到了转变，从过去的自产自销转变为订单生产市场销售为主。

"十一五"期间，随着农业结构调整步伐的加快和省、市、县蔬菜产业扶持政策力度的加大，在项目的推动下，蔬菜产业获得了快速发展。到 2010 年全县高山蔬菜商品基地面积达到 2.8 万亩，产值达到 14924 万元。主要种植品种有：高山冷水茭白、松花菜、小尖椒、番茄、四季豆等。这一时期山地蔬菜取得良好发展主要得益于：一是抓基地建设，扩大规模生产，以大漈为中心建立高山冷水茭白基地 1 万多亩；二是以景南为中心建立松花菜基地 0.1 万亩；三是以沙湾为中心建立小尖椒蔬菜基地 0.1 万亩；四是蔬菜经营模式得到了改变，从过去的农户连户种植改变为以蔬菜专业合作社＋基地＋农户的经营模式；五是销售网络得到了扩大，景宁高山蔬菜走向杭州、上海、宁波、温州等大市场。

进入"十二五"，景宁山地蔬菜取得了快速发展，蔬菜基地基础设施得到了提升，新品种新技术得到了全面推广，蔬菜安全生产措施得到了落实，蔬菜生产由面的扩张转向为质的提高，2013 年全县高山优质蔬菜商品基地面积 3.7 万亩，产值 1.5 亿元。进入 21 世纪以来，景宁山地蔬菜的发展有以下几个特点。一是设施蔬菜发展尤为迅速，2013 年，全县各类设施蔬菜面积达 1.77 万亩，约比 1993 年增长 110 倍多（20 年）。其中：简易钢管大棚 0.17 万亩，塑料中小拱棚 0.2 万亩，地膜覆盖 0.45 万亩、喷滴灌面积 0.15 万亩，遮阳网面积 0.5 万亩，防虫网面积 0.3 万亩，设施蔬菜生产面积的增加，大大提高了蔬菜抗旱抗灾能力。二是科技含量不断提高，品种体系逐渐优化。蔬菜病虫害绿色防控技术、测土配方施肥技术、微蓄微灌技术、稻菜轮作技术、穴盘基质育苗技术、瓜果蔬菜嫁接技术等新技术广泛应用于生产实践。近几年来，先后引进推广茭白（美人茭）、松花菜（庆农 65）、百合（卷丹）、小尖椒（杭椒 1 号、2 号）、鲜食大豆（台 75）、四季豆（浙芸 5 号）、番茄等蔬菜品种 100 余个。蔬菜品种换代升级率达 80% 以上，品种体系逐渐优化。三是品牌建设显现新起色。从培育品牌、创建品牌等环节入手，以增强农产品竞争力为目标，大力推进农业的标准化生产、品牌化经营；大漈高山冷水茭白基地、景南松花菜基地、沙湾小尖椒基地、英川食用百合基地先后通过农产品基地认证和产品认证；制订了"雪松牌"高山冷水茭白、高山茄子、高山小尖椒、高山松花菜 4 个生产技术规程；蔬菜产业注册商标有"雪松牌"高山蔬菜、"英川牌"食用百合等。四是拳头产品示范作用明显。以高山冷水茭白为例，2003 年景宁大漈乡农民引进试种面积 60 亩，发展至 2013 年全县高山冷水茭白生产面积 1.4 万亩，产量 2.23 万吨，产值 0.66 亿元。10 年时间，景宁高山冷水茭白经历了从无到有、从小到大、从弱到强的发展过程。一方面原因是大漈、景南、东坑、沙湾等茭白种植乡镇是高海拔地区，加上景宁优越的生态、土壤环境，使得景宁茭白有嫩、白、大、口感甜的特点，到市场上完全不愁销路；另一方面也和政府的引导、鼓励、宣传有关，先后在中央 7 台、浙江 6 台进行宣传，通过品牌建设与宣传大大提高了蔬菜产业市场竞争力和知名度；2010 年、2011 年景宁连续两年举办大漈茭白节活动，举办了茭白节开幕式、高山蔬菜产品展示展销、水生蔬菜产业发展论坛、茭白菜肴烹饪比赛、茭白质量评比、现场考察交流 6 项活动，较好地提高了景宁茭白知名度与美誉度。景宁高山冷水茭白的发展过程，其实就是景宁山地蔬菜发展的一个缩影。县委、县政府致力于把景宁打造成长三角地区生态精品蔬菜的供应基地，经过近些年的发展，绿色、有机、无公害的山地蔬菜逐渐成为景宁地区的一张名片，山地蔬菜的概念和区域品牌的谋划，在竞争激烈的市场中赢得了更多的优势。

（五）水干果产业

2000 年前，景宁水干果以梨、椪柑、杨梅等传统水果为主，规模小产量低，经济效益不明显。截至 2000 年，全县水干果面积达 4.38 万亩，总产量为 4518 吨，总产值 860 万元，虽然在农业总产值中占比不及茶叶和食用菌产业，但已经成为部分农民增收的重要手段。"十五"期间（2001—2005 年），水干果产量、产值呈稳定增长态势，2005 年全县水干果总产量为 5968.6 吨，总产值为 1589.7 万元，比 2000 年增长近 1 倍。这一时期，水干果生产以"引进、开发、推广、示范"为核心，立足资源优势，以城北山后 500 多亩水干果示范园和珍稀良种种苗基地为样板，充分发挥示范辐射功能，先后引进了 19 个种类 32 个品种，带动了全县水干果的优化发展。同时，对全县 306 处 30 亩以上水干果基地进行科学管理和技术指导，通过落实责任制，明确考核内容，到 2005 年，已有 91% 以上的基地实行了抚育管理和防病治虫，使全县水干果生产走上以基地为中心，以效益为目标的路子。

"十一五"期间（2006—2010 年），全县种植的主要水果有柑橘、梨、杨梅、桃、柿等，种植面积以柑橘最大，梨次之，柑橘、梨、杨梅已成为水果的主要品种。2010 年，柑橘、梨、杨梅种植面积共 16620 亩，占水果总面积的 88%，产量 4552.76 吨，占水果总产量的 81.85%；其他水果面积 2265 亩，产量 1009.24 吨。这一时期，在巩固原有水干果的基础上，以英川、沙湾、鸬鹚、鹤溪、外舍等乡镇为主要区域，加强连片基地的管理和开发，以"英川牌"高山蜜梨、"农发牌"水果等具有地方优势和发展潜力的品种为重点，着力加大品种结构调整力度。按照"名、特、优"的原则，做好绿色、有机食品的认证和包装开发工作，大大提高了水干果的市场竞争力和经济效益。到 2010 年全县水干果面积 53808 亩，水干果产量为 5927 吨，产值 3197 万元。

进入"十二五"，水干果产业进入新的发展阶段：一是以打造精品果业为目标，进一步优化产业结构和区域布局，推进产业转型升级，水干果生产向优质、高效、安全、生态和高产方向持续稳定发展。全县重点发展具有特色优势的水干果基地，大力实施精品果园基地的建设，现已建成鹤澄省级现代农业综合区特色水果精品园1500亩。示范带动桃源葡萄、畲之蓝蓝莓、天堂炎美国布郎李等精品园相继建立。通过对果园沟渠、道路、加工及储藏保鲜等设施的建设，为水干果产业的长远发展注入强有力的后劲。如今，每年销往上海、杭州、温州等大中城市农贸市场的水干果超过了2000吨。二是建立合作组织，到2013年，已注册的水干果专业合作社有28个，强有力地推进了全县水干果产业的区域化、集约化、标准化和产业化发展。2013年全县水果面积195517亩，产量为4569.08吨，产值2281万元。21世纪以来，景宁名优果品生产日益壮大，果品的市场竞争力不断提高，体现出一定的品牌优势。"农发果品"和"英川蜜梨"两个果品商标多次获得各种奖项，其中："农发"牌板栗、梨、李、椪柑获得省级优质农产品奖项8个，市级奖1个；2003年，"英川牌"高山蜜梨荣获浙江省优质早熟梨金奖，它是浙江首家通过中国绿色食品认证的梨品，也是全国第一个通过绿色食品认证的砂梨。2009年，"澄照"牌青魁梨获省优质早熟梨奖。

表1-6　　　　　　　　　2000—2013年水干果生产情况统计

年份	面积（亩）	产量（吨）	产值（万元）
2000	43833.5	2610.68	609.45
2001	46713.5	4072.84	862.39
2002	47828.5	3916.06	917.59
2003	49198	5223	1209.2
2004	50368	6194.5	1481.3
2005	53518	5968.6	1589.86
2006	54368	6239.2	1713.65
2007	55398	5869.4	1586.96
2008	55798	6033.96	1744.13
2009	53298	5974.51	2161.82
2010	53808	5927.51	3197.77
2011	40016.2	6263.24	2947.67
2012	40543.7	6225.3	3156.4
2013（不包括干果）	195517	4569.08	2281

（六）中药材产业

中药材产业在景宁具有悠久的历史，是景宁特色农业产业之一，历来受到政府高度重视。至 2000 年全县中药材种植面积 3.1 万亩（其中：木本药材 2.5 万亩、草本药材 0.6 万亩），产值 1000 多万元。"十五"期间（2001—2005 年），由于农业结构调整步伐加快，效益农业得到了较快发展。各级政府及有关部门对中药材生产重新引起了关注，立足独特的高山资源优势和农民种植传统，把发展中药材厚朴作为促进山区农民增收的重要产业来抓，积极推进厚朴种植的规模化、产业化。厚朴产业的不断壮大，逐步带动了中药材产业的快速发展，形成了以梧桐、大漈、东坑、澄照等乡镇为核心的万亩木本药材特色基地，以大均为核心的千亩草本药材基地及分布全县的各类特色药材基地的块状发展格局。人工栽培的中药材品种已有 20 多种，成为全省中药材主产区之一。至 2005 年全县中药材种植面积 7.4 万亩（其中：木本 6.5 万亩，草本 0.9 万亩），产值 2099 万元。

"十一五"期间，继续加大对草本药材产业发展的扶持力度，2009 年县政府出台了《关于加快草本药材产业发展试行办法》的扶持政策，对新种植的金银花、白术、元胡、浙贝母、玄参等品种每亩给予 200 元的补助，有力地推动了景宁草本药材产业的快速发展。至 2010 年全县中药材种植面积 7.6 万亩（其中：木本 6.5 万亩，草本 1.1 万亩），产值 5957 万元。2010 年以来，随着产业结构调整的不断深化，政府积极推动、药农踊跃参与，立足基础，发挥优势，依靠科技创新，中药材产业和畲医药开发取得了长足发展，产业规模不断壮大、特色优势已经显现。通过省、市、县农业项目资金的扶持，引进推广了白术、元胡、浙贝、太子参、金银花、玉竹、决明子等药材新品种十多个，示范推广了药稻轮作、药药套种、药菜套种、测土配方施肥、病虫害绿色防控等种植新技术 7 项；在大均乡李宝、梧桐高演等地建成省级草本药材主导产业示范区 1 个（面积 3000 亩），并于 2013 年 9 月 24 日通过浙江省农业厅验收；在英川镇董川村、家地乡石碧村、沙湾镇小地村、九龙乡库坪村等地建成草本药材标准化生产示范基地 11 个（面积 2310 亩）；建成基地蓄水池 32 个（蓄水量达 780 立方）、喷滴灌系统 4010 亩、机耕路硬化 4250 平方米、基地作业道 5127 米、修建机耕路 2.6 公里、生产用房和加工用房 9 座（建筑面积 1718 平方米）、基地引排水渠 9103 米、育苗基地钢架大棚 47 亩、药材晒场 1100 平方米、金银花棚架建设 1230 亩，并购买了药材切片机 10 台、烘干机 10 台。至 2013 年全县中药材种植面积 8.25 万亩（其中：木本 6.5

万亩、草本1.674万亩、菌药类药材0.08万亩），种植规模居全市首位，中药材产业实现销售收入8900万元。

二　农业"两区"建设情况

2010年，浙江省委、省政府作出在全省开展粮食生产功能区和现代农业园区即"两区"建设重要决策部署以来，全县通过强化农业基础、配置装备设施、调整品种结构、优化产业布局和推广应用先进适用技术、创新经营管理机制等途径提升农业产业化水平，深入实施"三县并举"战略、大力推进"两区"建设。全县规划粮食生产功能区46个，面积3万亩；规划省级现代农业园区12个，面积8.32万亩。目前，全县农业"两区"建设取得阶段性成效，已建成验收粮食生产功能区22片、16100亩，其中澄照金丘粮食功能区位于鹤澄现代农业综合园区内，建设面积4900亩。在粮食功能区内，推广测土配方施肥和精确定量栽培技术后，节省肥料成本22元/亩，推广病虫害综合防治和统防统治技术后，节约农药成本17元/亩，推广机械化技术和轻型栽培技术后，节省用工成本60元/亩，合计节本增收99元/亩，已建成粮食功能区亩产达451公斤，比2009年提高8%。已建成各类农业园区7个。综合区建设在优势鲜明的传统山区特色农产品基础上，稳定粮食生产面积，重点规划建设惠明茶、食用菌、山地蔬菜、特色水干果、生态牧业等特优产业，并与畲乡自然景观、人文景观相融合，因地制宜，因势利导，将传统种植业与休闲观光农业相结合。已建成现代农业园区，无论是经济效益、社会效益、生态效益都有显著改善，具有很强的示范带动作用。

以鹤澄省级农业综合区（2013年通过省级验收，是丽水市首批通过验收的省级农业现代综合园区）为例，经济效益方面，农业总产值由12438.8万元提高到29458.7万元，其中种植业总产值23058.7万元，亩均产值达到12464元，比实施前（2010年）亩均增加产值7902元，亩均增加纯收入3517元，农民依靠产业发展经济收入增长较快，综合区范围3个乡镇2012年农民人均收入达到9380元，比2009年增长3623元，增幅明显高于全县平均水平。

社会效益方面，通过综合区创建，提高农技人员为三农服务水平，增加就业岗位，丰富城乡菜篮子内容，扩展农业产业功能；拉动投资消费需求，培育了一批农业建设主体，改善农业生产条件。

生态效益方面，通过推广农作物标准化栽培技术、测土配方施肥技术、病虫统防统治和绿色防控技术，应用高效、低毒、低残留农药，推进肥药减量增效控害工程，大大改善了综合区的生态环境。在综合区的示范带动下，景宁农业产业蓬勃发展，茶产业三大茶区（东坑镇惠明白茶新区、渤海镇千峡湖早茶区、大均至雁溪一带中低山茶区）建设有序开展；食用菌集约化、标准化生产全面推进；大漈冷水茭白、英川食用百合、九龙鲜食大豆、大地有机蔬菜生机盎然；桃源葡萄、畲之蓝蓝莓、岭根源红心蜜柚、天堂炎美国布郎李精品园相继建立；精品山羊、优质家禽较快发展；畲乡红米、高山花卉、郑坑柿子、天野大鲵、生态牛蛙等畲乡特色产业悄然兴起。

第二章

景宁的反贫困之路

第一节 贫困状况分析

由于历史和自然等原因，景宁的土地资源紧缺，发展空间狭小，发展基础十分薄弱，工业化进程滞后，发展速度非常缓慢，是典型的"老、少、边、穷"地区。"老"是指革命老区；"少"是指少数民族地区，另一层意思是景宁建县迟，1984年从云和县分出设立畲族自治县，属于"年轻年少"的县；"边"是指景宁地处浙南边陲，与福建省相毗邻；"穷"是指经济实力薄弱，属国家级贫困县。民国年间，历经"清乡"、"战乱"，饱受烧杀掳掠之苦。新中国成立后，县委、县政府重视扶助革命老区恢复生产，重建家园。1957年2月成立县老区建设委员会，但限于当时财政困难，以及"左"的路线影响，对老区扶持不够有力。"文化大革命"期间，部分老党员、老游击队员、老交通员还受到冲击。

1985年，景宁畲族自治县被列为全国、全省重点扶持的贫困县，浙江省民政厅每年都拨付专项资金对老区进行扶持，1984—1992年共拨款53.3万元，使农民人均收入从148元升至398元，贫困型农户从2.82万户、12.93万人，下降到1994年的5224户、2.43万人。革命老区和畲族的贫困户仍占相当比例。

按照新一轮的省定扶贫标准（2012年农民人均纯收入在5500元以下相当于2010年4000元以下），截至2013年，全县贫困人口仍有16362户47740人，分别占全县总农户和农业人口的43.6%、33.6%，其中少数民族6237人，占低收入农户总数13.09%，这些人口主要分布在254个行政村中。由此可见，反贫困问题一直是需要景宁长期思考而不懈努力的问题。

一　贫困问题主要体现为四个方面问题

一是产业支撑不足问题。工业缺失是景宁永远难以补足的短腿，一产农业始终难以走出"低小散"的困局，三产服务业特别是潜力较大的风情旅游业需要点滴积累，难以一蹴而就。尤其是作为水源头的生态敏感区，走传统工业化道路无疑是死路一条，走新型工业化之路却也是道路漫漫，需要艰辛探索。而缺乏基本的产业支撑，使推进城镇化、信息化和农业现代化陷入事倍功半的境地。

二是基础设施滞后问题。基础设施虽然有较大改善，但重大基础设施需"补课"和投入成本过大的状况没有得到根本改变，由于经济实力不强，基础设施建设依然要靠外力支撑为主。为此，保持固定资产投入的持续快速增长和优化投资结构难度很大。

三是人才资源匮乏问题。随着发展层次的不断提升，发展的人才制约，正在逐步演化为县域经济发展的主要矛盾，大规模的人才培养和引进迫在眉睫。

四是扶贫基数过大问题。全县共有低收入农户集中村 148 个，低收入农户 16362 户 47740 人，有 3.2 万高山远山农民强烈要求异地搬迁，其中2.4 万农民强烈要求到城区安置，要在短期内实现低收入农民收入倍增和万名农民异地搬迁两大战略性目标，无疑是一个非常庞杂的系统工程。

二　贫困问题长期存在的主要原因

一是地理环境偏僻，缺少生产资金。景宁是山区县，80% 以上的村都属于高山村，受地理环境限制，村中交通等基础设施薄弱，生产成本高、投入大，从而导致经济发展相对滞后。低收入农户脱贫致富门路不多，再加上他们自身积累少、可供抵押资产少、还款能力差等原因，向私人借款或到金融机构贷款的难度更大，即使看到好的发展项目，也往往因缺少生产资金望而却步。另外，部分低收入户"等、靠、要"的依赖思想比较严重。

二是因病因残致贫。当前，16362 户低收入农户中，残疾人户、生病户占了 34.34%。尽管农村合作医疗工作已全面开展，但常年看病就医对农户来说还是一笔不小的数目，如果病情稍微重一点，一般的农民家庭负担不起，贫困户更是承受不起。因此"小病拖，大病挨，要死才往医院抬"、"脱贫三五年,一病回到前"、"一人得病,全家致贫"是当前农村贫困农民的实际情况写照,因病致贫、返贫的现象十分普遍。此外,家庭成员中有残疾人,也需要就医治疗,有的虽然不再需要花钱救治,但也失去了劳动能力(有的还是家庭中的主要劳动力),有的甚至瘫痪在床,连基本生活都不能自理,还需要家人照顾,即使家庭其他成员想外出打工也不可能了。

三是因年老丧失劳动能力致贫。调查显示,低收入农户中有一种情况是年老没有子女,生活无保障。另有一种情况是子女有一定赡养能力而没有尽赡养义务,造成的老年人贫困。同时,因农民外出务工后,使部分贫困老人留守在家。这些老年人大多寡居独住,其中还存在有部分老人活动不方便,生活难以自理的现象。在全县的低收入农户中,由于年老缺乏劳动能力导致贫困的有4128户,占25.23%。

四是劳动力文化程度偏低。劳动力综合素质低,使许多农村低收入家庭陷入了"贫困—受教育程度低—知识技能少—创业能力弱—贫困"的恶性循环。在低收入农户中,大多数人没有受过良好的教育,文盲、半文盲和小学文化程度的人口占低收入人口总数的57.02%。他们大都缺乏知识和技能,即使外出务工,也只能从事一些廉价的体力活,仅能维持本人在外的生活开支,难以形成资金的积累,有的则困守在山区从事简单的农业劳动。

五是主要经营传统农业。低收入农户家庭基本属于小农经济,这些低收入农户大多从事传统农业,商品率低、效益低。在低收入农户中,41.65%的劳动力主要从事第一产业,由于地理环境以及观念落后等因素影响,农村农业生产大多为小规模种植,农产品主要是自给,很少有出售,留守农民增收渠道狭窄。

六是子女上学负担重。当前农村由于教育成本依然较高,虽然义务教育阶段免收学杂费和低收入农户子女高中阶段免收学费,但每年仅中小学生节假日、星期天的车费、生活费等,一般都在2000元以上,上高中(中专)特别是大学收费门槛过高,使多数家庭望而生畏。据测算,目前农村供养一名大学生从入学到毕业4年时间最低也需要6万元,这对于一般农村家庭,无疑是一个天文数字。一些家庭是处于"不送子女读书长期贫,送子女读书立即穷"的两难窘境。许多家庭为了孩子上学,只好贷款、借债,也因此陷入更加贫困的境地。景宁这类情况共有2542户,占 15.54% 。

第二节　对口帮扶政策、法规的确立与深化

2008 年以来，浙江省委、省政府先后出台了（浙委〔2008〕53 号）、（浙委〔2012〕115 号）等一系列加快畲族经济社会发展的政策。景宁畲族自治县根据民族区域自治法赋予的自治权，结合景宁的实际，也先后制定了《景宁畲族自治县自治条例》《景宁畲族自治县水资源管理条例》《关于进一步加强景宁县少数民族工作的若干意见》等一些发展民族政治、经济、文化等社会事业的法规性文件。这些政策的实施，为畲族地区经济的快速发展发挥了重要作用。

一　53 号、115 号文件带来的发展机遇

习近平总书记在任浙江省委书记时，亲自倡导加大力度扶持景宁加快发展，并就如何加快景宁发展先后两次作出专题批示：在全面小康建设进程中，景宁作为浙江省唯一的少数民族自治县，如何跟上时代的步伐，应重点研究并采取进一步加强的举措要求予以支持。习近平书记的批示，是省委、省政府对欠发达地区的关心，是对少数民族地区的关怀，更是对实现全面建设小康社会目标的战略考虑。

2007 年，时任浙江省委书记赵洪祝亲自把景宁定为工作联系点，在调研的基础上，多次修改，最终推动省委、省政府于 2008 年出台《关于扶持景宁畲族自治县加快发展的若干意见》（浙委〔2008〕53 号）。该文件对景宁未来五年的发展明确提出"到 2012 年，使景宁经济综合实力进入全国 120 个民族自治县前 10 位，接近全省基本实现全面小康社会的目标，并成为全国畲族文化发展基地"的三大目标。

浙委〔2008〕53 号，成为全国第一个省级专项扶持一个民族自治县加快发展的政策。在文件的推动下，景宁充分发挥民族政策优势，把借力发展作为自治县加快发展的重大课题来研究和推进，在及时把握历史机遇中争取到了一个又一个强有力的支持，将借力发展水平不断推向了历史最高点。省直主要部门主要领导深入景宁对接和调研指导工作达 70 余人次；省发改委、财政厅等 18 个直属部门专门出台帮扶文件，制定帮扶措施 200 多条；30 多个省直机关部门采取各种措施帮扶景宁。

53 号文件实施五年来，景宁县委、县政府团结带领畲汉等各族人民，开创了畲乡发展史上争取外部支持程度最高、经济综合实力提升最快、城乡面貌变化最大、畲汉等各族群众得实惠最多的时期，坚持强县与富民的同步推进，全力推动各项经济指标不断跃升，县域经济基本竞争力在全国2001 个县中排名从 2005 年的 1163 位上升到 839 位，在 120 个民族自治县中的排名从 28 位上升到 13 位。并一度跻身全国县域经济竞争力提升速度最快的百县（市）之列。丽水市委、市政府还专门在丽水经济开发区内划出 4 平方公里土地给予景宁发展工业，彻底解决了景宁工业发展土地瓶颈制约问题。2008—2012 年固定资产投资总额达到 67 亿元，是"十五"的 2.68 倍，也远远超过了从 1984 年设县到"十五"末 21 年 40.2 亿元的投资总和。财政用于社会民生的投入达 25.53 亿元，占同期地方财政一般预算内收入的 68%，城乡居民收入以年均 11% 以上的速度增长，医疗、养老保险实现了城乡全覆盖，发展的成果更多地惠泽畲汉等各族人民。

2012 年，浙江省委、省政府继续加大对景宁的帮扶力度，出台了省委 53 号文件的延期 5 年新政策——浙委〔2012〕115 号文件，夏宝龙书记继续将景宁作为工作联系点。从 2008 年 53 号文件的帮扶到 2012 年 115 号文件的延期，这是省委、省政府贯彻民族政策的创举，在浙江尚属首次，对全国而言，到目前为止也绝无仅有，形成了助推景宁发展的强大政策和精神支撑。

二　自治法规的确立

景宁作为少数民族自治县，有宪法和法律赋予的民族自治地方人民代表大会制定自治条例和单行条例的职权。一直以来，景宁县人大及其常委会着力推进自治县立法工作，加快自治县经济社会发展，全面落实"共同团结奋斗，共同繁荣发展"的民族工作主题，确保景宁县在经济社会发展上走在全国民族自治县前列和建设中国畲族文化发展基地目标的实现。

（一）制定并修改《自治条例》，为自治县的全面发展提供支撑

自治条例是民族自治地方实行民族区域自治的综合性的基本依据和活动准则。景宁畲族自治县从设县开始，就着手《浙江省景宁畲族自治县自治条例》（以下简称《自治条例》）的制定，经过多次修改，于 2007 年6 月 5 日公布施行。《自治条例》共八章六十三条，规定了自治县的基本

组织原则、机构设置、自治机关的职权、工作制度及其他重大问题，并根据宪法、民族区域自治法和景宁畲族自治县实际情况，对经济建设、社会事业建设、人才队伍建设、财政管理、民族关系等作出了具体规定，调动了 17 万畲汉人民当家做主的积极性，加快了依法自治的步伐。

自治法规为县委、县政府的工作决策和县人大常委会作出重大决议起到了重大作用。如滩坑电站库区移民，在库区淹没区建设外舍防护工程，为县城新增 3 平方公里的建设用地；全县 7 个民族工作重点乡镇和 44 个民族村的经济社会发展得到全面加强；少数民族工作人员所占比例逐年提高；少数民族发展专项资金从上年度地方财政收入的 1% 提高到 2%，民族文化教育等享受到特殊优惠政策。自治县 2002 年以来，县委、县政府先后出台的《教育工作新十条》《旅游工作新十条》《扶持民族经济社会发展新十条》等新政策，都是依法决策的结果。

（二）依据地方和民族特色，制定两部单行条例，为民族特色经济发展提供法制依据

一是抓好《水资源管理条例》的制定，促进自治县特色经济发展。

景宁境内峰峦叠嶂，峻岭相连，拥有丰富的水力资源，水资源可开发装机容量 53 万千瓦。目前，景宁已建小水电站 140 座，在建电站 21 座，总装机 32.5 万千瓦。为了促进水资源的合理、高效和持续利用，提高水资源的综合效益，推动民族经济和社会的快速发展，根据《中华人民共和国水法》和《民族区域自治法》，2001 年 6 月 29 日，经浙江省第九届人民代表大会常务委员会第二十七次会议批准，景宁制定了《水资源管理条例》，并于 2001 年 7 月 9 日起施行。条例共 23 条，实现了对国家现行有关水资源管理的法律、法规在民族自治地方的具体细化、补充和变通。

1. 促进小水电行业发展带动增收。《水资源管理条例》针对自治县境内山多落差大，自然蓄水能力差等实际，作出"支持运流式小水电站进行水库配套改造，提高水能利用率和调节性能"、"取水和蓄水必须按规定缴纳水资源费"等规定，促进了景宁小水电行业的快速有序发展，成为群众增收的一个重要途径之一。

2. 规范用水机制增加财政收入促发展。《水资源管理条例》规定，在自治县境内直接从地下、江河和湖泊取水、蓄水的组织和个人，必须按规定向自治县水行政主管部门按时缴纳水资源费，并全额归自治县使用。

《水资源管理条例》的实施，每年为景宁增加税费收入上千万元，促进了自治县水资源的合理有序开发，增加了民族自治地方的财政收入，增强了民族地方经济社会发展的后劲。

二是抓好《民族民间文化保护条例》的制定，促进畲族文化特色的发展。

2009年县人大常委会启动《景宁畲族自治县民族民间文化保护条例》的制定工作，并于2010年10月1日起施行。条例共六章三十四条，分别从民族民间文化保护范围、管理与保护、认定与传承、研究与利用、奖励与处罚等方面，对自治县民族民间文化保护进行了全面系统的规定，为畲族文化的融合式发展奠定了法制基础。该举措推动了"中国畲乡之窗"和"云中大漈"两个国家4A级景区、畲族风情省级旅游度假区的创建；"畲家乐"休闲观光旅游成为民族经济新的增长点，显示出生态资源的良好综合效益；中国畲乡"三月三"民族文化品牌效应日益扩大，文化畲乡魅力与日俱增；毋庸置疑，《条例》正引领着民族旅游经济、特色文化经济的发展壮大，引领着畲族文化走向繁荣。

三　扶持资金的拉动

2008年以前，景宁地方财政入不敷出，财政自给率低。由于经济总量较小，且第二、第三产业发展滞后，使得景宁的地方财政收入来源后劲乏力，地方财政收入远不能负担财政支出需求，财政自给率不高。1999年，景宁地方财政收支总额分别为4636万元和11321万元，财政自给率为40.95%。而同期全国民族自治地方的财政收支总额分别为437.2亿元和1003.8亿元，财政自给率为46.92%；浙江省的财政收支总额分别为244.5亿元和344.1亿元，财政自给率为71.05%。可以看出，虽然浙江省、全国民族自治地方的地方财政收入都不足以负担财政支出的需求，差额部分需依赖于中央财政的转移支付，但景宁的财政自给率均低于浙江省和全国民族自治地方，差距分别为30.10个和5.97个百分点，差距非常明显。

2008年以来，浙江省财政厅为贯彻落实浙江省委《关于扶持景宁畲族自治县加快发展的若干意见》（浙委〔2008〕53号）文件精神，出台了《关于扶持景宁畲族自治县加快发展的意见》（浙财预〔2008〕19号），加大财政转移支付力度，拓宽资金扶持，主要从以下六方面着手。

（一）继续实行收入增量免上交省政策

景宁当年地方财政收入超过上年收入基数的增量部分和上划中央部分给予免交。

（二）设立专项扶持资金

2008—2012 年，浙江省财政在保持年度专项补助的同时，每年再安排 5000 万元专项资金，重点支持景宁加快基础设施建设、教育文化事业发展、生态环境保护等项目建设。浙江省少数民族发展资金用于景宁的比例不低于总量的 14%。

（三）给予享受最高档次转移支付的照顾

从 2008 年开始，除按征收政策规定计算的返还资金、按中央及省政策规定固定补助以及按项目管理等不适宜分类分档补助外，所有省本级专项转移支付补助标准计算实行分类分档次办法。在分类分档次办法中，给予景宁县享受最高档次一类一档的照顾。

（四）提高一般财力转移支付补助标准，增加少数民族转移支付因素

一般财力转移支付采用财力状况、总人口和地域面积三因素，按因素法计算分配，在计算总人口因素时，对景宁给予总人口数加倍计算的照顾；同时，从 2008 年开始，增加少数民族因素，按少数民族人口计算，增加少数民族地区一般转移支付，增加的转移支付资金用于民族乡镇、民族村补助。

（五）加大生态保护支持力度

进一步完善《浙江省生态保护材料转移支付试行办法》（浙政办发〔2008〕12 号），继续实施省对景宁生态环保财力支持力度。景宁的省级自然保护区享受环境保护专项资金补助，其人员经费、日常公用经费等由省财政补助 70%。

（六）实现优惠税收政策

凡在景宁注册的新办企业，给予 3—5 年减征或免征属于地方分享部分企业所得税的照顾；对景宁少数困难的老企业，按规定纳税确有困难的，经批准可酌情给予一年减征或免征属于地方分享部分企业所得税的照顾。

2012 年，浙江省委出台《中共浙江省委、浙江省政府关于加大力度

继续支持景宁畲族自治县加快发展的若干意见》（浙委〔2012〕115号）后，省财政厅出台《浙江省财政厅关于加大力度继续扶持景宁畲族自治县加快发展的意见》（浙财预〔2013〕19号），贯彻落实省委文件精神，将上述财政扶持政策的有效期从2012年延长至2015年。

第三节　对口帮扶的"双轮驱动"

20世纪80年代中期，景宁脱贫致富的任务十分艰巨。浙江省委、省政府为加快贫困县脱贫致富步伐，决定动员沿海发达地区的鄞县与贫困地区的景宁结对扶贫。早期实施的是"输血式"扶贫，由扶持方鄞县给钱给物帮助解决一些眼前困难；后转为"造血式"扶贫，由扶持方鄞县自带资金、带技术人员到景宁办企业，扶持效果越来越好。

一　景鄞扶贫经济开发区成立

20世纪90年代初期，在鄞景两县的共同努力下，经过实地勘察选址，1993年9月12日，首期71亩土地批租与鄞县国有土地管理局签订了国有土地使用权出让协议。1994年3月30日，浙江省政府批复同意建立浙江景宁梅墟扶贫经济开发区，规划面积为1032亩，并比照温州扶贫经济开发区享受规定的优惠政策。浙江景宁梅墟扶贫经济开发区的批准设立，既能享受沿海经济技术开发区的政策规定，又可以享受国家规定的扶贫优惠政策和少数民族地区特殊的扶持政策，对投资者产生极大的吸引力，前来咨询的客商迅速增加。1994年6月2日，浙江景宁梅墟扶贫经济开发区管委会成立。

从统计的数据看，扶贫经济开发区从1995年发生财政收入开始到2007年实行属地管理之前的12年时间里，景宁从扶贫经济开发区得到的财政总收入为4.7亿多元，平均每年近4000万元；地方财政收入为1.7亿多元，平均每年1400多万元。2007年起，扶贫经济开发区实行属地管理，省政府出面协调，由鄞州区通过财政转移支付，每年划给景宁县1500万元。这个收入对欠发达地区的景宁来讲，无疑不是个小数目。收入的增加，也为促进景宁经济社会的加快发展起到较好的作用。

二　宁波鄞州区与台州温岭的对口帮扶

从2000年起，宁波鄞州区和台州温岭对口帮扶景宁。从实施"百乡扶贫攻坚计划"到"欠发达乡镇奔小康工程",再到"低收入农户奔小康工程",直至现在的"低收入农户倍增计划",景宁的发展受到鄞州区党委、区政府和温岭县委、县政府的高度重视,充分发挥他们的智力、财力、物力资源优势,在基础设施、农业开发、社会事业等方面进行扶持,有力地推动了景宁的经济发展。

(一)扶持基础设施建设,群众生产生活条件改善

针对景宁基础设施建设相对滞后,资金投入困难,项目解决难度大等问题,扶贫挂钩景宁的各单位从扶持欠发达乡镇基础设施入手,大力扶持基础设施项目的建设,在很大程度上改善了欠发达乡镇生活生产条件。2003年以来,帮扶单位共扶持帮扶乡镇资金2561.7万元,1679人次到帮扶乡镇对380个项目进行挂钩扶持。

(二)扶持农业综合开发,群众生活水平明显提高

景宁是山区农业县,农民靠山吃山。各扶贫挂钩单位根据实际出发,大力扶持景宁农业开发项目,切实帮助农民增加收入。2003—2005年,景宁欠发达乡镇在鄞州区和温岭县挂钩单位的帮助下,建成开发农业基地49621.8亩:扶持开发茶叶基地5200亩,水干果基地1850亩,笋竹两用林基地7583亩,厚朴等中药材基地23588.8亩,高山蔬菜5800亩,烟叶1300亩,苗圃吊瓜等其他基地2150亩。

在各扶贫挂钩单位的帮助下,群众生活水平明显提高。2003年景宁农民人均收入2397元,增长到了2013年的9466元。列入省财政扶持的12个乡镇,人均收入低于1000元的贫困人口从2003年的7979人下降到2005年3967人,减少4012人,下降50.1%;人均收入低于1500元的贫困村从2003年的3个降为0个。

(三)扶持社会公益事业,乡镇育人环境不断优化

教育卫生等社会公益设施滞后,是欠发达乡镇普遍的困难。为了改善欠发达乡镇育人条件,扶贫挂钩单位,千方百计帮助景宁改善办学条件。如鄞州区邱隘镇出资30万新建大漈乡大漈邱隘幼儿园,改变了大漈乡无幼儿园的历史,鄞州区古林镇扶持资助贫困学生,让更多的苦孩子不再因为贫困而辍学,让更多学子考上大学。

(四)扶持社会救助事业,广大特困群众倍感温暖

十年来,温岭市政府、鄞州区邱隘镇、古林镇等单位慰问了景宁

1357 多户特困户，共发慰问金 93.79 万余元，帮助特困群众解决了许多困难。温岭市政府还捐赠了 2500 多件衣被、大米等物资。挂钩单位领导还深入贫困家庭，了解他们的生活生产，问寒问暖，把党和政府的温暖送到了贫困群众的心中。

特别值得一提的是救灾慰问。2005 年的 13 号"泰利"台风肆虐，景宁遭受了重大的损失，但也感受到了来自帮扶单位的浓浓情意，各帮扶单位怀着对灾区农民的深情厚谊前来受灾乡镇慰问，在钱财及生活用品上扶持灾区群众，让灾区群众切实感受到了来自社会，来自帮扶单位的温暖。如鄞州区集士港镇给东坑镇支援了价值 20 万元的食品衣物。从 2003 年至 2012 年省级挂钩部门和挂钩县市帮扶景宁情况的统计表看，合计扶持资金达 2544.3 万元，并扶持了景宁大量的物资。这一切都说明了各挂钩部门和扶持单位对景宁倾注的爱心（见表 2－1 至表 2－8）。

表 2－1　2003—2005 年省级挂钩部门和挂钩县市帮扶景宁情况统计

帮扶单位	帮扶乡镇名称	帮扶项目	到位帮扶资金	帮扶物资	帮扶单位到帮扶乡镇		备注
					批数	人次	
鄞州区集士港镇	东坑镇	东坑河东路防洪堤、东坑毛竹示范基地建设、东坑镇新栽不连片毛竹、集士街、集士广场、镇机关硬件建设、松树下小区、补助财政	110.5 万元	20 万元食品、衣物等生活用品	5	77	
鄞州区高桥镇	大地乡	大地桥及附属工程、张坑村乡道、险情点挡土墙工程、下山称民点自来水工程、丁大路修复工程、大地村自来水、中心村道路建设、学校操场、乡机关操场	91 万元	购公车桑塔纳补助（10 万元）	5	43	

续表

帮扶单位	帮扶乡镇名称	帮扶项目	到位帮扶资金	帮扶物资	帮扶单位到帮扶乡镇		备注
					批数	人次	
鄞州区古林镇	毛洋乡	毛洋大桥、古林路硬化工程、新造毛竹基地150亩、贫困结对8个贫困生、集镇防洪堤建设、劳动力培训、开发农业	74.2万元	礼品20份、衬衫一批	6	66	
温岭市政府	鸬鹚乡	环城路防洪堤、土地政策处理、科技培训、移民小区道路建设、下山脱贫小区水泥路、排污、绿化，开发农业	90万元	衣服棉被等价值3万元	3	79	
温岭市政府	澄照乡	金丘村桥梁水毁复建、三石村叶八弄水泥路、四格村自来水工程、东畔村水泥路工程、劳动力培训、茶叶基地、加工，封金山油路	96万元	价值12万元的棉被、衣服、米等生活用品	4	86	
鄞州区邱隘镇	大漈乡	大漈邱隘幼儿园、道路建设、桥梁建设	91.6万元		8	101	特困生补助1.6万元，结对0.68万元
鄞州区云龙镇	雁溪乡	竹笋基地、大丘田机耕路、东山机耕路、石梯机耕路、梅坞机耕路、雁溪村党员活动室、农民技术培训、防洪堤建设	40万元		2	26	
合计：7个单位	7个乡镇		593.3万元		33	478	

资料来源：景宁畲族自治县扶贫办汇总，2006年5月8日。

表 2 - 2　　　**2006 年省级挂钩部门和挂钩县市帮扶景宁情况统计**

乡镇名称	帮扶单位	帮扶项目	到位帮扶资金	帮扶物资	帮扶单位到帮扶乡镇		备注
					批数	人次	
鸬鹚乡	温岭市政府	学校办学用品添置、农业产业化发展、机制碳厂补助、下山脱贫点建设、中心村挡土墙、集镇小区建设	30 万元		2	13	
大地乡	鄞州区高桥镇	高桥路拓宽、高桥桥梁建设、丁大路修复	33 万元		3	36	
澄照乡	温岭市政府	村道路建设、科技培训、茶叶基地建设、自来水工程建设、村庄整治建设	30 万元		3	19	
大漈乡	鄞州区邱隘镇	云中大漈景区道路建设	30 万元		2	64	
东坑镇	鄞州区集士港镇	毛竹基地 1231 亩、镇办公楼建设、集镇规划	32 万元		1	23	
毛洋乡	鄞州区古林镇	集镇大桥建设、古林路建设、康庄路建设、教育强乡创建	38 万元	"桑美"台风慰问物资价值 10 万元	3	44	
雁溪乡	鄞州区云龙镇	云龙桥修建、柘湾下山脱贫点建设、村办公楼建设、劳动力培训、生态农业建设、村基础设施建设	28.5 万元		2	22	
合计	15 个单位	62 个项目	221.5 万元		16	221	

资料来源：景宁畲族自治县扶贫办汇总，2007 年 5 月 10 日。

表 2 - 3　　　**2007 年省级挂钩部门和挂钩县市帮扶景宁情况统计**

乡镇名称	帮扶单位	帮扶项目	到位帮扶资金	帮扶物资	帮扶单位到帮扶乡镇		备注
					批数	人次	
鸬鹚乡	温岭市政府		30 万元		1	1	
大地乡	鄞州区高桥镇		35 万元	5 万元	3	25	

续表

乡镇名称	帮扶单位	帮扶项目	到位帮扶资金	帮扶物资	帮扶单位到帮扶乡镇		备注
					批数	人次	
澄照乡	温岭市政府		30万元		3	24	
大漈乡	鄞州区邱隘镇		30万元		3	14	
东坑镇	鄞州区集士港镇		15万元		1	2	
毛洋乡	鄞州区古林镇		36.5万元		3	35	
雁溪乡	鄞州区云龙镇		31万元		1	3	
合计	15个单位		207.5万元	5万元	15	104	

资料来源：景宁畲族自治县扶贫办汇总，2007年12月27日。

表2-4　　景宁畲族自治县2008年度省级结对帮扶情况统计

单位：人次、万元、个、户、亩

帮扶单位名称	结对帮扶村数	到村帮扶人次		提供帮扶资金(含物资折款)	实施帮扶项目个数	发展特色产业基地面积	带动低收入农户数	帮扶和慰问低收入农户及家庭困难学生			备注
		领导	其他人员					走访户数	助学人次	到户资金	
合计	50	101	173	317	73	8850	2471	306	125	35.5	
高桥镇	6	8	26	38	8	2000	400	70	20	14	
古林镇	4	12	19	37	8	1000	223	11	10	3	
集士港镇	6	10	20	31	3	500	207	60		7	
五乡镇	4	4	2	25	4	800	300	10			
邱隘镇	4	8	16	30	9	3300	135	22	65	5.5	
姜山镇	5	15	5	30	10	100	25				
云龙镇	4	10	25	36	6	200	80	40		4	
钟公庙街道	6	8	10	30	6		200	15			
石碶街道	6	21	40	30	12	650	401	58	30	2	
下应街道	5	5	10	30	5	300	500	20			

表 2-5　　　　　　　　　**2009 年度省级结对帮扶情况统计**

单位：人次、万元、个、户、亩

帮扶单位名称	结对帮扶村数	到村帮扶人次		提供帮扶资金（含物资折款）	实施帮扶项目个数	发展特色产业基地面积	带动低收入农户数	帮扶和慰问低收入农户及家庭困难学生			备注
		领导	其他人员					走访户数	助学人次	到户资金	
合　计	50	47	215	323.6	40	7290	1577	335	173	12.95	
古林镇	4	3	23	30	4	110	40	24	5	0.15	
钟公庙街道	6	5	18	30	6	200	35	21			
集士港镇	6	2	30	37	6	1280	400	15			
姜山镇	5		8	34.2	5	640	87	15	50	4.2	
高桥镇	6	2	35	30	5	600	80	56		3	
云龙镇	4	15	35	33	1	150	35	25			
五乡镇	4	1	5	25	4	300	350	8	8		
下应街道	5	12	11	32	5	2000	120	99			
石碶街道	6	3	35	40.4	3	1710	390	60	30	2.4	帮助和引进项目资金200万元
邱隘镇	4	1	15	32	1	300	40	12	80	3.2	

表 2-6　　　　　　　　**2010 年度省级结对帮扶情况统计（1—6 月）**

单位：人次、万元、个、户、亩

帮扶单位名称	结对帮扶村数	到村帮扶人次		提供帮扶资金（含物资折款）	实施帮扶项目个数	发展特色产业基地面积	带动低收入农户数	帮扶和慰问低收入农户及家庭困难学生			备注
		领导	其他人员					走访户数	助学人次	到户资金	
合　计	50	50	121	140	30	2980	806	190	120	9	
古林镇	4	7	12	15	4	100	45	40	30	3.8	
钟公庙街道	6	6	18			200	19				
集士港镇	6	3	20	15	4	300	130				
姜山镇	5	8	10	15	5	50	50	50	50	4.2	
高桥镇	6	2	12	10	3	300	55	40			
云龙镇	4	1	3	0	1	150	55	10			油桃基地
五乡镇	4	8	6	15	4	280	187	40	10	1	

续表

帮扶单位名称	结对帮扶村数	到村帮扶人次		提供帮扶资金(含物资折款)	实施帮扶项目个数	发展特色产业基地面积	带动低收入农户数	帮扶和慰问低收入农户及家庭困难学生			备注
		领导	其他人员					走访户数	助学人次	到户资金	
下应街道	5	10	10	15	5	500	35				
石碶街道	6	2	23	45	2	1000	221	7	30		
邱隘镇	4	3	7	10	2	100	9	3	0	0	特色产业为强矮柿子

表 2 - 7　　　　　　　　2011 年度省级结对帮扶情况统计

单位：人次、万元、个、户、亩

帮扶单位	结对帮扶村数	到村帮扶人次		提供帮扶资金(含物资折款)	实施帮扶项目个数	发展特色产业基地面积	带动低收入农户数	帮扶和慰问低收入农户及家庭困难学生			其他
		领导	其他人员					走访户数	助学人次	到户资金	
古林镇	4	18	35	35	4	550	85	86	33	5	
钟公庙街道	6	2	6	30	6	280	56	18	6	0.3	
集士港镇	6	5	35	30	2	300	50	10			
姜山镇	5	15	60	35	5	580	61	50	50	4.96	
高桥镇	6	11	25	30	2	150	96				
云龙镇	4	3	20	18	4	400	80	20	20	2	
五乡镇	4	10	20	30	4	350	55	15	3	1	
下应街道	5	5	10	25	5	300	50	10			
石碶街道	6	8	90	43.4	6	700	225	25	30	2.4	
邱隘镇	4	12	20	20	2	100	41	55	64	1.28	
合计	50	89	321	296.4	40	3710	799	289	206	16.94	

表2-8　　　　　　　　　2012年度省级结对帮扶工作成效统计

帮扶单位	省直结对单位(含省内强县、强镇、国企等)名称	结对行政村数量(个)	结对联系村低收入农户		到村次数(次)	走访慰问户数(户)	落实扶持资金(万元)	资助物资价值(万元)	扶持项目个数(个)	结对情况		
			户数(户)	人数(人)						结对干部人数(个)	帮扶农户数(户)	帮扶农户人数(人)
毛垟乡	宁波市鄞州区古林镇	4	209	529	5	56	30	5	5		8	20
九龙乡	宁波市鄞州区钟公庙街道	6	284	779	4	45	45	10	7		10	30
东坑镇	宁波市鄞州区集土港镇	6	267	849	5	78	30		6		3	8
澄照乡	宁波市鄞州区姜山镇	5	174	443	5	50	25		5		12	50
大地乡	宁波市鄞州区高桥镇	6	346	883	4	46	30		6			
雁溪乡	宁波市鄞州区云龙镇	4	197	614	6	80	15		4		11	40
郑坑乡	宁波市鄞州区五乡镇	4	224	815	4	30	40		4		8	20
英川镇	宁波市鄞州区下应街道	5	264	686	6	68	25		5			
渤海镇	宁波市鄞州区石碶街道	6	247	666	4	30	30	2.4	7		10	30
大漈乡	宁波市鄞州区邱隘镇	4	169	310	4	40	30		4		5	12
总计		50	2381	6574	47	523	300	17.4	53		67	210

三　丽景民族工业园的崛起

景宁由于历史和自然等原因，土地资源紧缺，发展空间狭小，发展基础十分薄弱，工业化进程滞后，发展速度非常缓慢。根据景宁工业基础薄弱、土地资源紧张和自然生态需要保护的县情实际，2008年3月20日，时任丽水市委记陈荣高，提出了一个极具创新意义和超前意识的大胆构想——在丽水经济开发区内划出一块地，设立景宁开发区块（即丽水经济开发区景宁民族工业园，简称丽景民族工业园），作为景宁工业发展的"飞地"，扶持景宁工业经济发展。陈荣高书记的提议，与浙江省委、省政府的扶持政策，前后呼应着为景宁畲族自治县异地开发工业经济的崭新格局拉开了序幕。

2009 年 8 月，丽水市政府下发《丽水市人民政府关于设立丽水经济开发区景宁民族工业园的决定》（丽政发〔2009〕72 号）文件，同意设立丽景民族工业园。丽景民族工业园地处丽水南城南端的七百秧区块内，区块内现状用地以农用地为主，占总用地面积的 96.3%，地形地貌以低丘缓坡为主，根据《丽水市南城控制性详细规划》，未来空间发展格局为"一心、二带、二片"，区块范围位于二片中的七百秧组团（工业片）范围之内，规划用地性质为二类和三类工业用地为主。根据《丽景民族工业园控制性详细规划》，工业园总用地面积约 4 平方公里，其中工业用地占总用地面积的 70%。

丽景民族工业园作为"国家少数民族地区异地扶贫开发试验区，省市扶持少数民族经济发展试验区"，景宁发展工业的主阵地和主战场，享受国家关于西部大开发税收优惠政策，享受国家、省对欠发达地区的扶持政策。同时也得到了各级政府的高度重视和支持，国家民族事务委员会相关领导就曾先后两次莅临工业园考察调研，对园区的发展提供了宝贵的支持并提出了宝贵的建议。

自 2009 年 8 月开园建设以来，丽景民族工业园坚持"高起点规划，高质量建设，高水平管理"，取得了令人瞩目的成绩。通过对上级的积极争取，园区 3 平方公里"有条件建设区"已被纳入国土部低丘缓坡综合开发试点，园区 6000 亩的规划指标已全部得到解决。征迁工作被誉为"天下第一难事"，园区内全部 4139 亩的林地报批顺利完成，完成了 5400 多亩土地的测量和征收。其中最大的一个拆迁村——里坑村 170 大户 893 人 70000 平方米已经全面完成拆迁工作，推动了园区整体工程建设进度。

丽景民族工业园坚持"基础设施先行、滚动开发建设"原则，采用分期开发建设，累计完成工程投资 6.8 亿元，2900 亩土地具备成熟的供地条件。丽景民族工业园坚持"招大引强选优"的招商门槛，已经成功签约娃哈哈、伊利等 7 家大型企业，协议总投资为 42.78 亿元，为景宁贡献税收 2193.8 万元，对景宁经济的发展起到了极大的推动作用。

第四节　小县大城下山脱贫

景宁境内山多地少，海拔千米以上高峰有 779 座，坡度在 25 度以下的山地仅占景宁县面积的 8.28%，全县 1416 个自然村中，800 多个自然村及其2.5万居民处于偏远高山，已发现需防治的地质灾害隐患点128个，不稳定斜坡30个，涉及21个乡镇（街道），威胁5893人的生命财产安全。为此，景宁畲族自治县从2000年开始实施下山脱贫和"百村避险"工程，特别是从2008年开始，实施"万名农民异地转移工程"，更是把农民异地搬迁列为景宁重点工程，为努力实现农民的富裕、农村的发展、缩小城乡差距，政府加大了农民异地搬迁的力度，农民异地搬迁工作取得了显著成效。从2013年开始，景宁县将进一步加大政策扶持力度，筹谋规划新一轮"两万农民异地搬迁工程"。

一 农民异地搬迁取得的成果

农民增收是新农村建设的首要目标和任务，也是解决农村发展问题的核心。下山脱贫建设工作启动后，景宁认真实施《景宁畲族自治县下山移民规划（2008—2012年)》，切实加强对农民异地转移工作的指导。开展农民异地转移，坚持"政府主导、农民自愿，科学规划、梯度转移，政策引导、部门协调，突出重点、务求实效"的原则；坚持以整村搬迁、集中安置为主；坚持与推进城镇建设、工业园区建设、基础设施配套和公共服务体系建设相结合。优先安排用地指标，保障农民异地转移安置用地；采取合理安置方式，梯度转移农民；高度重视整村搬迁，逐步减少自然村且坚持一户一宅政策。同时财政部门加大了对农民的财政投入，激发农民异地转移的积极性，基本解决了群众的行路难、灌溉难、吃水难、治病难、入学难问题。

（一）完成了万人搬迁

万名农民异地转移工程实施以来，景宁共计投入各类资金4.3亿元，以整村搬迁为重点，完成农民异地转移2724户10714人，其中整村搬迁206个自然村计2451户9749人，占农民异地搬迁总人口的91%；地质灾害搬迁24个村计337户1216人。占景宁总人口6.4%的偏远山区农民群众向县城、中心镇、中心村的大转移，推进了新型城镇化进程，走出了一条具有景宁特色的农民异地转移之路。

（二）实现了万人脱贫

加大补助力度，确保偏远山区农民群众能够"移得下"。景宁2008年出台景委〔2008〕26号文件，给予及时实施整村搬迁农户每人11600元的补助，零星分散搬迁农户每人7600元补助。农户拆除旧房给予每平方米 50 元补助。这个配套补助标准，在丽水市的农民异地转移补助中，属于较高的几个县市之一；并且未局限于省财政补助的低收入农户集中村，实行县域搬迁。2008—2012 年，景宁共计下发下山移民直补资金 10685.26 万元，其中省补助 3449.58 万元，省特扶资金 445 万元，县财政配套 6790.68 万元。地质灾害避险搬迁农户直补资金 1362.91 万元，其中县财政配套 649.17 万元。为确保异地搬迁农民"能致富"，县财政每年安排 1500 多万元，用于扶持茶叶、食用菌、中药材、高山蔬菜、山茶油、毛竹、花卉苗木等特色农业产业的发展，促进农民持续增收。同时，加强培训力度，增强下山移民的产业经营管理和转移就业能力。在下山移民安置点发展来料加工，促进下山搬迁的老人和妇女在家门口创业增收。鼓励工商企业和专业大户到农村承包闲置的土地，发展特色农业产业，鼓励下山移民以土地入股形式参与产业开发，从而增加收入。据跟踪调查，偏远山区农民异地搬迁转移人口中，至 2012 年年底，家庭年人均纯收入在 4000 元以下的，只有 32 人，其余均实现脱贫致富。异地搬迁已经成为景宁偏远山区农民脱贫致富的一条捷径。

（三）推动了居所建设

为确保"稳得住"，景宁加大移民安置点的建设力度，县财政共投入 1.58 亿元，依托县城、中心镇、中心村，建成双后降、梅坑、水碓洋、畲斗湾等 39 个安置小区（点），集中安置 1382 户 6879 人，极大地改善了下山搬迁农民的居住条件。移民安置点建设已经成为畲乡景宁最大的民生建设工程。为使安置小区（点）建一个美一个，景宁整合了美丽乡村、中心村、村庄整治、旧村改造、民族村建设等各类建设项目，完善下山移民安置小区（点）在建成后的排水排污、道路硬化、美化亮化绿化，努力把安置小区（点）打造成风格各异的移民新村。同时，根据可建房用地少、基础设施建设成本偏高等情况，创新安置方式，推进县城农民公寓和乡镇农民公寓安置、农民廉租房工程。

（四）促进了环境改善

出台政策，对下山搬迁的农户拆除老房给予每平方米 50 元的补助。1 万多农民异地转移后，减少对生态环境脆弱地区的破坏，不仅促进了退耕还林和山区植被保护，改善了山区生态环境，而且使滞留群众能够充分利用剩余的山林、竹林、中药材、田地等自然资源，合理的保护、利用和开发资源，进一步达到"人退、林茂、民富"的目标。积极开展移民搬迁

后，建设用地收归国有，对原宅基地进行复垦，目前已完成复垦 2719.8
亩。复垦土地通过市场化出让取得的出让金主要用于新农村建设，一方面
为宁波等大城市提供了建设用地指标；另一方面，为新农村建设筹集了建
设资金。对财政性资金进行统筹使用和有效整合，提高了资金使用效益，
充分发挥了财政资金的引导作用，带动了信贷资金和其他社会资金的
投入。

（五）构架了政策框架

为加强对农民异地转移工作的组织领导，县政府成立以分管副县长为
组长的农民异地转移工作领导小组，县农办（扶贫办）、发改、建设、国
土、财政等部门及重点乡镇的主要领导为成员，下设办公室，负责全县农
民异地转移工程建设的组织协调和指导管理工作。先后编制和修订了
《景宁畲族自治县农民异地转移规划（2008—2012 年)》，出台了《关于
印发景宁畲族自治县下山移民工作实施意见的通知》《关于加快农民异地
转移促进农民增收的实施意见》以及《关于印发景宁畲族自治县下山移
民工作补充意见》《景宁畲族自治县农民异地转移县城公寓安置工程实施
办法》《景宁畲族自治县农民异地转移乡镇公寓安置工程实施办法》等一
系列文件，形成了系统完善的政策框架。特别是《关于加快农民异地转
移促进农民增收的实施意见》，明确了景宁农民异地转移的指导思想、基
本原则和目标以及补助标准，对实施整村搬迁的农民，给予每人 10000 元
的补助，人均 600 元的一次性过渡期房租补贴，对于按政府部门规定时间
内完成搬迁的农户再给予人均 1000 元的奖励；并从多个方面减免有关规
费，提高农民异地转移的吸引力。

二　农民异地搬迁的困难

虽然农民异地搬迁取得了万人大转移显著成效，但进一步推进这项工
作却面临不少现实困难。

一是建设用地缺。各乡镇安置点建设用地已基本饱和，进一步推进
农民异地转移，安置点建设用地问题亟待解决。二是就业压力大。景宁
县域经济欠发达，工商业就业空间小，虽然来料加工等产业解决了一部
分异地转移农民的不完全就业，还有许多转移农民只能外出务工，或回
原居住地种地、经营山林，农民异地转移缺乏产业支撑，农民下山移民
后顾之忧大；三是行政管理不便。分散安置的许多移民是跨行政村、跨

乡镇，甚至跨县、跨市、跨省自行安置，户籍还留在原居住地。这给安置地政府的计划生育、农村合作医疗等方面的管理和服务工作带来很大不便。农民异地转移的移民户要到当地政府部门办理相关手续，更有诸多不便。

三　新一轮农民异地搬迁工作的整体部署

景宁县委、县政府站在同步推进城市化、工业化、农业现代化的高度，提出了实施新一轮"两万名农民异地搬迁城区安置工程"。2013—2017 年新一轮农民异地转移工作，将开展"四个万"工程："两万名农民异地转移城区安置工程"、"万名异地转移农民就业创业工程"、"万名异地转移农民综合素质提升工程"、"万名异地搬迁农民公共服务共享工程"。

（一）两万农民异地转移城区安置工程

根据对农民异地搬迁相关情况所开展的综合调查，全县农村仍有 1100 多个自然村，10.7 万农村人口"大分散、小集聚"的分布状况没有得到根本扭转，新型城市化进程还有待进一步推进。为进一步推进农民异地转移、中心镇中心村建设和县域人口集聚，景宁县采取以集中安置的方式推进整村搬迁，在澄照工业园区规划建设"佃源农民创业园万人下山搬迁安置小区"，计划 2013—2017 年，集中安置异地搬迁农户 10000 人。为给异地转移农民提供更多的安置点选择，继续建设双后降二期农民公寓，计划安置下山搬迁农户 2000 人，续扩建现有的几个安置小区，安置下山搬迁农户 5000 人。新一轮农民异地搬迁政策和规划现已完成初稿。

（二）万名异地转移农民就业创业工程

结合美丽乡村和中心村建设，完善农民创业园、农民公寓小区、现有安置小区（点）的基础设施建设，加快建设来料加工点，鼓励发展农家乐，扶持特色产业发展，加快工业园建设，确保提供 2013—2017 年异地搬迁农民户均一个就业岗位。

（三）万名异地转移农民综合素质提升工程

开展农民素质培训，在各安置小区（点）、下山搬迁村举办各类培训班，提升异地搬迁农民综合素质，2013—2017 年计划培训异地搬迁农民

10000 人。提高异地转移农民参加培训的补助标准，提升培训档次和质量。

（四）万名异地搬迁农民公共服务共享工程

出台异地转移农民子女教育、户籍管理等系列政策，完善下山安置小区（点）的基础设施改善、社区化服务建设，确保搬迁下山的农户，在子女就学、医疗服务、就业创业、社会保障等方面，与居住地原居民享受同等权益。

四　异地搬迁过程中几个问题的思考

异地搬迁涉及面广，影响大，针对异地搬迁过程中遇到的阻力问题、政策分歧问题、资金补助问题等都需要思考进而提出解决方案。

（一）适度放宽整村搬迁门槛，加大梯度转移工作力度

考虑到农民群众个体情况的千差万别，以往要求"两彻底"的整村搬迁在实施过程中阻力、难度大，新一轮农民异地转移要制定相应推进政策，允许整村搬迁分年度实施，条件相对成熟的农户率先搬迁下来，一时有难度的农户可以暂缓搬迁。

（二）省扶持范围扩大到非低收入农户集中村，实行全域扶持下山搬迁

景宁农民下山搬迁工作是全县范围展开的，低收入农户集中村和非低收入农户集中村补助标准都一样。每年搬迁人数都在 2000 人以上，但低收入农户集中村搬迁则只占一半左右。建议省财政补助放开低收入农户集中村限制，全域给予扶持补助。

（三）省补助结余资金转为下山移民安置小区（点）基础设施建设补助资金

21 世纪以来景宁县共投入 4.3 亿元建成双后降、梅坑、梧桐坑、水碓洋等 39 个安置小区（点），集中安置 1382 户 6879 人。景宁县财政投入15788.58 万元，对安置小区（点）进行配套基础设施建设补助，但县财政很难支撑全部完成安置小区土地平整、道路硬化、排水排污等基础设施建设所需。建议省财政将项目无法实施的结余资金转为下山搬迁安置（小区）点的基础设施建设补助资金。

（四）调整县财政扶持政策

农户直补资金标准改为省财政统一补助标准，县财政配套资金不再对

农户进行直接补助，改为用于农户安置小区的综合提升工程。加强安置小区与旅游功能的对接，提升安置小区品位、提高档次，变直补为统一房屋立面、屋顶坡度、小区配套基础设施建设补助，把每一个安置小区都变成美丽小区。土地收益可返回用于小区安置点建设。

第三章

奔小康进程中的畲族乡村

第一节　新农村建设的策略实施

2006年年初，景宁出台了《关于全面推进社会主义新农村建设的实施意见》，标志着全县社会主义新农村建设全面启动。同年底编制完成《景宁畲族自治县社会主义新农村建设"十一五"规划纲要》，架构了景宁畲族自治县社会主义新农村建设的基本框架，明确了"十一五"期间新农村建设的基本思路、主要任务和推进措施，初步建立了新农村建设的体制机制。2012年编制完成《景宁畲族自治县社会主义新农村建设"十二五"规划纲要》，确定了全县新农村发展的方向，全面加大了对新农村建设的力度。

一　注重农民的增产增收

景宁在深入调查摸底的基础上，准确把握农民特别是低收入农户的具体实际、群体特征和个体差异，区别对待不同类型的农民创业主体，实行产业带动、就业促进、下山移民、结对帮扶、低保救助、专项救助等个性化的分类指导，分批促进农民增收。2013年景宁农村居民人均纯收入9466元，比2005年的3292元增长近两倍，同比增长12.9%，高于全省和全国平均水平。

二　推进下山移民政策

一是制定规划，有序推进整村下山搬迁。县政府制定了《景宁畲族自治县下山移民规划（2008—2012年）》和《景宁畲族自治县下山移民实施意见》及其补充意见，明确下山搬迁的年度计划，落实下山脱贫的具体帮扶政策。二是大力实施下山脱贫及地质灾害避险搬迁工程。2008—2013 年景宁下山脱贫建设取得了明显的成效，整村搬迁村数共 218 个村，补助户数共 2984 户，补助人数共 19390 人，补助总额 11483.38 万元。三是分步实施，促进人口梯度转移和有序集聚。帮助居住在高远山村的群众向城镇和中心村搬迁，逐步减少小规模自然村，促进人口梯度转移和有序集聚。四是因地制宜，多种形式推进下山脱贫。把就近安置、异地安置、分散安置、集中安置结合起来。充分尊重农民意愿，能近则近，继续使用原有生产资料；能集中则相对集中，提高公共设施的共享率。在未来几年将持续推进下山移民点建设工作，完善澄照、沙湾七里等 41 个移民点，预计每年完成下山移民 2000 人。

三　推广"农家乐"

一是强化政策保障。出台《景宁畲族自治县关于人民提升发展农家乐乡村休闲旅游业实施意见》《景宁畲族自治县 2013 年度农家乐综合体发展实施方案》等文件，为农家乐发展提供资金、措施、土地等政策保障。二是大力实施农（畲）家乐休闲旅游发展项目。2006—2013 年，景宁完成大均"畲乡之窗"农家乐综合体 1 个，发展省市级"农家乐"特色乡镇 4 个，其中省市级"农家乐"特色乡镇各 2 个；省市县级"农家乐"特色村 9 个，其中省级"农家乐"特色村 4 个；省市级"农家乐"特色点 9 个，"农家乐"星级经营户 203 户，其中四星级经营户 5 户，三星级经营户 84 户。2013 年"农家乐"共接待游客 105 万人次，营业收入 4315 万元。三是抓重点亮点。以大均、金丘、大漈"农家乐"综合体项目建设为着力点，重点突破、整体推进、形成特色、打造景宁"农家乐"综合体精品。四是全面推进工作开展。"农家乐"休闲旅游工作特别是农家乐综合体作为畲乡旅游重中之重的工作，我们在加大招商引资、创新工作思路、彰显特色文化、提升层次等方面全面推进工作开展。

四　不断改善农村环境

景宁深入实施五大惠民工程，着力改善农村生产生活环境。一是实施"十村示范、百村整治"工程，着力改善农村基础设施条件。解决农村环境脏、乱、差问题。村庄整治按照"因村制宜，分类指导；彰显特色，拓展内涵；突出重点，整体推进"的工作思路，着力在卫生改厕、道路硬化、污水处理、垃圾收集、村庄绿化等五个方面狠下工夫，立足畲乡民族风情、地方特色、生态优势，拓展整治内涵，打造一批如深垟村"石头寨"、吴布村"泥巴村"、岗石村和杨山村的"田园屋"等畲乡"名村"。二是实施"农村环境整治工程"，着力改善农村卫生环境。2006—2013年以来，集中整治254个行政村，促进了农村环境面貌的改善，成效显著。开展改栏改厕，洁净村庄、洁净家庭创建等活动，建立村庄保洁制度，开展农村生活垃圾集中收集处理。

五　农村历史文化的保护和利用

在历史的进程中，一些具有民族特色的物件与风俗慢慢被人淡忘，畲族农村文化缺失严重，村民对畲族文化保护意识差，加上"文化大革命"时期"破四旧"使得历史文化建筑与人文景观受损严重。景宁畲汉两族文化相互影响交融，形成了独特的人文色彩和民俗习惯，现有古建筑村落69个，自然生态村落20个，民俗风情村落7个。县农办积极牵头组织人员加强对畲族文化的系统研究、整理、加工和提升，制定了《景宁畲族自治县民族民间文化保护条例》，编制完成了《全国畲族文化发展基地建设规划纲要》，编印了《畲族历史与文化》《传承与弘扬》《畲族风俗》等系列丛书，建立了非物质文化遗产资源库，恢复了畲族婚俗、传师学师、赶猪节等一批各具特色的民族和民间传统文化项目。举办了各式各样的文化活动，如"畲族三月三"、民族盘歌会和畲族服饰设计大赛等，坚持历史文化保护和利用相统一。

六　与扶贫工作相结合

继全面完成欠发达乡镇奔小康工程各项任务后，又扎实推进低收入农户奔小康工程，2013年起又开始实施新一轮的低收入农户倍增计划，扶贫工作取得了明显成效。一是结对帮扶。全面开展"一户一策一干部"的结对帮扶活动，2007年组织县属部门单位的3280名干部职工及24个乡镇的599名干部与1936户低收入农户结成对子，捐助帮扶资金206.8万元，落实帮扶措施1700多项。2008年组织全县3934名干部结对帮扶5744户低收入农户，募集捐款200万元，落实帮扶措施3000项、增收项目1000多个，带动2663户低收入农户增收。2009年组织114个单位的4003名干部参加结对帮扶，募集到位捐款200.658万元。全面采取"一村一计一部门"结对帮扶低收入农户集中村的办法,推动省、市、县三级部门结对帮扶,省发改委、省财政厅及鄞州区 10 个乡镇(街道)结对帮扶景宁畲族自治县 61 个低收入农户集中村;市委陈荣高书记等 5 位市领导及市水利局等 13 个市直部门结对帮扶 31 个低收入农户集中村;县属 82 个部门和 31 名副县级以上领导结对帮扶 56 个低收入农户集中村,全县 148 个低收入农户集中村实现省、市、县三级结对全覆盖。2013 年启动新一轮结对帮扶政策,省级结对单位(省发改委、财政厅、广播电视集团、浙一医院、鄞州区)结对帮扶 65 个扶贫重点村,市领导及市级有关单位结对帮扶 27 个低收入农户集中村。二是分类指导。制定形式多样的帮扶措施,通过大力实施下山移民工程、地质灾害避险工程和十村示范百村整治工程等惠民工程,改善困难群众生产生活条件。以发展来料加工、特色农业产业为突破口,实行"开发式"扶贫。三是保障救济。构建大社保体系,强化基本生活保障。完善农村最低生活保障制度,健全最低生活保障标准的城乡同比例增长机制,农村低保每人每月补差逐步提高到 2013 年的 295 元。按照"应保尽报"的原则,把符合农村低保条件的人全部纳入最低生活保障,实现农村低保扩面,2013 年人均月补差水平达到 150. 89 元。四是就业帮扶。立足于欠发达地区的具体情况,把劳务输出作为发展农村经济和增加农民收入的一项举措,把农民培训作为增强农民转移就业和创业增收能力的重要手段,大力发展劳务经济。至 2013 年,全县农民就业培训 1232 人。

第二节　美丽乡村建设的做法及成效

景宁县委、县政府以科学发展观为指导,贯彻落实《中共浙江省委办公厅浙江省人民政府办公厅关于深化千村示范、万村整治工程全面推进美丽乡村建设的若干意见》(浙委办〔2012〕130 号)文件精神,坚持生态立县、产业富县、文化名县的"三县并举"战略,结合畲族品牌这一突出的个性特征,深入开展省级美丽乡村先进县和示范县争创行动。

景宁作为浙西南极具发展潜力和特色的山区县,建设社会主义新农村,实现加快科学发展,必须依托和放大生态优势、区位优势、产业优势,积极探索、寻求社会主义新农村建设在景宁实践的融合点,实行错位式、差异化发展。从 2010 年开始,根据中央、省市对新农村建设工作的总体部署，以"四美三宜两园"为标准，以保护生态和优化农村人居环境为目标，以提升"十村示范、百村整治"工程为载体，狠抓村庄规划、切实加大投入，通过努力，成功打造了"深垟古村石寨"、"根底岘世外桃源"、"李宝风情畲寨"等一批各具特色、宜居宜业的"美丽乡村·魅力畲寨"。

一　实施农村环境治理工程

围绕"美丽乡村·魅力畲寨"建设"村容整洁环境美"的要求，深入实施"垃圾处理、污水治理、卫生改厕、村道硬化、村庄绿化"五大基础项目，开展"庭院、村庄、道路、河道"等点线面结合的综合整治工作。按照全面小康社会农村"标准化农房"模式对农房进行立面、屋檐、屋顶改造和整体修缮加固。探索"分类减量、源头追溯、定点投放、无害化资源化"的农村垃圾处理模式，建立健全长效保洁机制，健全"村集体主导、保洁员负责、农户分区包干"的常态保洁制度，探索建设村综合保洁站，开展洁净家庭、村庄和乡镇活动。目前全县254个行政村均建立农村卫生长效保洁制度，落实河道保洁员人数240名，配备农村保洁员541名，完成洁净家庭创建36217户，洁净村庄254个，洁净乡镇21个，创建率分别达87.18%、100%、100%。

二　实施农村人口集聚工程

按照"培育中心村、整治保留村、撤并一般村、搬迁高山村、打造特色村"的要求，支持农民转移到中心镇、中心村和美丽乡村居住和发展。按照培育建设"人口集中、产业集聚、要素集约、功能集成"的中心村要求，已启动33个中心村建设，同时展开了10户以下的小规模自然村撤并工作，并积极开展农民素质培训，提升农民综合素质，以保障集聚工程人口再发展再创业。

三　实施基础设施完善工程

加大对列入规划的美丽乡村农田、水利、道路、电气等建设的投入力度，统筹推进中心村、农民创业园、农民公寓小区、现有安置小区（点）给排水、供电、道路、绿化及垃圾处理、污水治理、电气化、信息化等基础设施建设；提高补助标准，实施村庄排污、排水、硬化、绿化、亮化、美化工程；切实加强医疗、卫生、文化、体育、教育、商贸等公共服务设施配套建设。2014—2016 年，整合各方资金 2.5 亿元进行农村生活污水治理。

四　实施特色产业培育工程

按照"创业增收生活美"的要求，大力推进"美丽乡村·魅力畲寨"建设与农民增收的互联互动，充分发掘景宁土地资源、气候条件和区位条件的优势，重点发展培育形成惠明茶、毛竹、香榧三大主导产业，积极发展油茶、中药材、食用菌、高山蔬菜、生态畜牧业等精品农业和林业经济。积极深入推进现代农业园区、粮食生产功能区建设，发展农业规模化、标准化和产业化经营，推广种养结合等新型农作制度，大力发展生态循环农业，不断扩大无公害农产品、绿色食品、有机食品和森林食品生产。进一步利用美丽乡村森林景观、田园风光和乡村文化等优势资源，发展各具特色的乡村休闲旅游业，加快形成以重点景区为龙头、骨干景点为支撑、古村落文化游和农家乐体验游为基础的农家乐综合体。

五　实施古村落保护与利用工程

据普查统计，景宁共有古建筑村落 69 个，自然生态村落 20 个，民俗风情村落 7 个。按照传统建筑现代化、现代建筑本土化、居住条件小康化的要求，景宁全面开展特色建筑的修复与置换、特色风貌的保持与延续、优秀传统文化的发掘与传承、村庄环境和基础设施的科学整治与建设，把历史文化村落培育成为与现代文明有机结合的美丽乡村。采取有效措施，精心保护古村落的建筑形态、自然环境、传统风貌以及民俗风情；发掘文化古村落中凝结着的耕读文化、民俗文化、宗族文化；科学发展文化古村落休闲旅游、民间工艺作坊、乡土文化体验、传统农家农事参与等特色文化休闲旅游产业。积极培育和发展古村休闲旅游、民间工艺作坊、乡土文化体验、农家农事参与等历史文化休闲旅游产业，引导和激励农户利用自有的古民居，发展手工艺业店铺、茶馆、私房菜馆、药铺、民宿等特色经营模式。

六　实施农村文化提升工程

按照"乡风文明素质美"的要求，景宁积极推进农村乡镇综合文化站、村级多功能文化室、有线电视户户通、文化信息资源共享、农村电影放映以及文化指导员进村、进社区等工程建设。深入挖掘民俗文化、民间艺术、人文景观、生活习俗等传统文化资源，成立了农村乡土文化艺术团，充分利用春节、元宵节、中秋节等传统节日开展形式多样的群众性文化体育活动。把继承与弘扬、发掘与培育、保护与利用有机结合起来，发展茶艺茶道、美术摄影等乡村文化产业。加强生态文明知识的普及教育，增强村民的可持续发展观念，规范村民的生产生活行为方式，形成农村生态文明新风尚。

第三节　特色村寨建设的主要做法

2009 年以来，国家民委开展少数民族特色村寨保护与发展试点工作。景宁结合实际，围绕"美丽乡村·魅力畲寨"的主题，积极探索、凝聚力量，深入开展民族特色村寨创建工作，成功打造了一批畲乡特色名村。使得民族特色村寨建设与民族村发展同频共振，相得益彰，实现了经济效益与政治效益、社会效益的有效复合与统一，推动了畲乡民族团结进步事业的发展。

一　"七个一"目标，理清村寨建设新思路

景宁开展了民族特色村寨建设课题调研，编制了《民族特色村寨建设规划参考方案》。确定民族特色村寨建设以打造畲族特色村落文化，提升民生水平，推进以民族团结进步事业为主旨，按照因村制宜、分类指导，拓展内涵、彰显特色，先易后难、重点先行，统筹兼顾、合力发展的思路，狠抓特色产业、特色民居、特色文化、民族团结四项内容建设，以实现"七个一"为目标，即保护好一批畲族村落、打造一批畲族民居、培育一批特色产业、建设一批活动中心、培养一批文化队伍、整理一批畲族古籍、谱写一曲畲汉团结颂，把民族村丰富的文化资源、生态资源转化为经济优势，全面推动民族团结进步事业新发展。

二　坚持"三个结合"，形成合力共建新局面

民族村的建设是一个系统工程，建设涉及方方面面，在建设中景宁着力做好"三个结合"文章，既坚持把民族特色村寨建设与新农村建设融

合起来，与畲乡风情旅游相结合，与文化保护相结合。同时，坚持政府主导、民族部门组织，农民主动、部门参与的"四位一体"工作格局，充分调动各方积极性，整合各方资金，在基础设施、产业培育、改善民生等关键领域共同见效，形成合力，共创共建，达到相互配合、相互支持、相互促进、相互受益、相得益彰的最佳效果。

三　实施"三特工程"，打造特色村寨新风貌

截至 2013 年，景宁已投入民族特色村寨建设资金 5220 万元，（其中浙江省特扶资金 700 万元，少数民族发展资金 1120 万元，农办、财政等部门农村建设资金 3400 万元）开展 20 个村建设，实施特色民居保护和改造，特色产业培育和发展，特色文化传承和弘扬的"三特工程"，借山用水，着力营建畲族民居为主调，山水风光为基调，畲民富裕为核心，畲家风情为特色的畲家村。

1. 以特色民居保护和改造为重点，彰显畲族建筑特色。景宁因村制宜，因屋而异，区别对待。主要做好四点工作。一是保护特色古民居。对保留较好的传统村落、民居以保护为主，按"修旧如旧"的原则，进行"原汁原味"的保护。控制现代建筑，谨慎拆建，民居外形尽量保持原状，内部尽量完善设施，适应现代生活。在不影响整体风格的前提下对民居的大门、窗户、前廊、屋檐、屋顶等细处进行改造、装饰。对水泥砖等不协调外墙色调进行统一立面改造，将村落内对景观影响较大的破旧危房进行修缮，使其与传统风格相一致。二是打造特色民居。对新建民居探索创新，融入文化，打造特色，尽量追求视觉上的冲击，使民族建筑符号迅速入眼、入脑、入心。如马坑、吴山头等新村墙体上镶嵌畲族彩带及凤凰等图案，并镌刻上"幸福吉祥"的彩带文字，彰显出浓郁的特色畲寨氛围。三是创建特色新村。以马坑村为例，村委抓住危旧房改造、下山移民的有利时机，推动少数民族人口集聚发展，建设特色新村，想方设法加大对少数民族建房的扶持，免收每平方米 150 元的建房地基费。村主任梅小东以每平方米 380 元（低于市场价 100 多元）的造价为 40 户少数民族建房被传为佳话。四是特色设施建设。建成一批富有民族特色与自然环境相配套的公共设施。如吴布村的特色停车场，东弄村特色游步道，吴山头村的特色村寨大门，伏叶村的畲乡特色廊桥，等等，都为畲寨增添了一道道亮丽风景。

2. 以特色产业培育与发展为核心，促进群众增收致富。依靠民族村的自然资源和人文资源的优势，注重特色产业培育，增加群众收入、壮大村集体经济，加快民族聚居区群众致富奔小康步伐。一是探索合作发展模式，推动畲村经济转型。以东坑镇马坑村为例，村委抓好土地经营权流转工作，着力发展规模产业，探索合作经营模式，将少数民族发展重点项目扶持资金作为村集体入股股金，投入具有经营能力的雾里香白茶专业合作社，与其他股东一同享有同股、同权、同利，分红所得作为村集体经济收入，用于村集体公益事业，并签订合作协议，经公证处公证。二是加强产业特扶政策，培育畲村主导产业。景宁立足实际，因地制宜、按照"一村一品"或"几村一品"的发展思路，重点培育发展惠明茶、毛竹、香榧等农业产业，并实施"叠加"补助政策，如对新发展惠明茶的少数民族农户要比普通农户每亩多补 100 元，鼓励少数民族调整产业结构，培育一定优势的主导产业。三是深入挖掘文化资源，开发畲族风情旅游业。围绕"畲族风情、山水生态、民间文化"三个主题深入挖掘民族村旅游资源，推动"畲家乐"持续健康发展。李宝、伏叶村借助靠近畲乡之窗 4A 级景区和村中优美风景的优势，大力发展农家乐产业，成为畲乡别具特色的民族风情旅游村。

3. 以民族文化保护和发展为亮点，助推"畲族文化总部"建设。主要抓好"六个一批"的建设。一是组建一批畲族文化传承展演队伍。二是建设一批文化展示中心。如深垟村、敕木山村建成畲族农耕展示馆，岗石村民族传统文化表演体验活动场，安亭村建传师堂。三是建设一批畲族文化传承基地。建立畲族民歌、传师学师、畲族服饰、畲族语言、畲族武术、畲医畲药等 10 个传承基地。四是开发一组畲族特色大餐。立足畲族饮食的特点，培养一批畲家厨师，开发一组畲族特色大餐，品出畲族文化。五是打造一道最亮丽的特色风景。将畲族文化丛书、民歌碟片发放到民族村，努力营造讲畲语、唱畲歌、穿畲服、展风情的畲家村寨特色氛围。六是整理一批畲族古籍，保护一批畲族古迹，留住畲族文化根脉。

四　民族聚居区特殊村寨建设的尝试

景宁境内居住着畲、苗、侗等 29 个少数民族，畲族人口 1.8 万，占全县总人口的 11%。全县设有 7 个民族工作重点乡镇（街道），44 个畲族行政村，163 个畲族自然村。

县委、县政府意识到推进民族村发展建设，是贯彻落实党的民族政策方针的体现，是落实科学发展观、深化农村改革、推进"三农"工作的重大举措，是全面建设小康社会、加快民族地区经济社会发展、构建和谐社会的必然要求，树立了没有民族重点乡镇（街道）、村，就没有民族自治县，没有畲族就没有景宁畲族自治县，没有少数民族的小康就不可能达到景宁小康的工作理念。强化民族工作的重要性意识，进一步增强紧迫感和使命感，齐心协力、开拓进取，切实做好民族工作，把民族团结进步事业不断推向前进。

落实"三大抓手"，营造民族团结进步新氛围。一是抓好宣传教育。每村按照"三个一"要求建立民族政策宣传阵地。既每村设立一幅固定的民族团结进步宣传标语，一处民族政策法规宣传栏，一个可自由切换的广播室，构建民族村民族政策法规宣传阵地。同时，把民族团结内容纳入村规民约，融入日常生产生活之中，加强宣传教育，培育感恩之情，增强民族凝聚力和向心力。二是抓好政策落实。县委出台《关于进一步加强民族工作深化少数民族经济社会发展扶持工作的意见》等法规和文件，为景宁经济社会发展提供了制度保障。将上年度地方财政收入的2%设为当年少数民族发展资金，2013年达818万元，构筑了民族发展的经济保障。把民族工作列入乡镇、部门的考核范畴，督促落实党和国家的民族政策和规章制度。三是抓好主题活动。以"1231"示范工程为载体，即创建10个民族团结进步小康村，评选20个民族团结进步先进个人，评选30户民族团结进步示范户，组织10场民族团结进步宣传主题晚会，开展特殊村寨的建设。

五　特色村寨建设取得的成效

景宁成功打造了深垟石头寨、东弄文化度假村、李宝魅力畲寨、马坑幸福新村、周湖畲家园、吴布田园屋、岗石泥巴村、伏叶休闲庄等一批畲乡特色"名村"，其中深垟、李宝、马坑、东弄4个村被列入"十二五"时期全国少数民族特色村寨保护与发展名录，成为畲乡村落一张"金名片"。

（一）产业结构明显调整，群众增收步伐加快

景宁成功打造了环敕木山一带的"茶叶村"、东坑一片的"毛竹村"、李宝"药材村"、马坑"工厂村"等特色产业专业村和特色产业带，提高

了农民收入。2013 年景宁少数民族农村人均收入 8566 元，高于丽水市少数民族村平均收入水平。

（二）保护传承民族文化，助推"畲族文化基地建设"

"两村"创建为传统畲族文化的保护建立起一道安全屏障，特别是畲族民居得到保护建设，焕发出迷人魅力；同时为畲族文化交流展示提供了平台，彰显出浓浓的畲乡民族风情特色，为景宁建设"全国畲族发展基地"添上浓重一笔。

（三）改善民族民生水平，促进乡村文明进步

"两村"的创建，促进了文化、信息、观念的交流，提高了村民文化水平和道德素养，增进了文明进步。同时，项目的建设也大大地改善了农民的生产和生活条件，目前全县 44 个民族村全部通路、通水、通电视和广播，实施了一轮村庄整治。

（四）增进民族团结进步，营造和谐畲乡氛围

"两村"的创建，充分体现了党和国家对少数民族的优惠政策，让各民族群众真真切切地感受到了党和国家民族政策的阳光雨露，进一步增强了民族凝聚力和向心力，培育了感恩之情，增进了各民族的团结进步。

六 特色村寨建设存在的问题和困难

民族特色村寨建设，在取得一定成绩的同时，也遇到了不少问题和困惑。

（一）工作协调机制有待完善，推进特色村寨建设的合力仍需强化

少数民族特色村寨建设工作涉及诸多部门。地方没有出台专门的指导和规范在民族聚居区实施"畲族特色村寨"建设的相关文件和方案，导致各部门在项目规划上缺乏协调以及在资金投入上认识不　，尚未形成特色村寨建设的强大合力。

（二）少数民族村经济发展滞后，特色村寨建设资金短缺

21 世纪以来民族村虽然得到较快发展，但受地理位置、交通条件、农民自身素质等因素影响，村整体实力不强，基础薄弱，可支配收入少，自身建设能力差，用于"畲族特色村寨"建设的资金更是严重缺乏。有待落实资金"叠加"补助政策，统筹协调各块资金，形成共创共建的良好局面。

（三）少数民族传统文化逐步流失，村寨建设特色不够明显

随着现代社会的快速发展和畲、汉族群众的深度杂居，造成畲族传统文化流失和文化发展萎缩，面临湮灭的危险。原有的建筑风格已逐步汉化，部分畲族群众对彰显畲族特色的民居建筑缺少民族认同感和归属感、主动参与意识不强。在已进行旧村改造或村庄整治的部分畲族村中建筑风格缺乏民族特色。

第四节　典型村落调查

东坑镇深垟畲族村、大均乡李宝畲族村、东坑镇马坑畲族村、鹤溪街道东弄畲族村等4个村被列入"十二五"时期全国少数民族特色村寨保护与发展名录。

一　李宝村

李宝村距大均乡政府6公里，海拔550米，共132户503人，是个纯畲族行政村，其民族特色非常浓郁。全村有山林8417亩（毛竹林850多亩），耕地430亩。2013年全村经济总收入482万元，农民人均纯收入9586元。曾先后被评为浙江省民族团结进步小康村、浙江省创先争优先进基层党组织、浙江省科普示范村、浙江省党风廉政示范村、丽水市生态文明村、丽水市农家乐示范村、丽水市首批休闲养生示范村等。

2012年，李宝村开始民族特色村寨项目建设，作为中国畲乡之窗4A级景区中"看民族古舞，探神秘畲寨"为主题的延伸景点，在充分考虑村落原有空间格局，尊重自然山地特色的前提下，以"一轴、二心、三片区"为总体格局，通过房屋立面改造，将畲族元素运用到畲寨整体民房的外观建筑中；通过空间环境整治，巷道立面整治、通路整治、绿化整治、建筑单位整治、沿路小品建设以及垃圾收集处理、污水处理等农村环境整治工作，美化环境、提升形象，逐步使李宝村成为"畲乡之窗"景区的新景点。

（一）特色民居优美环境

按照体现"畲族文化、生态旅游、品质人居"的理念，在建筑风格上充分融入畲族元素，打造浓郁的畲乡村落气息。通过房屋立面改造，将畲族元素融入畲寨整体民房外观中，提升村庄形象；通过改造民房卫生设

施，建立样板房，让游客能吃在畲寨、住在畲寨。截至 2013 年年底，李宝山门、36 幢特色民居立面改造、2 幢样板房、3 家农家乐建设、排污工程等项目均已完工。目前，中心村新建游步道路和石板路 1500 米，新装路灯 63 盏，重建了雷氏宗祠，新建栏杆 500 米，使李宝的村容村貌发生了巨大变化。随着"美丽乡村·魅力畲寨"建设的推进，李宝村基础设施建设不断完善，目前通村道路硬化率达 95%，自来水普及率达 100%，垃圾集中收集率达 100%，卫生厕所覆盖率达 90%，有线电视入户率达 90%。

（二）特色产业与普通农业产业并举致富

李宝村地处山区，山地多且垂直型多样的气候环境，为发展中药材种植提供了良好的自然环境。目前，草本药材种植面积达 650 余亩，其中金银花 350 余亩，玉竹、浙贝、元胡和白术 300 余亩。2013 年，通过出售草本药材，平均每户增收 1800 元。

李宝村积极推进畲族文化和旅游建设的融合发展，多形式推出畲族风情旅游方式和路线，建成了山里人家、畲寨农庄等以畲族特色为主题的一批特色农家乐，推出乌饭、糯米糍、豆腐娘等具有畲族特色的菜品，吸引了大量县内外客人光顾品尝。2012 年被评为市级农家乐特色村、丽水市美丽乡村示范村、养生养老村，2013 年创建省级农家乐特色村，省级农房改造示范村，创 3 星农家乐 5 家；目前农家乐餐饮接待能力为 500 人。2013 年，为寻求村集体经济发展模式，风情古寨畲家乐、畲寨农家乐、悦宾农家乐对外实施整体联营。

（三）畲族文化彰显风情

李宝村是一个以挖掘、保护、传承和展示畲族文化为主题，集畲族特色民居、旅游度假、畲族文化展示、旅游综合服务等为一体的特色风情村。目前畲家敬茶、敬酒、畲族山歌对唱、祭祖功德舞、花鼓戏等极具畲族风情的民间艺术表演，畲医畲药，让游客在欣赏畲寨原生态美景的同时，领略到畲乡民俗风情，感受畲族文化的独特魅力，增强旅游吸引力，为打造"美丽乡村·魅力畲寨"的建设起到了很大的推动作用。

李宝村以畲族民歌、舞蹈、服饰及民族习俗为主要内容的畲族文化独具特色。在村内组建畲族文化传承队伍，组织开展"学畲语、唱畲歌、跳畲舞"活动。鼓励和支持民间畲族歌手开展传帮带活动，在表演队组织一支 20 余人参加的畲歌队伍，定期学唱，组织到县内外参加山歌对歌、交流表演等活动，促进了畲歌的保护与传承。

（四）设施完善村寨和谐

李宝村建设项目按照规划分步完工，完成后村庄布局合理，功能完善，环境协调，村内水、电、路、照明、通信等基础设施健全。

一是建立和完善公共服务体系。建设农村便民服务中心、村务公开栏、社会事业服务站、劳动保障救助服务站（避灾中心）和多功能教育室、村民（老年）活动室、图书室、民事调解室一应俱全，做到规范运作，便民服务。

二是发展农村体育设施和文化事业。21 世纪以来，新建了一条健身步道，增设了一套体育健身器材，并组织畲族山歌队、木拍灵刀舞队参加本村及本乡内的重要节庆日表演，丰富了农民的业余生活。

三是大力开展文明新风建设。在建设民族特色村寨的过程中，引导农民认识到自己在村寨建设当中的主体地位，树立"村兴我荣、村衰我耻"的荣誉观，从而以极大的热情投身到美丽乡村建设当中来。

（五）项目建设规范有序

李宝村民族特色村寨建设项目，于 2012 年 7 月开始向大均乡人民政府和上级主管部门申报并予以立项，2012 年 9 月开始实施，2013 年 1 月工程提交验收。

为规范项目实施，乡党委、政府抽调乡分管领导和联系村领导组成项目实施的责任领导小组，驻村指导项目实施，项目主管部门按照项目进度来村监督和指导，从资金、人力政策等方面给予全面支持，村两委齐心协力，先后召开村两委会议、村民小组长会议、村民代表会议，村民户主会议等十余次，建立健全项目领导小组、财务监督小组等组织，从上到下统一思想，广泛宣传发动，提高认识，做到政府投资扶持，村民配套投入，全村普惠受益。

民族特色村建设项目，工作量大面广，资金管理环节繁杂，为了让群众明白、干部清白，村两委充分发挥项目领导小组、监督小组的职能作用，及时公布公示项目实施情况和资金收支情况，接受监督，使项目资金、财务运作公开透明、廉洁高效。

基础设施的完善、风情畲寨民俗品牌的建立、村民生活水平的提高推动着李宝成为"宜居、宜乐、宜游"的畲乡特色村，继而显现出民族乡村建设的后续推动力，形成"风情畲寨一日游"的生态经济格局。

二 深垟村

深垟村位于景宁东南方向，距县城 32 公里，在白鹤至大漈 4A 级景区旅游线 5 公里处，距东坑镇政府所在地 10 公里，辖地面积 15 平方公里，海拔 700 米。辖深垟、黄山头、叶源洋、中心洋 4 个自然村，6 个村民小组，共 216 户 764 人，共有畲族村民 235 人，其中黄山头畲族自然村有畲民 48 户 198 人。

深垟村畲族历史悠久，畲族风情特色浓郁，畲族古民居错落有致，村庄坐落依山傍水，村口古木参天，风光秀丽迷人，生态环境优越，村庄整治焕然一新，基础设施建设完善。目前，深垟村已是丽水市生态文明示范第一村，先后被省、市、县命名为"民族团结进步小康村"、"先进基层党组织"、"兴林富民示范村"、"生态示范村"、"文化示范村"、"民主法制示范村"。依托优越生态优势，与民俗风情旅游相融合，与生态文明示范村建设相得益彰。

（一）村寨建筑环境美

深垟，自古以来砌石为墙，是一座典型的"石头寨"。走进村庄，放眼望去，上下左右，满目石头。深垟村修旧如旧的建设，正让"石头寨"显露出更朴实的原始容颜，结合畲族元素，在原有的木质结构房子上雕刻精美的畲族特色花纹，屋顶可见醒目的畲族图腾。各式石块砌就的石屋、石厕、石路、石沟，成为这个深山小村的独特风景。

深垟村目前现存的古建筑有 30 多幢。其中，有十余幢保存完好，建筑风格别致，充满了浓郁的畲族风情。最早的始建于清代，大多数是民国建筑。

到目前为止，深垟村的古村落项目正在施工建成中，新建三格式卫生厕所 205 间，改厕率达 95%，修建门楼 21 个，砌筑围墙 32 户，新建沼气 31 口，农户破旧墙体进行了修理粉刷。拆除老式厕所及乱搭乱建 200 多处。公共基础设施部分，修建村内石头路 5 条，停车场 2 个，公共厕所 1 个，垃圾池 14 个，摆放垃圾箱 85 个，安装路灯 32 盏。针对古村落保护的要求还制定了相应的村规民约，对村寨周边和民族特色的保护启动了长效保护机制。

（二）特色产业增收美

主要是充分利用山林资源、地理条件和自然景观实施三大工程，做好做大做优三篇产业文章。

"聚宝盆工程"：做优毛竹产业文章。毛竹产业作为深垟村的支柱产业，在以往的农民收入中占了70%左右。21世纪以来，修筑了9公里的竹林道，减少了搬运成本，节省了劳务支出，使全村4000多亩毛竹林受益。成立毛竹林发展合作社，并对部分外出农民的竹林进行代管，促进全村毛竹产业的整体发展。

"摇钱树工程"：做优茶叶文章。深垟村有120亩的白玉仙茶产业推广示范基地，以村干部带头示范、以基地示范作用带动农户，通过白茶合作社和农户合作的形式，发展白玉仙茶产业。

"梧桐树工程"：做好做优农家乐文章。深垟位于大漈旅游之窗的必经之地，打出"游在大漈、吃在深垟"的品牌，大力发展农家乐产业，力行"吃在深垟、住在深垟、乐在深垟"。目前，深垟村已发展农家乐7家，可同时接待500人就餐，拥有床位80多张。在农家乐发展的同时，还带动了村中的高山蔬菜种植及家禽养殖业的发展。

（三）畲族文化传承美

畲族传统节日三月三，其主要活动是去野外"踏青"，吃乌饭，以缅怀祖先，亦称"乌饭节"。此外，畲族也过春节。过春节除宰鸡杀猪外，还要做糍粑，祝愿在新年里有好时运，日子年年（粘粘）甜。每年二、七、八月的十五日为祭祖日。

村里创办畲族农耕文化展示馆，村民自发开设畲药展览室，群众共同保护畲族古村寨。在利用村里集体粮仓改造的畲族农耕文化展示馆里，摆放着村民提供的畲服、嫁衣、纺车、稻桶、织布机、木马、茶叶焙等物，许多物件虽已淡出了畲民的生活，但却成为外地游客了解畲族历史的最珍贵实物。

深垟村畲族村民自发组成了深垟滴水文化艺术团、腰鼓队、舞狮队，开展集中性民族体育运动等项目，群众性民族文化活动开展步入正轨。

（四）民族团结和谐美

深垟畲族村建设项目按照规划分步施工，完成后村庄布局合理，功能完善，环境协调。村内水、电、路、照明、通信等基础设施健全；有线电话、手机信号全面覆盖，通信方便。公共服务设施健全；建有村民综合服务中心、流动卫生室、文体活动室，修建健身步道、放心商店、防灾应急设施齐备，安装有村村通广播设备，设有灾害避险点。

深垟村文化礼堂建成以来，举办了各式各样的活动。如深垟村重阳敬老礼仪活动、民族团结宣传教育活动、深垟村畲族特色民俗文化活动——做麻糍、迎新年。同时形成比较完善的基础教育、卫生医疗、公共文化、社会保障等基本公共服务体系。

深垟村21世纪以来没有发生重大刑事案件和安全生产事故，无一起涉及民族因素的纠纷和群体性事件，实现了零上访。

（五）管理规范有序美

村级组织工作规则健全，议事决策程序完善，村务公开透明。村级"三资"（资源、资产、资金）委托东坑镇代理，财务制度完善，运行规范。少数民族发展资金的管理使用实现制度化管理。

对待干部讲制度。深垟村目前已制定并有效落实村民代表会议制度、民主理财制度、村干部廉洁自律制度等十多项制度。

根据深垟古生态、古畲族、古石寨、古村落、古文化的特点，按照上级领导提出的围绕基础设施建设、产业培育发展、特色文化挖掘三方面的深垟村发展创建工作目标，由丽水市建设规划设计院组织测绘编制出了深垟村社会经济发展规划，倾力打造畲族风情特色村，构建和谐民族关系的窗口，努力将深垟村建设成为畲族文化遗产的展示基地。

深垟畲族村通过21世纪以来的保护和建设，在物质文明、精神文明、政治文明、生态文明诸方面都取得了长足发展，并取得了一定成果。今后深垟村会加倍努力，迎难而上，扎实做好各项工作，努力探索更好更快的新模式、新方法、新举措，齐心合力打造天人合一、宜居宜游的特色少数民族村寨。

三　马坑村

东坑镇马坑村位于景宁东南，距离县城32公里，离东坑镇政府所在地1公里，交通便捷。全村辖7个自然村，共有188户，672人，其中畲族365人，占54%，是一个典型的畲汉混居村。村域面积8.84平方公里，耕地面积317亩，山林面积10887亩，其中毛竹1738亩。2012年，农民人均纯收入9163元，林业资源丰富，生态优势明显。2009年，在相关政策的指引下，马坑村抢抓机遇，振奋精神，先行一步，谱写了新农村建设的新篇章。2012年被列入全国少数民族特色村寨保护与发展试点村，2013年被列入浙江省农房改造示范村建设。21世纪以来，马坑村以"发展特色经济、提升人居环境、打造和谐村落"为抓手，结合民族特色村寨建设，深入开展民族团结进步创建活动，取得了显著成效。

（一）加强基础设施建设，打造宜居新马坑

农村危旧房改造，既关系到百姓生命安全，也关系到投资环境的改善，既关系到扩大内需，也关系到科学发展，是改善民生的精彩一笔。农村危旧房改造工作的开展，解决了广大农村农民的现实需要，拉近了农村与城市的差距。

马坑村原有房屋 87 幢，危旧房占全村房屋 92% 左右，房屋被白蚁侵害严重，加上陈年破旧，严重危害着全村村民的生命财产安全。大坪、竹后、岭后等畲族自然村离马坑中心村较远，交通极其不便；同时，因东坑镇集镇规划和村中土地类型的原因，制约村民建房，马坑村已有 19 年之久未审批建房，村中基础设施差，生活环境不尽如人意。2009 年马坑村村委抓住危旧房改造、下山移民等有利时机，推动少数民族人口集聚，促进公共资源共享，建设特色新村。为此，马坑村村两委为少数民族建房提供了一系列优惠政策：一是优先为少数民族群众安排地基；二是免收每平方米 150 元的建设地基费；三是村委主任梅小东还以低于市场价 100 多元，即每平方米 380 元的造价为 40 户畲族群众建房。

马坑村在民族特色新村建设中确确实实做到高标准、严要求。在规划设计上，马坑村是景宁唯一一个由市规划设计院设计的村庄。在规划设计中，综合考虑村庄的"山水本色"、"民族特色"、村民意愿及今后发展等多方面因素，不断咨询多方面意见，经多次修改后才确定整体设计方案，前前后后总共花了 5 个月时间。房屋的整体设计体现了马坑村浓郁的民族特色。截至 2013 年，马坑村已有 121 户 498 人入住新房，大坪、竹后、岭后等畲族自然村实施整村搬迁。通过几年的建设，在各级部门的大力支持下，全村的基础设施建设如排污排水工程、电力改造、道路硬化，以及村庄的美化、亮化、绿化等都已规划实施。特别是 2011 年被列入民族特色村建设后，特色村寨大门、特色立面改造、特色民族主题公园等民族特色元素的融入，使美丽马坑、魅力马坑、特色马坑、生态马坑、宜居马坑的形象逐步彰显。

（二）培育特色产业，促进经济发展

要促进经济发展，培育特色产业是关键。马坑村依靠民族村的自然资源和人文资源的优势，注重特色产业培育，促进群众增收致富，壮大村集体经济，加快民族聚居区群众致富奔小康步伐，是马坑村建设民族特色村的重要内容之一。马坑村村两委始终坚持一手抓群众增收致富，一手抓村集体经济壮大，促进经济健康、快速发展。促进群众增收致富，是建设平安、稳定、和谐新马坑的基础；培育壮大农村集体经济是增强农村基层党组织凝聚力和战斗力、增强服务功能、促进经济发展和实现共同富裕的重要物质基础。主要做法：一是发展生态工业，提供就业岗位，促进群众增收致富。马坑工业小区有年产值 2000 万元的规模工业企业 4 家，为村民提供 100 多个就业岗位，普通工人月工资均达 3000 元，熟练技术工每月最高可达 6000—7000 元，村民在家门口又能管好山上的资源，又能就业增收致富。同时，也解决了危旧房改造、下山移民的后顾之忧，初步实现搬得下，稳得住，逐步能致富的目标；二是探索发展模式，推动经济转型，壮大村集体经济。村两委抓好土地经营权流转工作，着力发展规模产业探索经营模式，将少数民族发展重点项目扶持资金作为村集体入股股金，投入有经营能力的雾里香白茶专业合作社，与其他股东享有同股、同权、同利，分红所得作为村集体收入，用于村集体公益事业，并签订合作协议，经公证处公正。马坑村开发集体入股白茶基地 300 亩，到成熟采摘期每年可为村集体创收 10 万元以上。

（三）丰富民族特色村落文化，彰显畲族文化魅力

一是做好弘扬和发展畲族文化工作，在重要场合和重大活动期间穿戴畲族服饰；农家乐服务人员穿戴畲族服饰和以畲族礼仪迎接客人，弘扬畲族文化，努力营造讲畲语、唱山歌、穿畲服、展风情的畲家村寨特色氛围。二是开展广场健身舞活动，丰富群众文化生活，促进村民身心健康。三是积极组织参与县"畲乡三月三"、"大地飞歌"等大型活动。四是举办以"共同团结奋斗共同繁荣发展"为主题的民族特色村文艺联欢晚会，邀请县艺术团的民族演员同台表演，晚会洋溢着浓浓的民族团结情，传递着美美的畲寨幸福感。五是利用民族主题公园建设以及"马坑心田"知名景点等载体，大力弘扬畲族文化、生态文化和农耕文化，加快发展美术摄影基地、生态旅游观光和农家乐，全面提升马坑村的文化内涵。

（四）增进民族团结进步，营造和谐畲村氛围

马坑村的和谐发展，充分体现了"共同团结奋斗，共同繁荣发展"的民族工作方针，充分落实了"三个离不开"的思想。广大群众已自觉形成维护民族团结、促进民族村发展的良好氛围，形成了"畲汉一家亲"

的良好局面。

马坑村所取得的成绩离不开各级部门的支持,各级领导以及社会各界的关心。在东坑镇万众一心谋生态发展、群策群力搞生态建设的大好形势下,马坑村会一如既往地紧紧围绕上级工作部署,以科学发展观统领经济社会发展全局,不断推动社会经济发展,将马坑村建设成"生产发展、生活宽裕、乡风文明、村容整洁、管理民主"的新农村。

四　东弄村

东弄村位于县城以南,据东弄村蓝姓族谱载"自闽避乱于景邑城东地名彭坑居住……自明万历七年遂迁东弄居住"。东弄村的畲族民俗文化底蕴深厚,而且沿承相对完整,是传统畲族文化的传承基地。

(一) 传统文化习俗留存氛围良好

2011 年,东弄村举办畲族文化艺术节交流活动,吸引了福建、温州还有丽水全市各地的百余位畲族民间歌手,唱山歌、跳农舞,表演畲族传统节目。东弄村浓郁的畲族文化氛围,吸引各地游客前来休闲、体验,2013 年景宁"三月三"畲族原生态山歌组决赛的主会场就设在这里。

(二) 民族传统手工艺传承代表村

许多濒临消失的传统文化,在民族特色村建设中得到复活、继承和发扬。身着畲族传统服饰的村民和非遗传承人,在彩带馆、农耕展示馆、田间茶园等地,将草鞋编制、彩带编织、茶园对歌、农田犁耕、祭祖功德舞等原生态畲族文化展示给游客们。古寨中有"彩带王"蓝延兰、蓝余根等 3 位省级非遗传承人,"彩带王"蓝延兰,前几年在寨中的非物质文化遗产传承基地——景宁畲族自治县蓝延兰畲族民间工艺品工作室编织出了一条长 4 米、宽 10.6 厘米,织有全国 56 个民族名称的彩带,在畲乡广为传颂。

这里的畲族民间山歌、彩带编织、草鞋编织、祭祖功德舞、农耕文化等既是畲族文化的"活文物",也是畲族非物质文化遗产代表。21 世纪以来,东弄村凭借这些独特的畲族历史文化,大力开展各项非物质文化展示展演活动,为游客全面展示畲族原生态文化。2012 年,浙江省文化厅、浙江省旅游局将东弄村列入第二批浙江省非物质文化遗产旅游景区。

(三) 民族文化为载体的旅游目的地

东弄村作为畲族风情省级旅游度假区环敕木山喜寨、古寨、禅寨、食寨等九寨之一，其发展规划思路是为突出原真性的畲族古村和浓郁的民族风情，以东弄老村畲族生态古村为基础，通过挖掘悠久的畲族文化，以非物质文化遗产、农耕文化等资源作为出发点，发展畲族文化观光体验和"隐士"休闲度假，形成具有浓厚民族风情的原真性古寨旅游产品。重点在东弄老村块，通过原始村容村貌的恢复，按照新畲式建筑打造高端度假"隐士村"；新村则以规模化、精细化打造"三月三"畲族对歌节为主。村里现在已经有 8 家农家乐，生意也越来越好。

第四章

城镇化进程中的景宁城乡

第一节　城镇化的基本策略与现状

进入 21 世纪后，景宁经济社会得到较快发展，产业结构进一步优化，城镇建设步伐加快，城镇集聚功能提升。截至 2013 年年末，景宁城镇化率达 45.62%，比 2000 年提高了 20.43 个百分点（如表 4-1 所示）。

表 4-1　　　　　若干年份景宁畲族自治县人口城镇化情况

年份	户籍总人口（人）	非农业人口（人）	非农业人口比例（%）	总常住人口（万人）	城镇常住人口（万人）	城镇化率（%）
1999	175485	18043	10.28	无统计	无统计	以户籍人口计 10.28
2000	176837	19905	11.25	15.44	3.89	25.19
2005	177252	28090	15.84	13.68	4.23	30.92
2010	171867	31055	18.07	10.72	4.32	40.29
2013	173414	30398	17.52	10.61	4.84	45.62

数据来源：依据《景宁统计年鉴》2012 年数据，1999 年、2013 年数据由统计局提供。1999 年没有常住人口统计数据，以户籍人口计算城镇化率，不能反映真实水平。

景宁主要通过以下举措推进城镇化进程。

一　实施产业富县战略，倾力发展区域经济

景宁倾力发展区域经济，"十一五"期间提出并实施了"生态立县、产业富县、文化名县"三县并举战略，促进了县域经济的快速发展。2013 年地区生产总值 38.7 亿元，是 1999 年 7.18 亿元的 5.39 倍；第一产业在国民经济中的比重从 1999 年的 35.3% 下降至 2013 年的 16.1%。经济的发展、结构的调整提高了城镇吸附农村劳动力的能力，促进了农村劳

动力和农村人口向城镇转移。

二　城乡规划科学引领，全力推进城镇化建设

从设县至 1999 年，景宁分别于 1985 年和 1998 年编制了两轮县城总体规划，保证了县城建设健康有序推进。进入 21 世纪后，景宁先后编制了《景宁畲族自治县城镇体系规划》《景宁畲族自治县城乡一体化规划》《景宁畲族自治县县域总体规划》等县域层面上的规划。其中由浙江大学城乡规划设计研究院编制并经浙江省人民政府批准实施的《景宁畲族自治县县域总体规划 2007—2020》，对县域 1949.98 平方公里境域进行科学规划，确立了以中心城区为依托，以片区中心镇为重点的城镇发展战略，全县规划 1 个中心城区、2 个片区中心镇、2 个一般集镇，培育 2 个乡集镇、55 个中心村，保留 170 个行政村。其中中心城区规划区面积调整至85.31 平方公里；人口近期 6.5 万人，中期 7.5 万人，远期 9 万人；建设用地面积近期 601.39 公顷，远期 844.2 公顷。规划预测 2020 年全县人口17.5 万人，城镇化率 64.61%，城镇常住人口将达到 11.5 万人，其中中心城区规划集聚 9 万人、东坑镇规划集聚 1.5 万人，其余集镇分别规划集聚 0.5 万—0.8 万人，为城镇化进程中人口集聚城镇做好了规划。

三　加快城镇建设步伐，提升城镇集聚功能

21 世纪之初，景宁抓住滩坑电站建设的契机，投入重资实施了外舍围滩工程，为中心城区发展争得重要空间，增加城市可开发利用建设用地3 平方公里。进入 21 世纪后，全县城镇建设投入力度加大，步伐加快，城镇基础设施不断完善。截至 2013 年年末，县城主要市政设施有日供水2 万吨自来水厂一座、供水管线 82.37 公里，自来水普及率 100%。日处理污水 0.5 万吨污水处理厂一座，排污排水管线 66.5 公里。日处理垃圾100 吨垃圾处理场一座。建成城市道路 51.9 公里，面积 71.8 万平方米，人均道路面积 11.74 平方米。新建、改造公园 6 座，面积 66 公顷，公园绿地面积 94.5 公顷，绿化覆盖率 26.52%，人均绿地 11.11 平方米。通过旧城拆迁改造、房地产开发、建设保障性住房、移民安置等举措建成鹤溪花苑、石印小区、金农小区、正达阳光城、金园丽景、鑫景商城、金惠小区等多个居住小区，2013 年年末人均居住面积 41.27 平方米。建成行政办公、教育、商业金融、文化娱乐等公共建筑 94 万平方米，交通、电力、

通信设施配套齐全。县城建成区面积从 20 世纪末的 2.07 平方公里拓展至 3.92 平方公里，城市集聚功能得到提升，辐射能力提高。与此同时沙湾、东坑、英川、渤海等镇集镇建设相应推进，供水、污水处理、道路、垃圾处理等城镇基础设施逐步完善。各镇集聚功能的提升，对提高景宁县城镇化水平起到了重要的辅助作用。

四　扶持畲汉村民下山脱贫，促进人口向城镇集聚

景宁在 20 世纪八九十年代就有计划地扶持高山偏远山村、险情村村民下山，在城郊或交通方便的谷地建设新村。2000 年后加大了扶持力度，加快了下山脱贫步伐。在县境内规划建设了白鹤、七里、梅坑、泉坑、王湾、双坑、城西、双后岗、王金洋等移民安置点，在澄照开发建设了农民创业园区。其中城西、双后岗、双坑、王金洋和澄照农民创业园区均位于中心城区规划区内，七里、梅坑在建制镇规划区内，其余在乡驻地集镇。2008—2013 年扶持 218 个村、2984 户、10390 人下山脱贫，促进了农村人口向城镇转移。政府还通过村庄整治、旧村改造、"美丽乡村·魅力畲寨"建设等举措加强农村基础设施建设，改变了农村居住环境，在城镇近郊建成三支树、包凤、三石、王金洋、双坑、马坑、七里等亦城亦村新村，促进了近郊农村城镇化。

21 世纪以来，城镇化率虽有较大提高，但与发达地区比差距还很大，与浙江省平均水平也相差甚远。究其原因，以下因素制约了城镇化发展的速度。

（一）城镇规模小，城镇体系发育不全

中心城区人口不足 5 万人，下属建制镇数量少、不成规模，人口均在 0.5 万人以下。城镇体系规模和功能体系发育不健全，难以形成完整的城镇功能集聚和辐射效应。

（二）城镇化的经济增长动力薄弱

首先是工业化缺乏动力，景宁工业化尚在起步阶段，规模小、吸纳劳动力数量少，受客观条件所限，今后也难以形成大型工业区，缺乏工业推动城镇化的动力；其次，农林业的内生性动力不强，农业经营仍为传统模式，农业产业化程度低，农业龙头企业、农副产品加工企业规模小，推动工业化的动力不强，空间上难以产生城镇集聚效应；再次，第三产业推动的局限性大。人口少，空间集聚度低，消费性服务业难成规模，第一、第

二产业不发达，生产性服务业发育不起来，服务行业难以壮大，城镇功能发展受到局限。

（三）人口异地城镇化趋势明显

景宁常年外出从工从商人口 3 万余人，占农村人口的 1/4。从户籍人口与常住人口数据可以看出 21 世纪以来有增多的趋势，2013 年达 6 万余人，呈异地城镇化趋势。

异地创业者中，在创业地购置房产的现象普遍存在，在省内的杭州、温州、宁波、义乌等城市，省外的天津、北京、重庆、西安、成都等地都有较多成功创业者定居的趋势。

综上所述，景宁城镇化步履维艰，任重道远。必须根据党的十八大新型城镇化的理念，探索适合景宁实际的城镇化发展之路。

第二节　城镇化进程中畲族文化与乡土传统的保护与坚守

在城镇化建设过程中，一方面不断推动城市发展、提高人民生活水平；另一方面也加速了传统民族文化的消亡与变迁，传统民族文化保护与乡土传统面临巨大挑战。文化是生活质量和城市形象的标志，社会需要持续的发展，文化是重要的推动力量。如何保护民族文化的传承发展、保持乡土传统，是当下景宁及其他各民族地区发展中需要长期关注和研究的重要课题。根据城镇化特点与基本县情，景宁畲族自治县逐渐摸索出依托民族文化产业、尊重承载文化主体、打造民族文化品牌的可持续发展道路，重在强化文化保护意识，避免民族文化消失，保持深厚乡土传统，以适应和促进城镇化发展需要。

一　城镇化发展对畲族传统文化的冲击

21 世纪以来，随着城镇化建设的推进，不少畲族传统文化遗产和乡土传统正面临流失、失传的险境，抢救工作已刻不容缓。

城镇化文明对畲族地区人民群众的传统价值观念和体系形成巨大冲击，现代科学知识和技术文明不断改变着畲族青年的思想观念和知识结构，畲族传统文化的社会生存环境受到空前影响。

从深层次上讲，城镇化建设还消解了畲族传统文化，赖以生存的家庭环境、乡村传统保持越来越少，崇尚现代文化的畲族人越来越多。城镇化建设步伐的加快，使少数民族传统文化逐渐被边缘化，少数民族文化创作主体逐渐减少，乡土传统文化正以惊人的速度被同化并走向衰落。其主要表现在以下几个方面。

（一）畲族风俗习惯日益淡化

民族风俗习惯是一个民族政治、经济、文化等社会现象的集中体现，是一个民族特有的心理认同感和行为模式，更是族群区分的重要标志。但是，在城镇化中，当前畲族风俗习惯发生较大的变化，很多畲族特有的风俗习惯已经消失或正在消失。如畲族传统婚礼，以歌为线，贯穿于20多道礼仪程序中，蕴含着畲族深厚、纯朴的传统文化内涵，是研究畲族民俗文化的范本。而现代生活理念的冲击，畲族青年基本已不再举行传统婚礼，畲族人民也再不唱畲歌，畲族婚礼和畲族山歌都只能在畲族自治县或者其他畲族聚居地区的传统节庆活动和旅游活动中才能见到了，这些极具艺术价值的民间艺术瑰宝已经失去了其进一步发展的肥沃土壤。

（二）畲族语言逐渐消逝

语言承载着丰富、厚重的社会历史文化信息，是一个民族的重要符号标志，也是一个民族不断繁荣发展的重要基础。畲语是畲族人民祖祖辈辈在本族内使用的语言，受外界语言变化的影响不大，也从来没有人刻意进行过规范，因而它在语音、语汇和语法等方面都还保留着一些自身的特点，可以说是一种非常复杂而又特殊的具有活化石性质的古老语言。畲语也一直被作为畲族内部的认同标志。尽管政府一直非常重视对畲族语言文化的探索、挖掘和保护，但是由于畲语没有文字、文献资料较少、使用人口较少、应用地区较小、使用范围较窄、语言功能较弱、语言活力较差，使用人数和使用区域正在不断衰减，畲语已经成为弱势语言资源，正面临着消亡的危机。

（三）畲族服饰逐步消失

民族服饰是区分不同民族的重要标志，被认为是"族徽"。在畲族传统服装中，女性沿袭凤凰鸟的装束，十分精致美观且富有鲜明的民族特色。在不同场合中服饰色彩的运用也是完全不一样的。如畲族盛装女子服饰上所运用的色彩选用高纯度、暖色调的，以此来表达自身清爽的特点；又如畲族男子的服饰，相比女子服饰颜色的绚丽，男子服饰颜色较为简洁。长衫颜色主要为青色或是红色，长衫上的龙形图案为黄色，而四周一般镶有白色或是红色花纹，长衫的开衩处也是以白色花纹装饰为主，这种较为简单而纯粹的服装颜色主要是为了体现畲族男性遇事冷静、为人大度、做事严谨的精神风貌。然而，由于用红头绳扎头髻插头簪太麻烦，穿镶绣"凤凰装"系红腰带太俗气等原因，青年一代畲民平常已不穿自己的民族服装了，只是在传统的节日和重大场合才象征性穿一下，甚至有些畲族的青壮年已没有畲族的服饰。畲族传统服饰已逐渐淡出人们的视线。

（四）畲族音乐已被淡忘

歌谣是畲族最主要和最基本的文艺样式。无伴奏的歌谣，也是最普通的一种音乐表现形式。2006 年 5 月 20 日，畲族民歌经国务院批准列入第一批国家级非物质文化遗产名录。畲族没有文字，有关畲族人民的祖先传说、迁徙路线、战争灾难、宗教信仰、行为习惯等内容都保存在畲族民歌里，畲族民歌蕴藏着畲族千年历史，是畲族历史文化的"活化石"。而由于传统畲歌的歌调与当代音乐差距较大，畲族年轻人很少有学畲歌的。对于祖上传下的畲歌唱本，虽然村民手中尚有遗存，但均处于自然存在状态，或被虫蛀或被潮气湿化，失去了它原本存在的价值。而在畲族年轻人中，会唱畲歌的也寥寥无几，越来越多的畲族年轻人喜欢紧跟时代潮流的音乐元素，渐渐忽略了对传统畲歌的学习。

在城镇化冲击中，面临危机的远远不止畲语、畲服和畲歌，还包括其他丰富多彩的畲族民间文化及乡土传统。传统文化的自我失落和异文化的渗入，以及对畲族文化不科学、不合理的开发，已经使得畲族传统习俗出现失真、淡化和衰落，民族特征正在逐步散失。

二　畲族民族文化保护机制及成效

（一）培育文化主体，弘扬畲族精神

畲族群众是畲族文化流传的载体，是畲族文化存在的必要条件，保护民族文化离不开对民族人才的发掘和培养，也离不开广大畲族群众对本民族文化活动的积极参与。畲族精神是畲族文化的灵魂，也是我们解释和研究其他畲族文化现象的基本依据。在畲族两千多年的历史中，畲族人民在中华大地上生生不息，在一次又一次的历练中，塑造了"勤劳勇敢、互相扶持、诚实守信、热爱和平"的畲族精神。畲族古老祖训中，有世代相传的"四不"：一是无食不讨；二是自丑不嫁；三是宁辱不屈；四是宁死不出卖朋友。这就是畲族传统文化的精髓。而现今我们在保护畲族文化的工作中，一方面积极贯彻落实民族区域自治法，争取省市对景宁经济社会发展更多更大的支持，让畲乡人民充分享受改革开放的成果，以此来激发广大群众的创新精神和畲族人民的民族自信心和自豪感。另一方面，针对当地特定青年，撰写和编制出来的乡土知识读本将乡土知识手册引入群众日常生活，成为本土文化传承和发展的重要媒介，为畲族地区的人民群众理解和把握本土文化提供了理论导向。

大力宣传"勤劳勇敢、相互扶持、诚实守信、热爱和平"的畲族精神，深入开展"感恩的真情、和谐的乡情、奋进的激情"、"爱我畲乡、建我家园"等主题教育活动，使畲族群众的民族自尊心、自信心和自豪感得到升华。同时充分利用春节、"三月三"开展歌会等群众文化活动对畲族文化进行宣传。1994 年，县政府将"歌会"的形式提升为展示畲乡风采的综合节庆活动。至此，每到农历三月三，畲乡景宁就成了群众尽情展现畲族歌舞、体验畲族文化的舞台。这一欢庆活动也已经成为"中国畲乡三月三"的文化品牌，形成了囊括"中华畲族民歌节"、"传统竞技比赛"、"畲乡风情摄影展"、"中国畲乡三月三美食一条街"、"畲族服装设计大赛"、"畲族婚俗表演"等多种项目在内的系列文化活动。畲族、汉族和其他少数民族群众共同参与，共同体验。在群众广泛参与的同时，政府还大力保护民间文化精英，培养年轻的文化传承者，使畲族文化技艺能够代代传承下去。从 2008 年开始，景宁发动 41 个畲族村寨，开展"种文化"的活动，鼓励 100 多名畲族艺人带徒授艺。省级非物质文化遗产传承人，拥有学师传师技艺的景宁畲族自治县鹤溪镇东衡村的蓝余根、鹤溪镇三枝树村畲族彩带传人蓝延兰、畲族山歌手蓝陈契等人都成为"种文化"活动中的带头人，将畲族文化播撒给下一代。

（二）挖掘畲族文化资源、保护民族文化遗产

为挽救民族传统文化的快速流失，保持乡土传统，景宁畲族自治县十分重视畲族文化的弘扬与发展，并且做了大量卓有实效的工作。历届县委、县政府更是把畲族文化的发展作为经济社会发展战略的重要组成部分，并且用畲族文化这条主线把整个"一三四八"发展战略构架成一个整体。

2003 年以来，从中央到地方，各级政府实施了推进非物质文化遗产保护的政策措施，并设立了专项资金。畲族文化所包含的一系列非物质文

化遗产保护工作受到了丽水市乃至浙江省的重视。2006—2008 年，国家级、浙江省以及丽水市第一、第二批非物质文化遗产保护名录先后公布，"畲族民歌"、"畲族医药"、"畲族三月三"、"畲族服饰"等一批项目被列入保护名录。从 2008 年开始，景宁畲族自治县投入专项经费 50 万元，用来推广畲族文化，其中包括在全县设立 6 所畲族文化传承学校，将非物质文化遗产内容写入教科书等。2008 年，在省委、省政府的支持下，景宁畲族自治县更是规划投入上亿元，实施城市立面改造工程，把县城建设成为对外展示畲族文化的重要窗口。

为了更好地保护畲族文化资源，景宁还成立了畲族文化资源调查委员会和畲族文化普查工作小组，抽调一批专业文化骨干"进畲寨、入畲家、访畲民"，开展了为期八年的畲族文化资源普查工作。通过对全县 120 多个有畲民居住的村落和 40 多位畲族文化传承人的走访，对 40 余个普查项目和 3 个重点保护项目的调查，基本摸清了景宁畲族民间传统文化的家底。目前已基本编纂完成畲族民间传统文化目录和分类目录，实行分级保护制度，建立民族文化数据库；搜集整理出畲族文化遗产等文字资料 230 多万字，编撰出《景宁畲族民间文学三大集成》；搜寻抢救 1100 多件畲族文物遗物；运用摄像、录音等现代技术手段对 30 多个民族特色文化项目进行永久性保存。同时加大财政投入，积极募捐社会资金，建立了畲族文化发展专项基金。围绕重点民族文化项目、重要代表艺人和重要作品，研究畲族文化生存现状，制订传承计划，建立传承机制，实行传承人认定和传承补贴制度，使一批濒临失传的畲族民歌、畲族祭祀仪式、畲族祖图、畲族刺绣、畲家医学特色祖传方剂等畲族文化精品得以传承。

（三）加强畲族文化教育，建立文化产业机制

文化保护离不开教育支撑，文化发展需要产业机制保障。21 世纪以来，景宁加大对畲族文化教育的投入，抽调人员并特聘部分专业从事民族文化研究的专家、教授、作家成立畲族文化教育研发中心，全面研究畲族文化的传承和延续，编写民族地方课程读本和教育指导书，精选部分当代作家创作的反映畲族文化和畲族区域特色的作品进入地方民族课程。如反映畲族起源与迁徙的创世神话《三公主的凤冠》和民族史诗《高皇歌》，著名作家王旭烽荣获茅盾文学奖的长篇小说《茶人三部曲》第一部《南方有嘉木》描写景宁敕木山畲民茶文化章节等，努力改变畲族传统文学作品较少的现状。在中小学课堂增加民族文化教育环节，在中学阶段增加

"操石磉"、"打篾球"、"爬竹杠"、"赶野猪"等畲族文化传统体育竞技项目，推广畲族文化歌舞、器乐、美术等课程，对中小学生进行民风、民情、民俗教育，培养畲族文化传承人。建立一批以民族学校为主的"畲族传统文化传承教育基地"，努力使畲族文化代代相传。

根据贯彻落实科学发展观和构建和谐社会的理念，以及贯彻落实民族区域自治法的要求，修改完善了《景宁畲族自治县自治条例》，增加了促进畲族文化加快发展的内容。同时，出台了《关于进一步加强少数民族工作的若干意见》《关于发展畲族文化产业的若干规定》《关于民族文化发展专项基金筹措及使用的意见》，初步形成了促进畲族文化产业发展的机制体系。对传统畲族文化的保护与开发项目实行税收优惠政策，促进畲族文化得到高质量、高标准的保护性开发。

三　文保单位的建设发展

2013年，景宁畲族自治县文保所的工作继续推行"文物保护，你我同行"品牌活动，取得明显成绩。全年完成对李氏宗祠、章坑怀胜桥、沈氏宗祠等一大批县级以下文保单位（宗祠、廊桥）的实地维修技术指导。完成了第七批国宝景宁的资料申报，景宁的八条廊桥捆绑"处州廊桥"被公布为国家级文保单位。全面完成了省保敕木山畲族民居的抢救性维修工程，已进入工程审计等后续工作。完成国宝大漈时思寺维修工程的招投标工作，并全面启动大漈时思寺的维修工程。完成了时思寺的维修工程监理工程的招投标工作，并与时思寺的维修工程一起进入监理。完成了澄照雷潘两姓行宫的维修工程的招投标工作，现在已经基本完成了验收工作。全面完成东坑下桥的整体维修工程，进入工程审计等后续工作。完成了孔庙文化陈展施工的公开招投标，并已经全面进入文化陈展的施工。完成了孔庙文化陈展监理工程的招投标工作，并与孔庙的文化陈展工程一起进入监理。充分发挥村两委的积极性，现场指导省保护关桥等县级、省级文保单位的临时维护工作。完成对景宁的文物保护单位的所有木构件的消防安全设施的配备，大大地提高了文物安全系数。对文保单位进行全面的消防安全检查，在各大节假日期间，都以电话的形式通知每一个文保员注意文物安全，并以书面的形式通知各文保员做好安检工作，把安全隐患消灭在萌芽中。完成景宁的业余文保员的安全月报工作，及时掌握全县文保单位的动态，对多处亟须抢救而没有经费的文保单位，通过与乡镇、村委的协商，筹集民间资金进行日常维护。孔庙被评为市级文物惠民示范点。开展县志（文物工作）及廊桥专题撰写工作。参与景宁"文化礼堂"的指导验收工作。积极参与"相约文化遗产、共建美丽畲乡"的文化遗产月活动，在《畲乡报》上全面介绍了浙江省文物保护管理条例，并推出"文化遗产"有奖知识竞赛。

四　"景宁模式"在城镇化过程中对保护传承传统文化的意义

"景宁模式"是指按照"生产发展、生活宽裕、乡风文明、村容整洁、管理民主"的要求，建设具有"中国畲乡、华东畲乡、文化畲乡、生态畲乡、绿色畲乡、风情畲乡、劳务畲乡、创新畲乡、和谐畲乡"特色的"新"畲乡，形成新农村建设景宁模式。实现"打造中国畲乡、建设和谐景宁，努力在经济社会发展上走在全国民族自治县的前列"，具有地方个性色彩的发展思路。

现代化可以产生经济生活的共性水准，可以使人们的生活方式趋同，但不是通过摧残文化的差异性，而是通过对文化多样性的充分肯定和发展来实现的。在经济全球化的冲击下，保护文化多样性正在成为国际社会的共同理念。作为华东地区唯一的少数民族自治县，我们致力于传统文化的保护，重视乡土传统的保持，所探索出的"景宁模式"也是有其深远意义的。

综上所述，景宁传统民族文化是各畲汉人民在共同生产生活实践中创造并发展起来的一种文化交融成果。随着21世纪以来景宁城镇化建设的加快，虽然畲族传统文化逐渐面临边缘化的境地，但是，并不意味着它没有存在和发展的必然性。相反，畲族传统文化构成了景宁畲族自治县特有的文化品质，是打造"小县名城"，推动景宁经济发展的重要支撑，也加快了景宁城镇化建设的脚步。为此，我们今天致力于在城镇化建设中保护和发展畲族民族传统文化，把"以人为本"和"以文为基"结合起来，把新的文化设施的建设和城镇的规划有机地结合起来，其要义不仅在于为后人提供源源不断的精神文化资源，为构建民族团结繁荣提供精神养料，而且还在于让各族人民在现代文化的冲击下能"诗意地栖居"。

第三节　"三小经济"模式与人的城镇化

在景宁畲族自治县新农村建设和城镇化进程中，逐步形成了以小水电、小超市、小宾馆为主的最具个案特点的"三小经济"模式。"三小经济"一方面把民间资本导入效益比较稳定的现代经济实体企业中，让农村居民获得一定的经济回报，加速他们在县城购置房产，推动了县域范围内的城镇化进程；同时，"三小经济"的一大部分成功业主，从获得的利润中抽取一定比例的资金在县城或者其他更大的城市购置房产，推动本土城镇化进程，并进一步作用于更高层面的都市化进程。所以，"三小经济"模式是景宁畲族自治县新农村建设和城镇化进程中一个优秀案例。

景宁农民奔赴全国各地创业主要靠血缘、亲缘、地缘带动，近年来外出创业人口不断增多，在此基础上形成"亲带亲，邻带邻"的经济联动模式。截至2013年年底，全县外出创业人数达到了5.4万人，占全县总人口的31.2%，农业人口的43.2%。外出创业群体经营行业特征明显，初步形成了"三小经济"产业群体。

景宁"三小经济"群体规模巨大，创办各类经济实体5500多个（家），超越了县域企业的总量；年销售额或经营额逾70亿元，相当于景宁全县生产总值38.7亿元的1.8倍；每年创造经济效益（纯收入）达15亿元，外出人口人均收益27800元，是景宁县内农村居民人均纯收入9466元的3倍，高于县内城镇居民人均可支配收入25332元的10%；产业带动当地社会就业约16万人，劳动力带动比率为1∶9，是全国劳动力带动就业比率1∶3的3倍。无论从群体数量，还是从创造的经济价值，及其经济活动所带来的社会效益，景宁"三小经济"群体不失为景宁经济、社会发展的一个值得研究的新课题。

一　"三小经济"群体概况

（一）小超市

据统计，景宁农民异地创办经营中小型超市4200多家，景宁籍从事超市经营人数约32500人。其中主要集中于：北京地区1100家，9500人；天津城乡800家，6000人；河北省400家，3000人；陕西省400家，3500人；甘肃省100家，500人；四川省900家，7000人；其他省市500

家，3000 人。

20 世纪 90 年代初，少数创业者开始在京城开"便利店"，并言传身教带领老乡到京城创业，到 1998 年，原来渤海一带大部分外出"做饼"农民转变为"开店"人。在不到十年的时间里，景宁农民京城开便利店已达 5000 多人，开出便利店 600 多家，景宁小超市的雏形初步形成。到 20 世纪 90 年代末，便利店已被"小超市"所替代，经营模式开始转为超市经营，店铺面积从最初的几十平方米，扩至上百、上千平方米，效益明显翻番。北上开小超市的景宁人也随之越来越多，主要集中在京城三环外、五环、六环区域。

21 世纪初的十多年间，景宁小超市已向天津城乡、河北唐山、山东青岛、陕西西安、甘肃兰州、四川自贡和宜宾等地区扩散，大部分小超市开办在城乡结合部或人口集中的街道、乡镇，经济效益比较明显。

21 世纪以来，景宁人超市已经向中型规模发展，营业面积 1000 平方米以上的占 40%，成为主流超市。同时开始向营业面积近万平方米的大型购物广场发展，成为景宁小超市中的大企业。也有 50% 的超市仍然处于低小散局面，这是景宁小超市整体水平不高的原因之一。

景宁小超市成为中国农民创业的一大亮点。原全国工商联副主席、中国民（私）营经济研究会会长保育钧曾将景宁农民小超市作为中国农民创业的重要现象进行研究，北京大学民营经济研究院将景宁农民小超市作为个案进行教学分析。

（二）小水电

景宁人外出创业的另一个投资领域是小水电开发。县内外投资小水电始于 2000 年，据县小水电协会统计，截至 2005 年年底，全县有社会股份兴建小水电站 131 座，总装机容量 25.1 万千瓦；县外投资主要分布在我国中西部 10 个省 47 个县，收购、新建、立项、意向开发小水电 125 个，装机容量达 95 万千瓦，投资规模达到 40 多亿元人民币。从业人数约 2500 人。目前已建成投产的 34 座，在建 12 座。

21 世纪以来小水电热消退后，景宁人外地投资小水电随之遇到了困境，有 28 座小水电转让，33 座停工，放弃开发 8 座。但整体发展稳健，资产性收入得到保障，效益比较稳定。

小水电的发展除了带来直接的经济效益外，还明显有效带动了当地旅游、矿产、地产等企业的发展，产生了综合效益。

（三）小宾馆

景宁人创办小宾馆兴起于 2005 年前后，主要发祥于省内的杭州、义乌地区，之后在全国各地复制成功经验，许多从事小超市的创业者同时也合伙投资经营小宾馆。现在景宁人开办的小宾馆 1100 多家，从业人数近8000 人。

义乌是景宁县小宾馆业的发祥地，最多时有 200 多家，在义乌小宾馆业中占有一定的份额，2008 年义乌开展"三合一"整治后，一些不达标的小宾馆被淘汰出局。之后，开始转移到杭州等地发展，现在杭州地区小宾馆业已超过 300 家，依托旅游城市，效益比较明显，是景宁外出创业群体效益比较可观的一个群体。

此外，景宁外出创业除"三小经济"领域外，还在温州、宁波等沿海发达地区创办工厂、公司等企业经济实体约 700 家，从业人数近万人，他们基本上走"先打工学技术，后办厂当老板"的路子，创业路径比较平稳。其中，景宁人在省内的杭州、宁波、温州创办企业和开店经营近400 家，从业人数近 5000 人，主要从事服装、皮革、机电制造、物流运输、医药卫生、娱乐餐饮服务等行业；在云南、广东、广西、贵州等其他省市从事矿产开发、水产养殖等各种行业的近 700 人，创办各类经济实体300 多家。

这些创业群体历经温州、宁波等改革开放前沿城市的市场洗礼，基础和经验趋于稳定和成熟，是一个极具发展潜力的创业群体。景宁人在各地创办企业已经步入成熟阶段，一些企业正在迅速崛起，并在行业内拥有一定的地位。其中，浙江飞达物流、金华恒飞电工、北京住美佳业、温州一元电器、宁波德辉塑料、义乌大枝门窗、西安张良酒店等企业年产值超过了亿元，成为景宁人外出创业的典范，在景宁县外出创业群体中起到领军作用。

二 "三小经济"群体快速成型及发展动因

（一）改革开放浪潮激励群众穷则思变、发愤图强

景宁山高水深，资源匮乏，有浙江"西藏"之称。县域人口 17.3 万人，其中农业人口 12.5 万人，九山半水半分田是景宁的最大县情。20 世纪末 21 世纪初，在改革开放浪潮推动下，景宁涌现出了全民创业高潮。外出创业则成为 20 世纪末 21 世纪初景宁社会经济迅猛发展的独特现象。

入选 2007 年浙江省"创业富民创新强省"新闻人物的沈元科是一个农民，一位农村普通共产党员，但他时刻牢记党的宗旨，党员要干给群众看、带领群众干，帮助群众脱贫早致富。20 世纪 90 年代初，他凭着租来的 1.2 米的柜台在北京开始做生意，开起杂货店。由于热心待客、诚信经营，小店生意越做越好，不但在京城立住了脚，还发展到了拥有经营面积达 400 平方米的"农民小超市"。创业成功后，沈元科第一个想到的是：北京人口多城区大，到处都可以开超市挣钱。应该把村里人带到北京，按照合理的经营布局，传授自己成功的经营经验，让"农民小超市"在北京城遍地开花。随后，他回到家乡，陆陆续续地把一批批乡亲带到京、津开超市。亲带亲、邻带邻，一带十、十带百，几年时间，竟然带出上万农民到北京和天津开出超市 2000 多家。

同样，英川镇湖后村村民吴惠民，是景宁最早参与股份制办水电站的农民之一。1986 年，他看到村集体建起来的茶园电站因运行效率低下、经营不善陷入困境，约上两位朋友合资 20 万元以股份的形式承包了电站，很快就获得了良好的经济效益，此举也开创了景宁股份制开发小水电的先河。此后，随着县里陆续出台的一系列鼓励民间资本投资开发小水电的政策，一股由农民引领的小水电开发热潮很快在畲乡涌起。据统计，截至 2005 年年底，全县有社会股份兴建小水电站 131 座，总装机容量 25.1 万千瓦，景宁也因此获得全国第一个"中国农村水电之乡"的称号。之后，随着西部大开发战略的实施，一批景宁人开始进军中西部乃至全国各地投资兴建"小水电站"，曾一度带动景宁数万人直接或间接参与了小水电开发。涌现出一批耳熟能详的小水电产业领军人物，像林建华、任平、杜廉、张小宝、毛大勋等，他们从小水电起家，已经走上了多元化投资发展的道路。

（二）历届党委政府支持引导"跳出景宁"谋发展

尊重群众首创精神，为群众谋福祉是景宁历届县委、县政府不懈的追求。此举促成了外出农民向市民和商人转变、打工者向小老板和大老板转化、个体私营业主向现代企业家转型，初步营造了"想创业、敢创业、会创业、创大业"的浓烈氛围。

1. 强化典型的宣传引导，让学有"榜样"

早在 20 世纪末，伴随着景宁人走出去闯荡商海的足迹，县委宣传部专门制作了《景宁人在北京》专题片，介绍景宁农民北京"小超市"创业的历程和收获，报道了沈元科帮亲扶困的感人事迹，为大批景宁人的创业思维打开了一扇大门，涌现了"万人进京开超市"的现象。

2007年，电视台专题片《景宁人闯天下》，报道了在全国各地创业成功的景宁商界经营人物事迹；2008年畲乡报社《走出去，前面是片天》整版大篇幅对温州创业群体领军人物的报道等，让榜样的力量感召着广大勤劳、聪明的景宁人，无疑也让更多的人坚定了立志外出创业和成长成才的信心与决心。

2. 领导重视，部门联动催生建立健全服务机制

时任县委书记武昌在一次对工商联的专题调研中明确指出"景宁外出创业人员是一支有生力量，如何发挥作用要探索、要支持"，催生了工商联工作新思维、新机制破壳出台：2008年，县工商联"农民异地创业发展办公室"的成立（增加参照管理事业编制2名，股级领导职数1名）成为全省工商联系统工作机制的创新。到2010年，为进一步做好在外创业人员的劳动保障、就业服务和社会保险服务，以创业带动就业，以创业促进发展，县委又在人事局下设景宁畲族自治"县服务外出创业人员办公室"，为股级纯公益类事业单位，核定事业编制3名，股级领导职数1名，可高配为副科级。这一切，都为外出创业人员提供了组织保障。

历任县委书记、县长对"三小经济"群体关怀备至，景宁人在异地的每一次重大活动，他们都亲自参与。2006年4月，北京"世纪家家福"公司开业之时，时任县委书记武昌接到北京景宁商会会长齐丽成电话后立即出发，感动了在京小超市创业的景宁人，原定200人规模的开业典礼，猛增到1200多人，为景宁人的"世纪家家福"超市品牌快速连锁加盟与提速发展创造奇迹打下了基础。

2011年11月18日，时值杭州景宁商会成立，刚到任的县委书记林康亲临大会寄予商会厚望，给全体商会会员及与会景商代表增添了信心与动力。

3. 搭建异地商会等民间社会组织自我服务管理平台

县委统战部、县工商联大力实施商会组织网络拓展工程，目前已建的北京、天津、四川、云南、兰州、西安、杭州、温州、宁波、义乌等省、市的景宁商会，拥有会员2200多人，异地商会为景宁人"三小经济"搭建了共享资源的平台，较好地发挥了异地商会统战、经济、民间三性职能作用，为外出创业人员在商会中提供了互帮、互信、互学、互助机会。

商会主要功能还是发挥整合资源优势，争取金融等部门支持的作用。如北京景宁商会与中国民生银行总行接洽，给予商会 2 亿元额度的授信，商会会员企业可以通过会员联保或由担保公司担保等方式获得民生银行贷款，不必受抵押品限制。已有 30 多位会员企业与银行签下贷款协议，成功贷得资金 8000 余万元。同样西安景宁商会也有 70 位小超市业主获得景宁农村信用联社 6000 万元的贷款；四川景宁商会 62 位会员获得 5000 万元的贷款；义乌景宁商会为小宾馆业争取了当地数字电视管理部门的优惠政策，仅客房电视机顶盒收费一项就每年为小宾馆经营者减免费用上百万元。各地商会这些服务举措无疑为景宁"三小经济"增添了发展后劲，也为商会事业的长远发展奠定了扎实的基础。

4. 实施"景商创业能力提升工程"

景宁人才工作领导小组整合县内外资源优势加大对各外出创业群体领军人物的培养。县人事劳动社会保障局、工商联发出《致全国各地创业的景宁籍商人（景商）的一封信》，征询他们对创业培训的需求，进行有针对性的"菜单式"培训，通过"引进来"与"送出去"相结合，相继在北京、天津开展"上门送学"集中培训和组织在北大、清华、复旦大学举办"景商精英创业创新提升培训班"，帮助他们提高市场经营管理能力，协助他们培训员工，组织指导职称评审活动。据统计，五年来，共为外出创业人员举办各类培训班 80 多期，近 7000 人参加了培训。

景宁驻北京创业人员党总支委员兼第一支部书记，北京景宁商会副会长兼副秘书长，北京"世纪家家福"连锁超市投资有限公司的行政总监夏昌宝，曾被原丽水市委常委、组织部长林天宁同志亲切地喻为"景宁人在北京的新闻发言人"。景宁的"农民教授"夏昌宝，他初中辍学，在外出开超市的创业过程中，感受知识的力量而热心求学，参加过大小培训无数次，最荣幸的是曾被丽水市委统战部推荐，作为全省 28 个人才之一参加了北京大学"成长型企业总裁 EMBA 研修班"两年的系统学习。这 10 年来，他的人生轨迹如化茧成蝶，从一块毫不起眼的石头变成光灿灿的金子，用他自己的话说，要永远铭记党的养育之恩，是党给了他机会成长成才。

5. 思想引导与政治上的关心关怀

一批创业领路人如北京的沈元科、齐丽成、夏昌宝，上海的陈景蔚、金华的叶丽斌等都相继被推荐为县政协委员。2013 年起景宁各地商会的会长还被县政协邀请列席县"两代会"，会议期间县政协、工商联还组织召开异地创业领军人士座谈会，倾听他们的心声。

县委组织部也相继在各地跟进建立了"异地务工创业人员党支部"和商会党支部12个，以党建凝聚外出人员的人心乡情，以服务引领外出人员的创业激情，为外出党员提供了组织保障，同时吸收异地创业代表人士加入党组织，让更多的优秀分子成为发展经济的真正领路人，在维护社会稳定、扩大景宁影响、维护民族团结等方面取得了明显成效。

景宁针对"三小经济"创建创业群体制定了成长目标管理机制。对重要产业、集中行业有发展规划，对重要群体、代表人士有目标管理；建立了县领导联系重点地区、重点企业、重要人士的"一对三"联系制度，并做好"三小经济"创业群体代表人士的政治安排，为各地创业群体经济、领军企业和代表人士的健康发展、健康成长提供了组织保障。

6. 宣传推介景宁树立形象，积极引导景商回归创业

从北京商会、创业党支部教育引导广大在京老乡决不能给家乡人民抹黑，发起《做民族团结模范　当服务奥运先锋》的倡议，以实际行动为家乡争光，并始终为县委、政府分忧，站好进京信访的最后一道岗，耐心细致做好景宁上访人员的劝访、息访工作；从走出去的创业人员带动，到特色产品物流促销，再到外地资金的回流，目前，景宁的一大批基础设施建设、产业投资项目，都得到了异地创业群体的普遍关注，各地创业成功人士引领回归投资，回报家乡的热潮一浪高过一浪。

三　"三小经济"群体在城镇化进程中的意义

"三小经济"群体的崛起，有力地推动了景宁人口的城镇化。

（一）"三小经济"群体工商业化特征的意义

"三小经济"群体使景宁农民走出大山，在全国各地从事小超市、小水电、小宾馆等小微企业经营，有力地助推了景宁农民从农耕经济向工商经济跨越，实现了农村居民立足城镇的巨大转变。"三小经济"群体中的业主，基本在城市购置房产，定居城市，同时，也带动了一大批人走出大山。可以说，"三小经济"群体的工商业化特征在城镇化进程中，起到了积极的助推作用。

（二）"三小经济"群体的企业红利助推城镇化进程

"三小经济"群体在创业过程中，大多都依赖亲朋好友集资创办企

业，把民间微小的资本导入现代经济实体。企业业主在创业成功后，把一部分红利用于在景宁县城购置房产，同时，微小的资本投资到亲邻的企业中回报的红利逐步积累，也为农村居民在景宁县城购置房产创造了条件，使一部分农村人口顺利地成为城镇居民。

（三）"三小经济"群体加速土地城镇化

"三小经济"群体的工商化特征，让一部分投身创办企业的农村人口和在企业就业的农村人口把土地出让。流转的土地为农业规模化产业创造了条件。而农村规模化产业发展为了较好地逐步走向产品深度加工，以提高效益，顺理成章地提出了集中农民手中的土地，开辟工业园区的要求，景宁的外舍新城和景宁澄照的农民产业园就是非常典型的现象。再者，"三小经济"群体中部分在异地创业的成功人士，在景宁县委、县政府"景商回归"的号召中，返回景宁本土创业的人士，也提出了创办企业，集中土地的需求，土地的城镇化的愿望明显强烈，助推着景宁的土地城镇化比例的提升。

四　"三小经济"的发展特征及趋势分析

（一）"三小经济"群体基本特征

从外出创业群体分布、经营格局、涉足行业等要素结构看，景宁人"三小经济"群体具有家庭性、集聚性、专一性、黏连性、包容性等基本特征。

一般从业者都以家庭为单位，以家庭联合为经营单位是景宁"三小经济"群体的最基本组织形式。

景宁人离开家乡后，基本上会在一个共同的区域稳定下来。如早期在北京开超市的，在沈元科的带领下，集聚了相当多的"同村、同亲、同业"的景宁大都人。他们共同在京城开便利店，之后又转向"小超市"。除了有少数人转型其他产业外，基本保持原有产业不变，体现了专一性。由于农民创业存在先天不足，他们必须互相帮忙，互相支持，互相依靠，在人力上、资金上都有着天然的依附共存关系，这就不得不在创业过程中黏连在一起，并互相包容，共求生存和发展。如景宁大地乡，2008年在天津开小超市100多家，2009年达到150多家。又如，兰州景宁商会的近70家经营户，纯一色以经营超市为主。他们以"浙客隆"、"景客隆"两大品牌为主打，对好的商业地段、好的店面，采用互相抱团、互相参股的做法，借以均衡和调整相互间的利益关系。

义乌小宾馆业也同样体现了外出创业群体经济的基本特征。在120多家小宾馆中，近70%的小宾馆由亲戚朋友合伙经营，整个行业个体间存在着多种依附合作关系。

（二）"三小经济"群体的发展趋势

从21世纪以来景宁人在各地创业的群体情况看，景宁"三小经济"群体发展趋势表现在：人员数量上，呈现稳中有增；经济结构上，基本趋于成型，并有新的突破；经营模式上，乐于联手合作。总体来看，发展趋势健康良好，一些创业个体已开始从"单打独斗"转向联合发展，变"夫妻店"为合伙制企业。

这是市场经济的客观使然，也是抵御市场风险的有效途径。北京的"世纪家家福"、"福海绿源"、"世纪华联"；河北廊坊的"东杰特美"；兰州的"浙客隆"、"景客隆"；义乌的"豪"派小宾馆等农民企业的一系列经营模式的转换，充分体现了景宁"三小经济"群体的发展趋势和顺势转型。

五 "三小经济"发展存在的制约问题

在快速发展、不断转型的过程中，景宁"三小经济"群体依然存在许多薄弱环节，主要表现在以下几点。

（一）经营规模偏小，市场竞争先天不足

在近50%的"三小经济"企业中普遍存在这一客观问题。除了受资金、能力限制外，创业地社会、经济环境束缚也是一方面的原因。

（二）品牌意识淡薄，应对市场危机被动

主要体现在各自为战，互不相干的孤立心理。如超市业，加盟零乱，除了"世纪家家福"、"福海绿源"、"东杰特美"等为景宁人自主加盟品牌外，其余均为无序加盟。目前，景宁人的小超市还处在初级发展阶段，缺乏创立自主品牌和创新经营模式。如小超市业中，店名五花八门，晶众鑫、大家乐、金客隆、福乐多等，多品牌使得景宁人超市资源分散化，出现了大群体小品牌的遗憾局面。小宾馆业中类似问题尤为突出。据景宁畲族自治县工商联问卷调查的75家小宾馆，就有75个名称，有的甚至是同一伙创业人员开的宾馆，名称也各不相同，这在行业经营中造成了体系上的混乱和资源浪费。

（三）发展理念滞后，创业后劲不足

在十多年的创业过程中，一部分人完成了原始积累，但依旧没有创新动因，守"老本行"的定式思维表现突出，一部分人受小富即安思想束缚，创业后劲明显不足。

（四）管理模式落后，经营风险横生

尤其是一些融资开发小水电、矿产资源的投资企业，在很大程度上存在管理粗放、混乱，效益低下，管理者背离股东利益，借机中饱私囊等问题，致使一些投资者血本无归。

这些问题的长时间存在，阻碍了景宁"三小经济"群体的健康、有序、快速发展，亟待解决。

第五章

景宁的政治文明与法制建设

第一节　民族区域自治制度在畲族聚居区的实现

民族区域自治是一种法制政治，这一点自改革开放以后已被人们所广泛认识，因此各民族自治地方就将制定本地的自治条例作为一项重大的政治任务提上工作日程。

进入 21 世纪以来，景宁畲族自治县不断深入开展政治制度建设及改革，在实现政府职能转变和加强行政管理工作方面取得了重要进展。以自治条例修改为标志的民族法律法规的不断完善和各项扶持政策的出台，对于保障少数民族平等权利、维护民族团结、促进民族地区经济建设社会发展发挥了积极作用，切实加强了党的领导和基层政权的建设。

一　民族区域自治制度的实现

设县以来，景宁畲族自治县认真贯彻落实民族区域自治法，着力推进自治县立法工作，制定了景宁畲族自治县第一部《自治条例》和两部单行条例，为进一步做好自治县各项工作提供了法律保障。随着《自治条例》的深入贯彻落实，民族区域自治制度必将转化为促进自治县繁荣发展的强大动力，在实现自治县经济社会发展"走在全国民族自治县前列"的目标中发挥积极作用。

（一）全面加强各项自治权

《自治条例》被喻为民族自治地方的"小宪法"。《自治条例》的制定及实施极大地推动了自治县经济社会发展，巩固和发展了平等团结、互助和谐的社会主义民族关系，保障了少数民族公民的平等权利，实现民族区域自治制度在景宁的实现。

一是保障选举权和被选举权。《自治条例》根据各民族一律平等的原则，明确规定在自治县人民代表大会中各少数民族代表的名额和比例依据法律规定的原则。目前，景宁畲族自治县人民代表大会代表中畲族代表比例超过了畲族人口比例，实现了相关法律的规定要求，保障了畲族人民在管理国家事务中的权力。依照法律规定，在具体选举中，通过单列畲族代表名额、单设选区等形式确保畲族代表名额当选。在景宁畲族自治县第八届人民代表大会有代表 167 名，其中畲族代表达 30 名。

二是保障畲族公民担任领导职务。《自治条例》作出"自治县人民代表大会中应有畲族公民担任主任或副主任。自治县县长由畲族公民担任，自治县人民政府的其他组成人员要重视配备畲族公民，县人民法院和检察院的领导成员中应当有畲族公民"等规定，现在已经全部得到落实。

三是保障自治县享受特殊扶持政策。《自治条例》对自治县享受省人民政府在职权范围内比照西部大开发有关政策的扶持等做了规定，对促进和加快景宁经济发展具有极其重要的意义。通过这些规定的贯彻，省市不断加大对景宁的扶持力度，扶持景宁发展的单列文件《关于扶持景宁畲族自治县加快发展的若干意见》（浙委〔2008〕53 号）、《关于加大力度继续支持景宁畲族自治县加快发展的若干意见》（浙委〔2012〕115 号）相继出台，丽水市还专门设立了"丽景民族工业园"，扶持景宁发展民族工业。

四是保障财政自治权。《自治条例》规定，自治县的自治机关依法享有管理地方财政的自治权，自主调整财政预算的收支，安排使用收入的超收和支出的结余资金。

五是保障少数民族发展专项资金自主安排。《自治条例》规定，自治县在自主安排少数民族发展专项资金和民族工作经费的同时，享受上级国家机关安排的少数民族发展专项资金和民族工作经费。如今，县政府每年按上年度地方财政收入的 3% 安排少数民族发展资金，作为少数民族经济社会事业发展的政治性、加强性和引领性资金。

六是保障民族教育事业的发展。根据《自治条例》"大力发展民族教育事业"的规定，少数民族学生现在实行"十五年"基础教育免费制度，县民族小学优先招收少数民族学生，实行少数民族学生中考加分，设立少数民族学生奖励基金鼓励少数民族学生到县城就读、给予适当补助等扶持民族教育的政策规定。

七是保障畲族公民进入国家机关工作的权利。《自治条例》作出"自治县的自治机关所属工作部门、两院的工作人员中，畲族公民的比例要逐步与畲族人口相适应，自治县的国家机关录用人员时，对畲族公民应当适当照顾，可规定相应名额、岗位或者比例"等规定。在具体操作中，一些针对畲族的岗位采取灵活的方式，使一大批优秀的畲族公民脱颖而出，成为建设魅力畲乡的生力军。

（二）全面加强立法工作机构建设

景宁畲族自治县人大及其常委会把民族自治地方立法工作摆在重要位置，组织学习考察组赴湖北省长阳土家族自治县等地学习考察民族立法工作，并向县委就加强和改进民族立法工作提出了建议，引起县委的高度重视。建立由县委副书记、政法委书记担任组长的立法工作领导小组，定期听取立法工作汇报，定期研究立法工作，加强对立法工作的领导，推进自治县立法工作健康持续开展。在县人大常委会内部设立立法研究室，配备专门工作人员，具体负责研究拟定立法计划草案和近期规划草案，并做好相关工作的落实，同时负责研究上级国家机关关于民族工作的政策和法律法规、其他民族自治地方立法工作成果等。另外，科学编制立法规划。围绕景宁畲族自治县工作大局，把有利于自治县经济社会发展、事关自治县人民群众切身利益、立法条件比较成熟的立法项目列入规划，推进景宁立法工作的正常、持续发展。

（三）全面加强立法工作制度建设

为了保证民族区域自治制度在景宁的实现，以规范立法程序为核心、加强立法工作制度建设，推进科学立法、民族立法。2011 年 2 月 27 日，景宁畲族自治县七届人大五次会议审议通过《景宁畲族自治县制定自治法规程序规定》，该规定解决了自治法规案的提出、大会审议和常委会审议、统一审议等问题，进一步规范自治法规的立、改、废行为。随之，制定了《景宁畲族自治县人大常委会立法工作规则》和《景宁畲族自治县人民代表大会自治法规委员会议事规则》，形成了人民代表大会、常务委员会两个层面的三大立法制度规范，推进了民主立法、科学立法精神的贯彻实施。

二　《景宁畲族自治县自治条例》的制定和修改

从 1988 年 1 月到 2007 年 6 月，历时 20 年，景宁畲族自治县立法部门完成了《景宁畲族自治县自治条例》（以下简称《自治条例》）的制定和两次修改工作。

（一）《自治条例》的顺利诞生

景宁畲族自治县经过三年的施政实践，认识到《中华人民共和国民族区域自治法》是维护自治权的法律保障。但《民族区域自治法》是宏观的、原则的。为了全面贯彻、有效落实自治法赋予的自治权，就必须加强配套的法规建设。只有结合景宁的特点和需要，尽快制定《景宁畲族自治县自治条例》，才能维护和完善民族区域自治制度，充分发挥其优越性。为此，第二届自治县人大常委会将制定《自治条例》工作列为首要任务。1988 年 1 月 16 日，成立 15 人组成的《自治条例》起草领导小组及其工作班子——写作组。

发动县内各部门单位干部群众献言献策，对条例的起草提出建议和要求。9 月中旬，综合各方面的建议，结合兄弟自治县的经验，草拟《自治条例》征求意见稿，由县人大办批转景宁畲族自治县各部门单位讨论。10 月，把征求意见稿修改为《自治条例》初稿。再次通过各条渠道发动景宁畲族自治县人民参与讨论，并要求各部门向自己对口的上级汇报，努力争取上级部门的支持和帮助。11 月，经县委常委会同意后，形成《自治条例》送审稿，呈报省人大常委会内审。省人大领导与省有关部门经过四个月的磋商、协调，同意了《自治条例》内容，形成了《自治条例》草案稿，经县人大常委会审议，提交第二届县人民代表大会第四次会议讨论，于 1989 年 4 月 15 日通过。同年 7 月 1 日由省七届人大常委会第 14 次会议批准，于 9 月 1 日公布实施。

《自治条例》分设 8 章 63 条。它突出了政治功能：维护国家统一，坚持民族平等；它注重了社会功能：促进各民族团结、进步。《自治条例》确立了自治机关的职能、人员结构，国民经济和社会发展的方针政策，各民族之间的社会主义关系、民族干部的培养和使用等。同时，根据自治县的实际需求，确立自治县的立法权和变通权；确认对干部职工发放民族地区补贴，供销、商业、医药等企业享受民贸政策，民族高中班学习年限可延长一年；规定 12 月 24 日为县庆日……从而进一步调动了 17 万畲汉人民当家做主的积极性，加快了社会主义建设步伐。

（二）《自治条例》的首次修改

从 1985 年到 1994 年，全国人大对《宪法》作了两次修改，在我国实行社会主义市场经济，而 1989 年制定的《自治条例》是在计划经济仍占主导地位的大背景下开展工作的，如第 22 条、第 23 条、第 37 条都是按传统经济体制设计的，与修改后的宪法明显相悖。同时，国家也正在酝酿修改《民族区域自治法》。1989 年制定工作时间短，仅用 18 个月时间，显得匆忙。当年的《自治条例》不仅是景宁畲族自治县，也是浙江省的第一个民族地方法规，制订工作经验缺乏，以致套用上位法或兄弟自治县法规的条文多，联系本县需求条文少；体现政治功能的条文较具体，反映经济、文化功能的条文较原则，操作困难。为了适应自治县经济社会发展的新形势，广大干部群众迫切要求修改《自治条例》。1994 年 4 月 18 日，成立了修改《自治条例》领导小组，正式拉开了第一次修改的序幕。

1994 年，根据全国省（区）市人大民委主任贵阳座谈会和浙江省八届人大常委会第 10 次会议精神，制订工作计划，梳理应该修改完善的条款。5 月 24 日和 6 月 2 日，相继得到全国人大民委副主任委员伍精华和全国人大民委副主任委员李学智的"面授"指导和鼓励，有力地推动了修改工作。6 月 10 日，完成《自治条例》修改的征求意见稿，印发景宁畲族自治县各部门、乡镇，发动讨论。7 月 18 日，在省人大民侨委等领导指导下，理出重点协调条款，确定修正案初稿，呈送省人大常委会初审。经初审，省人大常委会提出了重要修改意见。同时，为了使《自治条例》修改工作与国家《民族区域法》修改相衔接，针对部分条文，需要向全国人大常委会民族委员会汇报。根据全国人大常委会民族委员会的意见做了必要修改。会后，修改稿呈报全国人大常委会委员长会议。

1995 年 1 月 18 日，省人大民侨委和法制委在杭州召开省民政厅、民委、税务局、财政厅、教委、外经委、银行等 13 个厅局负责人讨论修正案的第四稿。2 月 10 日，省人大民侨委、法制委和省民委的领导会同编写组一起分析研究来自各部门的建议和意见，逐条确定修正案的第五稿，结束了内审程序。2 月 22 日，经县委常委会审定；3 月 22 日，县人大常委会讨论了修正案第五稿，并修改为提交代表大会审议表决的"《自治条例》修正案（草案）"。4 月 14 日，由第四届县人民代表大会第三次会议通过，于 4 月 29 日省八届人大常委第 18 次会议批准，5 月 30 日公布施行。

这次对原《自治条例》修改、补充 25 条，删去一条，合并一条，新增二条。全文仍为 8 章 63 条。它的特点是进一步发挥了《自治条例》的经济文化功能：①删改了反映计划经济需要的内容和不适合实际需要的条款；②增写自治县异地开发的企业享受优惠政策，新华书店也享受民贸政策的照顾；③自治县在税收的留成上享受照顾；④确认联合办学、当地负责的办学原则，享受少数民族教育补助专款，自治县考生享有降分录取的照顾……经修改后的《自治条例》反映了时代发展的新要求，为畲乡景宁的未来发展提供了法律保障。

（三）《自治条例》的再次修改

1999 年，全国人大对《宪法》进行了第三次修改，2000 年我国加入世界贸易组织，2001 年国务院出台《关于西部大开发若干政策措施的实施意见》……自治县紧跟形势，于 2002 年年初又成立了由 18 人组成的修改《自治条例》领导小组，启动《自治条例》的第二次修改。

2002 年 2 月 28 日，全国人大常委会九届 20 次会议通过修改《民族区域自治法》的决定；2002 年 12 月 20 日，浙江省颁布《少数民族权益保障条例》。一系列政策、法规都体现了上级国家机关扶持民族自治地方的政策有了较大的调整和强化，更加激发了自治县修改《自治条例》的积极性。在深入 19 个局（委）调查研究、听取意见后，于 11 月 15 日完成《自治条例》修改初稿。

2003 年年初，县领导班子换届后，领导小组成员和修改办人员也随之变动，《自治条例》修改进度受到影响。2005 年 5 月 19 日，国务院公布《国务院实施〈中华人民共和国民族区域自治法〉若干规定》，《自治条例》修改工作又提上重要的议事日程。

2005 年 11 月 30 日，修改领导小组开会，修订工作计划，确定时间表。仅用一周时间完成了第三稿，印发给各单位各部门讨论。2006 年 1 月 6 日，综合各方意见完成第四稿；1 月 10 日，省人大法制委领导莅景审定《自治条例》修改条文，共商第五稿文本。结合县委常委会、县人大常委会的审议意见和市人大领导的指导意见，于 4 月 13 日完成第六稿，工作又告一段落。

9 月 10 日，时任省委书记习近平对景宁的经济社会发展作了重要批示："……在全面建设小康进程中，景宁作为全省唯一的少数民族自治县如何跟上时代的步伐，应重点研究并采取进一步举措，予以支持……"9 月 20 日，在省人大民侨委和法制委的敦促下，修改工作立即再次启动。召集《自治条例》修改中有协调任务的负责人商定协调条款内容和依据，确定协调人员的安排和时间。报县委常委会同意后，以第六稿为《自治条例》修正案（送审稿），呈省人大常委会内审、协调。

10月下旬，省人大常委会将送审稿正式发函给各省厅，要求省厅回复书面意见。11月中旬，直接或间接地收到了省发改委、省财政厅、省林业厅、省国土厅、省环保局等的回复函。12月上旬，省人大民侨委领导又依据各省厅的反映，带领编写组去省发改委、林业厅、财政厅等进行面对面的沟通。12月中旬根据与各省厅分别达成的共识，草拟第七稿。12月31日，经县委常委会审查后，又于2007年1月9日，向省人大常委会领导汇报，听取指示。12日确定了《自治条例》修正案稿，17日送省人大常委会确认，完成了内审程序。县人大常委会审议《自治条例》修正案（草案）后，提交县七届人代会第一次会议表决。于3月22日大会全票通过。5月25日，省十届人大常委会第32次会议审议、批准。6月5日公布实施。

这次修改工作经历时间长。从2002年1月到2007年6月，计6个年头，跨越第五届、第六届、第七届共三届政府。学习参考了江华、通道、芷江、马边、杜尔伯特等自治县，湘西、恩施等自治州，以及云南省8个自治州、29个自治县的自治条例和单行条例。政策、法律依据多，有《民族区域自治法》《立法法》、国务院实施《民族区域自治法》若干规定、关于西部大开发若干政策措施实施意见、省少数民族权益保障条例等16部以上的法律、法规和9个以上的政策性文件，加上景宁畲族自治县广大干部群众的齐心参与，省、市人大常委会坚强后盾，特别是当时的省委书记习近平的"9·10"批示，调动了省级机关积极性，促使《自治条例》修改工作顺利畅通，较充分地发挥了《自治条例》的经济功能。可以这样说，这次修改在落实自治法授予的自治权上有了较大的突破，维护了自治权益。

主要的成果：①确认"自治县征收的林业基金、排污费、矿产资源补偿费、新增建设用地有偿使用费，除上缴中央部分外，其余上缴部分按省人民政府有关规定全额返还"、"上划的增值税等共享收入的增量部分按国家规定享受返还的照顾"。②自治县"享受省人民政府在职权范围内比照西部大开发的有关政策扶持"、"在经济社会建设管理中，除法律、法规规定的权限外，还可以行使省人民政府赋予的其他管理权"。自治县承担的建设配套资金"可享受减少或免除"……以上条款的内涵非常丰富：自治县比照享受西部大开发的扶持政策，有选择地享受"扩权强县"的特权，建设项目配套资金可减可免。③在财政管理上明确"通过上级财政转移支付的支持，保证国家机关正常运转，财政供养人员工资、津贴和补贴按时足额发放，基础教育正常经费支出"，为17万畲汉人民较快实现教育的均等化的经济支持提供法律依据。④保留"享受少数民族地区补贴"、自治县的"开支标准、定员、定额"，可以制定补充规定和具体办法。在大中专院校招生时，"自治县考生享有降分录取的照顾"等规定，为自治县培养、引进、留住人才提供法律保障。⑤县人民政府组织实施，每年报告一次，加强了《自治条例》实施力度。

三　自治县单行条例的制定

（一）《景宁畲族自治县水资源管理条例》的起草与制定

2000年7月，成立了由13人组成的领导小组，起草了条例草稿——征求意见稿，定名为《景宁畲族自治县水资源保护、开发和管理条例》（以下简称《水条例》），分列六章：总则、水资源保护、水资源开发、水资源管理、奖励和惩罚、附则，共30条。明确提出四条细化和变通规定：①自治县的水工程建设项目立项优先，投入加大，生态补偿倾斜（针对当时生态补偿未到位的现实）。②境内发电企业可直接向用电企业供电（国务院关于西部大开发政策之一）。③水资源费上缴部分随缴随返（国家规定：水资源费的收缴和分成比例由各省决定）。④保护大小湿地，禁止开垦（针对望东洋湿地开发现状）。根据38个部门单位对征求意见稿的反馈意见，8月20日修改为《水条例》初稿，向省人大常委会报送《关于制定〈景宁畲族自治县水资源保护、开发和管理条例〉的可行性报告》和《水条例》初稿，获准列入2001年省人大常委会的立法计划。

《水条例》初稿完成后，多次召开座谈会讨论、补充、修改，逐步形成《水条例》的第三稿、第四稿及其说明，并整理了《水条例》主要条款的法律依据和理由。经县委常委会同意后，报省人大常委会初审。也向省财政厅、水利厅、林业厅、电力局的厅（局）长直接发函，寄送《水条例》第四稿，恳请支持。2001年2月6日和23日省人大法制委、民侨委又两次召开协调会，达成了共识。接着，法制委领导帮助修改《水条例》文字，使之规范。条例的名称改为《景宁畲族自治县水资源管理条例》，不设章，只设条、款、项，压缩条文为23条，形成《水条例》第五稿。经自治县党政领导班子联席会议讨论和县人大常委会审议修改后，确定了《水条例》草案，提交第五届县人代会第五次会议审议，于 4 月 12 日通过。4 月 16 日报省人大常委会，五六月间又两次向省人大常委会补报有关材料。经过多部门多次沟通和协调，完成定稿。6 月 29 日省九届人大常委会第 27 次会议表决时，以 38 票赞成、1 票反对、2 票弃权的绝对多数通过、批准，自公布之日起实施。

（二）《景宁畲族自治县民族民间文化保护条例》的起草与制定

2009 年 1 月 14 日，在县七届人大三次会议上指出，要围绕县委关于建设全国畲族文化发展基地的工作部署，突出民族特色和地方特点，启动畲族文化保护方面的立法工作。2009 年 2 月 27 日，县人大常委会党组向县委就立法工作专题进行了汇报，并就推进自治县立法工作提出了建议，文化保护立法工作正式提上议事日程。2009 年 9 月 4 日，县七届人大常委会召开主任会议专题研究文化保护立法工作。成立民族民间文化保护条例领导小组和起草小组，学习了国家和各自治地方关于民族民间文化保护的相关法律法规、专家关于民族民间文化保护方面的研究成果和各地立法实践经验。经过近一个月的努力，形成共 6 章 34 条的条例初稿，分别从民族民间文化保护范围、管理与保护、认定与传承、研究与利用、奖励与处罚等方面，对自治县民族民间文化保护进行了全面系统的规定。

在条例草案制定过程中，为决定条例用什么名称，既能更好地保护景宁畲族自治县的文化，又能充分体现自治县的特色，起草小组对进行了多次讨论。2009 年 11 月 12 日，省人大常委会法工委等相关委员会领导对条例名称进行深入商讨，确定"民族民间文化保护条例"这个名称。经过政府常务会议、县人大常委会、县委常委会等会议的审查，于 2010 年 3 月 23 日经县第七届人民代表大会第四次会议审议通过，并报省人大常委会审批。

2010 年 7 月 30 日，浙江省第十一届人民代表大会常务委员会第十九次会议通过了《景宁畲族自治县民族民间文化保护条例》。8 月 18 日，景宁畲族自治县人大常委会发布公告，《景宁畲族自治县民族民间文化保护条例》从 2010 年 10 月 1 日起施行。

四　问题与思考

党的十八大指出要"完善中国特色社会主义法律体系，加强重点领域立法，拓展人民有序参与立法途径"，这为民族自治地方立法指明了方向。但在自治法规保障的具体实践中，也存在着一定的问题，要加强民族自治地方的法制保障，还必须突破三方面的限制。

（一）突破量少、调整范围窄的制约

景宁畲族自治县成立 30 年，仅制定了《自治条例》《水资源管理条例》《民族民间文化保护条例》三部自治法规。而同为 1984 年设县的长阳土家族自治县，现有自治法规十多部。同时，景宁畲族自治县的立法内容主要以水资源、民族文化为主，范围较为狭窄。而作为景宁优势的"生态"方面的内容，以及群众较为关注的新农村、民族经济建设等方面较少涉及。

（二）突破变通性不足、操作性不强的制约

《立法法》第六十六条规定："自治条例和单行条例可以依照当地民族的特点，对法律和行政法规的规定作出变通规定。"第八十一条规定："自治条例和单行条例依法对法律、行政法规、地方性法规作变通规定的，在本自治地方适用自治条例和单行条例的规定。"民族自治地方立法的目的是依法解决民族自治地方的实际需要和特殊问题，要有针对性地立法。从已经公布实施的自治法规来看，法律条文规范还是比较原则，操作性、变通性不强。如自治条例第二十四条关于民族贸易企业、第四十八条规定的少数民族地区补贴、第五十四条规定的税收政策等，还是以享受上级的规定为主，没有进行突破。

（三）突破层级低、民族权益表达不足的制约

民族自治地方拥有的立法权属于地方立法，景宁畲族自治县级自治地方的立法层级低，不能对上级国家机关作出具体的规范要求。对于涉及上级的事项，自治法规的一些条文只能用"自治县享受上级……"等词语来表达意愿，显得模棱两可，一些具体的民族利益不能得到有效表达，不利于在具体工作中实施。

针对以上问题，就景宁而言，必须加强立法工作顶层设计，找准立法工作的定位，以立法变通权和变通执行权为突破口，用足用活民族优惠政策，以民族习惯为渊源，在本民族固有的法律资源中寻找立足点，充分吸收本土资源，更好协调利益关系，将民族成员共同的价值追求上升为制定法，使其成文化、规范化、合法化，充分发挥立法的引领和推动作用。

（一）突出地方特色和民族特点，完善自治法规体系

要对自治县经济社会发展的趋势进行超前分析，从中寻找出载体，以制定配套性、实施性自治法规为重点，进一步完善自治法规体系。民族和生态是景宁的两大特色，就目前而言，要加强生态建设、现代农业、民生改善与省市及县委重大决策相配套自治法规的立法，对自治条例进行细化、补充和具体化，弥补自治条例的不足。针对一些关系民生又不需要制定体系性法规的，抓住关键的几条，坚持"少而精"，以变通规定或者补充规定的形式，依法解决自治县的实际需要和特殊问题。

（二）上下对应联动、形成整体合力

自治县的立法层级较低，立法工作只有上下联动，才能使自治法规真正"立得住、起作用"。2013 年 12 月，浙江省人大将《浙江省保障景宁畲族自治县发展条例》列入省十二届人大及其常委会立法调研项目库，对景宁来说是莫大的鼓舞。如果尽快启动该条例的立法程序，制定具有针对性、前瞻性、系统性的地方性法规，为景宁财政转移支付、建设项目审批、资源和生态补偿、基本建设配套、民族干部培养使用等问题注入新的动力，融入国家在扶持西部大开发方面的土地使用、金融信贷等优惠政策，就能为景宁的科学发展创造更好的外部条件，提供高层次、完备的法制保障。同时，也为景宁自身进一步制定单行条例提供更加充实、系统的依据，使所制定的自治法规更加"站得稳"。

（三）从源头上抓起，提高法规质量

实践证明，只有大力推进民主立法、科学立法，从源头上提高民族自治地方的立法质量，才能使自治法规真正"行得通"。一是善于"接地气"。要结合畲族群众的民族性格，深入考察民族的习惯、风俗、信仰、价值观、心理和情感等因素，使法的规范真正贴近民众，在民众中产生心悦诚服的认同感，奠定法实施的坚实土壤。二是善于"听民声"。在立法调研、法规起草、听证阶段，适应社会网络化、信息化的发展趋势，建立多途径、多层次、更有效的民族权益表达渠道，吸取民族群众的意见，充分沟通协调、收集整理、分析研究、透彻理解不同社会群体的期待和诉求，寻找最佳的利益平衡点。建立人大代表分专业有重点参与立法制度，发挥各自优势和特长，提高代表参与立法的深度和强度。三是善于"表民意"。进一步细化和规范立项、起草、审议、表决、报批、公布、备案

审查以及清理、立法前论证、立法后评估等各个环节的制度和程序，合理运用立法技术，准确、真实地把握、表达社会生活的要求，使自治法规对社会经济生活产生良性效应。

第二节　村民的法制观念与维权意识

进入 21 世纪，我国法治建设稳步前行，各项法制建设逐步完善，民族政策不断优化。景宁畲族自治县委、县政府将此作为加快自治县发展的根本，通过借力发展和开放发展的意识和能力，深入宣传和贯彻党和国家的民族政策法规，不断增强基层群众特别是农村村民的法制观念和维权意识。

一　在增强村民法制观念与维权意识方面所做的努力

社会进步，经济发展，一大批改革热潮下涌现出来的发展理念及法制前行中凸显出来的政策法规渐渐深入人心。县委、县政府牢牢把握新形势下的发展机遇，立足实际，努力在民族政策的运用、宣传及民族权益保障机制上不断探索，大胆突破，力求创新。从上到下、由点及面地打开宣传网络，逐步完善政策法规宣传一体化模式。

（一）努力实现民族政策效用最大化

21 世纪以来，推动景宁发展的外部推力强大，最大动力来自习近平主席 2009 年对景宁"要努力在'推动科学发展、促进社会和谐、增进民族团结'上走在全国民族自治县前列"的殷切嘱托，最大机遇来自省委、省政府 2008 年和 2012 年专门为扶持景宁加快发展而出台的浙委〔2008〕53 号和浙委〔2012〕115 号文件，时任省委书记赵洪祝和现任省长李强都将景宁畲族自治县列为工作联系点，省委、省政府将景宁列为全省重点扶持县并实施"三年六亿"群众增收致富奔小康项目，丽水市委、市政府划出 4 平方公里的土地专门用于景宁畲族自治县发展工业，省、市各部门给予景宁资金、项目、人才上的倾斜和帮助。到目前，全省上下已经形成了合力帮扶景宁的浓厚氛围，景宁已经处于历史上最好的发展时期。

（二）努力实现民族政策宣传制度化

作为民族自治县，一直以来，景宁高度重视民族政策法规的宣传教育工作，努力实现民族政策学习宣传经常化、多样化、制度化，努力提高景宁畲族自治县干部群众执行民族政策的自觉性和坚定性。一是举办民族工作培训班，全面深入开展党的民族理论、民族政策、民族法律法规以及基本知识的教育和普及工作。二是通过"三月三"、"国庆"、"县庆"和专题文艺晚会等活动平台，以及县电视台、畲乡报、民族类刊物等，大力向公众宣传民族政策和民族工作成果。三是在公路沿边、民族乡村等醒目之处制作民族团结进步宣传标语，建立民族政策宣传栏，积极创建一批民族政策宣传阵地。四是举办民族团结进步图片展、民族政策宣传主题晚会，以及拍摄民族工作纪录片，增强各民族的凝聚力，培育对党的感恩之情。五是把民族工作列入乡镇、部门的考核范畴，督促落实党和国家的民族政策。

（三）努力实现民族权益保障法制化

为增强法律法规的具体化和可操作性，设县以来，根据《民族区域自治法》赋予的自治权，结合实际，围绕加快发展，先后制定和修改了《浙江省景宁畲族自治县自治条例》《景宁畲族自治县水资源管理条例》《景宁畲族自治县民族民间文化保护条例》等发展民族政治、经济、文化、社会事业的法规，为促进民族自治县经济社会发展提供了制度保障。县委、县政府从1999年开始制定出台专门扶持少数民族经济社会发展的文件，到2014年已出台四个文件，县级少数民族发展资金从占地方财政收入的0.25%提高到3%，同时采取有力举措，切实保证和维护少数民族公民的各项权利。在县人大代表选举中，对畲族和汉族混居的地方设立联合选区，分别规定畲族和汉族代表名额，进行联合选举，名额互不占用，确保了少数民族代表名额。为保障少数民族公民在求职就业上的平等权利，在机关事业单位招考工作人员时不仅一视同仁，有的还单列岗位向少数民族考生招考，且不受报考比例的限制。2014年还成立了民族工作领导小组，保证了民族政策得到切实有效贯彻落实。

二　在增强村民法制观念与维权意识方面所创新的举措

民族政策法规的普及单靠各类宣传似乎显得单薄，基层村民对享受各类优惠政策、服务的方式方法也比较单一甚至烦琐，对现行法制观念及维权意识极其淡薄。县委、县政府充分认识到基层村民法制意识的提高对发展区域政治、经济、社会、文化的重要性，不断尝试、创新村民便民举措方法，将服务重心下移，将服务力度扩大，将服务方式提升，将服务功能拓展，在村一级建立便民服务平台，将便民、利民网络触角真正向基层延伸。

（一）推行"乡会村开"，服务"最后一公里"

21世纪以来，随着城镇化的快速发展，乡镇政府的工作职能和工作重心发生了许多新变化，干部工作作风、精神面貌、服务能力等方面也面临着许多新挑战，基层干部服务功能与群众需求多元化之间的矛盾已成为当前困扰基层党建创新与发展的一大难题。为有效破解这一新形势下的新课题，在"创先争优"活动中，景宁畲族自治县组织部门总结推广了"乡会村开"机制，以群众需求为导向，以服务基层为宗旨，重心下移，保障下倾，工作下延，加强服务型基层党组织建设的实践探索，架起党群、干群良性互动的沟通桥梁，有效提升干部的决策力、执行力和促进社会发展的推动力，取得明显工作成效，受到社会各界广泛关注。

1. 开展目的

（1）"乡会村开"是加强基层党建工作的实践探索。在推进城乡统筹发展进程中，"三农"工作一直是薄弱环节。21世纪以来，景宁畲族自治县立足经济发展实际，充分发挥乡镇政府的能动作用，把解决农业、农村、农民问题放在优先位置，按照"农民下山、产业上山"思路，整合资金，优化结构，全力推进农村和农业产业发展，为城乡统筹协调可持续发展打下坚实基础。经济社会各项事业取得历史性突破的同时，当前乡镇工作存在着许多不容回避的问题："交通便利了，但领导和群众的距离却疏远了；科学技术水平更高了，但领导方式方法有时却更简单了；经济水平提高了，但群众的意见却还在一定范围内存在"。"乡会村开"机制，把能开的会从乡镇放到村里、社区，为群众提供面对面贴心服务，促进基层干部转变工作作风，创新了服务型基层党组织建设工作思路。

（2）"乡会村开"是顺应时代飞速发展的客观要求。随着信息社会的到来，干部通过打电话、点鼠标似乎就能够把各种政策和要求传达到农村农户。然而，群众在海量信息前面显得很迷茫，特别需要政府积极指导。现在农村很多会议流于形式，脱离群众实际，群众最想要的政府没有提供，政府提供的又不是群众最迫切需要的。而"乡会村开"机制正顺应时代发展的客观要求，有效解决了"经济水平高了，群众意见反而多了"的难题。

（3）"乡会村开"是实现干群良性互动的沟通桥梁。有些干部习惯坐在办公室，专等村干部上门汇报工作，布置工作任务。"身在基层却不了解基层，直面群众却服务不了群众，讲同一种语言却没有共同语言"，已经成为不少基层干部的真实写照。由此造成了管理工作不够到位、服务与群众需求相脱节的问题，亟须通过推行"乡会村开"机制来解决。

2. 主要做法

"乡会村开"，即不定期把乡镇党委会、班子会、理论务虚会、项目推进会、工作研讨会等开到村、开到片区、开到社区、开到田间地头，主动向农民群众和基层党组织面对面宣讲政策、心贴心征求意见、实打实推进项目、点对点破解难题。2011年村两委换届后，在东坑等四个乡镇开展了"乡会村开"试点工作，随后在全县各乡镇、街道、各机关单位全面推行。在建立组织、制定方案的基础上，规范程序，抓好落实，构筑了"乡会村开"的良好平台。

（1）广泛征集，确定议题，提高会议内容的针对性。为提高会议的针对性，召开会议之前，了解群众需求，广泛收集社情民意，确定会议议题。一是广泛征集议题。一方面通过干部联村收集，每位乡镇班子成员联系一个村、一个基层党组织和一名支部书记，每个村确定一名驻村干部，每位乡镇干部联系一名以上困难群众，定期下访收集民意；另一方面设立热线电话、设置民意箱以及利用论坛、QQ群、微博等征集议题。二是认真梳理议题。对所收集的民意分类别整理，结合全县、全乡工作大局，区分轻重缓急，了解群众所需、所想、所求。三是科学确定议题。根据村级工作重点，按月、按村、按项目安排"乡会村开"主题，实现"月月有主题、村村有安排"，确保中心村、生态文明村、后进村和涉及重点项目、重点工程的村达到一年一次以上。

（2）民主公开，集思广益，确保参会对象的代表性。根据议题邀请镇村干部、村民代表、利益关联方等人员参加会议，"三老"人员、两代表一委员、"驻乡进村、组团服务"工作组成员视情况列席会议。如主题宣讲会，村两委成员、党员、村民代表、在家群众等都可参加；民主恳谈会邀请人大代表、党代表、村民代表和村民小组长参加；项目推进会邀请村两委成员、利益牵涉人、施工方及村中有威望的部分群众参加。

（3）不拘形式，便于操作，确保会议形式的灵活性。根据议题，基本上可分为四类会议，按照"便于操作、不拘形式、不影响农民生活"的原则，确定具体的时间、地点。一是政策宣讲会，面对面互动交流。围绕拟出台的重要政策、规划和改革举措，特别是涉及民生、民富、民安方面的政策措施，深入各村召开户主会议，讲清决策目标、参考依据，分析利弊，减少政策实施的阻力。二是民主恳谈会，心贴心征求意见。围绕工作重点和矛盾纠纷隐患点，班子成员定期深入各村，邀请人大代表、党代表、村民代表和村民小组长参加，广泛征求群众意见建议，推进决策科学化、民主化。三是现场推进会，实打实发展产业。围绕农业新产业在推进过程中出现的推广难问题，由乡镇班子召集各村的主要负责人、产业带头人到示范基地召开现场推进会，典型引路，以点带面，讲清政策，解开心结，加快推广发展新产业。四是项目协调会，点对点破解难题。围绕具体项目实施过程中遇到的政策处理、资金困难等问题，由乡镇班子牵头，召集村两委、利益牵涉人、施工方及村中有威望的中间人等，召开项目协调会，让各方全面阐述观点，充分表达意愿，协调各方利益，破解要素制约，推进项目建设。

（4）精心筹备，周密安排，确保会议程序的规范性。一是会前宣传到位。利用广播、宣传栏、公开栏、短信群发等方式，将会议时间、地点和议题及时告知参会人员，使其更有针对性地进行调研思考，真实了解群众愿望，提出具体建议意见。二是会中规范有序。按照"一事一议"的程序，坚持民主集中制原则，不搞一言堂，不走过场，引导参会人员积极参与讨论，充分发表意见，确保会议开出成效。三是会后落实责任。会上反映的问题，凡是现场能解决的拍板解决。现场不能解决的，明确责任人限时解决。如，葛山乡岗头村在康庄公路建设过程中面临政策和资金两大难关，工程迟迟不能推进，乡党委决定召开现场推进会。会前，乡党委召开班子会对相关事项进行研究，并向全村村民征求意见。会上，群众代表轮流发言，工作人员一一答复。通过有序表达、细致讲解、反复协商、现场落实，统一村民思想，消除群众疑虑，在最短时间内实现"无障碍施工"。

（5）强化督察，狠抓落实，确保"乡会村开"的实效性。一是建立责任制。凡是经"乡会村开"研究过的事情，会后及时整理形成会议纪要，发至各参会人员，落实责任，并适时下发督办通知书。对于需要跨部门或上下联动才能解决的环境保护、综合治理、联合执法等问题，先经乡镇向县里汇报，再由分管县领导牵头组织相关部门解决。二是建立回访制。根据会议主题，结合现场确定事项，有针对性地开展回访工作，查看议定事项落实情况，分析决策执行中出现的问题，及时修正决策目标。三是建立反馈制。定期反馈问题落实情况，并进一步征求意见，确保问题得到妥善解决。如大地乡为确保文化活动中心、客货运中心工程顺利完成，在前期召开"工地现场会"的基础上，采用现场查看、走访询问的方式，组织由设计院总工程师、监理单位、施工单位及乡政府分管班子成员组成的工程检查小组，对项目的质量、进度、安全进行检查。针对群众反映的配套道路建设中路肩和水沟质量问题，立即反馈，落实整改意见，确保了工程质量。

（6）加大投入，强化保障，确保"乡会村开"的长效性。将"乡会村开"的会议经费纳入财政年度预算，根据各乡镇的年度"乡会村开"计划，县财政每年专门划拨一部分资金，不给基层增加负担。向部分特邀人员提供误工补助，确保"乡会村开"不给群众增加额外负担。全面开展扶持经济薄弱村发展集体经济工作，大力发展村级集体经济，对集体收入空壳村进行补贴，保证村级运转经费不低于每年5万元，2012年县财政补助村级组织运转补助经费达672.3万元。

3. 实施成效

2012年8月，时任省委书记赵洪祝在专题材料《推进重心下移服务基层——关于景宁畲族自治县以"乡会村开"疏通群众"最后一公里"的调研》上作出重要批示："景宁畲族自治县乡会村开的做法切合实际，成效明显，是建设基层服务型党组织的有益探索。希望坚持下去，不断完善，取得更多实效。"省委常委、组织部长蔡奇批示指出，"'乡会村开'做法好，是服务型基层党组织建设的有效形式，值得大力提倡"。丽水市委书记卢子跃以及市委常委、组织部长胡侠也先后作了重要批示。在第二届全国基层党建创新案例评选中，从全国2000多个案例中脱颖而出，成功入选优秀案例。浙江电视台、《浙江日报》《丽水日报》等新闻媒体纷纷跟踪报道。《浙江信息》《浙江基层组织建设情况通报》《浙江省创先争优活动简报》《丽水基层党建交流》等作了专题报道。目前，全县召开"乡会村开"会议500多场次，征求意见4000余条，为群众提供技术、信息服务4000余次，解决热点、难点问题900余个。

（1）探索了"重心下移、保障下倾、工作下延"的党建工作新模式。一是形成了良好价值导向。"乡会村开"所倡导的理念是领导在一线指挥、干部在一线工作、情况在一线了解、感情在一线融合、措施在一线落实、作风在一线转变、问题在一线解决。能有效实现干部的"干点"和群众的"盼点"无缝衔接，真正体现服务群众零距离，形成了"干部下沉、民心上浮"、"接地气、连民心"的良好价值导向。二是打响了畲乡党建品牌。在"乡会村开"制度推进过程中，县委书记林康提出要把该项制度作为开展基层组织建设年的重要载体，进一步深化认识、挖掘内涵、拓展形式、扩大宣传，把"乡会村开"打造成畲乡基层党建的一个品牌。如今，"乡会村开"制度被正式写入县第八次党代会工作报告，作为景宁畲族自治县一项基础性党建工作，深入贯彻执行。三是夯实了党建工作基础。"乡会村开"推进了基层社会管理创新，汇集了人民群众智慧，充分发挥基层党组织战斗堡垒作用和党员的先锋模范作用，保障党员群众知情权、参与权、决策权和监督权，进一步夯实基层党建工作基础。

（2）打造了"关注热点、抓住焦点、破解难点"的干部教育新平台。一是宣传了政策。能及时宣传贯彻党的路线方针、政策法规，落实各项惠农政策，增强基层党组织服务发展、服务社会、服务群众、服务党员的能力，有效实现了党员干部"宣传要点"和群众"关注热点"的有机统一。如，郑坑乡在宣讲十七届六中全会精神时，结合少数民族乡镇的实际，挖掘畲族文化精髓，投入43万元，在42个生产小组、5个行政村、1所乡校成立文化联络室，使畲族棍术、传师学师、祭祖、炼火、织彩带、山歌和服饰等畲族特色文化得到有效传承。二是强化了教育。通过村两委干部初任培训、业务培训等形式，加强干部的教育培训，提升新一届村两委班子民主决策、科学决策能力，发挥村级党组织的核心作用，提高村两委的威信。部分村两委干部、村民代表参加乡镇工作会议时，在潜移默化中，能进一步增强大局意识、创新意识、开拓意识，提升村两委的议事能力。三是破解了难题。项目推进难、增收难、贷款难一直是制约农村社会经济发展的难题，通过合理确定会议议题，发挥各方面的智慧力量，引导各村结合乡情、村情、民情，科学选择项目，克服要素瓶颈制约，破解发展难题，实现互惠共赢。如雁溪乡大丘田村在推进金银花基地建设过程中，遇到了基地公路建设、资金整合、项目包装等难题，乡党委政府班子及时在基地所在村召开现场会，耐心讲解，统一思想，明确基地的发展定位，消除与会群众心中的疑虑，使项目很快落实。

（3）构筑了"乡村互动、产业带动、项目推动"的经济发展新格局。一是实现了良性互动。"乡会村开"是服务型基层党组织建设的有效载体，通过邀请干部群众参会，实现乡村互动，有助于统一思想，凝聚共识，形成合力，共同开创农村工作新局面。二是推进了产业发展。"乡会村开"有利于基层党委、政府及时了解群众发展产业的意愿、诉求，掌握各地土壤气候条件，以乡镇为主体，积极整合资源，调整产业布局，推进产业一体化进程。如沙湾镇在推进油茶基地建设的过程中，因土地征用、种植技术、发展前景等原因，个别村主要干部存在畏难情绪。该镇通过召开现场示范推广会，邀请油茶种植大户、合作社主要负责人，对油茶苗培育、良种选择造林、抚育管理和低产改造等技术要点进行讲解，提高种植油茶的技术水平，推动了油茶产业的发展。全镇共改造低产油茶基地一万余亩，农民每亩增收300—400元。三是改善了人居环境。充分发挥项目推动作用，大力开展生态乡村创建、村庄整治、"美丽乡村·魅力畲寨"建设等，加大基础设施建设投入，有效改善了人居环境。

（4）找准了"问计于民、问需于民、问策于民"的农村工作新路子。一是推进了决策民主化。"乡会村开"不是简单地开一次会议，而是一个系统的会议，是一个散发智慧、凝聚共识的会议，也是一个决策公开化、民主化的会议。推行"乡会村开"，使党员干部深入基层、深入一线、深入项目，系统梳理群众的所需、所想、所求，全面掌握农村工作的重点、难点、热点，更加准确把握基层的实际情况，把准上级政策与农村实际相结合的着力点，形成科学决策。二是提高了干部执行力。"乡会村开"过程中，乡村干部相互交流工作经验，探索各类新问题的解决办法，有利于提高乡镇干部驾驭全局、化解矛盾、发展经济的能力。能加强自身效能建设，增强机遇意识，克服"中梗阻"现象，全面落实上级党委、政府决策部署，确保政令畅通，助推农村科学发展。三是确保了思路前瞻性。通过召开"项目推进会"、"民主恳谈会"等，将会议内容与景宁畲族自治县中心工作、产业发展布局相结合，能让乡镇和各村的发展思路更加符合景宁畲族自治县发展大局，有更多机会让乡村的项目纳入景宁畲族自治县项目盘子，让发展思路更具前瞻性、可操作性。

（5）呈现了"生活和睦、干群和气、社会和谐"的畲乡农村新气象。一是精简了会议，提高了效率。"乡会村开"由于程序规范、议题明确，许多能不开的会议尽量不开，能合并的会议也进行了合并，有效精简了会议。同时，由于强化了督查落实，会议确定的各项内容也能尽快落到实处，提高了办事效率。二是优化了服务，转变了作风。政策落实在基层，服务在基层，"乡会村开"推进乡镇工作重心进一步下移，由被动服务向主动服务转变，疏通服务群众的"最后一公里"，党员干部的作风也在服务基层的实践中进一步转变。三是汇集了民意，密切了干群关系。"乡会村开"议题确定民主，决策过程透明，参会人员广泛，能集思广益、群策群力、汇集民意，让群众真切感受到广大党员干部在为民办实事，提高了群众对党委、政府的认同感和满意度，密切了党群、干群关系。在2011年年底全县党员干部评议中，村、乡党组织满意度在90%以上，村民委员会满意度86%以上，乡镇班子满意度在95%以上，同比有较大幅度增长。四是化解了矛盾，赢得了民心。群众主动参与本村事务，干部积极采纳合理建议，能在第一时间发现问题、化解矛盾、赢得民心，确保小事不出村，大事不出乡。村务公开、财务公开一直是群众关注的焦点问题，通过乡会村开，让群众对村级集体资产管理使用有更多的发言权，有利于盘活集体资产，实现村级资产的保值升值，使村级组织做到有人管事、有钱办事、有章理事。2012年，全县党员干部依托"乡会村开"平台，走访困难群众11000余人次，解决各类矛盾纠纷120余件次，上访事件和群体事件发生率大幅下降。

（6）延伸了"优化服务、品牌建设、机制保障"的群众路线新载体。一是追求服务。在当前全面实施"三县并举"发展战略、推进"五个发展"、建设"四个新区"过程中，景宁先行先试迎先机，主动适应农村经济结构、产业布局、行业分工的发展变化，将"乡会村开"机制延伸到村组、渗透到项目、融入到产业、覆盖到党员、辐射到群众，把党组织和党员的政治优势、组织优势转化为密切联系群众的优势、社会管理服务的优势。二是建设品牌。新时期的基层党建工作千头万绪，面临诸多亟待解决的难题。要实现基层党建工作创新发展，必须采取科学的方法，抓重点、抓难点、抓亮点，打造"品牌型"党建。"乡会村开"下移工作重心、延伸服务触角，使会议由"坐"着开变为"站着"、"走着"开，探索了"工作沉到村、政策送到村、感情系到村、信息连到村、难题解到村"的党建工作新模式。景宁鼓励广大乡镇干部积极深入农村，走访群众，倾听民声，掌握民情，与农民群众结亲戚、交朋友，以实际行动践行全心全意为人民服务的宗旨，在群众中树立良好的形象，让"乡会村开"成为畲乡党建的重要品牌。三是整合资源。景宁在总结经验的基础上不断完善"乡会村开"的具体配套制度，提高工作规范化、制度化、科学化水平。做到机关工作重心下移、基层干部坚守一线、领导干部深入基层，更加准确把握基层的实际情况，全身心服务基层、服务群众。在决策前能更多地听取群众意愿呼声，提高决策的科学性，增加决策的透明度，减少决策失误，减轻重要政策实施、重点项目推进的阻力，实现科学发展。

（二）建设"村务平台"，加强村级服务管理

村务平台是景宁针对当前农村普遍存在的"服务缺位、干事缺钱、办事缺人"等问题，将服务民生的触角向最基层延伸，整合人力、物力等资源，在景宁所有的行政村设立了融便民服务中心、党员服务中心、社会管理服务中心于一身，集服务、管理、发展、公共治理于一体的立体式民生服务平台，不仅激活了乡村干部干事创业服务民生的能力，也进一步的释放了农村的生产力和创造力。是加强基层组织建设、创新基层社会管理的有效载体。目前，全县 6 个社区、254 个行政村实现了村级全民服务中心规范化建设全覆盖。2012 年，村务平台成功入选浙江省十佳民生工程，是唯一入选的县一级民生工程。其"一个窗口受理，一个网络服务，一个平台管理"的独特优势充分体现了"和群众零距离，当群众贴心人"的工作宗旨，被基层群众称为践行十八大精神的成功典范。

1. 村务平台主要做法

（1）建好一个"民情数据库"。家底清、村情清，是管好村务、为村民办事的前提。景宁将当前县、乡已普及的政务信息化管理技术延伸到村一级，专门设计开发了"村级便民服务运行软件"，采集建立了"民情数据库"。主要包含以下三方面内容：一是便民服务，包括政策查询、服务事项、办事流程、办事登记、咨询投诉等版块，方便村民前来办事、查询、登记和进行各类表格下载；二是村务管理，包括一个村的地貌特征、人口信息、村级组织、产业发展、地质灾害、计划生育、重点人员管控等基础内容，建好村级事务台账；三是发展项目，包括村级发展规划，以及这个村当年以及今后五年要做的基础设施、产业发展等项目计划，都一一输进信息系统，便于项目运作。以上三方面内容及时更新，日常办理事项实现网上流程化操作，并与县行政审批中心和乡镇办事中心联网，形成了集服务、管理、项目三大功能为一体的综合性网络服务平台，从而也实现了县、乡、村三级政务的"无缝对接"。

（2）组成一支"便民服务队"。为解决"办事人员从哪里来"、"如何更好服务"的问题，景宁因地制宜整合各方面人力资源，采取有效措

施，全面推行"网格化、常态化服务"。服务人员方面，组建了以村两委干部、村监会干部、驻村干部、大学生村官为主体的便民服务队伍，规定村干部每个月抽出 3—5 天时间去中心带班，景宁 98 名村官全部下到所在村当班，村会计参与替班，驻村干部和村务监督委员会主任双休日和节假日辅班，保证全年 365 天都有人接待村民群众办事，确保村民能随时随地找到人、办成事。服务形式方面，积极整合优秀党员、专业技术人员等人才资源，通过建立党员先锋队、村民互帮互助队、农业技术服务队等形式，严格落实服务包干制和巡查走访制，重点对孤寡老人、贫困家庭、产业发展户等开展"定期联系、定期走访、定期服务"的"三定式常态化服务"。

（3）编制一套"办事流程图"。围绕管理、服务、发展等三大功能，制定了一整套"办事流程图"，实现了村务管理的规范化、公开化、信息化操作。在便民服务方面，按照"群众需要什么服务、中心就提供什么服务"的原则，认真梳理涉及社会保障、农业服务等村级便民服务事项五大类 51 个小项，编制"办事流程图"供办事群众查阅。同时，村务中心还制作便民服务联络卡，公开代办员姓名、联系电话、坐班时间、代办事项、投诉电话等信息，发放至村民手中，确保村民能随时随地找到人、办成事。在发展项目方面，设立了"发展项目库"和"创业承诺箱"，制定了项目网上申报、审批和贷款融资等三大类八个方面动态管理流程图。在社会管理方面，村级便民服务运行软件兼容了"网格化管理、组团式服务"软件应用系统，绘制了地质灾害应急避险、矛盾纠纷排查分析等 7 张流程图，根据实际情况，采用坐班与巡查走访相结合方式，加强社情民意访查。

（4）落实一组"综合保障制"。我们不仅在总体思路上对村务平台建设加以引导，而且在场所、资金、管理等方面全面加强统筹保障。在办公场所上，根据各行政村常住人口、代办事项、村集体经济状况、外出人口等情况，因地制宜开设了 104 个简易型、129 个标准型、27 个示范型三类村务管理平台。在资金保障上，市里 2015 年决定将村级运行经费由原来的 3 万元提高到 5 万元，省财政也每年给予便民服务中心补助运行经费6000 元，另外，还针对一些有困难、没有办公场所和设备的村，省里再给 1 万元的补助，大学生村官工资待遇本来就有财政保障，景宁把这几方面的资金统筹起来，办公场所、人员开支等运行经费就能得到基本的保障，实现了"不增加一分钱额外负担"。在运行管理上，景宁将村务平台建设纳入基层组织建设、党风廉政建设年度考核。同时，纪委、组织部、政法委联合加强对村务平台建设的管理督查和量化考评。

2. 村务平台主要成效

（1）有效地方便了群众。村级便民服务中心的建立，变"群众找干部办事"为"干部上门为群众办事"，为广大村民提供了快捷便利的"面对面、零距离"服务，避免了群众"多头跑、跑多回"，实现了"村民在家能办事，中心能办大家事"。

（2）切实地服务了群众。村级便民服务中心有效回应了广大群众的服务需求。2014 年以来，村级便民服务中心共办结 14643 件次，其中代办类 8163 件次。各村级便民服务中心不仅为本地村民提供服务，还积极推出居住证办理、婚育证明、实用技术培训、劳务就业等新的服务内容，极大方便了广大群众，提升了服务层次和水平。

（3）真正地创新了管理。村级便民服务中心尤其是便民服务网站的创建，有效解决了长期以来困扰基层农村没有统一平台对村级建设资源进行梳理、归纳和统筹管理的问题，实现对农村基层管理的"无缝对接"，构建起了一个集管理、服务和发展于一体的农村基层管理和服务新平台，有力提升了农村社会的管理和服务水平，成为了加强和创新农村基层社会管理的有效载体和抓手。

（4）笃实地转变了作风。通过村级便民服务中心的建设，促使广大基层干部重心下移，到一线转变作风，到一线研究发展办法，到一线落实发展措施，服务群众、破解难题、增长才干、提高效能，不仅改进了干部作风，密切了党群干群关系，还极大地激发了干部的创造力，有力地推进了基层工作创新，如景宁开展"基层党建年"活动探索出来的"乡会村开"模式和开展农村劳动力培训探索出来的"田间课堂"做法，都充分体现了管理模式的创新和干部作风的转变。

（三）延伸政协工作触角，有效推进协商民主

为进一步发挥委员的主体作用，延伸政协工作触角，以适应民主政治建设的新发展和人民群众的新期待、新要求。县政协紧紧围绕县委"三县并举"发展战略，继往开来，着力有为，以建设"有为政协、品位政协、和谐政协"为目标，在两个街道和四个建制镇建立了委员工作站，让政协工作的触角向基层延伸，同时采取多种方式充分调动委员履职积极

性，有效发挥主体作用，使政协工作焕发了新的生机和活力。

1. 政协基层延伸的主要做法

（1）积极推荐，努力提高基层委员比例。根据政协章程和换届的有关规定，配合县委有关部门共同做好委员的推荐工作，尤其注重推荐乡镇农村和"两新"组织中的委员。新一届县政协 165 名委员中，来自乡镇农村和"两新"组织的委员达 51 人，占委员总数的 32%。无论是人数还是所占比例较以往都有大幅提高，同时也是一支参政议政能力强，代表性广泛的基层委员队伍。有利于充分发挥政协委员贯彻党的路线方针政策，执行各级党委政府重大决议决定的传播员和宣传员作用。

（2）结合实际，推进政协组织延向基层。县政协自换届以来，进一步加强专委会、工作站、工作室建设，充分发挥基层政协组织的积极性。一是开展专委会主任专职化建设。利用换届时机把原来 8 个专委会合并为 5 个，各专委会主任均实现专职化，为各专委会配备一名工作人员。二是改组委员工作站。根据鹤溪镇撤镇设街道的需要，将原有 5 个乡镇政协委员工作站改组为 6 个，明确各工作站站长由镇党委或街道工委党群副书记兼任。这有利于进一步加强领导，使基层委员参加活动、履行职能有场所、有阵地，提高了基层委员的履职积极性。三是加强委员工作室管理。进一步明确社区、农村委员工作室的职责，并给予提供必要的帮扶和指导，发挥出了较好的社情民意"中转站"和排忧解难"服务点"作用。大漈村政协委员工作室的梅建华委员，及时将工作室收到的信息向有关方面反馈，如把全村贫困学生情况收集汇总向慈善总会反映，帮助解决困难。

（3）健全制度，确保基层政协工作有效开展。为使委员参政议政的积极性、主动性能够长期保持。县政协在推进政协工作向基层延伸过程中，把制度建设摆在了重要位置。一是明确组织工作职责。详细制定一系列制度，并结合委站年度考核办法，对专委会、工作站等工作目标任务作进一步细化，确保站室工作有序开展。二是加强委员动态管理。专门下发《关于进一步发挥委员主体作用的意见》等五项制度，对委员学习、履职、管理、奖惩等方面作了规定，并根据实际情况及其具体表现进行调整。同时，积极吸收热心政协工作、参政议政能力强的同志，保持政协工作的活水源头。三是实行委员目标考核。制定年度工作目标，明确考核标准，提出工作要求，要求每位委员每年至少参加一次专题视察活动，提出一个有分量的建议，撰写一件高质量的提案，提供一篇有价值的社情民意，帮助和联系一户贫困户等，对委员履职情况进行统计并归入委员履职档案。同时制定优秀委员和优秀提案评选实施办法，每年评选一定数量的优秀委员和优秀提案，并在每年的全会上进行表彰。

2. 政协基层延伸的成效

（1）提升素质，提高委员履职能力。政协工作向基层的延伸能提升委员自身素质，提高委员履职能力。一是举办各类培训班，开展涉及社会经济发展各个方面的专题讲座；二是利用常委会、主席会、专委会等会议契机，组织学习《政协章程》、省第十三次党代会、全省政协主席读书会以及县委重要文件精神；三是坚持集中学习和自主学习结合，鼓励和支持干部自学、自我提高；四是努力创造条件，利用调研、视察等活动，开阔委员视野，提升建言献策水平。

（2）搭建平台，提升委员履职积极性。政协工作向基层的延伸能搭建平台，提升委员履职积极性。一是建立议政建言平台。把全会委员发言作为"重点工程"来实施，精选课题，保证质量。同时举办好政协论坛。如景宁现代农业发展论坛，有乡镇、农民专业合作社、农业企业等基层委员50余人参与，占参会人数的1/3以上，提高了基层委员的话语权。二是建立民主监督平台。在抓好提案、社情民意等经常性的民主监督工作基础上，出台了《中共景宁畲族自治县委关于印发〈县政协民主评议乡镇（街道）、县直机关部门工作的意见（试行）〉的通知》，把乡镇、街道纳入评议范围，让基层委员在创新民主监督工作中起先锋带头作用。三是建立知情明政平台。充分利用各种会议、走访慰问等时机，采用网络和报纸等媒体，及时向委员传达上级党委政府的会议文件精神、经济建设情况，让委员吃透上情。四是建立委员风采展示平台。与电视台、报社合作，开设委员访谈节目和专访活动，利用"景宁政协"网站、《景宁政协》刊物开设委员风采专栏等形式，宣传展示基层委员风采，激发委员的履职积极性和荣誉感。五是建立联系服务委员平台。坚持同委员保持经常性的联系，经常走访乡镇农村、"两新"组织中的委员，及时沟通交流，并力所能及地解决他们工作和生活中的困难，激发履职热情，凝聚履职合力。

（3）收集民意，切实解决群众实际困难。政协工作向基层的延伸能切实解决群众实际困难。通过政协工作向基层延伸，收集和反映社情民意信息渠道更加畅通，如原县政协秘书长吴建强反映的《关于落实景宁畲族自治县高考考生在高考录取中依法享有降分录取照顾政策的建议》，最终促成景宁畲族自治县汉族考生高考加 5 分政策的出台。此外，通过基层委员工作站开展委员办好事办实事活动，帮助联系解决群众实际困难，提升政协形象，扩大政协影响力。

第三节　平安景宁建设

21 世纪以来，景宁提出"小景宁、大平安"的发展思路，于 2004 年正式启动平安景宁创建工作。经过 2004—2013 年十年创建，成功实现平安县创建"九连冠"，捧回"平安银鼎"，县委、县政府被浙江省委、省政府命名为"2004—2013 年度平安创建工作省级先进单位"、"信访工作绩效考核优秀县"、"全国法治城市"、"法治县（市、区）创建活动先进单位"等称号，平安"三率"即安全感满意率、平安建设群众知晓率、参与率均居全省前列。

一　平安景宁建设工作做法

县委、县政府将平安综治工作作为"一把手"工程，纳入全县经济社会总体工作布局，与经济社会发展工作同部署、同考核、同奖惩。建立了部门、乡镇（街道）、村主要领导为平安综治工作第一责任人、分管领导为直接责任人的责任体系。制定关于贯彻落实《平安县考核评审条件》的工作意见、平安综治考核细则、"一票否决"实施办法等一系列文件，将平安创建工作责任层层分解落实。以三项机制、六项举措全面推进平安景宁创建工作。

（一）三项机制

1. 建立党委领导部门协同全社会参与机制

县委、县政府坚持"平安报表"的基础保障地位，把平安建设工作纳入全年重点工作推动，实现组织领导、工作推动、任务落实"三到位"。一是组织领导到位。县委、县政府坚持对平安建设必要的人、财、物进行保障，通过政法信访工作会议、"一票事项"涉及事项专题部署会、业务培训会等全县性会议进行统一思想，使大家认识到平安建设工作是必须保质保量完成的全县重点工作。二是工作推动到位。建立常态化的督查考核和点评制度，在县委政法委牵头开展经常性检查指导工作的基础上，每年组织由县四大班子领导带队的专项督导组深入部门、乡镇开展工作督查，通报存在问题并要求限时整改，确保不发生"一票否决"事项。定期召开常委会专题会议和政法全会，对景宁平安建设工作推进情况进行跟踪关注，对工作推动不力的部门和乡镇的主要领导进行约谈。三是任务落实到位。做到平时落实和年底考核双到位，实现过程和结果的有机统一。各责任部门做到年初有工作方案，平时做好"上下、左右、前后"的沟通联系并进行自查整改，年底全面推进平安创建工作任务落实，确保顺利通过考核。

2. 建立社会稳定常态化工作机制

社会稳定是平安建设工作的基础，也是平安建设的重中之重，强化源头防范，打防管控相结合构筑和谐稳定环境。一是深入开展重大不稳定问题和信访问题摸排化解工作。动态掌握各类矛盾纠纷和重大不稳定问题，采取措施化解稳控到位，健全完善重大事项风险评估机制，增强决策者和决策执行人员防范社会稳定风险的意识。二是强化打防结合，加强社会治安管理，重点推进"天网工程"建设，实现主要街道、重点地段、重点部位、重要场所全覆盖，提升系统的运行管理、应用拓展和实战实效。深入开展社会治安专项整治，及时侦破大案、要案和命案，有效打压犯罪分子的嚣张气焰，遏制重特大案件多发、高发的势头。三是狠抓反邪教工作。依托闽赣毗邻四县反邪教协作联席会议机制，实现四县防邪反邪信息共享，形成合力扎实做好防范和处理"法轮功"、"全能神"等邪教组织警示教育工作，不断强化对"法轮功"、"呼喊派"等邪教组织的防范打击，有效挤压涉邪活动生存空间。

3. 建立基层基础建设长效机制

基础不牢，地动山摇。基层基础建设是一项长期性的工作，只有起点，没有终点，只有更好，没有最好，通过"三举措"不断加大对基层基础建设的工作力度。一是深入实施基层基础建设"三年行动计划"，每年安排专项经费推进包括乡镇社会服务管理中心、村级社会服务站在内的基层基础规范化建设，开展力量整合、运行机制，综治E通等规范化建设工作，为民服务能力、水平进一步提升。二是扎实推进网格组团服务工作。健全完善网格化管理组团式服务工作机制，通过开展"十佳网格管理员"和"优秀服务团队"等评比表彰活动以及探索建立对网格管理员的补贴制度等充分发挥网格组团服务工作活力。三是强化信息化建设。加快科技信息技术在平安建设领域的推广运用，着力在信息资源共享上下工夫，以信息化引领社会治理现代化。重点加强基层社会管理综合信息系统建设，加快信息资源整合共享。重点加强对人口、房屋等基础信息，以及矛盾纠纷、安全隐患等动态信息的实时采集录入，做好矛盾纠纷、安全隐患、突发事件等的发现上报、分流交办、督促检查等工作。

（二）六项举措

1. 严厉打击违法犯罪活动

坚持严打方针，从重从严打击各种违法犯罪，尤其要严厉打击杀人、抢劫、抢夺、入室盗窃、机动车盗窃等危害公共安全指数、为人民群众深恶痛绝的多发性犯罪，严厉打击危害农村稳定、侵害农民权益、破坏农业生产等犯罪。

2. 做好预防和化解社会矛盾

解决好当前开展的"五水共治"①、"三改一拆"② 等工作中的矛盾纠纷，深化"大调解"体系建设，加强社会稳定风险评估，落实好信访责任制和领导干部下访约访、督办查办等制度；预防进京非访行为的发生。

3. 提升社会治理水平

根据省、市下发的创新社会治理工作方案和平安创建"冲鼎争金"三年行动计划，探索制定符合实际的治理体系和治理能力现代化建设目标。

在公共安全监管方面，建立监管机制，进一步加大安全生产检查整治力度，真正落实好属地监管、行业监管的职责；在主体责任方面，逐条研读考核细则，做好自查自纠，防范产生新的扣分项目；在问题整改方面，争取最大可能的挽回动态扣分，认真对待省、市、县暗访、督查以及单位自查中发现的潜在问题；在工作主动方面，主动加强与省、市的沟通衔接，对考核工作做到心中有数；在舆论宣传方面，创新方式方法，努力提高平安"三率"，实现所在辖区群众平安"三率"知识普及全覆盖；在责任到位方面，切实把责任落实到人，建立相应追责制度，严格责任倒查和责任追究，推动平安创建各项措施落到实处。

4. 全力维护社会公共安全

强化公共安全监管，加强重点公共场所、重点单位、重点人群、重点

---

① "五水共治"即治污水、防洪水、排涝水、保供水、抓节水。

② "三改一拆"即对城市规划区内旧住宅区、旧厂区和城中村的改造，拆除全省范围内违反土地管理和城乡规划等法律法规的违法建筑。

设施和重点部位的安全监管。高度重视安全生产，严防重特大安全生产事故和公共安全事故发生。强化网络综合防控，深化公共应急体系建设，全力处置公共突发事件，确保社会公共安全。

5. 构筑严密的治安防控体系

按照防范严密、控制有力、全面设防的要求，进一步健全社区防范、社会面巡逻防范、治安卡点堵控防范、单位内部防范、科技防范五大治安防控网络。坚持重心下移，强化基层和农村治安防范，筑牢维护社会稳定的第一道防线。

6. 夯实平安综治基层基础

完善乡镇（街道）综治办、公安派出所、司法所、信访室及各类群防群治队伍建设等基层综治组织体系，加强乡镇（街道）社会服务管理中心建设，力争创建一批省级、市级和县级社会服务管理示范中心；加强"村务平台"建设，推进村（社区）社会服务管理站及企业综治工作站规范化建设；加强"网格化管理、组团式服务"、基层群防群治队伍建设和综治信息系统建设等工作。

二 平安景宁建设工作亮点

十年平安景宁建设，着力维护人民群众合法权益、创造安定的社会环境和良好的法治环境，涌现出"大调解"、"银龄互助团队"、"东坑沙盘模拟调解"等典型经验做法。

（一）建立大调解网络体系

做到"哪里有纠纷，哪里就有调解组织，哪里就有调解人员进行调解"，得益于建立了以县级"一办四中心"建设为龙头，基层各类调解组织为基础，专业性行业性调解组织为补充的调解组织网络体系。一是组建了"一办四中心"。建立了县社会矛盾纠纷"大调解"工作领导小组及办公室，统一领导和协调全县"大调解"工作；"四中心"是在县委政法委成立了县社会矛盾纠纷"大调解"协调中心，县法院、检察院分别建立了县司法调解中心，县法制办建立了县行政调解指导中心和县司法局建立了县人民调解中心。二是加强基层调解组织建设。全县22个乡镇（街道）建立了调解中心和人民调解委员会，260个村（社区）全部建立了人民调解委员会，全县共有专兼职调解员1565名；建立行政调解组织39个，落实专兼职行政调解工作人员51人。三是推进行业性、专业性、区域性调解组织建设。建立了医患纠纷、道路交通事故纠纷等行业性调解委员会，自治县共组建基层劳动人事争议调解组织86个，有49名乡镇（街道）干部、企业工会领导参加市仲裁院举办的劳动争议调解员培训班，通过考核取得调解员资格证书；建立了县农民创业园人民调解委员会，工业园区企业联调中心等调解组织。逐步形成县、乡镇（街道）、村三级联动，部门参与的大调解网络体系。

（二）"沙盘模拟调解"成为山区县解决山林纠纷的有效办法

地处浙南山区，广大基层干部在长期的山林纠纷调解中，不断地对调解工作进行创新和发展，摸索出以"就地取材、通俗易懂"为主要特征的"沙盘模拟调解法"，它以较高的"三率"即调解成功率、调解效率和群众认可率，从众多调解方法中脱颖而出，成为发展和创新"枫桥经验"的重要体现。主要做法为：第一步：现场勘查。召集纠纷双方当事人深入到纠纷山林，仔细观察地形，察看四至情况，找到双方当事人争议的地理位置，有条件地进行拍照或摄像，然后绘出详细的地形图，经双方当事人确认后签字。具备条件的当场进行调解，如调解达不成协议的，回来利用"沙盘模拟法"进行调解。第二步：制作沙盘。"模拟沙盘"设置在调解室内，召集纠纷双方当事人，必要时邀请第三方或村里比较熟悉地形的村民，由调解员根据双方当事人到纠纷山林现场勘查的情况和双方当事人确认的地形图，在沙盘上勾勒出纠纷山场基本情况，在沙盘中用相应缩小比例制作成纠纷山场模拟地形，地形详细到小河、小路、小弯、大树大石等界至，使人一目了然，各种四至界至标识均得到恰当体现，"小沟"、"岩壁"、"防火线路"等一应俱全，东南西北四个方位插上小旗，每一步的勾勒前都得到双方当事人的认可，成功制作沙盘模拟地形，避免了在调解过程中当事人对事实部分的争执。第三步：进行调解。在完成制作模拟沙盘后，调解员根据双方提供的证据和证人证言，分别请双方当事人到沙盘前进行沟通。调解员依据相关的法律法规和政策规定，经过摆事实、讲道理、讲情义，循序渐进，深入浅出，耐心细致地引导，最终将矛盾纠纷化解在沙盘前。第四步：签订协议。双方当事人根据调解所达成的协议，签订协议书。调解人员对调解文书进行规范化的归档，并监督双方当事人认真履行调解协议内容。第五步：总结提高。调解委员会对整个纠纷调解工作进行认真总结，并回访双方当事人，充分了解双方当事人对调解过程是否满意，对调解协议内容的履行情况是否满意。对调解回访中发现的不足之处进行认真的整改，切实提高调解水平。"沙盘模拟调解"得到《浙江法制报》、《浙江交通之声》等媒体的宣传推广。

（三）创新平台，加强联动，平安综治工作宣传具象化

在推进平安综治宣传的过程中，主要突出"宽领域、齐联动、全时段"宣传特点，努力营造"平安景宁"建设浓厚舆论氛围。

一是新闻媒体全方面宣传。注重传统媒体和新媒体相结合大力开展宣传活动，充分发挥《平安畲乡》专栏、《畲乡政法》网站、广播、电视、报纸、墙报、手机短信、宣传车等宣传媒体工具大力宣传重点工作、社会治安、民生保障、平安创建等内容，做到"报刊有文字、广播有声音、电视有影像、网络有信息"，努力扩大平安建设、综治工作在社会上的影响力。

二是专项行动多领域宣传。创办"凤舞畲山大舞台"深入乡镇（街道）演出，利用春运、农民工工资清欠、春节食品安全监管和市场监管等活动，积极开展运输安全、食品安全、治安防范和消防安全，反邪教"一墙一窗"阵地建设等宣传教育活动，做到平安综治宣传工作与部门职能工作相结合，不仅实现了宣传工作的常态化，更使我们的宣传工作有血有肉，易被广大人民群众所接受。

三是乡镇部门齐联动宣传。各乡镇（街道）、县平安办各成员单位制作宣传年画、"平安景宁建设温馨提示卡"等由景宁畲族自治县 1927 个网格组团服务团队 7708 名网格管理员深入景宁畲族自治县居民家中，面对面对居民进行宣传，实实在在地把党的好政策、政府的关怀送到千家万户，努力使平安建设家喻户晓、人人参与。

四是城市乡村全地段宣传。在县城主要路口、公交站台、各医院、金融网点、客运车站、公共场所等制作大型固定广告牌，张贴大型宣传画，滚动播放平安综治宣传标语，营造浓厚的平安综治工作氛围，收集宣传典型案例、制作《畲乡政法》刊物等进行全面宣传报道活道。

三　平安景宁建设工作成效

通过平安景宁建设主要取得了以下八个方面的成效。

（一）维护社会政治稳定机制不断健全完善

党委维护社会稳定季度分析制度、群体性事件预防和处置机制、社会稳定风险评估机制等工作机制建立，在群体性事件预防和应急处置中发挥

出积极的作用。完成北京奥运会、上海世博会、畲乡"三月三"等重大活动和元旦春节、"两会"等重点时段的安全保卫工作，完成滩坑库区建设、云景高速公路等重点项目建设的维稳工作，成功处置"8·15"炉西峡上海驴友意外事件，及时妥善处置春明置业公司非法吸收公众存款案等重大案件。

（二）社会治安状况不断好转

坚持"打防结合，预防为主，专群结合，群防群治"的方针，逐渐完善治安防控体系，"天网工程"建设深入推进，社会治安环境得到进一步改善，社会治安重点地区、赌博、校园安全、取缔无证、无照棋牌室和"查处取缔黑网吧、扫毒害保平安"、"打霸拔钉·清障护航"等专项整治行动深入开展，先后成功侦破持枪抢劫案、金店特大抢劫案一批影响重大的案件，刑事案件发案率逐年下降。群众安全感和满意率不断提升。

（三）安全生产监管不断深化

通过完善安全生产监管机制，强化安全生产责任，强化易爆物品、交通安全管理和消防安全监管，积极查处生产加工毒豆芽、注水牛肉等群众关注的食品安全案件，依托"中国农村小水电之乡"，出台《景宁畲族自治县小水电行业安全生产事故防范　创新管理建设的若干规定》，在加强小水电安全管理方面率先破冰。安全生产状况逐年好转，安全生产事故发生数、死亡人数和经济损失三项指标均保持较低水平。

（四）维护公共安全机制逐步完善

推进基层应急管理，维护公共秩序安全、公共卫生安全、经济安全、抵御自然灾害和事故处置等应急预案逐渐健全，全面提高了应对和处置各类突发公共事件的能力。定期开展食品卫生安全、森林火灾、农村火灾、危险化学品处置、建筑物倒塌救援、广播电视安全播出等多次较大规模的应急演练，并及时通过新闻媒体将演练情况向社会公众进行宣传，切实提高了应急救援队伍的综合应急能力和实战水平。

（五）矛盾纠纷排查调解工作到位

景宁各类矛盾纠纷调解组织认真组织开展矛盾纠纷的排查调解工作，将各类社会矛盾纠纷化解在基层，解决在萌芽状态，切实防止民转刑案件和集体访、越级上访事件。各类调解组织每年受理、调解的各类矛盾纠纷均达到3000多件，调解率、调解成功率都达90%以上。县"大调解"协调中心充分发挥协调指导作用，人民调解、行政调解、司法调解相互渗透，各司其职，成功调处了一大批的疑难复杂纠纷。行业性专业调解组织成效凸显，交通、医患、劳动争议等行业性专业调解组织发挥着越来越重要的作用，基层调解组织发挥调解主力军作用，景宁大部分的矛盾纠纷都在基层各类调解组织中得到有效调解。

（六）重点人口服务管理加强

配齐配强流动人口协管队伍，实现流动人口登记率90%、人户一致率72%、出租房屋登记率98%、治安管理责任保证书签订率100%。加强预防青少年犯罪工作，建立预防青少年犯罪的信息联络机制、对涉嫌犯罪青少年品行调查、犯罪青少年帮教机制。建立未成年被告人临时父母聘任机制，有效维护了未成年被告人合法权益。切实加强归正人员安置帮教和肇事肇祸精神病人管控工作。刑释解教五年内人员当年重新犯罪率、社区矫正人员再犯罪率和脱管、漏管率分别控制在2%、0.8%和2%以内；对全县重度精神病人、肇事肇祸精神病患者和有潜在暴力倾向精神病患者，采取送医院治疗和落实管控措施等办法，确保不失控。

（七）"网格化管理、组团式服务"作用发挥明显

全县共划分网格360个，每个网格落实一至两员专（兼）职管理员，组建各类服务团队1939个，各类服务人员达到6000多人。网格组团服务工作做到与县情相融合，具有组织健全、贴近群众、面向基层、服务广泛等特点，及时发挥信息收集、社会管理、为民服务等功能，涌现出了原葛山乡"银龄互助团队"、东坑沙盘模拟调解等典型经验做法，得到省市肯定和认可。

（八）大力推进公共服务管理平台建设

着力构建以居民需求为导向，以信息技术为支撑，以呼叫热线为主干，集咨询、服务、投诉、建议为一体的"96345"社会公共服务中心，"全天候、全方位、全程式"无偿为广大群众提供方便快捷的实时互动咨询和解答。在景宁畲族自治县21个乡镇（街道）、260个村开通了基层社会管理综合信息系统并发挥作用，基层社会管理综合信息系统平台覆盖面达到100%。积极开展"城乡一体化"的社会诚信体系建设，努力营造"讲信用、守信用"的社会环境。

第六章

景宁的文化事业和节庆文化

第一节　民族文化设施与文化团体建设

21 世纪初，景宁畲族自治县以"文化名县"发展战略为指引，坚持"文化先行"理念，把握"文化富民、文化安民、文化扬名"工作重点，以构建"幸福文化"为核心，公共文化服务体系建设日趋完善，农村公共文化基础设施建设、村级文化阵地专职管理员队伍组建等领域走在全市乃至全省前列。景宁畲族自治县按照"县有三馆、乡有一站、村有一室"的城乡文化设施一体化格局，初步构建了"县、乡、村"三级公共文化服务设施网络。

一　县城文化基础设施建设

景宁畲族自治县先后建成影剧院 1 座、非物质文化遗产展示体验馆 1 座、省级体育休闲公园 1 个、广播电视综合大楼 1 幢、畲族民俗博物馆 2 家、容纳千人的文化广场 3 个、体育馆 1 座、400 米田径运动场 1 个、建成"天天乐"广场建设 97 个。建成总面积达 26500 平方米的图书馆、文化馆、畲族博物馆三馆合一的畲族文化中心。

（一）中国畲族博物馆

景宁畲族自治县自 1984 年成立之后，专门成立县文物管理委员会，下设文物管理委员会办公室。1997 年，景宁畲族博物馆成立，位于文化路 27 号。为筹建畲族博物馆做准备，1997 年开始到福安、霞浦、宁德、罗源、苍南等畲族聚集地，有针对性的征集畲族文物，文物种类涉及畲族生产生活用品、畲族服饰、畲族银饰、畲族刺绣、畲族祖图等藏品。经过多方努力，藏品增加 1000 余件，随着藏品的增多，1998 年库房面积增至

170平方米。2000年7月，景宁文物办参加在昆明举行的全国首届民族服饰博览会，送展的畲族服装荣获"最佳设计奖"、"优秀展品奖"、"优秀陈列奖"等三项大奖。畲族博物馆经过三次选址，2007年7月始建中国畲族博物馆，馆址坐落在县城鹤溪镇人民南路鹤溪河畔，占地面积3400平方米，建筑面积3554平方米，展厅面积1500余平方米，临时展厅面积600平方米，总投资3000万余元。博物馆2010年10月试开放，2012年3月25日正式开放。

截至2013年，中国畲族博物馆馆内藏品1547件，省二级文物和省三级文物各1件。藏品主要分为畲族民俗文物、生产生活用具、畲族服饰、祭祀用品、书籍等，其中特色藏品有畲族祖图、畲族服饰、彩带、头饰以及狩猎器物等。中国畲族博物馆以畲族的发展史为主线，通过大量的文物、实物和图片，通过现代的高科技表现手法向人们讲述畲族文化的发展史。该馆共分两个展区：第一展区向世人展现的是悠久而极具魅力的畲族民俗文化，展厅分布为序厅、起源与迁徙、环境与聚居、生产与交换、饮食与服饰、风习与信仰、文化与艺术等；第二展区为璀璨而靓丽的畲族服饰文化，展厅对畲族服饰文化有着全面而系统的体现。

畲族博物馆是人们了解畲族人文历史、解读畲族民俗的重要窗口，成为全国极具影响力的畲族文献资料展示和查勘中心。畲族博物馆被列为"全国民族团结进步教育基地"、"省级爱国主义教育基地"和"省级巾帼文明示范岗"，为浙江省陈列展览精品项目，位列国家3A级旅游景区。

（二）县图书馆

县图书馆始建于1984年，是畲族自治县设立后的县级公共图书馆。因刚设县，馆址暂时设在县城的上桥头孔庙内，占地面积100多平方米，馆藏图书1万多册。1998年，搬入鹤溪河东岸的县图书馆正式投入使用。

2012年，县图书馆搬入位于畲族文化中心的景宁畲族自治县图书馆新馆，馆舍面积为3633平方米。2012年年底，图书馆新馆正式投入使用。设有外借室、阅览室、电子阅览室、采编室、少儿阅览室、电子阅览室、畲族文献研究室、自习室等，全面向读者免费开放。县图书馆现有馆藏图书10万余册，阅览座位200多个，其中少儿室座席50个。期刊250余种，报纸60余份，计算机45台，提供给读者使用的计算机31台。

自2000年起，县图书馆连续被评为县级文明单位。2013年被文化部评为国家一级图书馆。

（三）县文化馆

县文化馆创立于 1950 年，时称景宁县人民文化馆，馆址在叶家祠堂。1951 年迁至孔庙内，改称景宁文化馆。1966 年至 1984 年 9 月间，先后为红星区文化馆、景宁区文化站，1984 年改称景宁畲族自治县文化馆，2012 年 3 月新馆落成，迁至鹤溪街道鹤川路 1 号。占地面积 26500 平方米，包括博物馆、文化馆、图书馆三部分，其中文化馆占地 5040 平方米。设有音乐室、舞蹈室、摄影室、美术室、古筝室、录音棚、小剧场、排练厅、露天舞台、多功能厅及业余团队活动室。

自 1997 年以来，景宁畲族自治县文化馆连年被评为市级文明先进单位，连续 6 年荣获文化系统年度责任考核一等奖、连续 8 年荣获丽水市原创歌曲大赛优秀组织奖，曾被评为浙江省先进文化单位和县级先进文化集体。2011 年 11 月被国家文化部评为一级文化馆。

进入 21 世纪，景宁畲族自治县文化馆开展了各项基层文艺指导活动，"畲乡飘歌"、"凤舞畲山大舞台"、"畲乡讲坛"等一系列活动丰富了景宁畲族自治县人民的精神生活。

二　乡镇文化基础设施建设

创新工作方式，整合现有资源，拓宽投资渠道，加快乡镇文化基础设施建设。截至 2013 年全县所有乡级建成 500 平方米以上文化站、镇级建成 1000 平方米以上的综合文化站，其中省一级站 2 个，二级站 9 个，三级站 5 个。沙湾镇、大均乡综合文化站命名为"东海明珠"工程，沙湾镇、东坑镇、英川镇、大均乡、大漈乡、标溪乡、鹤溪街道等 7 个乡镇先后被命名为"山花工程"乡镇。实现了乡镇综合文化站全覆盖。在中心镇——沙湾、东坑——建成乡镇图书馆分馆。2013 年完成 26 个点的村级"文化礼堂"建设。

三　村级文化设施覆盖率

利用省、市、县三级特色文化村创建载体，进一步整合农村文化资源，充分利用村级组织活动场所和闲置校舍、旧礼堂、旧祠堂等，采用多种方式实现了乡镇综合文化站、村级文化活动室、农家书屋、图书流通服务点在全县范围 100% 覆盖，90% 的行政村安装了体育健身器材。创设"文艺直通车、电影大篷车、图书流通车"三个载体，开展"百场演出、千场电影、万册图书"下基层活动。两年来，为22个乡镇77支业余团队137个村文化活动室送文化器材价值500万元以上。省级文化示范户16户，省级体育强乡镇8个，省级文化示范村4个，县级非遗示范村3个。依托农村远程教育网等载体，各乡镇综合文化站、村文化活动室均建有文化资源信息共享工程，覆盖率达到省定标准。

四　浙江畬族歌舞团

进入21世纪，景宁畬族自治县群众文化专业队伍、民间业余团队不断壮大，成为"文化名县"建设的参与者和"幸福文化"的播种者。2014年，全县拥有业余团队439支，团队人数达到近万人。其中浙江畬族歌舞团、凤凰合唱团是景宁实现畬族文化对外交流的主力军。民间业余团队如"畬之林快乐广场舞队"、"畬族山歌表演队"、"岗石村生态畬族女子山歌队"等都已成为景宁畬族自治县基层文化活动的亮点。

（一）浙江畬族歌舞团的前身

为了参加"首届全国少数民族文艺汇演"，1980年云和县（云和、景宁尚未分县）文化馆赴景宁区域各畬族聚居地选拔畬族演员，创作畬族舞蹈《凤凰彩带飞北京》和挑选七名畬族演员参加"首届全国少数民族文艺汇演"。1984年，景宁畬族自治县成立，云和、景宁分设，原来的"云和县民族文化工作队"更名为"景宁畬族自治县民族文化队"。

2002年，"景宁畬族自治县民族文化队"更名为"浙江景宁畬族民间艺术团"，2013年9月经改制后再次更名为"浙江畬族歌舞团"，属于国企单位，是景宁畬族自治县唯一的综合性歌舞团，是浙江省唯一以表演畬族特色歌舞节目为主的民族艺术院团。

（二）浙江畬族歌舞团对外交流

浙江畬族歌舞团在国内曾应邀赴北京、上海、天津、湖北、广东、江苏、福建以及浙江省的大部分市县表演过畬族文化精品节目。2002年至今参加过中国台湾地区以及日本、韩国、匈牙利、奥地利、德国等举办的国际文化交流和国际民俗节活动，尤其在2013年受邀参加匈牙利13国（匈牙利、俄罗斯、法国、巴西、乌克兰等）民俗文化交流比赛，浙江畬族歌舞团在各参加代表团里人数最少。在这次交流比赛中，歌舞团获得团体第四和个人单项第一、第二的佳绩，在场的欧洲各国选手和观众为之震惊。

（三）浙江畲族歌舞团获奖文艺作品

歌舞团成立至今共在各类比赛中获得奖项 50 余个：1998 年参加演出的大型畲族风情歌舞剧《畲山风》荣获浙江省"五个一工程奖"与"第四届浙江鲁迅文学艺术奖"。2001 年与 2006 年分别参加了第二、三届"全国少数民族文艺会演"，表演的大型畲族风情歌舞剧《畲山风》《畲家谣》分别荣获创作表演双金奖和创作金奖及表演银奖。2002 年 10 月创作表演的广场舞蹈《木拍灵刀舞》荣获浙江省广场民间（鼓乐）舞蹈大赛金奖。在 2009 中国畲乡"三月三"活动中创作和演出的大型畲族风情歌舞《诗画·畲山》进行首演，获得了巨大成功，受到了专家和来宾的普遍好评。同年 11 月以歌舞团为主要演员的大型畲族风情歌舞《千年山哈》在"中国第十三届国际摄影艺术展览暨 2009 中国·丽水国际摄影文化节"开幕式上演出成功，受到了与会嘉宾的广泛好评。

2012 年 6 月 26—27 日由歌舞团演出的《千年山哈》代表浙江省在北京梅兰芳大剧院参加第四届全国少数民族文艺汇演。并获得了表演金奖在内的 9 大奖项，全国参加决赛的 41 支代表团 39 支是由各省省级以上歌舞团参加，只有 2 支代表团是县级本土演员参加，浙江代表团就是其中之一。大多数参赛剧目比赛完后就刀枪入库，马放南山。至今仍在常态化演出的只有内蒙古两部剧目和浙江两部剧目（浙江与青海共同创编的《藏羚羊》、浙江景宁改编创作的《印象山哈》）。

五 畲族文化民间业余团队

在景宁文化发展过程中，涌现大量业余队伍，截至 2014 年，全县已有业余团队 439 个，团队人数达到了近万人。成规模和有固定活动点的团队近百个，每年演出达 1000 余场。其中有自编、自导、自演当地民风民俗节目为主的畲乡鸿戏迷演唱团；有以唱流行歌曲、花鼓戏为主的宏顺艺术团；有以越剧、黄梅戏、京剧为主的畲乡草根戏迷俱乐部演出队；还有以唱畲族山歌为主的原生态韵味的岗石村生态畲族女子山歌队；以唱红歌为主的畲乡红歌演唱队；展示畲族山歌以及农耕文化的东弄畲族文艺表演团队；传承弘扬畲族舞蹈的"畲之林"快乐广场舞队；等等。在这许多业余团队中，有两个团队较为突出。

（一）岗石村生态畲族女子山歌队

以蓝景芬领衔的畲族山歌队是农村业余团队中成立较早的，1998

年成立，现有队伍成员 30 多人，主要是即兴演唱迎宾、敬酒、敬茶等单曲节目，用畲语、手语综合传唱具有浓郁畲族风情的情景剧。打造原生态歌曲，她们进城入寨、走村入户，用歌声唱出了畲族群众的幸福生活。

（二）"畲之林"快乐广场舞队

成立于 2000 年，成员来自各行各业，平均年龄在 40 周岁以上，致力于畲族广场舞的培训推广，成为宣传美丽畲乡的一支文化志愿者队伍。2013 年，在全国原创广场舞大赛中，"畲之林"广场舞队代表浙江，以广场舞《美丽畲乡等你来》，在来自全国的 30 多支队伍共 262 个参赛作品中脱颖而出，荣获全国一等奖和最佳表演奖两个奖项。"畲之林"快乐广场舞队是众多团队中的领跑者。

景宁业余团队不仅成长为各类演出活动的中坚，而且成为传播先进文化、倡导积极健康生活方式的重要力量。21 世纪以来在各乡镇"一乡一品"的文化节、乡村"春晚"、乡村联谊会、社区联谊会等一系列活动中，村办晚会的热情节节攀升，群众参与文化的热情日益高涨。

第二节　畲族传统节庆的传承和弘扬

一　"中国畲乡三月三"——畲汉人民的共同节日

畲族是我国东南部一个古老的少数民族，也是典型的散居民族。在漫长的历史进程中，畲民不畏艰辛险阻，用自己的勤劳和智慧创造了灿烂的历史文化，留下了丰厚的文化遗产。畲民利用传统节日定期进行传统的表演与传统的教育，使民族传统在畲族民众生活中得到延续与加强。畲族传统节庆"三月三"正以其鲜明的民族气质、浓郁的文化意涵和活态的表现形式，散发出璀璨独特的光华。"中国畲乡三月三"是世界了解景宁的窗口，也是景宁走向世界的舞台。如今，一个有民族特色又赋时代色彩，一个有乡土气息又带现代气息的"中国畲乡三月三"，正绽放出夺目光芒，向人们展示着景宁这个山城的包容、开放和勃勃生机。

（一）节庆概况

1. 起源由来

历史上，畲族千年迁徙，一路风餐露宿，刀耕火种，历尽艰辛，造就了坚韧不拔、忠厚热诚的民族性格。同时畲族素有"歌不离俗，俗不离歌"之说，"三月三"正是畲族民族性格、民族风情和精神信仰的一种展现。关于"三月三"的起源，民间流传多种说法，流传较广的是古时畲族英雄雷万兴率领畲军抗击官兵，他们被围困在大山里，粮食断绝，以乌稔果充饥度过春荒，并取得反围剿的胜利。此后每逢三月初三，畲民采回乌稔叶，把糯米放到乌稔叶的汁里浸泡后炊煮制作乌饭，以纪念抗敌胜利，从而衍成风俗，世代相袭。其最早的活动内容有"做功德"、"吃乌饭"、"对山歌"等。随着历史的推移，以歌见长的畲族逐渐把唱山歌作为祭祀先祖的重要形式，每年农历三月三，畲民云集歌场，自晨至暮，对歌盘歌，歌颂生活，怀念始祖。"三月三"也逐渐演变为以对歌为主要形式和内容的民族聚会。

2. 发展历程

"三月三"原本是畲族传统节日，每年的这一天都会举行盛大的歌会，并祭祖先拜谷神，载歌载舞，热闹非凡。随着畲族的不断迁徙，各民族之间的交融更加频繁，民族文化交相辉映，畲族传统文化与景宁本土文化互相影响，互相渗透。畲族文化逐渐被认同，"三月三"慢慢地演变成不仅只是畲民族节日，更是景宁畲族自治县畲汉人民共同的节日。

"中国畲乡三月三"活动大致经历了三个阶段：初始阶段为1984—2001年（以小规模的对歌为主、民间组织）；第二阶段为2002—2006年（以党委、政府牵头，部门分块、独立负责）；第三阶段为2007年之后（统一"中国畲乡三月三"品牌，实行整体策划、联合实施）。

1994年举行自治县设立十周年庆典。1998年举行景宁畲乡文化节活动，主题为："弘扬优秀传统文化、发展区域特色经济。"主要活动有：大型畲族风情歌舞《畲山风》首演、浙江省畲族新歌大赛、第一届中华畲族服饰大赛。活动亮点是：畲族民俗展示，双后岗、东弄等畲族村包装了系列畲族传统习俗活动，如传统婚俗表演、对山歌、功德舞、春年糕、织彩带等首次对外公开展示，成为畲族原生态文化对外展示的窗口。

1999年举行浙江景宁三月三畲乡风情旅游节，主题为："展示畲乡风情、发展旅游经济。"主要活动有：开幕式暨迎宾晚会、婚俗演示、摄影展。2001年举行首届中国畲乡风情节，主题为："走进畲乡山水、亲历民族风情。"主要活动有：开幕式暨中央民族歌舞团"畲乡行"大型广场文艺演出《多彩的家园》、畲族文化旅游研讨会、经贸洽谈会、民间文艺踩街、惠明寺开光。首次使用"中国畲乡"冠名、首次使用三色渐变太阳鸟写意图案作为节标并固定成为"三月三"节徽沿用至今。

2002年与2003年举行景宁畲乡"三月三"民间歌会。活动内容有：以对歌为主（包括原生态山歌和民歌）、畲族民俗表演、篝火晚会。2004年举行景宁畲乡"三月三"节庆活动，主题为："增进民族团结进步、发展畲乡旅游经济。"主要活动有："三月三"祭祖仪式暨畲族文艺表演、体育场篝火晚会。2004年10月举行自治县设立20周年庆典暨第二届中国畲乡风情节活动。主题为："弘扬畲族文化、增进民族团结。"主要活动有：中央民族歌舞团专场演出、首届"畲族风格服饰设计大赛"、面向21世纪畲族文化与旅游研讨会、20周年庆典暨第二届畲乡风情节摄影展。亮点为：中华人民共和国水利部授予景宁县"中国农村水电之乡"荣誉称号；本次活动设计制作的彩绣凤凰旗袍成为景宁历届大型文化活动礼仪小姐标准服装。

2005年与2006年的中国畲乡"三月三"节庆活动已上升至县级层面举办，活动核心内容转到旅游，活动组织形式上采取部门分块负责制：宣传部总牵头并负责来宾邀请和对外宣传，具体活动由旅游局、文化局、民宗局分头进行策划和实施。2005年举行中国畲乡·景宁三月三歌会。主题为："弘扬畲族传统文化、推进畲乡经济发展。"活动内容有：以畲族文化旅游为主题，安排了"寻找三公主"、"畲族服饰秀"及"练火"、"放焰火"等畲族民间绝技表演、书法作品展、畲乡民俗工艺品展、民俗摄影作品展等。

2006年举行中国畲乡三月三暨景宁乡村旅游展。主题为："展现畲乡风情、发扬畲族文化。"主要活动有：以乡村旅游为主题，安排了大规模的农活竞技（成为历届三月三必备项目）、厨艺大赛等互动性活动、种字造文·路福作品研讨会等。县委、县政府提出品牌化、档次化要求，对景宁原有的文化节、风情节、"三月三"整合成"中国畲乡三月三"。同时，统一节徽、节旗。

2007年中国畲乡三月三活动由中央电视台《乡村大世界》走进中国畲乡大型文艺演出活动、民间文艺演出、民族联欢活动、民间文化展示（文艺踩街）活动、工艺品展览、畲乡风情摄影展、旅游推介暨经贸洽谈、特色商品展销活动、音乐家畲乡行当畲民等组成。主题为："和谐畲乡、欢乐畲乡、特色畲乡。"可以说文化演出一浪高过一浪，高潮迭起，好戏连台,让畲乡群众零距离享受文化大餐。这是一个"展现畲乡风采、展示畲族文化、提升景宁形象"的民族活动盛会。

2008年中国畲乡三月三"海峡两岸各民族欢度三月三节庆活动暨2008中国畲乡三月三"活动由开幕式和大型广场文艺演出、"千年山哈"民俗篝火一条街活动、传统体育竞技比赛、畲乡风情摄影展、海峡两岸少数民族发展座谈会暨民族中学与台湾屏东来义高级中学交流结对仪式、旅游资源推介会暨旅游项目签约仪式、中国畲乡三月三"美食一条街"等活动组成,主题为:"激情三月、浪漫畲乡"。这是一次"展示畲乡风采、弘扬畲族文化、增进海峡两岸各民族交流和情谊"的盛会。"2009中国畲乡三月三暨大型畲族风情歌舞《诗画·畲山》首演活动"由开幕式和《诗画·畲山》首演、第三届中华畲族服饰设计大赛、第二届中国畲族民歌节、畲乡民间文艺展演、畲乡集体婚礼庆典仪式暨行嫁踩街活动、畲乡传统体育竞技比赛、畲乡风情摄影展、畲乡经济发展论坛暨项目洽谈会等活动组成,主题为:"诗画畲乡、浪漫景宁"。这是一次"弘扬畲族文化、增进民族团结、助推跨越发展"的盛会,也是一次"展示畲乡风采、提升畲乡形象、共谋借势赶超"的盛举。

"2010中国畲乡三月三暨中央电视台《激情广场》走进景宁"活动由开幕式暨中央电视台《激情广场》大型歌舞演出、畲乡集体婚礼庆典仪式暨行嫁踩街活动、畲乡传统体育竞技比赛、民俗风情一条街展示活动、第三届中国畲族民歌节、台湾南投县原住民文化艺术团莅景访问专场演出、景宁畲族自治县—台湾南投县民族文化发展座谈会、经贸项目洽谈推荐等活动组成,主题为:"两岸同歌、激情畲乡"。这是一次"展示畲乡风采、弘扬畲族文化、增进海峡两岸各民族交流和情谊"的盛会。"2011中国畲乡三月三暨电影艺术家采风景宁行·民族大联欢活动"由六大活动组成。主要包括开幕式暨电影艺术家采风景宁行·民族大联欢大型文艺演出、民俗风情一条街展示、民族体育一条街暨第五届畲乡民间传统体育节、"神奇畲乡、幸福之旅"旅游推荐会暨合作签约仪式、"游云中大漈、品千古风情"主题活动、中国电影家协会送欢乐下基层电影公映等六项活动,主题为:"畲乡三月大联欢、共庆建党九十年"。活动以"弘扬挖掘民族文化、增进民族团结和谐、提升畲乡品牌影响"为宗旨,按照"畲族文化有形化、文化载体项目化、文化成果精品化"的文化要求,以邀请知名电影艺术家走进景宁,与全国各民族代表联欢共庆畲族三月三、同贺建党 90 年的形式，全面营造激情、喜庆、联欢的节庆氛围，有效激发了全县干部群众"奋发进取、乘势突破"的热情和激情，推进了各民族间文化的广泛交流。

"2012 海峡两岸各民族欢度三月三节庆暨中国畲乡三月三"活动由开幕式和大型文艺演出、网上共庆三月三活动、畲乡乌饭节、"云中大漈·传奇非遗"主题活动、民族体育一条街活动、"中国畲族博物"开馆仪式、畲乡盘歌会、"畲乡探歌"采风行活动、"神奇畲乡"摄影比赛、"民族团结林、两岸同心树"植树活动、海峡两岸民族乡镇发展座谈会等活动组成，主题为"牵手新畲乡、相拥两岸情"，这是一次"展示畲乡风采、展现畲族文化、促进民族团结、携手共创未来"的民族盛会。

2013 年中国畲乡三月三活动暨中国畲族民歌节由开幕式暨中国畲族民歌大赛（新歌组决赛）、畲族原生态民歌大赛暨畲族非遗展示体验活动、"景宁信用联社杯"网上共庆 2013 中国畲乡三月三活动、"山山商城杯"第七届畲乡传统体育节暨民族体育一条街活动、"民族团结林、两岸同心树"植树活动、"幸福之路"云景高速公路开通仪式、"牵手畲乡、情暖两岸"景台青少年民族文化交流活动、"先锋博友汇"走进畲乡三月三活动、"多彩畲歌、幸福之旅"活动、首届"山山民族特产美食一条街"等 12 个项目组成，主题为"走进神奇畲山、唱响多彩畲歌"，内容涉及民俗展示、文化交流、旅游观光、经贸促进等，涵盖景宁县经济社会发展的各个方面内容。活动紧扣"走进神奇畲山、唱响多彩畲歌"节庆主题，以"节俭办节、精彩不退"为要求，集中资源，集聚力量，为上万县内外嘉宾呈现了一场"主题突出、精彩昂扬、亮点频出、成效斐然"的民族文化盛会，让畲族民歌成为本届三月三节庆最动听的旋律和最精彩的展示，活动取得了极大成功，受到了海内外嘉宾的广泛赞誉。

自治县建县 30 周年县庆暨 2014 中国畲乡三月三活动由景宁畲族自治县成立 30 周年庆祝大会暨 2014 中国畲乡三月三活动开幕式、"中华民族一家亲"文化下基层大型文艺晚会、"锦绣畲乡·幸福文化"系列特色文化活动、全县民族工作大会、系列邮品首发式、畲乡特色产品展推会、2014"建行杯·感受景宁"摄影大赛、"生态畲乡·美丽景宁"30 周年县庆大型生态成果展、30 周年成就展示暨画册首发仪式、中国畲乡景宁形象片、30 周年县庆成就片首播仪式、网上共庆活动、"共创新辉煌·同筑畲乡梦"主题教育实践活动、"中华民族一家亲"送医下基层活动、

2014 第二届中国（浙江）畲族服饰设计大赛、大均景区三月三火神节主题旅游活动、大漈景区"云游大漈·梦回古村"主题旅游活动、2014 浙江省观赏石精品展暨景宁青花石展等 20 项活动于 3—4 月如期举行，并取得圆满成功，获得社会各界的普遍好评。4 月 22 日，国家民委主管的中国民族报社主办的《中国民族报》头版头条刊登《节俭务实彰显特色——浙江景宁畲族自治县 30 周年县庆调研》，把景宁作为范例将其办节模式向全国推广，进一步提升了中国畲乡三月三节庆品牌。总体活动以"展示成就，树立形象，促进和谐，弘扬文化，加快发展"为目标，以"两节合一、隆重热烈，规模适度、节俭务实"为原则，以"奋进三十年·锦绣新畲乡"为主题，为统领各子活动定下了基调，明确了目标。据统计，此次县庆共涉及 23 类、300 多项活动，直接参与筹备及演出的工作人员 1 万余人（志愿者、演员、县庆办成员及乡镇农村社区、企业等各类工作人员），观看"中华民族一家亲"大型文艺晚会的超过 26 万人（现场观看、电视直播、网络点播），共同感受、参与、体验人员达 60 余万人（观看晚会、各类游客、参观展演、参与征稿、工作人员等），使整个县庆活动成为"全民共庆、实惠共享"的过程，得到了各界的好评。

3. 活动盛况

每年农历三月三，"中国畲乡三月三"活动举办，畲乡景宁大街小巷张灯结彩，彩旗飞扬，锣鼓声声，披上节日的盛装，全国各地数以万计的畲民云集畲乡景宁，沐春风、踏春雨、听畲歌，体验独具特色的民俗民风，尽享古朴畲乡的万种风情。各种祭祀活动、民俗表演、山歌对唱、系列展览、经贸活动此起彼伏。一年一度的"中国畲乡三月三"，把畲乡人民热情奔放的民族性格表现得淋漓尽致。"中国畲乡三月三"活动更成为畲族人民最大的传统节日和景宁最具影响力的群众性综合节庆活动。

（二）节庆特色

1. 体现民族性。"三月三"是畲民族的传统节日，"中国畲乡三月三"节庆从尊重畲族千年历史文化遗产的高度出发，继承和保留畲族最古老、最原真的宗教文化、茶织耕猎、节事婚恋、体育竞技等文化内容，发掘和再现"做功德"、"吃乌饭"、"对山歌"等畲族原有活动仪式，扩充和创新"畲族婚嫁表演"、"民族体育一条街"、"畲族民歌艺术节"等活动形式，既展现出节庆活动鲜明的民族个性特征，又体现畲族群众高度的文化自信和文化自省。"三月三"节庆的恢复、发展举办大大地增强了畲族群众的民族自豪感。

2. 体现引领性。景宁是全国唯一的畲族自治县,肩负畲民族复兴发展的历史使命。"中国畲乡三月三"节庆同样承载着对畲族文脉延续的重任。"中国畲乡三月三"节庆牢牢把握"大畲族"的概念,通过聘请国内畲族文化研究专家学者担任节庆民族事务顾问,邀请全国各地畲民欢聚畲乡共度传统佳节等,切实增强全国畲民对"中国畲乡三月三"节庆的认同感,助推"中国畲乡三月三"节庆引领各地畲族"三月三"活动走向。2007 年,节庆会标(凤凰鸟图案)得到全畲民的认同,这标志"中国畲乡三月三"节庆成为畲族最具影响力的民族节庆。景宁"畲族三月三"被国务院列入第二批国家级非物质文化遗产名录。"2012 中国优秀民族节庆"评选活动获奖名单在吉林省延吉市举行的第三届中国民族节庆峰会上公布,景宁"中国畲乡三月三"节庆被列入"中国优秀民族节庆"并荣获"最具特色民族节庆"称号。

3. 体现主题性。如前所述,"中国畲乡三月三"节庆每年设置不同的主题,并围绕主题组织一系列的文化展示、交流、研讨活动,使"中国畲乡三月三"既继承传统又接轨时代,增强节庆可持续发展的生命力和独特民族风情的吸引力。每届"中国畲乡三月三"节庆主题不一,活动多样,内容丰富,深受群众喜爱。

4. 体现互动性。"中国畲乡三月三"节庆实行"政府牵头、部门联动、城乡互动、群众总动"的组织模式,积极引导乡镇、农村、企业、个人参与,形成了活动县城集中、乡镇多点;政府为主、民间为辅的节庆格局,活动参与覆盖全县畲汉群众。一是活动举办面广。除在县城组织系列节庆活动外,还在乡镇举办大型盘歌会、抢猪节、火神节、云游大漈等,更多的乡镇农村则是通过体育一条街活动、社区排舞大赛、农民艺术展演等活动带动成千上万城乡畲汉群众互动联欢。二是活动参与人多。开放式举办各类文化活动,如"民俗风情一条街"活动每年直接参与人数达 5000 余人,受到市民群众的"热捧";庆祝活动晚会共同感受、参与、体验人员最多达到 60 余万人(现场观看、各类游客、参观展演、参与征稿、工作人员等)。三是来宾邀请面大。节庆鼓励汉族等各族群众共同参与活动,每年邀请中央、省、市有关领导,报刊、电视、网络媒体记者,部分少数民族代表以及广大游客到畲乡共度节日。

2014 年"中国畲乡三月三"节庆期间还邀请到景宁籍在外和曾在景

宁工作的代表人士共计868人参加盛会，他们怀着对景宁的深厚感情，通过题词祝福、建言献策等方式，为景宁畲族自治县发展提供强大智力支持。"中国畲乡三月三"节庆成为民族大联欢的重要平台。

5. 体现服务性。随着"中国畲乡三月三"节庆不断发展成熟，其对景宁文化、经济、社会各领域发展的助推作用日益凸显。一是节庆经济不断壮大。"中国畲乡三月三"节庆游客逐年大幅增长，到2012年，节庆期间各旅行社、宾馆、景点、农家乐、专业市场共接待海内外宾朋158万余人次，带动相关产业收入3.9亿元，累计招商引资8.4亿元，形成了以节庆为核心的"同心圆"经济圈。同时，节庆期间各类经贸项目洽谈推荐活动成果丰硕，2009年成功签约两个经贸项目，2010年七个项目举行签约仪式，2011年与80余位长三角知名旅游协会、旅行社达成长期合作协议，经济发展长远效益日益显现。二是文化挖掘不断深入。"中国畲乡三月三"节庆不仅是畲族群众联欢聚会的节日，更是畲族文化挖掘、传承、弘扬的重要平台。迄今挖掘创新畲族特色文化项目90余个，以文艺精品创作为例：2009年节庆开幕式成功演出畲族风情歌舞《诗画·畲山》，在社会上产生强烈反响，后经改编提升，成功打造为畲族文艺精品《千年山哈》，并在第四届全国少数民族文艺会演中一举摘得表演金奖等9项大奖，对畲族文化传承弘扬产生深远影响。三是社会民生不断改善。"中国畲乡三月三"节庆是一项全县性的节庆活动，政府部门以筹办节庆活动作为建设发展的契机，提升城乡面貌，推介文化形象，改善社会民生。2012年"中国畲乡三月三"节庆开通云景高速公路。2014年节庆完成县城美化亮化净化工程、青少年宫工程、府前桥改扩建工程等献礼项目，"中华一家亲"送医义诊受惠群众达1200余人，使节庆成为"全民共庆、实惠共享"的过程。四是民族团结不断加强。"中国畲乡三月三"节庆是一项全县性的节庆活动，每一届节庆成功举办需要全县各民族同胞共同努力，各单位部门通力合作，各乡镇（街道）协同配合。通过"中国畲乡三月三"节庆，景宁畲、汉等各族同胞友谊不断加深、民族团结不断深入，干部群众纷纷把对中央民族政策和省委、省政府特殊关爱的知恩之心、感恩之情转化为自强自立、奋发进取的强烈愿望，为建设"幸福安康、景秀人宁"新畲乡注入了强大的精神动力。

（三）做法成效

1. 以节为梯，构筑大平台，节庆品牌进一步打响。借梯登高、借力提升，积极争取国家、省、市和专家学者的支持，做大做强"中国畲乡三月三"活动品牌。一是与高端品牌节目联姻。依托中央、省级媒体的知名度和传播力，向全国观众宣传推荐"中国畲乡三月三"传统节庆。先后成功举办"2007中国畲乡三月三"活动开幕式暨中央电视台《乡村大世界》大型文艺演出、"2010中国畲乡三月三"开幕式暨中央电视台《激情广场》大型歌舞互动演出，"2014中国畲乡三月三"开幕式大型文艺晚会与中央民族歌舞团联合演出，切实提高了"中国畲乡三月三"活动的规模和档次。二是争取团体协会支持。借助团体协会的影响力，扩大"中国畲乡三月三"节庆活动的对外影响面。2011年与中国电影家协会合作，成功举办中国畲乡三月三暨电影艺术家采风景宁行·民族大联欢活动；2012年与国家民委、中国民族团结进步协会合作成功举办海峡两岸各民族欢度三月三节庆暨中国畲乡三月三活动，收到了良好效果。三是邀请名家节庆采风。发挥文化名家的作品宣传影响力，拓宽宣传推荐"中国畲乡三月三"节庆的方式渠道。先后与浙江省作家协会、书法家协会、音乐家协会联合组织"作家当畲民"、"书法名家写畲乡"、"音乐家畲乡行"等三月三走畲乡活动，创作出歌曲《千峡湖》《和凤凰一起飞》等系列展现畲乡独特风情的文艺作品，以文艺的形式较好地宣传了"中国畲乡三月三"节庆。

2. 以节为台，荟萃大文化，畲族文化进一步弘扬。到畲乡吃乌饭去，到畲乡盘歌去，到畲乡狂欢去……"中国畲乡三月三"活动荟萃展示了畲族传统文化精华。一是再现传统节庆仪式。保留"吃乌饭"、"对山歌"等最早节庆活动，同时还展现花鼓戏、木偶戏、菇民戏、民间花灯等畲乡优秀民间文化，不断创新活动仪式程序，引领人们感受悠久深厚的畲族文化。举办"乌饭节·团圆宴"，设计鼓乐迎宾、开宴仪式、乌饭圣典、畲舞庆宴、山歌送福等活动仪式；举办"畲乡盘歌会"，尝试电视优秀娱乐节目的组织形式，打造盘歌品牌，切实增强了传统文化活动的参与性和观赏性。二是举办传统体育竞技。每年"中国畲乡三月三"节庆举办"民族体育一条街"活动，将操杠、操石磉、摇锅、押加、板鞋竞速、龙接凤、踏地、赶野猪等畲族民间体育项目搬上竞技场，由各乡镇（街道）、部门单位、社会团体组队参与竞技，并对外开放各类项目，游客嘉宾可以直接参与其中，体验畲族传统体育的奥妙。经过多年的打造，该项目已成为"中国畲乡三月三"节庆最具畲族风情、最具人气的活动之一。三是展示传统婚嫁习俗。畲族传统婚嫁亦歌亦舞、妙趣横生、古朴热闹，是畲族传统文化中的一朵奇葩。2010 中国畲乡三月三节庆举办了大型畲族集体婚礼仪式暨行嫁踩街活动，来自国内外的 10 对新人共同举行传统婚嫁仪式，坐花轿、拜天地、喝红酒……原汁原味地演绎了传统婚嫁习俗。上万群众行走观看了婚嫁表演，报纸、电视、网络大幅宣传报道，在社会上产生了轰动效应。四是组织传统文化赛事。依托"中国畲乡三月三"节庆，举办各类全国性的畲族文化节赛事。截至 2012 年，已经成功举办五届中国畲族民歌艺术节、四届全国畲族服饰设计大赛、六届中国畲族民间传统体育节以及"神奇畲乡"摄影大赛、畲族文化与旅游研讨会等，切实推动了畲族文化在更高层面、更广范围的传承和弘扬。

3. 以节为桥，围绕大团结，民族交流进一步深入。发挥传统节庆活动的桥梁和纽带作用，每年邀请少数民族代表以及港、澳、台地区同胞共同参加"三月三"节庆活动，增进民族同胞感情，推动各民族交流往来，使"中国畲乡三月三"节庆成为全国少数民族文化交流和各地区团结融合的综合平台。以 2012 年中国畲乡三月三活动为例：举办海峡两岸各民族欢度三月三大型文艺晚会，两地文化艺人同台演出、同歌共舞、共度佳节，营造民族共联欢的喜庆氛围；举行海峡两岸各民族同胞共注"中华民族团结之水"仪式，将前期精心采集的台湾雾头山圣水、景宁敕木山水、澳门阿婆井之水、长江源头水等十余种象征着生命和祝福的圣水汇聚成为中华民族的"团结之水"，将中华一家亲"炎黄情节"演绎到高潮；举办"民族团结林、两岸同心树"植树活动，国家民委领导、县委县政府领导和台、港、澳同胞代表团一起挥锄翻土，亲手将一株株象征两岸兄弟情谊的树苗根植畲乡，共建一片"团结林"、共育一汪"民族情"；举办海峡两岸民族乡镇座谈会，搭建两岸乡镇代表畅谈交流平台，来自两岸的专家、民族乡镇工作者围绕"发展民族经济"课题，畅所欲言，融智汇力，进一步增进两岸各民族友好情谊。系列活动成功举办，得到了国家民委有关领导的高度认可和赞赏，国家民委授予景宁畲族自治县为"海峡两岸少数民族交流与合作基地"称号。

4. 以节为媒，突出大宣传，畲乡形象进一步提升。为了吸引更多宾朋好友光临畲乡，营造"未见其人先闻其声"的氛围，以"中国畲乡三月三"节庆举办为契机，切实加强对外宣传工作，进一步提高畲乡景宁的知名度和美誉度。一是举办"相约畲乡·连线景宁"记者大联动媒体宣传活动。每年邀请中央、省、市主流媒体记者连线景宁，集中报道节庆盛况，多角度宣传景宁风土人情、经济建设、社会发展等。2010 年活动期间，中央、省、市等 28 家国内主流媒体云集畲乡，刊播原创报道 140 余条；2011 年活动期间，23 家主流媒体汇集景宁，刊播原创报道 160 余条；2012 年活动期间，37 家主流媒体集中采访报道，刊发原创报道 170 余条，值得一提的是，2014 年国家民委主管、中国民族报社主办的《中国民族报》头版头条刊登《节俭务实彰显特色——浙江景宁畲族自治县 30 周年县庆调研》，把景宁畲族自治县的办节模式作为范例向全国推广，再次提升了"中国畲乡三月三"节庆品牌，进一步提高了畲乡景宁的知名度。二是依托网页、微博、论坛等新媒介开展网络宣传活动。挂靠浙江在线新闻网站和中国景宁政府门户网站，建立中国畲乡三月三专题网页，设置活动安排、活动掠影、走进畲乡等版块，全过程跟踪报道三月三节庆系列活动，全方位宣传景宁民族文化。开通"中国畲乡三月三"官方微博，权威发布节庆筹备、活动亮点等信息，并组织"中国畲乡三月三"微博大赛，做足"三月三"微宣传。创建畲山风论坛"中国畲乡三月三"专区，创设活动筹办、活动盛况、各界反响、建议要求以及论坛抢票等话题和活动。吸引网民围观讨论，参与论坛抢楼、微博大赛、微信点赞转播等互动，掀起"中国畲乡三月三"网上宣传热潮。三是推出网上共庆三月三文化传播活动。从 2012 年开始历届"中国畲乡三月三"节庆开启网上共庆活动，融入"微博互动"、"动漫体验"、"网络视频直播"等新元素，例如：网上动漫体验项目将"吃乌饭"、"打尺寸"、"操石磉"等畲族传统习俗以游戏的方式，巧妙展示畲族文化习俗。该活动一推出，就吸引数万网友将鼠标锁定畲乡节庆，通过网络欢度畲族节日，并在娱乐和游戏中认识景宁、了解畲乡。形成网下与网上两线联动的良好格局，得到社会各界广大赞誉。

5. 以节为家，齐心聚合力，畲乡精神进一步弘扬。每届"中国畲乡三月三"节庆的筹备工作人员队伍来自各个单位抽调的优秀干部，节庆活动筹备期间，工作组人员各尽其责、各司其职、高效高质的工作，有效地检验和锻炼了畲乡干部队伍素质，提升了领导干部的组织能力和工作水平，也展示了畲乡人民求真务实、砥砺奋斗的风貌，发扬了畲乡人民坚韧不拔、敢闯愿试的精神。一是主题教育活动激发干事热情。根据民族自治地方"逢十大庆"的政策，2014 年节庆以"两节合一"的方式依托"共创新辉煌·同筑畲乡梦"主题教育实践等活动、开展研讨、征文、演讲比赛系列活动，展望美好愿景，激励广大人民群众的奋斗热情。二是全县上下通力配合凝聚士气。在节庆举办前的筹备过程中，各级领导干部和全体人员听从指挥、扎实苦干，各族各界群众以主人翁的姿态积极参与、鼎力支持，形成了人人关心节庆、人人支持节庆、人人参与节庆的良好氛围。举行"你我携手·再创辉煌"手印采集聚力活动，深入城镇乡村，走进大街小巷，采集手印 2000 多枚，一枚枚手印见证畲乡发展的轨迹，表达出每位畲乡人的自豪感，共创美好未来的自信心。

（四）存在问题与建议

1. 加大开放力度。从群众化办节的方向，建议在保证安全的前提下：一是开放活动空间。把更多的活动移向室外，让更多普通群众能够参与；二是开放活动时间。比如：特色产品一条街、体育一条街、民俗文化活动等建议延长开放天数，避免出现"三月三来，三月四归"的现象，增加游客在景宁的天数，提高节庆效应。三是开放一些项目，设置一些载体，部分比赛项目可以探索让群众当评委，参与打分，以增强群众参与热情。

2. 接待能力有待提高。县城宾馆床位不足，接待设施不完善仍是景宁节庆的老大难问题。建议在条件许可的情况下，参考外地经验，适当引导居民开设家庭宾馆，为提高接待能力发挥有益的补充。

3. 细节落实有待完善。节庆的各有关工作组、单位相互间的对接还存在一定的不到位，导致细节问题难以及时落实，这个问题仍须引导重视。

4. 上班与节庆冲突。党政机关与企事业单位干部职工是参与县庆活动的重要力量，而许多节庆活动安排在白天举行。一遇上工作日，广大干部职工这一天就无法参与白天举行的活动，带来许多遗憾。

二 "一乡一品"乡级节庆——老百姓才艺展示的平台

为提高人民群众的生活质量和幸福指数，活跃乡村文化娱乐活动，景宁畲族自治县根据各乡镇地理环境、人文生态的不同特点，分别举办了各具地域特色的民间节庆活动。

（一）章坑尝新节

尝新节是畲乡农村的隆重节日，农家从田中摘取少许成熟的稻穗，搓成米粒，煮成新米饭，杀鸡宰鸭，举行祭祀谷神、感谢上祖等活动，叫尝新。东坑镇章坑村"尝新"习俗迄今已有 300 年的历史,在每年的秋收时节,每家都会选取新收获的稻米,煮成白米饭或打成糍粑,并杀鸡宰鸭,敬天敬地敬谷神,然后举行家宴,邀请四邻和亲朋好友一起"尝新",共庆丰收,感谢上天风调雨顺,保佑来年也有好收成。品尝时,要请长辈先"动筷",以示尊敬老人,再按家中长幼次序尝新米饭。

此外,每年的尝新节都要举办各种各样的庆祝活动,谢祖大典就是"尝新节"的重大保留节目之一。大典遵循"传统、礼范、时感"原则,以"素雅、庄重、教化、感恩"为主题元素,背景安设五谷神,边框配置主题楹联和稻穗,台前置木质长型供桌,上安饭甑并五碗新饭,两头分摆香米糯酒,甑内饭香缥缈。五位忠厚老者,九位翩翩少年,就供桌,九声鼓毕,轻舞礼拜,谢祖感恩,咏吟尝文,演绎着一代代乡民对土地、对祖先、对相亲的无限热爱和感恩。

2011 年,章坑村恢复了中断 50 多年的尝新节。随后每年都举办尝新节。

(二) 鸬鹚马仙文化节

鸬鹚乡位于景宁畲族自治县西部,距离县城 45 公里。在民间广为流传的马氏天仙美丽传说就起源于这里,被誉为"马仙故里"。马仙文化的思想精髓是忠孝。马仙位列宋时四大女神之首,列"太姥娘娘、妈祖、临水夫人"之前,在浙南、闽东一带备受崇拜。

21 世纪以来,景宁畲族自治县文化部门重视马天仙文化的保护和传承,搜集马天仙传说故事、2013 年举办马仙民俗文化旅游节、创编《新编马仙传》戏剧并组织演出、建设"马仙非遗展览馆",开展"好婆婆、孝媳妇"评选,进一步浓厚了乡村的节庆氛围。2014 年举办"马仙故里宜居鸬鹚忠孝文化传承千年"鸬鹚马仙文化旅游节,让游客观赏祈福仪式,饱览山水风光,领略民俗风情,传承忠孝文化。

(三) 大漈抢猪节

抢猪节是大漈乡传统的庆祝丰收、娱人娱神的民间节日。每年从农历七月初七到七月十五,要请来戏班演出。全乡七堡到处彩旗飞舞,锣鼓喧天,喜气洋洋,去时思寺接神(传说中马氏娘娘的妹子)作客、看戏。负责迎神的头人要把专门为供奉神所喂养的猪抬出去,等卯时一到,就杀猪为马氏姐妹庆功。而在各个村子里,戏一散人们就回家里,把猪杀掉洗净后,绑在一个可以由两个人抬着走的木架上。吃过夜点后,养猪人家都支起耳朵细心聆听，等庙中杀猪时的第一声尖叫，全村的年轻力壮者便立即抬起猪，好似离弦之箭，从四面八方奔向马氏仙宫。最先抬到宫门的猪，被称为"首猪"，可以摆在宫的正门口。后来的便依先后次序排放，待七堡八村的猪全都到齐后，各村推选出来的董事们便开始评猪，最大的称为"驮"猪，最小的称为"昌"猪。待"首"、"驮"、"昌"三猪确定之后，人们就鸣放鞭炮，给三猪披红挂彩。后生们便抬起神像，鸣炮奏乐、送神回寺，吹唱班还吹吹打打地把三猪送回猪的主人家中，其余的猪就各自抬回家中。

卯时过后，杀猪人家请的三亲六眷就陆续到来，亲朋登门，一般要交一个红包，包内金额多少不限，主人均一一笑纳，并一概请吃"杀猪福"。午饭过后，亲朋便陆续告辞。此时，主人家便须依客人所送的红包金额大小，按当地市价割一刀肉给客人带回家去。至此，抢猪节便结束了。大漈抢猪节是集中体现当地民间信仰、民间饮食、传统文化，集民俗、体育于一身的大型传统节日，流传至今已近800余年历史。

（四）汤氏文化节

汤氏文化节是东坑镇汤北村的一个重要节庆活动。汤北村汤氏一族历史悠久，人文荟萃，古有敕封为灵应神女"惠泽夫人"的汤夫人，有两度为相的南宋宰相汤思退，近有汤君盛等革命烈士，汤氏先人为后代留下了宝贵的文化遗产和精神财富。为进一步挖掘、弘扬、传承汤氏文化，汤北村村民每年举办汤氏文化节，以各种民俗活动祈福祭祖，共谋汤北发展，展现了汤北村"古风遗存、乐善好施、重德感恩"的民风民俗。2013年，来自闽浙两省10余个县市的汤氏后人还就《汤氏文化》一书举行了研讨会。此外，还举行了汤夫人故居图文展、汤夫人故居采风行、幸福宴等一系列活动，向前来参加文化节的汤氏宗亲及嘉宾展示汤北村悠久的历史文化遗产及秀美的自然风光，提高汤北村的知名度和美誉度，为以后更好的发展搭建一个良好平台。

（五）景南仁孝文化节

景南乡历史悠久，民风纯朴，民俗荟萃。境内自然风光秀丽，民俗文化独特，尤其拥有华东地区最大高山湿地——望东洋、万亩竹海自然风光，更有感人的仁孝美德传承文化。

为进一步弘扬传承景宁悠久的古风遗韵，充分弘扬仁孝美德，展示独特的民俗文化、秀美的自然风光及神奇的湿地金竹，景宁文化部门对景南仁孝文化进行提升、包装，打造成一年一届的乡镇节庆精品活动。2012年，景宁畲族自治县举办"魅力忠溪仁孝景南"首届景南仁孝文化节。举办迎神祭祖活动、品咸菜活动、竹海欢歌——全民健身体育活动、特色商品赶集活动、仁孝景南主题文艺演出活动、魅力景南图片展示活动、仁孝宴、精彩景南主题采风活动等。

截至 2014 年，景南仁孝文化节已成功举办三届，每届都有上万名观众参与。

（六）雁溪摄影节

雁溪乡历史悠久，境内自然风光秀丽，民风纯朴，民俗荟萃，有木偶戏、花鼓戏、迎神节等风情浓郁的民俗活动，还有何马二仙殿、古樟银杏红枫林和上标一级电厂厂区，半溪鱼际坑的龙井、葫芦井、黄牛吃水、老虎过山，观音殿、石佛，以及东山村的上标际瀑布；浮亭岗村的云海；柘湾村的狮子山；梅坞村的古庙林；以及大丘田村的平水大王庙等景点。

2010 年，丽水市摄影家协会将雁溪村定为丽水市摄影创作基地。2013 年，江苏省南京市摄影家协会向"雁溪古风"摄影基地授牌，雁溪乡成为南京市摄影家协会定点摄影基地。

自 2007 年开始至今，雁溪摄影节已连续举办了 6 届，现在，摄影节已成为雁溪乡的一张名片。

（七）毛垟带溪文化节

毛垟乡毛垟村位于县城西南，是乡政府所在地，这里群峰拱秀，碧水环绕，古代也称带溪村，因溪水环绕如带而名。这里风景优美，人杰地灵，文人骚客赋诗颂之。清同治间有胡述文、琴垞"带溪十咏"：苍龙卷水、伏虎饮泉、东山挂榜、渡品浮槎、前对笔峰、后倚画屏、双印呈奇、一笏献瑞、长溪环带、合涧垂虹，亦即十景。浙南文人柯山人以其景名联成一首诗：东山挂榜耀村乡，渡品浮槎迎客商。伏虎吻江和玉涧，苍龙卷水润松樟。后倚画壁朝祥笏，前对笔峰书翠篁。双印呈奇传百代，长溪环带岸花芳。毛垟美景可见一斑。

带溪文化节主要由四方面组成。

一是毛氏祭祀。在毛垟，毛姓是主姓，全乡有 43% 的人是姓毛的。从黄帝起到毛姓鼻祖毛伯郑共 25 世，至毛垟始祖 114 世，而毛氏宗祠现在已到克字辈。毛氏宗祠是祭祀的主场，兴建于明宣宗年间，仿温州一座宗庙模式而建，共有五重门，面积将近 4 亩。第一重门，临摹于宗祠墙上的二十四孝图，使肃穆的宗祠颇具典雅。第二重门悬挂着"仪门"两字的匾额，两边石阶内称"东序"、"西厢"两室，"东序"是主祭、陪祭、助祭及随同休息之处；"西厢"是司乐人员及放置乐器、道具及毕业生、长老休息之处。第三门、第四门分别有匾曰："务本堂"、"明经多士"。第五门，门额"西河郡"，室内供奉毛氏先人牌位，其中灵牌三尊，最早一尊传为开基太祖之灵位，已有300余年历史。

毛氏祭祀是毛姓弟子们每年八月十五回家祭祖的活动，一年一小祭十年一大祭。祭祀活动主要分为祭祀准备、整饰环境、摆放供品、敬香敬酒、跪拜祖先、祭乐告祭等环节，在主祭人的主持下，毛姓弟子们按照顺序虔诚祭拜，整个活动在祭乐声中结束。每年的祭祀活动，毛氏子孙纷纷从各地赶来，有的来自北京、上海，有来自江西、福建，他们不惜千里迢迢，驱车前来祭祀，使祭祀活动搞得隆重而庄严。2010年毛氏祭祀被列入非物质文化遗产范围。

二是木偶戏。毛垟木偶戏班组建于1976年，有前台和后场两组人员配合演出。每逢春节，戏班都会挨村上门表演。毛垟木偶戏属红索式，有生、旦、净、末、丑等各角色正身37个，脸谱附角若干，道具简单、角色齐全，适于流走演出。与传统的木偶戏相比，毛垟木偶戏的艺术风格和表演技巧更加不拘一格，故又称之为"乱弹"，常演剧目有《攀弓带》《杨家将演义》《薛仁贵征东》等。

三是花鼓戏。花鼓戏是毛垟戏台上的必演项目。毛垟花鼓戏班组建于新中国成立前，剧情简洁明快，曲调活泼流畅，用当地方言演唱，具有浓郁的地方特色，深受农民喜爱。常演剧目有《卖丝线》《买小布》《补缸》等，每逢春节、中秋、重阳等节日组织演出，同时赴云和、庆元等邻县一带表演。如今在毛垟村毛道康、毛道仁、毛建荣、叶美菊等人的倡议下，毛垟村组建了两支花鼓戏队伍，一支是老年队，一支是以中青年人为主的带溪化鼓戏，两支队伍相互交流、相互促进。

四是带溪文化座谈会。通过座谈会的形式，让毛氏子孙针对带溪的文化畅谈自己的想法，集中他们的智慧，了解他们对带溪文化发展的诉求，联系毛垟的实际情况，更加现实地发展毛垟特色乡土文化。

（八）梧桐乡崇学文化节

梧桐乡文化底蕴深厚，人文资源丰厚，传统文化灿烂，素有"崇学之乡"的美誉，梧桐乡高演村，至今还保留有贡生桥、贡生院、贡生桅杆等遗迹，记载在册的贡生就达 34 人，是名副其实的"贡生村"。2012年，梧桐乡举办了第一届崇学文化节。

（1）成立了"崇学向善"基金会，募集资金 40 多万元，奖励本乡品学兼优的学生和孝敬老人的好媳妇、好儿子。目前，已给 127 名大中小学生发放奖金；表彰"好媳妇"、"好儿子" 24 人次；资助 90 岁以上老寿星 25 人。

（2）举办崇学文武状元比赛，经过童试、乡试、殿试等环节决出最后的状元。崇学文化节，成了展现梧桐乡人民的精神风貌，激发梧桐人民热爱家乡、感恩梧桐、争创地方先进的昂扬斗志和豪迈情怀的平台。

（九）标溪乡"红色登山之旅"标溪登山节

标溪乡位于沙湾、雁溪、大地的三个地方的交通要道，距县城 30 公里，交通方便。风景秀丽，空气宜人，一条清丽的小溪环绕着标溪大大小小的村庄。这里的私塾文化历史悠久，底蕴深厚，红色文化、孝道文化精彩纷呈。古树、古道、古村落返璞归真、韵味悠远。是生态休闲旅游的好地方。4000 多人口，9 个行政村，土地有 4000 多亩，森林面积有 3 万多亩。2012 年，新建文化中心大楼，面积有 1987 平方米，文化活动室齐全，有 8 个农家书屋，有 9 支文化活动队伍，各村均有文化娱乐场所，提高和丰富了农村群众文化生活。

标溪登山节，沿着叶谢、东车、何庄山村 30 余里红色古道，出入于崇山峻岭之间，千株百年名木古树，沿途点缀，山高水远，瀑布成群，沿途村落，古色古香，红色文化，私塾文化，孝道文化熏哺古今，现代社会人们生活具有强劲的山水情结和乡村情结，突出强调亲近自然、锻炼心身的生活模式。全面展现和宣传标溪乡体育健身文化，丰富人民群众的精神文化生活，挖掘自身独特孝道的文化，倾力打造"环保标溪"登山基地，为新农村建设增添活力，进一步增强和扩大标溪乡文化的影响力。

（十）渤海镇安亭畲族村寨"奏名学法"仪式

安亭村地处渤海镇南部，距镇政府所在地 25 公里，该村历史悠久，民间风俗和乡土文化底蕴深厚。其中，安亭上寮村属畲族元素最富有的村寨，村寨中最具民族风情的是畲族祭祀仪式，它是畲族 1000 多年农耕文明的印证，是畲民族人文历史的缩影。所蕴含的民俗礼仪、舞蹈动作、演唱音调等都不同程度地印证了景宁畲族先民开创时期进行刀耕火种的农耕文明和生态环境。如传师学师舞蹈的主要动作大多具有农耕劳作和打猎中的生活与劳动形态的提炼和演变。仪式中所出现的极为稀少而珍贵的畲族族宝"祖图"、民族史诗"高皇歌"等则演绎了畲民族历史的一个侧影。畲族《奏名学法》与《做功德》又是景宁畲族人生礼俗、民间信仰、口头传说及畲民族音乐、舞蹈、曲艺等文化空间的综合体现，还具有鲜明的民族特征和浓郁的乡土气息。为此，每年的农历七月初三则定为"奏名学法仪式"，又名"传师学师节"。

（十一）澄照乡金丘乡村文化旅游节

澄照乡金丘村位于敕木山畲族核心聚居区，是浙江省蓝氏的发祥地，也是县二级文化保护村落，畲族文化弘扬点。早在南宋淳祐年间，金丘蓝氏始祖蓝敬泉就从福建迁居至此，并且定居在金丘驮磨庵，在此繁衍生息，子孙逐渐遍布浙江各地。为纪念金丘蓝氏始祖、更好地弘扬畲族文化，村两委修建了金丘村蓝氏发祥地，重现了蓝敬泉故居。金丘另有一处"蓝氏宗祠"，建于唐永泰二年（766），至今有300余年历史，内存蓝氏祖宗灵位牌一块。每年都有众多来自温州、兰溪、龙游等地的蓝氏后人来此寻宗访祖，村里也会自发举办祭祖仪式。同时这里至今还保留有传统的畲族婚嫁习俗、耕作方式、原生态的畲族山歌唱法等，2004年开发的"封金山寨"是亲身体验畲族婚嫁的传统习俗和展示畲族风情的窗口。

金丘自然生态资源丰富，有5000余亩山林、2000多亩茶园、500余亩连片的梯田，四个自然村错落有致地坐落于其间；村域内还有古木、奇石、斜漈、梯田等众多自然景观，并流传着石矶佳话、石烛传说、先祖掘金等美丽传说，畲汉人民和谐共处，构筑了金丘特有的地方文化。"田园村居，秀美景色"吸引了众多游人纷至沓来。

2012年，金丘村委提出了用两至三年时间建设"田园金丘"农家乐综合体，依托金丘丰富的自然生态资源和独特的人文资源，推动乡村休闲旅游产业的发展，使之成为农民增收的新的经济增长点。"文化乃旅游之芯"，希望对传统祭祖活动进行丰富和充实，以形成一个每年一届的常态化节庆，通过文化节的举办进一步提升金丘的知名度和吸引力，真正实现文化富民。

（十二）大均乡"浮伞传孝"文化节

大均景色优美、山清水秀，"中国畲乡之窗"国家4A级景区就在大均村内。村里民风淳朴，文风浓郁，人文底蕴深厚；一门三进士和"笔杆、秤杆、撑杆"等"三杆"文化一直激励着大均的后人；诚信友善、邻里互助的社会正气蔚然成风。近年来，大均乡深入贯彻县委"三县并举"发展战略，按照"打造洁净大均，共享宁静家园"的基本思路，大力推进各项事业发展，先后获得了"国家级生态乡镇"、"浙江省森林城镇"、"浙江省农家乐特色乡镇"等荣誉称号。据了解，举办此次活动，旨在依托大均"浮伞仙渡"的民间传说，传承弘扬中华传统忠孝美德，传递社会正能量，构建尊老爱幼、母慈子孝，家和万事兴的良好氛围。

"浮伞仙渡"文化节，以弘扬"敬老孝老"的美德为活动特色：村里90周岁以上的老人身穿紫红色唐装，被邀请到台上接受现场观众的祝福；小学生代表集体诵读弘扬孝道文化的倡议。随后，孝承诺签名活动、畲乡书法家书"孝"送祝福活动、孝文化讲座、尽孝体验活动等接连不断，内容丰富。

（十三）郑坑乡畲族"非遗"文化节

郑坑是畲族乡，畲族人口占全乡人口的42%，是县境内畲族的主要聚居地，较完整地保留了畲民的原生态生活模式，传承和保留了畲族的传师学师、功德舞、上刀山、下火海等非遗项目，被誉为"生活着的博物馆"。2012年6月，中央电视台《远方的家》栏目组走进郑坑，拍摄录制了"口耳相传的畲族文化"节目，向广大观众全面展示了古老而优秀的畲族文化、独具魅力的畲族风情以及勤劳淳朴的畲族民风。郑坑还是华东第一峡——炉西峡的入口之一。良好的生态环境、四季景观各异的山区梯田备受摄影爱好者的青睐，前往采风创作、观赏梯田、领略畲族风情的游客逐年增多。

"非遗"文化节上，畲族作家祭祀始祖典礼、"传师学师"仪式、畲族武术表演、畲族炼火、功德舞、上刀山表演等一项项富含民族特色的活动，让广大游客和畲族作家采访团成员现场感受和体验了畲族传统文化的魅力和"非遗"项目的神秘。许多游客表示，非遗项目的展示让他们对独具特色的畲族文化有了更深入的了解，良好的生态环境和淳朴的民风也给他们留下了深刻的印象。

（十四）九龙乡岭里鱼灯节

九龙岭里鱼灯，又称金田鱼灯，是九龙乡独具地方特色的民间舞蹈，也是传统性的大众娱乐活动。

九龙岭里鱼灯广泛分布在九龙乡黄寮、小顺、大顺、岭里、圭背等村，其形成和发展与明代开国功臣刘基关联紧密。相传在元末，群雄竞起，青田县（现文成县）南田人刘基，为助朱元璋灭元兴明，暗地招募义兵，为防嫌疑就以鱼灯舞形式操练兵阵，久而久之，就演变成了鱼灯舞。

鱼灯根据淡水鱼的形象制作，造型美观，色彩特征鲜明：火暴热烈、明快响亮、浓重纯净、鲜艳绚丽。鱼灯的动作多依据鱼类的生活习性而编排，并渗透着大量军事上的阵图，特点为"背得活，舞得泛，跳得高，射得快"，即灯要操得活，起伏要大，跳跃要高，速度要快，是具有独特军事操习风格的民间舞蹈。

2005 年，县民族民间艺术资源普查小组对金田鱼灯进行了全面的普查，整理了文字、图片、录音、录像等珍贵资料，还收藏了一批鱼灯舞道具。同年，政府还下拨资金，组织了金田鱼灯表演队，在畲族大型传统节日三月三的开幕式上表演，受到社会各界的广泛好评。2006 年 6 月，金田鱼灯被列入景宁畲族自治县第一批非物质文化遗产代表名录；2011 年 6 月，鱼灯参加丽水市"处州古韵"第六个文化遗产日展演活动；2012 年 6 月，鱼灯被浙江省人民政府列入第四批浙江省非物质文化遗产名录。2013 年 10 月，在九龙乡岭里村文化礼堂举办了"九龙乡岭里村首届鱼灯节暨徐氏宗祠修缮竣工开幕式"活动。

（十五）梅岐乡炉西峡生态文化节

炉西峡，又称炉西坑，位于浙江景宁畲族自治县东南部，属瓯江小溪支流，全长 45 公里，发源于景宁梅岐乡绿桐溪、东坑镇茗源溪、鹤溪镇王木坑溪。三条支流于桂远村汇合后，折北经文成县周山村，流经渤海镇林圩、门潭，于九龙乡炉西坑口注入瓯江支流小溪。其中梅岐下庄至渤海门潭 20 公里河段峡谷，山峰奇秀，沟壑纵横，两岸山峦蜿蜒叠翠，原始林木奇俊秀丽，生态环境原始自然，自然景色极其优美。素有"华山之险峻，黄山之大气，三峡之蜿蜒"之称，有"华东第一大峡谷"之誉。

梅岐乡炉西峡生态文化节，按照景宁畲族自治县三支树村—梅岐村—潘坪村—桂远村—炉西峡—林圩村路线，以重走红军路的形式，追寻红色记忆，以激发广大群众的爱国主义热情。此外，梅岐乡也是景宁畲族自治县的饮用水源头，保护水源也是文化节的一大特色。

（十六）英川镇板龙文化节

英川板龙是英川独具特色的文化遗产之一，共有英川、王宅、跃洋三条龙，每条一百多节长达 200 多米。当地居民每户一节龙桥，即板凳龙桥连接而成，极具刚性，体现了龙粗犷、强悍的精神。元宵节成为英川人仅次于春节的盛大节日，每年正月十四、十五两天，就有大量的外地人来英川观龙灯庆元宵。

三条龙是崇祯年间从鸬鹚村承继演变而来，至今有700多年的历史。相传，古时鸬鹚村有叔、侄二人迁居跃洋、英川二处，筚路蓝缕，以启山林，建立家业，是为当今二村吴氏族人的开山之祖。迁居英川后，感于故土情深，祖宗恩重，年年元宵回鸬鹚膝下承欢，参拜先人并观看鸬鹚龙舞。一年，一吴姓族人元宵看龙夜归，临行仓促，至半路才发现照明蜡烛已短不盈寸，遂心下祷告马天仙：如蒙保佑，至英川而烛不灭，则明年师承祖地，开创英川龙舞……奇迹发生了，蜡烛果然不灭，亮至英川。吴氏族人禀季札挂剑之遗风，笃守信义，第二年元宵开创了英川板凳龙舞。相传不管下多大雨，只要龙鼓一响，灯龙一出村，雨自然会停。三条龙中英川龙为父亲，跃洋龙为母亲，王宅龙为女儿。相传王宅吴姓为从跃洋陆续迁入，元宵节成为一家团聚的象征。

英川自1981年恢复舞龙灯闹元宵，至今已24年了。2005年英川龙灯又在丽水国际摄影节龙腾狮舞闹莲城艺术大会上登台亮相，深受丽水人们的喜欢并荣获演出"金奖"。英川龙多次参加景宁"畲乡三月三"活动，畲民称英川龙为"畲乡第一龙"。

（十七）鹤溪街道惠明寺采茶节

惠明茶，人称"白茶"、"仙茶"、"兰花茶"。主产于鹤溪镇惠明寺村。据县志载：唐大中年间，景宁已种植茶树。咸通二年，惠明和尚在惠泉山建寺。当地畲民在寺的四周垦地种茶，惠明茶因此得名。明成化十八年，惠明茶列为贡品，年贡芽茶两斤。在1915年的美国旧金山万国博览会上，中国选送的惠明茶被认定为茶中珍品，荣获金质奖章和一等证书，与国酒茅台同时获得金奖。新中国成立后，当地政府从经济、技术上大力扶持惠明茶生产，金奖惠明重新被有关部门评为优质名茶。在2010年上海世博会上，惠明茶再次获得金奖。

2014年，鹤溪街道惠明寺采茶节，以"绿色惠明和谐鹤溪"为主题，通过采茶比赛、茶艺表演、品茗活动、群众文艺汇演活动、名博茶友会活动和茶园游活动等，提升畲乡"金奖惠明茶"品牌形象，促进惠明寺村乃至畲乡景宁茶产业经济发展和社会和谐进步。

（十八）家地乡香榧节

家地乡是景宁畲族自治县的粗榧发源地之一，全乡粗榧鲜果产量达5000多公斤，居景宁畲族自治县首位。据不完全调查，全乡古粗榧达300株，2006—2007年在市县林业部门的扶持下，全乡零星种植香榧苗200多亩，现在已有少量挂果。到目前为止已种植香榧50亩，庭院式种植4100株，香榧苗圃栽培10亩，其栽培技术走在全县前列。

2014年，家地乡通过举办"香榧丰收节"，让更多群众对香榧从一种概念认识提升到具体而又形象的感知上来。

（十九）大地乡红色文化节

大地乡13个行政村，有8个村被评为革命老区村，是个名副其实的革命老区乡，具有非常浓厚的红色文化底蕴。

1935年腊月，工农红军挺进师某支队在景宁畲族自治县标溪乡与伪52师发生遭遇战，伪浙保一团又从另一方向朝该支队逼近，该支队在刘文生、周常良带领下冲出重围，向庆元的官塘方向转移。经过大地乡时，将4名伤员留在张坑村。群众冒死将伤员安置在一山洞中，历时116天，伤员痊愈归队。"张坑人民勇救红军"的英雄事迹已载入我党史册，萧克将军亲笔为张坑路提名"红军路"。

大地乡不仅红色资源丰富，而且自然资源优越。境内环境优美，蔡放高山湿地仰天湖林场和张坑后山次生林带皆于2001年成为景宁畲族自治县第一批森林类型自然保护小区，驮垟村吴澳天然林区崖陡壁峭、石奇、树怪、瀑壮、林密、水清，还有许多动人的传说，是很好的生态旅游资源，有金坑自然村古民居、西坑殿等古建遗存，人文资源独特。

为了使红色文化得到最好的继承与保护，大地乡积极实施政府主导的发展战略，将发展红色文化作为当地文化发展和宣传的特色，与绿色旅游资源开发结合起来。定期举办大地乡红色文化节，通过在全乡各村支部开展阅读红色书籍、诵读红色诗词、传唱红色歌曲、观看红色电影等系列活动，坚定党员的社会主义信念；将红色文化向党员家庭延伸，依托党员中心户、睦邻点等载体，在党员群众中开展"唱、读、看、背、传"红色睦邻文化，营造和谐氛围；把学校作为红色文化教育基地，组织老党员、老干部、老军人走进学校，深入学生当中，讲述自己的红色经历，传递红色精神，激发学生爱国热情。

（二十）红星街道"邻里走亲"文化节

红星街道辖区为鹤溪镇钟楼路（寨山桥）北区域和原外舍、金钟片，景宁红星街道，东至渤海镇、南至鹤溪街道、西至大均乡、北至云和县元和街道，辖仙童、红星、外舍3个社区居委会和城北、王金垟、岗石、岭北、坑山后、岚头、杨绿湖、岭根源、潘坑、小金州、金包山、大吴山12个行政村、109个自然村，辖区总面积194.85平方公里，总人口3.22万人。

"邻里走亲"文化节，红星街道文化站根据所辖范围内各个社区、村的特色办节，县域内的广场舞大赛、中秋节猜灯谜活动，仙童社区的文艺晚会等子活动，以点带面，加强了所辖范围内各社区、村之间的联系，丰富了群众的精神生活，都对构建和谐红星起到了巨大的作用。

（二十一）秋炉乡"登山头古道·赏自然美景"登山摄影比赛

秋炉乡，位于浙江省景宁畲族自治县城西南。东邻毛垟乡，西南接庆元县境。是景（宁）庆（元）县域之间的重要通道。景宁至庆元古道历史悠久，建成年限无从考证，被百姓称为"官道"，是明清时期官员往返景宁与庆元两地的交通要道，整条路布满青石，表面光滑鲜亮，足见当初的繁华。道路两旁古树林立，自然风光秀丽，为摄影活动提供了丰富资源，同时也是登山爱好者的理想活动场地。但是，山头古道道路崎岖，部分地段地势险峻，前期需要投入大量资金建设防护栏等安全措施。2014年乡党委政府预算投入10万元用以改善古道安全环境，同时成立相应组织以使登山活动能持续举办下去，提高秋炉的知名度。

第三节　畲族文化遗产的生存状态、保护措施

一　文物保护单位

畲汉人民在长期的生产生活实践中，形成了丰富而又具有地方特色的民间文化和独特的风俗习惯，留下了众多的文化遗产。2014年，景宁畲族自治县有国家级重点文物保护单位9处、省级2处、县级23处，文物保护点5处。县城鹤溪镇是丽水市唯一的国家级历史文化名镇。

21世纪以来，政府会同有关部门先后投资1000多万元修复了东坑下桥、莲川大地桥、敕木山畲族民居（第一幢），完成了陈坦庵墓的整体搬

迁、刘基母富氏的整体搬迁等工程，并且正在进行时思寺的整体维修、雷潘两姓行宫的维修和孔庙文化陈展等工程，维修一大批县级以下文保单位（廊桥和宗祠）。

（一）国家级文物保护单位——大漈时思寺

时思寺，建于宋绍兴十年（1140），为释道合一的寺庙。该寺大殿面阔三间，进深二间，歇山顶，副阶周匝，柱头卷刹明显，部分柱脚置覆莲础。根据殿内存留的阳刻题记，此殿建于元至正十六年。钟楼平面方三间，为三层楼阁式，建筑逐层收进，侧脚明显，四根内柱直贯三层，屋面为歇山顶。四周用缠腰，出檐舒展，具有明代的建筑风格。三清殿、马仙宫为清代建筑。时思寺作为元至清代古建筑于 2001 年 6 月 25 日被国务院批准列入第五批全国重点文物保护单位名单。

（二）国家级文物保护单位——东坑上、下桥等 8 座廊桥

景宁现在拥有木拱、木平、石拱廊桥总量为 112 座。现存廊桥主要有大赤坑桥、马仙楼桥、林坑楼桥、大漈胡桥、东坑上桥、东坑下桥、大地桥、梅岐清风桥、章坑接龙桥、回龙桥、广济桥、广安楼桥、长滩桥、龙潭桥、同善桥等。

2013 年，国务院核定并公布了第七批全国重点文物保护单位名单（国发〔2013〕13 号文件），由景宁畲族自治县东坑下桥、东坑上桥、章坑接龙桥、大赤坑桥、莲川大地桥、梅岐桥、高演环胜桥和护关桥 8 座廊桥和庆元县、青田县、松阳县及龙泉市联合申报的 24 座廊桥合并成为"处州廊桥"，被评为国家级文保单位。

（三）省级文物保护单位——高演村环胜楼桥

环胜楼桥，又称环胜桥、顶头桥，位于梧桐乡高演村尾，建于清乾隆年间（1736—1795）。为三层楼式结构，左右两侧留有通行走廊，中间为书院。全长 35 米，宽 5 米，高 10 米，单孔。顶头桥属于高演村溪涧出口第一道风水"迂回"式屏障，其后，高演人又在溪流隔 50 米和 100 米的下游，分别建起第二、第三座廊桥，寓含"接脉"，历来被高演任氏家族及乡亲视为"风水三桥"。据当地《任氏家谱》记载，顶头桥建成后，任家出现"逢考必及"、"逢及必仕"的兴旺景象。

（四）县级文物保护单位——景宁上桥孔庙

景宁上桥孔庙，始建于明景泰三年（1452），属县级文物保护单位。

该庙整体建筑呈长方形，沿中轴线依次分列万仞宫墙、棂星门、泮池、泮桥、大成门，大成门后分列东西两庑，总占地面积 1400 平方米。因历史上多次被毁坏，故几经择址重建。崇祯十四年迁建于城北承恩门近处，清乾隆二十一年重建于城东敬山宫附近，道光二十七年重建于今址。上桥孔庙是丽水市范围内唯一保存较为完整的孔庙，经过修复后，孔庙占地面积1400 平方米。

二　文化遗产保护措施

（一）省市出台扶持景宁文化发展政策

针对景宁文化发展的实际情况，浙江省文化厅出台了《关于继续支持景宁畲族自治县文化发展的实施意见》的（浙文办〔2013〕42 号）文件，从"支持景宁文化建设的总体思路"、"支持景宁提升公共文化服务体系建设"、"支持景宁保护和利用文化遗产"、"支持景宁打造文艺精品和开展对外文化交流"、"支持景宁畲族文化产业加快发展"、"支持景宁文化人才队伍建设"、"建立健全工作机制"七个方面明确了扶持景宁文化发展的主要内容，提出了"争取到 2017 年帮助景宁建设成为全国 120个民族自治县的文化建设示范区"的目标。

（二）制定施行地方文化保护法规

2009 年景宁充分利用民族立法权的优势，起草了《民族民间文化保护条例》，2010 年经省人大常委会审议后于 10 月发布实施。《条例》的实施为农村文化资源的开发、保护和利用提供了法律保障。

（三）出台了一系列的文化工作实施意见

景宁先后制定出台了《关于推进公共文化服务体系建设实施意见》《关于加快畲乡文化建设的决定》《关于进一步加强农村文化建设、推动畲乡文化大发展大繁荣的实施意见》《"全国畲族文化发展基地"建设纲要》《景宁畲族自治县乡镇综合文化站建设方案》等一系列政策法规，对今后景宁畲族自治县文化建设从指导思想、工作目标、保障措施和每年的主要任务都作了明确规定。对一些重点工作如文化基础设施、文化队伍建设和文化活动繁荣等作了专门的规定，这些法规和文件的制定出台，激发了全县上下积极开展文化建设的工作热情，文化氛围空前活跃，文化保护、文化创新、文化弘扬深入人心，为全县文化事业的大发展、大繁荣奠定了坚实基础。

（四）政府投入资金逐年上升

近五年来，政府对文化投入 2 亿多元，并逐年上升，超过景宁一年地方性财政收入。其中建设投资总额超过以往 20 年的总和。为着力打造"畲族文化总部"、提升公共文化服务建设、大力推进畲族文化的繁荣发展提供了坚实保障。

（五）纳入考核体系

将文化建设纳入政府目标管理责任制，纳入乡镇、部门年度目标责任制考核内容。形成了全县上下合力抓文化建设的工作局面。

三　开发利用

（一）加强保护意识，建立培训传人体系

大力宣传《国务院关于加强文化遗产保护的通知》精神，尤其是对畲族文化遗产的保护，要唤醒参与保护意识，增强民族自信心。畲族人不讲畲族话，上辈人不教后代讲畲族话，唱畲族歌不感兴趣，尤其是年青一代，对本民族极为典型的祭祖、婚俗、丧事习俗茫然不知，对保护畲族文化遗产满不在乎，认为是别人的事、与己无关，这是让人最为担忧的。所以，上辈人有责任、有义务教育下一代讲畲族话，培养下一代学唱畲族山歌，发动老一辈山歌传人与年青一代传人开展落实传、帮、带的传承体系。积极主动参与，人人参与，畲族传统文化才不会失传。

（二）建立组织，健全机制，加大投入，营造氛围

做好畲族文化遗产保护抢救工作。政府部门要制定文化遗产保护工作政策措施，给予人力、财力的支持；建立畲族研究会、畲族民族联谊会等组织，结合畲族民间节日、民俗习惯举办畲族歌言艺术节，民族中学（小）学对畲族学生开设畲话传习课、畲俗教育课。政府要培养和关心畲族民间歌手，民间艺术家、作家，鼓励他们为保护畲族文化遗产作出贡献。

（三）建立非物质文化遗产传承人制度

保护畲族文化遗产首先是保护人。一些年老的歌手、故事家去世了，伴随着民间老艺人去世的还有民间艺术精品的消亡。保护非物质文化遗产，就要根据不同非遗项目做好传承人的申报，命名最具代表性或是项目

仅有的传承人。政府还要根据不同项目情况，对被任命为传承人的生活上给予资助，对技艺传承和发展中需要的花费给予帮助，还可以给作出重大贡献文物保护者和对从事 30 年以上的畲族民间文艺家颁发荣誉牌（证）。

（四）建立申报畲族文化名村制度

保护畲族民情风俗，传习畲族话、传唱畲族歌、传承优秀的畲族风俗，建起村级畲族文化博物馆，畲俗民歌演唱点，扩大畲族文化的对外宣传影响。

（五）进行畲族文化研究

广泛收集传统文化资料，挖掘畲族文化，宣传和弘扬畲族文化遗产，使畲族文化进一步得到发扬光大。

（六）保护畲族民歌

通过举办一系列畲族特色文化活动，如不定期召开畲族文化研讨会、畲族歌曲创作大赛、畲族歌谣清唱表演剧、三月三畲族歌会等活动，开展横向联系，每年举行定期和不定期的汇演、展演和山歌演唱比赛，促进相互学习、相互借鉴、相互激励、相互促进，让民间艺术回归到民间。

第四节　畲族非物质文化遗产和传承人

畲族文化在景宁非物质文化遗产项目中占据重要地位。20 世纪初，景宁畲族自治县非物质文化遗产保护工作按照"文化名县"的战略部署，以"文化先行"和构建"幸福文化"为目标，积极探索，非遗工作取得瞩目的成果。2007 年景宁被定为浙江省仅有的 6 个非物质文化遗产保护综合试点县之一，同年底被命名为"畲族山歌之乡"。2008 年被国家文化部评为"中国民间文化艺术之乡"。2009 年 3 月 28 日，国家文化部授予浙江景宁为"中华民族艺术之乡"。

一　国家级、省级非物质文化遗产项目

景宁畲族自治县目前非遗成果入选国家级非遗名录 3 项、省级名录 19 项、市级名录 33 项、县级名录 79 项，并抢救了畲族祖图、畲族刺绣、畲家医学祖传方剂等一批濒临失传的畲族文化精品（见表 6 - 1）。

表 6-1　　　　　　　景宁县国家级、省级非物质文化遗产项目表

序号	项目	级别	批次、目录号	确立文件
1	畲族民歌	国家级	第一批非遗扩展名录（Ⅱ-7）	国发〔2008〕19 号
2	畲族三月三	国家级	第二批非遗名录（X-73）	
3	畲族婚俗	国家级	第四批非遗名录（X-139）	国发〔2014〕59 号
4	畲族祭祀仪式	省级	第一批	浙政发〔2005〕26 号
5	畲族民歌	省级	第一批	
6	畲族三月三	省级	第二批	浙政发〔2007〕33 号
7	畲族彩带编织技艺	省级	第二批	
8	菇民戏	省级	第二批	
9	问凳	省级	第二批	
10	畲语	省级	第三批	浙政发〔2009〕35 号
11	菇民习俗	省级	第三批	
12	抢猪节	省级	第三批	
13	畲族服饰	省级	第三批	
14	赶野猪	省级	第三批	
15	操石磉	省级	第三批	
16	九龙鱼灯	省级	第四批	浙政发〔2012〕55 号
17	菇民防身术	省级	第四批	
18	大漈罐制作技艺	省级	第四批	
19	编梁木拱桥营造技艺	省级	第四批	
20	香菇砍花法技艺	省级	第四批	
21	惠明茶手工制作技艺	省级	第四批	

（一）畲族民歌

2008 年，畲族民歌被列入第一批国家非物质文化遗产扩展项目。畲族只有本民族的语言，没有文字。唱山歌是畲族人民劳动和生活中一种最为重要的文化活动形式，男女老少，人人善歌。畲民以歌代言，以歌叙事，形成了劳作对歌、来客盘歌、婚庆喜歌、祭祀颂歌、丧葬哀歌等歌俗。2000 年之后，县委、县政府逐步加大对畲族民歌的传承推广力度，先后举办了六届中国畲族民歌节，每届民歌节都吸引了全国各地数以千计的民歌手同台竞技。中国畲族民歌节已成为全国畲族同胞相互切磋民歌技艺、相互传递民族友情的重要平台。

（二）畲族三月三

2008 年，"畲族三月三"被列入第二批国家级非物质文化遗产名录。

农历三月初三是畲族人民的传统节日，是畲族千百年来农耕文明的印证，畲民对其重视程度可与春节媲美。畲族三月三包含了民族音乐、舞蹈、服饰、体育，以及人际交往、商贸、旅游等文化样式，涉及生活的各个方面，是畲族传统文化的综合展现，每年这一天，畲乡歌舞飞扬，乌饭飘香，篝火浓烈，畲民们在这一天尽情地对歌，自 1998 年以来，县委、县政府对畲族三月三进行重点培育，每年举办一届三月三节庆活动，现已成功举办 16 届，成为全国最具特色民族节庆之一。

（三）畲族婚俗

2005 年，"畲族婚俗"被列入第一批浙江省非物质文化遗产名录。

畲族婚俗是畲族人民在长期的生活及与汉民族的交往过程中形成的，具有畲民族独特的文化形态。畲族实行一夫一妻制，同姓远房可嫁娶，请媒人介绍成亲的占多数，也有个别青年男女在对歌中找来恋人，自许终身。婚嫁方式有女嫁男方、男嫁女方、做两头亲、子媳缘亲等四种，尤以女嫁男方为多。女嫁男方一般经过相亲、定亲、送糯米、选亲家、选行郎、送彩礼、拦路、借镬、杀鸡、劝酒、对歌等阶段，其中拦路、借镬、杀鸡、劝酒、对歌等程序最具畲族特色。畲族婚俗是畲民族人文历史的缩影，是畲族同胞了解学习本民族发展史的特殊教材，具有鲜明的民族特征和浓郁的乡土气息。

（四）畲族祭祀仪式（传师学师、做功德）

2005 年，畲族祭祀仪式被列入第一批浙江省非物质文化遗产名录。

畲族祭祀仪式最具代表性的是传师学师和做功德。"传师学师"是畲族祭祀祖先的典礼，又称"做阳"、"做聚头"、"寿禄"、"祭祖"等，属原始道教正一派性质的宗教活动，是以祭祖、舞蹈形式演绎上闾山、茅山"学法"、"传法"的宗教活动。通过一套特定仪式为年满 16 岁的男性畲民"传法"，只有已经学过法的人才有权收徒传法。在畲民中以传代为荣，隔代不传则称为"断头师"，学过师的人亡故后必须做"功德"（称为大功德），其魂可早升天界，护佑族人家人。《传师学师》历时三天三夜，其情节大致可分成三阶段 60 个小段落，至少由 13 人参与完成。

"做功德"也称"做阴"，是畲族在成年人死后，家属为"超度亡灵"而举行的祭祀仪式。做功德是佛教为亡人"做佛事"和道教做道场的"两种超度亡魂"相混合的畲族民间丧事仪式,其通过歌舞来纪念和歌颂盘瓠的丰功伟绩,以达到教育后人、尊敬祖先、孝敬父母的作用。做功德分为做大功德和小功德。做大功德需要三天三夜,小功德只需一天一夜,其动作在每阶段都有固定的程式,念或唱词在各阶段各有不同,都有其内在含义。做功德唱舞时,灵堂内响起嘟嘟的龙角声、赏赏的铃刀声、哐哐的锣声、咚咚的鼓声,咽咽的木拍声伴随着法师的念诵祭词声、悼念死者的哀歌声,有节奏地在灵堂环绕旋转,显得庄严、肃穆。

（五）畲族彩带

2007 年,畲族彩带编织技艺被列入第二批浙江省非物质文化遗产名录。

畲族彩带是畲族妇女长期生产、生活实践的精华,具有广泛的群众性,世代相传,畲村至今尚有保留。彩带用途广,既可当挂包带、刀鞘带、拦腰带等服装装饰实用品,也是人们喜爱的珍藏品,畲族妇女常以彩带当作送人的礼物,畲族姑娘总喜欢用自己织的彩带作为定情信物,彩带织得是否精细,往往是衡量一个女子是否心灵手巧的标准。

彩带除了实用价值外,还承载着远古时代畲族先民的祈祷讯号,其纹样由几何纹、假借汉字、会意构成,承载着远古时代畲族先民的祈祷讯号,现存只有 67 个,各有其含义,是一种活着的文物,成为畲族古代历史文化研究的重要见证,具有较高的研究价值。

（六）畲语

2009 年,"畲语"被列入第三批浙江省非物质文化遗产名录。

畲语,是指畲族所使用的语言。汉族人一般称之为"畲民话"、"畲话"或"畲客话";在畲族内部则称为"山哈话"。属汉藏语系。畲语的主要特点:畲语声母单纯,韵母发达,声调复杂,音节多,变调现象普遍。畲语是畲族形成和发展的纽带,是民族的重要因素,也是联结全国畲族群众的纽带,是历史形成的。畲语的交际功能和历史传承性决定了畲语的长期性和稳固性,在继承畲族传统文化中起传导作用,在创造和发展民族新文化中也起表述的作用。

（七）畲族服饰

2009 年,"畲族服饰"被列入第三批浙江省非物质文化遗产名录。

　　畲族服饰其原料主要为当地生产的苎麻土布，畲族妇女们根据自己的爱好和想象在麻布缝制成的衣裙上加上编织好的各式彩带花边，形成独具特色的景宁畲族服饰。畲族服饰分男装和女装，其中尤以女装最为繁复，一套完整的畲族妇女盛装包括头饰、上衣、围腰、腰带、脚绑、鞋等件套，其色调以青、蓝色为主，彩带花边则以红、黄、绿、白为主，其中最具特色的是"凤凰装"，以凤凰形态贯穿整体，寓意吉祥如意。

　　（八）畲医、畲药

　　畲族医药有悠久的历史，其医技均以祖传为主，亦有师授者，大多寓于农，亦农亦医，很少专业医师。其主要医治病症：外伤接骨、毒蛇咬伤、风痛、蛀骨鳝（骨髓炎）、月里风（产后感染）、小儿惊风等各种疾病，医技独到，疗效显著。其畲医药按照药物性能可分为：阳药、阴药、和药三种；诊法上有其独特的阴阳观，施行脉诊、舌象诊；在疗法上注重维护人体阴阳平衡。

　　畲族医药作为传统医药学的重要组成部分，畲药医生历尽艰辛，逐渐利用丰富的草药资源，就地采集，就地医病，在临床实践中积累了丰富的宝贵经验，故畲族医术更有独到之处，筛选出不少有疗效的单方、验方、秘方，能使众多疾病药到病除，在中医药学上具有重要的研究价值。畲药医疗技术与用药均以口授为多，无文字记载，很少外传，成为"传内不传外，传媳不传女"的秘技。现畲医药传承人雷建光为畲医世家第五代传人，擅长骨折，跌打损伤及外伤治疗。

　　2009 年，"畲医、畲药"被列入第三批浙江省非物质文化遗产名录。

　　（九）问凳

　　2009 年，"问凳"被列入第二批浙江省非物质文化遗产名录。

　　问凳，起源于上古时代，当时人们身染疾病、家受灾难，都会以问凳方式祈求神灵保佑，以期消灾驱邪保全安宁，是一项宗教祈祷活动。随着社会的发展进步，问凳逐步演变为带有浓厚体育色彩的传统体育项目。问凳活动形式主要是由2—4 人在转翘的器械上做各种身体练习、竞赛或表演。主要动作包括：抓、摆、蹬、摇、翻、挺、屈、仰、投、抛等基本技术。竞赛或表演的形式主要有问凳套圈和问凳插旗两种形式。

　　（十）赶野猪

　　2009 年，"赶野猪"被列入第三批浙江省非物质文化遗产名录。

赶野猪又称"打篾球"，是畲族人民在劳动实践中创造并流传的传统体育游戏。从最初的为了消除野猪危害、保护农作物活动演变而来，逐渐成为锻炼意志、强健体魄的畲族传统体育项目——赶野猪。赶野猪是畲族人民在生活生产实践中创造的传统体育项目，既培养机智、勇敢、顽强意志，又锻炼身体，而且在古时是作为保护村落的一项演练，反映出畲族农耕时期的社会生产状况。

（十一）操石磉

2009 年，"操石磉"被列入第三批浙江省非物质文化遗产名录。

操石磉又名蹴石磉，它是畲族一项古老的民间传统体育项目。"石磉"其实是一块底面光滑，能够在街道上滑行的石块，有的重几十斤，有的重达一百多斤。"操"即"推"，是畲民们在简陋的生活条件下，艰苦劳作之余发明的一种锻炼身体和以示娱乐的民间体育活动。参加比赛的少年多为两人一组，一人双脚踩稳石磉，称"健杆"，另一人则对"健杆"挽臂抱胸，合力共同推着石磉前进。青壮年多三四人一组，一人为"健杆"，余者手抬杠子，让"健杆"仰面斜躺，双脚踩石磉，把石磉飞快地向前推进。每逢丰收或节庆日子，畲族人便聚集在街头，开展精彩热烈的操石磉表演活动。

二　国家级、省级非物质文化遗产传承人与传承方式

景宁畲族自治县目前有国家级传承人 1 人、省级 13 人、市级 25 人、县级 34 人（见表 6-2）。县财政每年给予非遗传承人一定经费，国家级、省级、县市级分别为 8000 元/人、4000 元/人、600 元/人，激励农村传承人不断传承和弘扬非遗文化。

表 6-2　　景宁县国家级、省级非物质文化遗产传承人与传承方式表

序号	项目名称	姓　名	性别	级别	批次
1	畲族民歌	蓝陈启	女	国家级	第三批
2	菇民戏	刘德康	男	省级	第一批
3	问凳	蓝进平	男	省级	第一批
4	畲族婚俗	蓝余根	男	省级	第一批
5	畲族民歌	雷石连	男	省级	第二批

续表

序号	项目名称	姓　名	性别	级别	批次
6	菇民戏	吴小珠	女	省级	第三批
7	菇民戏	张步鸿	男	省级	第三批
8	畲族彩带	蓝延蓝	女	省级	第三批
9	畲医畲药	雷建光	男	省级	第三批
10	畲族服饰	雷一彩	女	省级	第三批
11	操石磉	吴昌明	男	省级	第四批
12	香菇手工技艺	刘世祥	男	省级	第四批
13	畲族祭祀仪式	雷梁庆	男	省级	第四批

国家级非物质文化传承人蓝陈启，女，畲族，1938 年生，景宁畲族自治县鹤溪镇双后降村人。

蓝陈启出生于能歌善舞的畲族农家，自幼学唱畲歌，嗓音浑厚、古朴圆韵，不仅能传唱众多的畲族史歌、生活歌、劳动歌、小说歌、情歌等，还擅长根据生活、生产实践，临场发挥即兴创作，能够出口成歌，是当地远近闻名的畲族歌手。1994 年，受邀请，蓝陈启参加了日本福井市民间艺术祭（节）民歌交流活动，将原汁原味的畲族民歌唱出了国门。多年来，蓝陈启始终活跃在乡间田头，活跃在景宁文化节庆活动中。2008 年，获得"畲族歌王"称号。

2008 年被确定为浙江省第一批非物质文化遗产项目代表性传承人。2009 年被确定为第三批国家级非物质文化遗产项目代表性传承人。

三　非遗保护措施和"景宁经验"

21 世纪以来，景宁畲族自治县各届领导班子高度重视文化事业的繁荣发展，提出了"生态立县、产业富县、文化名县"的"三县并举"战略，以及大力推进"集聚发展、统筹发展、文化发展、改革发展、和谐发展"的五个发展目标，这为畲乡文化事业繁荣发展创造了得天独厚的优势，从而推动畲族非物质文化遗产保护工作向前迈进。

（一）"景宁经验"

按照县委"三县并举"战略，通过不断的摸索、实践，景宁逐渐形成了"非遗传承有形化、非遗展示载体化、非遗成果品牌化、非遗工作整体化"的景宁非遗保护模式，得到了浙江省市文化主管部门的肯定，并被概括总结为"景宁经验"，在全省其他县（市）进行了推广。

1. 非遗传承有形化是将非遗传承内容项目化、具体化、有形化。景宁畲族自治县民族小学、民族中学被评为省级非遗传承教学基地，并拥有县级非遗保护传承基地 16 个、非遗教学实践基地 8 个、非遗"活态传承"示范村 4 个；建成非遗传承展示馆（室）、传习所 33 个，如"彩带编织展示馆"、"东弄功德舞馆"、"章坑尝新馆"、"安亭传师学师馆"、"大漈罐展示馆"、"畲药体验馆"、"岗石山歌馆"、"大均非遗馆"等众多门类齐全、主题鲜明的系列非遗馆群，基本实现了乡乡有非遗馆，村村有非遗点的工作目标，面积达 20000 平方米。

2. 非遗展示载体化是将畲族优秀文化以适合的形式和载体去展示，让更多的人感受非遗魅力。自治县成立以来，历届县委、县政府都以举办两个国遗项目"畲族三月三"、"畲族民歌"节庆为载体，大力展示古老的文化留存。如中国畲乡三月三活动，景宁已连续举办了 16 届，每届都有明确的主题内容，每届都吸引了数以十万计的中外游客到畲乡感受非遗文化，而且一届比一届更有规模、更具特色，成为宣传畲乡景宁和展示美丽非遗的最大品牌和载体。中国畲族民歌节已举办了 6 届，每到民歌节举办之际，全国畲族民歌手云集畲乡，畲乡成为民歌的海洋。畲乡传统体育节也相继举办了 8 届，这些都是以节庆的形式展示非遗魅力的最好载体，形成了自己的品牌。

3. 非遗成果品牌化是对非遗成果进行精品化包装和品牌化运作，提升非遗影响力。主要打造和包装了文艺展演品牌、民俗节气品牌、特色非遗品牌等。文艺展演品牌主要是打造大型畲族歌舞《千年山哈》，目前，景宁已结合"畲山梦"非遗剧场系列，2014 年三月三期间大型畲族风情歌舞史诗剧《印象山哈》正式推向市场，并与旅行社达成战略合作协议，实现常态化演出。这是历经打磨历练之后，顺应旅游发展而推出的舞台艺术精品，是景宁文化部门将畲族文化推向市场、将文化精品转向文化产业的一次全新尝试。民俗节庆品牌主要是培育和支持一批地方民俗非遗节事，如"鸬鹚马仙文化节"、"带溪文化节"、"章坑尝新节"、"雁溪迎神节"、"汤氏文化节"、"景南忠孝节"、"九龙鱼灯节"等，要通过若干年的努力，培育出一批乡村非遗品牌民俗活动。特色非遗品牌是指打造一批非遗重点村落区，建设非遗体验窗口。如大漈、大均、东弄、岗石、安亭、李宝等，景宁都进行了重点支持和包装，并且开始发挥出重要的文化示范作用。

4. 非遗工作整体化是把非遗工作自觉的融入发展大局，与经济发展、生态保护和美丽乡村建设相结合，一起部署，一起谋划，一起实施。在省级畲族风情度假区建设中，确定了 10 个畲寨为重点非遗传承展示区；在推进千峡湖库区产业发展的同时，也把建设郑坑非遗馆、保护九龙鱼灯项目作为重要的大事来抓，体现了全社会抓非遗的良好工作氛围和要求，非遗事业迎来了新的契机。

（二）《景宁倡议》

2013 年 10 月，浙江省美丽乡村建设中非遗保护现场会、浙江省县级区域非遗保护工作交流会和由浙江省 18 个畲族乡镇长参加的"畲族文化乡镇长座谈会"在景宁召开。

"畲族文化乡镇长座谈会"期间，来自浙江的 18 个畲族乡镇长代表，共同研讨畲乡发展大计，共同推动畲乡文化生态保护，一致通过了用绚丽多彩的民族文化打造幸福畲乡的倡议书。《景宁倡议》原文如下。

　　畲族源远流长，在漫长的生产生活中，畲族人民创造了蕴藉着畲族独特的文化记忆和民族情感的畲族文化。蕴藏着畲族民歌、畲族服饰、畲族风俗等斑斓多姿、丰富多彩、韵味独特的非物质文化遗产，在民族文化中独树一帜。

　　党的十八大提出：建设社会主义文化强国，必须走中国特色社会主义文化发展道路。民族文化是社会主义先进文化的深厚基础，是建设我们精神家园的重要支撑。畲族文化关联着畲族的过去、现在和将来。传承和弘扬畲族文化既是贯彻落实党的十八大精神的有效举措，也是用绚丽多彩的民族文化打造幸福畲乡题中的应有之义。

　　打造幸福畲乡、多彩畲乡，应当弘扬畲族文化，打响美丽非遗品牌。畲族文化中独特的非物质文化遗产资源，既是一个民族的历史印记，也是流动的血脉，是畲族地区经济社会可持续发展的智慧源泉。以畲族文化为基础，全面打造幸福畲乡，这是提升浙江畲乡凝聚力、影响力和竞争力的有效途径，也是我们浙江 18 个畲族乡镇共有的使命、共同的责任。

　　打造幸福畲乡、多彩畲乡，应当维护好畲族文化生态，保护好人文生态环境。文化生态贯通于畲乡之间，影响着我们的观念和行为，是文化的根脉，是非物质文化遗产的生存土壤，是精神家园的守望地。畲族地区青山绿水，文化斑斓多姿，共同守护、维护好畲族文化生态，这是打造多彩畲乡坚实的人文基础，也是我们保护和传承非物质文化遗产应做的贡献。

打造幸福畲乡、多彩畲乡，应当彰显非遗魅力，凸显魅力于醉美畲乡。畲乡之美，美在文化、美在人文、美在非遗。魅力畲乡是自然的召唤，人文的感召，更是非物质文化遗产的魅力吸引。凸显魅丽非遗，全面展示畲乡文化多样性的生动图景，让非遗成为畲乡的美丽形象、生动鲜活的名片，融入时代的发展。

打造幸福畲乡、多彩畲乡，应当有实实在在的路径去实现，真真切切的行动去施行。要用非遗之美、人文之美、生活之美，智慧描绘幸福畲乡、多彩畲乡的美丽蓝图，在蓝图中去施行美丽畲乡的愿景；要用一以贯之的态度，持之以恒的推进美丽蓝图的落实；要用我们辛勤的劳动，为美丽畲乡增添无穷的魅力和生动的景象。

"愿我们今天的努力与奋进，能换来明天美丽不败的多彩畲乡！"

第五节　民族体育的开展与全民健身活动

一　畲族传统体育的开展

畲族传统体育项目内涵丰富，形式多样，既有竞技性、娱乐性，又有交融性和观赏性，而且具有健体强身和进行思想教育的丰富内涵；能明显增强人们的民族自尊心和自信心；增强对民族传统文化的热爱；增强对现代体育起源的了解。在景宁畲族自治县开展民族体育竞技比赛项目有：蹴球、珍珠球、射弩、押加、高脚竞速、板鞋竞技、陀螺。表演项目有：问凳、操石磉、赶野猪、摇锅、打尺寸、千人押加等。

（一）景宁畲族传统体育保护措施

1. 坚持"体教结合"发展思路。民族体育要持续发展，就要与学校体育工作相结合，在县民宗局、体育局、教育局牵头下，先后在县城各中小学成立了民族体育培训基地，2012 年完成县民族体育项目校本教材，每年举办民族体育项目教练员、裁判员培训班，目前开展蹴球、珍珠球、押加、射弩等 8 个竞技项目，问凳、操石磉、操杠、赶野猪、摇锅等 15 个表演项目。参加过国家级比赛执法裁判员 7 人，省级比赛单项裁判长 7 人，省级裁判员 26 人。每年县中小学田径运动会增设至少 2 项民族体育比赛项目，壮大体育后备人才队伍。在民族中学建立民族传统体育传承馆，对宣传和弘扬民族传统体育起到积极的推动作用。

2. 做好畲族传统体育的项目申报、提升工作。在群众体育民族化，民族体育普及化方面做出了有效的探索。先后整理挖掘并成功申报了"赶野猪"、"打尺寸"、"操杠"、"问凳"、"操石磉"等项目，被批准为省、市、县级非物质文化遗产。进入 21 世纪，景宁在提升民族体育项目方面下工夫，将畲族古老健身操的操化动作与畲族舞蹈动作结合，演变成畲族健身操等新兴项目。2013 年，吸收其他民族的体育活动项目，开发出凤凰逗、追凤凰、闹凤毡、凤凰跳、龙接凤等凤凰系列民族体育竞技表演项目。

3. 畲族传统体育赛事有效开展。进入 21 世纪，景宁在县域范围已经形成县级学校建立了民族传统体育项目训练基地学校，成立重点项目训练组，村级也有了自己的畲族武术队、赶猪队的民族体育活动开展局面。积极搭建畲族体育项目爱好者展示平台，定期举办畲族传统体育单项赛，同时利用节庆"三月三"连续八年举办"畲乡民间传统体育节暨体育一条街"活动，将千人押加、问凳、操石磉、操杠、赶野猪、摇锅等多个畲族传统体育项目拉到街上，以比赛、表演、互动等多种形式向游客展示畲族传统体育的魅力。

（二）畲族传统体育活动的成果

1986 年，景宁畲族自治县派运动员随团参加全国第三届少数民族传统运动会。2002 年开始单独组团参加浙江省少数民族传统运动会，至今获得 100 多枚奖牌。2002 年承办了浙江省少数民族传统体育运动会选拔赛，2010 年承办浙江省首届体育大会民族体育大联欢活动，来自全省各代表队和景宁畲族自治县互动联欢运动员达 1000 多人。2012 年推陈出新，将民族体育、民间、民俗体育配合在一起，分三个区域进行表演、互动、竞技比赛。2013 年开拓创新，吸收其他民族的体育活动项目，开发出凤凰逗、追凤凰、闹凤毡、凤凰跳、龙接凤等凤凰系列民族体育竞技表演项目。

景宁民族体育工作充分体现"在全省保持领先，金牌榜上力争有位"的优势地位。在各类国家、省级比赛中，景宁畲族自治县运动员成绩喜人，其中雷严飞在第六届全国民运会上获得蹴球比赛男单第6名的好成绩。每一届省民运会景宁畲族自治县都是单独组队参加，在浙江省第三届民运会上，景宁代表团分别获得3金5银6铜、团体总分第三名的优异成绩；通过省级比赛的选拔，近40名运动员代表浙江省参加了第八届全国民运会的赶野猪、珍珠球、民族武术、押加等项目角逐。经过全体教练员、运动员的共同努力，表演项目获得《赶野猪》银奖、民族武术第六名、押加第八名的好成绩，取得了历史性突破，景宁体育局还被省民宗委和省体育局联合授予浙江省参加第八届全国少数民族传统体育运动会先进集体。在第四届省民运会上获得3金、5银、9铜，团体总分第四名；在全国第九届民运会上，《摇锅》获得表演铜奖。2011年在贵州省贵阳举行的第九届全国少数民族运动会中，景宁单独组队的表演项目摇锅获得三等奖，景宁籍运动员获得板鞋团体第一名，珍珠球获得第三名。在2010年省四届民运会上，景宁代表团取得了3块金牌、5块银牌、9块铜牌，奖牌总数第四名，并被大赛组委会授予"优秀组织奖"和"体育道德风尚奖"荣誉称号。

二　全民健身活动

景宁畲族自治县全民健身活动以全面贯彻实施《全民健身计划纲要》为重点，开创民族传统体育活动，增加景宁全县人民体质作为根本任务，以"让更多的人参与到运动中来"为宗旨，满足广大人民群众的体育健身需求为出发点，突出农村、城镇、学校、老年等体育工作为重点，努力构建全民建设网络体系，使体育为自治县三个文明建设注入新的活力。

（一）《全民健身实施计划》的制订和实施情况

2012年初，景宁畲族自治县就将《景宁畲族自治县全民健身实施计划》列入县政府规范性文件制订计划。在经过详细的修订和广泛征求意见后，《景宁畲族自治县全民健身实施计划（2012—2015年）》（以下简称"计划"）于2013年1月6日由县政府正式公布。"计划"的公布和实施，为进一步发展景宁全民健身事业，提高公民的身体素质和健康水平，丰富人民精神文化生活，形成健康文明科学的生活方式，促进全面小康社会建设奠定了良好的基础，也为景宁畲族自治县打造现代化宜居城市和

"神奇畲乡、养生福地"做出应有的贡献。"计划"实施以来，景宁畲族自治县的全民健身事业得到了更快更好的发展。

（二）公共体育项目建设取得实质性突破

人均公共体育场地面积达到1.6平方米以上，形成县、乡镇（街道）、行政村（社区）三级公共体育设施网络。县本级建成"一场一馆一中心"。即1个1500座以上的体育馆，1个含有400米塑胶跑道、8×100米看台的体育场，1个含有5项以上体育项目、1200平方米以上的老年体育运动中心（一个10000平方米以上的体育公园）。总投资1.5亿元的畲乡体育健身中心（游泳馆）也已经同意建设。项目总用地面积约25000平方米，总建筑面积约20000平方米；主要建设25×50米的标准室内游泳馆（一楼为民族体育训练馆）、600平方米的室外戏水池、羽毛球和乒乓球训练馆、健身房、淋浴房，以及相配套的娱乐、停车位等户外附属配套设施。100%的街道建有"一点一场或两路径"。即1个600平方米以上场地面积的晨晚健身锻炼点，1个篮球场或2套不少于10件器材的健身路径。80%的乡镇（街道）建有1个体育（文体）活动中心。包含1个篮球场、1个门球场、1间至少有2项体育设施的活动室。100%的社区建有"一点一场或两路径"。即1个300平方米以上场地面积的晨晚健身锻炼点、1个篮球场或2套不少于10件器材的健身路径。50%的行政村建有"一场两桌"。即1个篮球场、2张乒乓球桌。也根据农民的需求，因地制宜建设健身路径、健身（苑）点、门球、地掷球、羽毛球等场地设施。实现了各类体育设施向社会开放，公共体育设施开放率达到100%，县城公办学校和企事业单位篮球场开放率达到100%。

目前已向景宁畲族自治县220多个行政村发放体育健身器材，有效提升和改善了景宁人民体育健身的基础条件。通过努力，景宁拥有12个省级体育强乡镇，今年目标申报五个体育强乡镇；2个省级体育先进社区；2个省级体育休闲公园；15个农村体育俱乐部；7个老年体育活动中心（见表6-3）。

表6-3　　　景宁畲族自治县各乡镇主要运动场所汇总表

序号	学校	跑道	篮球场	足球场
1	景宁畲族自治县第一实验小学	塑胶跑道200米	2个	
2	景宁畲族自治县第二实验小学	塑胶跑道200米	2个	

续表

序号	学校	跑道	篮球场	足球场
3	景宁畲族自治县民族小学	塑胶跑道300米	4个	
4	景宁畲族自治县大均乡中心学校	塑胶跑道100米	1个	
5	景宁畲族自治县郑坑乡中心学校		半个	
6	景宁畲族自治县九龙乡中心学校	塑胶跑道200米	2个	
7	景宁畲族自治县东坑镇中心小学	塑胶跑道200米	2个	
8	景宁畲族自治县大漈乡中心学校	塑胶跑道200米	1个	
9	景宁畲族自治县景南乡中心学校	泥地200米	1个	
10	景宁畲族自治县雁溪乡中心学校		1个	
11	景宁畲族自治县英川镇中心小学	水泥60米直跑道	1个	
12	景宁畲族自治县鸬鹚乡中心学校		1个	
13	景宁畲族自治县沙湾镇中心小学		1个	
14	景宁畲族自治县梧桐乡中心学校	泥地200米	1个	
15	景宁畲族自治县标溪乡中心学校	泥地直跑道60米	1个	
16	景宁畲族自治县毛垟乡中心学校		1个	
17	景宁畲族自治县秋炉乡中心学校		1个	
18	景宁畲族自治县大地乡中心学校		1个	
19	景宁畲族自治县民族中学	塑胶跑道300米	4个	
20	景宁畲族自治县城北中学	塑胶跑道300米	4个	
21	景宁畲族自治县东坑镇初级中学	泥地200米	1个	
22	景宁畲族自治县沙湾中学	塑胶跑道200米	1个	
23	景宁畲族自治县景宁中学	塑胶跑道400米	6个	1个
24	景宁畲族自治县职业高中	塑胶跑道200米	1个	

注：本表统计时间截至2010年12月。

（三）全民健身活动内容更加丰富

"全民健身日"、"文体健身广场活动"等系列（主题）活动影响持续增强，依托各级各类协会组织，全面发展社区体育、农村体育、职工体育、老年人体育、残疾人体育、少数民族体育，不断满足各类人群的体育健身需求。全面推广广播操、工间操制度，引导群众积极开展全民健身活动，形成"一县一品牌、一乡一强项、一村一特色、一系统一比赛"的全民健身氛围。

体育行政部门组织开展的体育运动项目体现了常规化和规范化。每年举办职工系列运动会、元旦春节活动、"全民健身活动日"、三八节排舞大赛……为响应县委"三远离、三亲近"① 号召，提高干部身体素质，丰富干部业余文体生活，加强各乡镇、各部门之间交流，每年举行景宁畲族自治县领导干部篮球赛，组织人员参加"全省少数民族传统体育运动会"、"全国少数民族传统体育运动会"，并获得各类奖牌。根据中国畲乡三月三传统体育节暨体育一条街活动总体工作安排，为进一步弘扬传承少数民族传统体育文化，促进全民健身运动广泛开展，推进景宁畲族自治县体育文化、旅游事业的全面发展。通过民族性、集体性、表演性、展示性的押加竞技活动，展现畲乡干部群众"健康向上，奋发进取"的良好风貌，努力加快全国畲族文化发展基地建设步伐。全县有五个片区、五个系统的近三百人参加千人押加大赛，每年有近 600 人参加表演项目和互动项目的比赛。

（四）城乡居民身体素质明显提高

建立县级国民体质监测点。城乡居民达到《国民体质监测标准》合格以上人数（除在校学生）比例达到 90%，其中符合优秀标准的人数比例达到 16%（城市 20%，农村 12%）。在校学生普遍达到《国家学生体质健康标准》基本要求，其中达到优秀标准的人数比例超过 20%，在校学生耐力、力量、速度等体能素质明显提高。在各社区，体育行政部门设立健身辅导站，经常性地开展太极剑、木兰扇、健身舞等活动。指导开展以太极剑、太极拳、木兰扇、健身舞、门球、棋牌等为内容的老年人体育活动，参与群众不仅有城镇的居民，更有许多集中居住的农民群众，有力地推动了全民健身活动的深入。

---

① 远离牌桌，亲近书桌；远离酒桌，亲近球桌；远离歌舞厅，亲近大自然。

第七章

景宁"全国畲族文化总部"的建设

第一节　建设全国畲族文化发展基地和总部

浙江省委、省政府先后以《关于扶持景宁畲族自治县加快发展的若干意见》（浙委〔2008〕53 号）（主要目标：到 2012 年，使景宁经济综合实力进入全国 120 个民族自治县前 10 位，接近全省基本实现全面小康社会的目标，并成为全国畲族文化发展基地。积极发展文化卫生事业和文化产业。省财政加大对景宁畲族文化产业发展的扶持力度，重点支持建设畲族文化发展和研究中心，特别是在安排省农村文化建设十项工程项目建设时，对景宁给予适当倾斜）、《关于加大力度继续支持景宁畲族自治县加快发展的若干意见》（浙委〔2012〕115 号）（支持景宁努力在推动科学发展、促进社会和谐、增进民族团结上走在民族自治县前列。加大对畲族文化事业和文化产业发展的扶持力度，支持景宁民族特色工艺品制作、文化创意设计、文化演艺、文化旅游等重点文化项目建设和文化企业发展，支持建设畲族文化总部、畲族文化发展和研究中心，着力建设全国畲族文化发展基地，省文化项目建设资金对景宁给予适当倾斜）对景宁进行各项政策扶持，并在文化建设上支持景宁建设全国畲族文化总部。建设全国畲族文化总部，就是要让所有能够体现畲族文化内涵的资源都在景宁有所展现，把畲族文化的根基落户在景宁，把畲族文化的核心价值体现在景宁，把畲族文化传承的深厚积淀及发展的方向掌握在景宁。

一　全国畲族文化发展基地建设情况

（一）设立专门办事机构

为认真贯彻落实中共浙江省委、浙江省人民政府《关于扶持景宁畲族自治县加快发展的若干意见》（浙委〔2008〕53号）文件精神，根据《丽水市机构编制委员会关于同意设立景宁畲族自治县建设全国畲族文化发展基地办公室的批复》（丽编委〔2009〕69号），设立景宁畲族自治县建设全国畲族文化发展基地办公室，作为景宁畲族自治县—全国畲族文化发展基地建设协调领导小组的办事机构。

1. 主要职责

（1）负责畲族文化发展基地建设规划，牵头组织编制景宁畲族自治县《全国畲族文化发展基地建设规划》；研究提出规划年度实施计划；参与发改、文化、旅游、建设、国土及相关部门与畲族文化建设相关的规划编制或审核工作。

（2）负责指导、协调和督查畲族文化发展基地建设工作。依据相关规划，科学分解任务，统筹项目建设；指导畲族文化发展基地项目实施，督查具体工作落实；负责对相关工作进行考核。

（3）负责畲族文化的研究转化和宣传培训工作。加强机制、体制建设，整合专业单位及社会力量进行畲族文化及县域文化发展研究。建立畲族文化传承工作人才库，有计划、有重点地对畲族文化基础性、抽象性、应用性研究及传承骨干人才进行培训。创建相应平台，面朝县内，积极开展畲族文化普及、提升培训及县域文化发展研究成果推广、应用工作；面朝县外，积极开展"畲族、畲乡、畲县"主题宣传和文化产业建设交流活动。

（4）负责组织"中国畲乡三月三"等大型节庆活动。研究探索办节模式，改革完善办节机制，遵循市场办节规律，努力发展节日经济；负责"三月三"节庆活动的总体策划并牵头进行具体实施工作。

（5）完成县委、县政府交办的其他任务。

2. 内设机构

根据上述职责，县建设全国畲族文化发展基地办公室内设综合科、畲族文化规划科、畲族文化研究科等三个职能科室。

（1）综合科

负责协助领导对有关工作进行调研、督查、协调及处理日常工作；起草工作计划、总结，制定内部管理制度，负责公文、材料的审核和重要会议的组织；负责秘书事务、信息、文电处理、档案管理、信访、公文材料的印制及书籍、资料的征订工作。

（2）畲族文化规划科

牵头组织编制景宁畲族自治县《全国畲族文化发展基地建设规划》及参与文化建设相关的规划编制或审核工作；负责依据相关规划，充分结合实际，科学分解任务，统筹项目建设；指导文化基地项目实施，协调各方达成共识、督查具体工作落实；负责对基地建设相关工作进行考核。

（3）畲族文化研究科

负责"三月三"节庆活动的总体策划并牵头进行具体实施工作；研究探索办节模式，改革完善办节机制；负责研究、挖掘、丰富和发展畲族文化，积极推进畲族文化普及工作；建立畲族文化传承工作人才库，组织传承骨干人才开展各类宣传培训及对内对外文化交流活动。

3. 人员编制和领导职数

景宁畲族自治县建设全国畲族文化发展基地办公室核定全额拨款事业编制6名（注销县畲族文化研究中心，将2名编制划入县建设全国畲族文化发展基地办公室）。核定领导职数：主任1名，副主任1名；股级领导职数3名。

（二）制定《全国畲族文化发展基地建设纲要》

为认真贯彻落实（浙委〔2008〕53号）文件精神，深入实施"一三四八"发展战略，推动畲乡文化事业繁荣和文化产业发展，促进"全国十强、基本小康、文化基地"三大目标的实现，特制定《全国畲族文化发展基地建设纲要》。

1. 总体要求

高举中国特色社会主义伟大旗帜，以邓小平理论和"三个代表"重要思想为指导，遵循科学发展观的要求，深入实施"文化畲乡"战略，立足大文化、大畲族的文化内涵定位，构建多层面、体系化的文化传承框架，突出精品型、产业化的文化建设主线，发展创新型、实用化的文化研发支撑，深化畲乡人文基础工程、畲族文化氛围工程、畲族文化保护研究工程、畲族文化精品工程、畲族文化产业引擎工程、畲族文化交流传播工程、畲族文化人才工程等"七大工程"，将景宁打造成为全国主要的畲族文化保护、研发、交流、展示中心，努力在民族文化传承、发展上走在全国民族自治县前列。

2. 发展目标

经过五年的努力，初步形成与全国唯一的畲族自治县经济社会发展需求相适应的文化发展格局，培育具有时代特征、民族特色、畲乡特点的人文精神，构筑基本配套的公共文化服务体系，建立运行有序的文化市场体系，营造有利于出精品、出人才、出效益的文化发展环境。重点建设和完成六大主要指标任务。

（1）辐射全国的畲族文化品牌。"畲族、畲乡、畲县"品牌全面打响，中国畲乡三月三、中国民族经济高峰论坛等重大文化宣传活动影响力得到提升，畲族文化发展基地效应开始显现。

（2）特色浓郁的畲族文化氛围。建成一批特色鲜明的文化设施、文化广场、人文景观，县城建设个性化和畲族化特征明显，民族特色性文化习俗得到普及和推广，特色文化氛围日益浓厚。

（3）初具规模的畲族文化产业。生态风情旅游业、畲族服饰业、演艺业、文化传播业等重点文化产业效益显著，文化产业产值占景宁畲族自治县 GDP 的比例不断提高。全县城乡居民消费中的文化消费比重和文化对经济建设的贡献率大幅提高。

（4）体系完善的畲族文化保护机制。畲族文化资源得到有效保护和传承，建成一批畲族特色浓郁的文化展示区、博物馆和展览厅，畲族原生态文化保护区作用明显，各级非物质文化遗产得到有效整理，民族文化整体实力得到提高。

（5）富有实效的畲族文化研发体系。畲族文化保护、研发和推广机制不断完善，文化人才培养、引进、选拔和激励机制不断健全，创新型、实用型的文化研发支撑体系基本形成。

（6）主导全国的畲族文化交流传播平台。广播电视网络平台建设初见成效，广播电视事业服务功能和产业能力日益增强，建成系列知名度高、影响力大的畲族文化交流平台，畲族文化对外交流及影响力明显提高。

（三）编制《全国畲族文化发展基地总体规划》

1. 指导思想

坚持科学发展观，把握社会主义先进文化前进方向，以"畲族文化有形化、文化载体项目化、文化成果精品化"为基地建设主线，立足大文化、大畲族的文化内涵定位，构建覆盖景宁畲族自治县范围的多层面、体系化的文化基地框架，发展创新型、实用化的文化研发支撑，推进文化基地"大平台、大产业、大项目"建设，将景宁打造成为全国畲族文化保护、研发、交流、展示中心，积极推进畲族文化创新发展，努力在民族文化传承发展上走在全国民族自治县前列。

畲族文化有形化——以有形为要求，通过改造运用、固化提炼、整合创新等途径，将丰富多样的畲族文化元素、文化理念等直观地展现出来，转化成为实用的产品、商品、艺术品以及文艺节目等，从而形成浓郁的畲族文化发展氛围。

文化载体项目化——以项目为载体，通过规划策划、责任分解、招商引资等途径，将各项文化建设目标任务转化为具体建设项目，落实好政府、部门、社会各自职责，科学推进项目建设，将畲族文化资源优势转化为经济优势，不断发展壮大畲族文化产业。

文化成果精品化——以精品为导向，集中物力、财力与人力资源，着力推进畲族文化资源向具体项目转化过程中的高品质发展，打造畲族文化系列精品项目，形成畲族特色文化品牌，加快提升畲族文化品牌影响力。

2. 基本原则

（1）坚持继承借鉴和改革创新并重。继承弘扬优秀传统民族文化，挖掘研发畲族文化资源，大力弘扬畲乡精神，着力彰显县域文化的特色性和时代性。广泛吸收和借鉴外来优秀文化成果，把握先进文化的前进方向，注重文化创新，大胆改革，强化交流，不断增强畲族文化辐射力和影响力。

（2）坚持社会效益和经济效益并举。高度重视文化的意识形态属性，充分考虑文化的产业属性，一手抓公益性文化事业发展，一手抓经营性文化产业发展，始终坚持把社会效益放在首位，努力实现社会效益和经济效益的最佳结合。

（3）坚持基础夯实和精品打造并进。立足于自身的文化底蕴，面向大众发展要求，夯实文化建设的基层基础、工作基础和物质基础，挖掘培育弘扬畲乡文化品牌。发挥独特的文化资源优势，通过文艺创作、节庆活动和展赛等平台展示文化的个性和内涵，着力打造形成文化精品品牌，提升畲乡景宁知名度和美誉度。

（4）坚持整体推进和重点突破并驱。着眼长远，立足当前，从景宁经济社会发展的全局出发，科学规划，统筹安排，分步实施，全面推进。以发展科技教育为基础，以发展文化产业为突破口，做到整体推进和重点突破并驾齐驱，为景宁文化大发展大繁荣提供有力保障。

（5）坚持尊重民族感情与启迪民族发展并行。文化基地建设必须充分尊重畲族深层次的民族情感，从畲族历史性、理念性、经济性和文化性特征出发，顺应社会发展规律和畲族群众的心理需求，积极推进畲族文化繁荣与经济振兴，实现各民族的团结共荣。

3. 总体目标

通过十年的努力，形成具有时代特征、民族特色、地域特征的文化发展新格局，将景宁打造成为全国畲族文化保护、研发、交流、展示中心。在此基础上，积极发挥地处东部沿海发达地区的优势，在民族文化发展机制创新、途径探寻、产业发展等方面起到引领和示范作用，在民族文化传承发展上走在全国民族自治县前列。使景宁成为"全国畲族文化中心，民族文化发展样板"。重点实现六大主要目标。

（1）县域畲族文化特色鲜明。建成一批在全国畲族地区有重大影响力的大型综合性文化设施；建成系列民族特色鲜明的文化设施和人文景观；县城及重点区块建筑风貌个性化和畲族化特征明显；畲族特色文化习俗得到普及和推广；县域形成点面互补、动静结合、整体浓厚的畲族文化氛围。

（2）畲族文化保护体系完善。形成文物型、亮点型、原生型等多层面畲族文化保护体系；畲族文化实物展示与资料检索水平全国领先；以"景宁畲族"命名的物质和非物质文化遗产有五项以上进入国家级名录；形成经济与文化良性互动可持续保护机制。

（3）畲族文化研发"智库"建设全国领先。畲族文化研究、开发和推广机制不断完善；景宁畲族文化"智库"能集聚畲族文化基础性、理论性研究的领军人物，县域畲族文化运用性研究人才和传承性人才拥有量全国领先；人才作用发挥有切实有效的机制。

（4）公共文化服务事业与全省同步发展。在全省较早创建文化先进县和文化先进示范县；特色性公共文化服务指标建设全省领先；一项以上民族特色文化服务项目建设在全国成为样板。

（5）文化经济成为县域经济主导产业。建成一个省级文化创意产业园并拓展形成全国性少数民族特色商品交易市场；文化旅游业、民族工艺品加工销售、风情演艺业、民族体育休闲养生等重点文化产业形成规模；文化产业增加值占全县 GDP 的比重达到12%以上。

（6）民族文化交流具备全国重点平台。"中国畲乡三月三"成为全国畲族参与面最广的节事;景宁三月三祭祖成为畲族全国性公祭活动,"中国畲都"(中国畲族文化中心)品牌影响力突出。"中国畲乡三月三"、中国少数民族文化论坛、中国·景宁少数民族工艺品市场有一项以上列入国家少数民族系统重要文化经济交流平台目录;全国少数民族广泛参与文化论坛交流;全国主要少数民族的工艺品生产与展销中心。

4. 功能布局

结合景宁畲族文化资源现状以及相关规划,从景宁自然生态资源、历史文化赋存、经济发展基础、特色产业发展等领域出发,总体构建文化基地"一体两翼,点面联动"格局。

"一体"为县城——畲族文化集中展示区;"两翼"之西翼——高山生态度假休闲区;"两翼"之东翼——千峡湖康体运动休闲区。

"点"是指畲族文化保护区、标志性文化设施、风情街、风情景区、民族村、物遗与非遗点等畲族文化集中展示点。"面"是指景宁畲族自治县城、7个重点民族乡镇(管理区)以及区域性畲族文化展示区。以点串面,形成覆盖景宁畲族自治县范围,点面联动的发展格局。

(四)全国畲族文化发展基地建设的基本成效

1. 畲族文化氛围颇具特色

一个少数民族自治县,最突出的特色就是本民族的文化内涵所折射出来的文化氛围,景宁畲族自治县紧紧围绕"畲"字做文章,按照"3+3+2"(即三建成三推广两开设)的发展模式,努力在营造畲族浓厚的文化氛围上开拓进取。

三建成:①建成一批畲族原生态生活村。在全县7个民族工作重点乡镇、44个民族村大力推行原生态生活模式,展现原汁原味的畲族生活风貌。2009年以来,已整合利用少数民族发展资金、群众致富奔小康资金等1500余万,完成了东弄、安亭、包凤、敕木山等10个民族特色村寨建设项目,2012年实施的吴山头、李宝、马坑、伏叶等10个村正在建设中。截至2014年年底,已成功打造鹤溪街道东弄"非遗村"、鹤溪街道周湖"畲家院"、东坑镇深垟"石头寨"、大均乡泉坑"古居村"、大均乡李宝"风情畲寨"、郑坑乡吴布"田园屋"等一批畲族特色文化村。澄照乡金丘村、大均乡李宝村被评为第三批浙江省民族团结进步小康村。大均村被评为首届浙江省农家乐休闲旅游"十佳特色村",是丽水市唯一获此殊荣的农家乐特色村。鹤溪街道东弄村被列入第二批浙江省非物质文化遗产旅游景区名单。②建成一批畲族标志性建筑。完成占地面积26500平方米，投资近亿元，建筑面积9000多平方米的畲族文化中心（集图书馆、博物馆、文化馆三馆合一）建设。完成总投资1005万元的鹤溪廊桥建设，完成县城鹤溪河现有6座桥梁的畲族特色化改造，凤凰桥、永定桥开始兴建，府前桥改建工程全面完工。完成复兴西路和鹤溪中路的畲族风情立面改造和鹤溪河边畲族风情休闲景观带建设。在县城主要街道、文娱广场、滨河休闲带以及景区沿线公路设置雕塑、景墙等畲族文化景观，形成特色鲜明的"畲族风情走廊"。外舍新城区已完成控制性详细规划修编，城市设计按照古建筑结合畲族风貌正在编制中，畲族风情一条街建设将根据外舍新城区规划进行实施。城北入城景观公园、茶山公园、石印山公园改建、站前广场等工程建设已启动。③建设一批畲族风情景区及民俗表演项目。加快4A级景区中国畲乡之窗和云中大漈景区文化内涵提升步伐。启动畲族风情省级旅游度假区项目建设。畲族风情省级旅游度假区、西汇民族风情度假村2个项目列入2012年浙江省服务业重大项目计划，占全市列入计划数的20%，两项目总投资20998万元。"中国畲乡之窗"景区广泛使用畲族迎宾礼仪、新娘礼茶、婚俗礼仪等，《畲山风》片段、《千年山哈》经典曲目在篝火晚会中展示，并且先后编排了《畲山火神节》《洗井泼水节》《对歌节》等歌舞。在"中国畲乡之窗"景区、"封金山"景区进行常规风情表演，基本上将三公主迎宾、新娘茶等纳入表演内容。

三推广：①推广畲族服饰。全力在县城服务行业和没有法定制式服装的行政事业单位服务窗口中推广畲族服饰。对景宁畲族自治县副县以上领导干部、各乡镇（街道）、县直机关各单位、省市直管单位副科及副科以上干部、行政事业服务窗口工作人员（着国家统一定制的制服除外）、44个民族村常住村的群众等10类人员强化畲族服饰推广工作。成功举办两届中国（浙江）畲族服饰设计大赛，以传统畲族服饰为基调，努力创新发展，力求将实用性与观赏性完美结合，以期使畲族服饰为更多人接受并穿戴。②推广标志性歌舞。从《千年山哈》中截取的畲族民歌已经被改编成广场舞，并进行推广。具有浓郁畲族风情的广场舞《美丽畲乡等你来》荣获全国首届原创广场健身操（舞）展示交流比赛优秀表演奖。通过统筹管理业余文化团队，进一步带动畲汉群众参与到广场舞、排舞的活动中来。目前，融入畲族歌舞元素的广场舞、排舞节目不断呈现，深受畲汉群众喜爱。③推广畲语普及。通过制定方案、召开动员大会、举办畲语培训班、制作并发布畲语学习软件等一系列工作，以县直机关各单位在职干部、重点服务性企业工作人员、县城所在学校学生为主要群体，全面开展畲语普及培训工作。

两开设：①开设专题栏目。在县电视台开设"畲语新闻"、"畲山风"等栏目，在中国景宁新闻网推出"全力打造全国畲族文化发展基地"专题，并运用《畲乡报》、景宁政府门户网站等传播平台，展示畲乡形象，弘扬畲族文化。②开设"全国畲族文化发展基地"网站。网站共设"基地解读"、"畲族概况"、"工作动态"、"三大工程"等8个频道，主要以图文并茂和互动交流的形式全方位、大容量、深度性的对"全国畲族文化发展基地"进行解读、阐释；对有关民族文化的政策法规、畲族概况进行宣传；对"建设全国畲族文化发展基地"工作及进展情况进行报道。

2. 畲族文化遗产保护得当

（1）立法保护遗产：作为浙江省唯一的少数民族自治县，景宁丰富而独具特色的民间文化和独特的风俗习惯备受关注。2009年，浙江省人大常委会将畲族民间文化保护条例的制定列入立法计划。通过广泛收集和深入调研，并征求各方意见，数易其稿，于2010年3月23日景宁畲族自治县第七届人民代表大会第四次会议审议通过《景宁畲族自治县民族民间文化保护条例》，并通过省人大常委会审议。这标志浙江省首部以保护畲族民间文化为主体的法律性条文正式诞生。这也是景宁依法行使自治权，推进民族民间文化保护工作而制定的又一重要单行条例。条例共分6章34条，从民族民间文化保护范围、管理和保护、研究与利用、奖励与处罚等方面，对畲族民族民间文化进行了全面系统的规定。将畲族语言，具有代表性的民族民间传说、谚语、山歌、戏剧、曲艺、绘画、雕塑等，具有民族民间特色的节日和庆典活动、民俗活动、宗教文化、民族体育和民间游艺活动、畲医畲药和其他民间传统医药等民族民间文化纳入保护范围。对景宁畲族自治县文化遗产保护的指导思想、工作目标、保障措施和主要任务作了明确的规定，激发了景宁畲族自治县上下积极开展文化遗产保护的工作热情，为景宁文化遗产保护提供了强有力的法律保障。

（2）传承非遗精粹：景宁始终坚持"非遗传承有形化、非遗展示载体化、非遗成果品牌化、非遗工作整体化"的工作要求，积极推进非遗保护传承各项工作。目前，景宁共有国家级非遗项目2个、省级非遗项目19个、市级非遗项目33个、县级非遗项目92个；建立县级非遗保护传承基地 16 个、非遗教学实践基地 8 个、非遗"活态传承"示范村 4 个；建成开放非遗传承展示馆（室）、传习所 33 个，面积达 20000 平方米。景宁于 2008 年被评为"中国民间文化艺术之乡"；畲族文化生态区被确定为浙江省生态文化保护区；"畲族三月三"被确定为浙江省民族传统节日保护基地；"中国畲乡之窗·大均"、鹤溪街道东弄村荣获省级非遗旅游景区称号；县民族小学、民族中学被评为省级非遗传承教学基地。

（3）保护文物遗存：经过第三次全国文物普查，景宁共登录了 763 处不可移动文物，其中国家重点文物保护单位 3 处，省级文物保护单位 2 处，县级文保单位 42 处。通过多年努力，景宁护关桥、梅岐桥、东坑上桥等 8 座廊桥于 2013 年被国务院公布为第七批全国重点文物保护单位，其中东坑下桥、章坑接龙桥和大赤坑桥捆绑进入闽浙木拱廊桥被确定为世界级物质文化遗产预备名单。同时投入 1000 万元的资金，对文物进行了有效的维修和保护，其中国宝时思寺一期整体维修工程已进入全面施工阶段，孔庙文化陈展工程全面完工并正式免费对外开放，大批县级以下的宗祠、廊桥和古民居等得到了较好的维护和修缮。2012 年，景宁畲族自治县文物保护管理所被评为全省文物系统先进集体。积极开展城镇历史文化保护和申报工作，鹤溪镇成功跻身中国历史文化名镇之列。

（4）编制文化资料：先后完成《景宁畲族语言简本》《畲族民歌集》《景宁古畲语读本》《景宁畲族百年实录》《景宁畲族风俗》、畲族民歌集——《布谷闹春》《景宁畲族自治县宗教概况》《绿谷畲风》《鹤溪古城》等丛书的撰写编辑和出版工作，为畲族文化研究和发展提供了重要参考文献。县民宗局已完成畲族文化丛书一套四册的书籍的审稿、刊号申请工作。县非遗中心联合县非遗传承教学基地——民族小学对畲族山歌校本课程进行开发。县图书馆正逐步加快畲族文化多媒体资源库建设，预计建成后图像资料、文字资料、文学艺术、传统节日、畲族产业开发等多种形式和多个门类的数据总量可达 330TB，使群众对畲族文化的了解更加方便快捷，内容更加丰满充实。县非遗中心联合县电视台前往鹤溪街道东弄村拍摄省级非遗项目畲族婚俗纪录片，完整呈现了原汁原味的畲族传统礼仪习俗，为民族文化的传承、保护及研究提供了丰富的资源。

　3. 畲族文化产业朝气蓬勃

　（1）风情旅游别具一格。景宁拥有国家4A级景区2个，国家级历史文化名镇1个，省级风景名胜区1个，省级森林公园1个，省级湿地公园1个，省级地质公园1个，省级非遗旅游景区2个，省级旅游特色村和农家乐特色村5个，依托得天独厚的自然美景，焕发淳美古朴的人文风情，畲乡风情旅游呈现出良好的发展态势。畲族婚嫁表演、畲族歌舞篝火晚会、畲山火神节等众多从传统文化中挖掘出来的旅游精品项目使畲乡风情旅游更具魅力。

　（2）印象山哈独占鳌头。畲族风情诗，畲族千年情。大型畲族风情歌舞诗《印象山哈》荟萃畲族山歌舞蹈、耕猎茶织、婚嫁礼仪，体育竞技等民族文化精髓，以舞蹈诗的手法展现畲乡历史文化风貌。展示畲族坚韧不拔、忠厚热诚、和谐奋进的民族性格。《印象山哈》于2014年4月正式推向市场，是目前全国唯一一部畲族题材的旅游歌舞剧，它的推出，成功填补了华东地区旅游市场民族风情演艺剧的空白，让走进畲乡的人不仅能领略畲乡千姿百态的美景，更能欣赏并聆听畲族千年文化魅力和历史传说。

　（3）工艺产业迅速起步。景宁先后建立起包括畲族服饰加工、畲族手工艺品加工、畲族彩带加工、畲族银饰加工、畲族山哈酒制造、畲族民间博物馆、畲族民俗展演等畲族文化经营单位数十家，畲族编织、服饰、工艺品、畲医畲药等产业发展实现了从无到有、从小向大发展。2012年3月景宁建设全国畲族文化发展基地办公室增挂县文化产业办公室。龙凤民族服饰有限公司被列入国家"十二五"少数民族特许商品定点生产企业，畲山凤民族工艺品开发有限公司入围浙江省文化产业发展"122"工程首批重点扶持文化企业。同时，在北京浙江名品中心开设"中国畲乡·畲族馆"，通过定期的主题宣传、不定期的畲族工艺品和畲乡名特优新农产品展示推介、建立电子商务网络平台等方式，为入驻企业提供宣传、展示、营销、推介等服务。

　4. 畲乡文化品牌层出不穷

　（1）节庆品牌影响深远。三月三是畲族传统节日，每年的这个时候，畲乡景宁都会举行盛会来庆祝这个节日。已举办过民族大联欢、中国畲族民歌节、畲族服饰大赛、畲族文化与旅游研讨会、民族体育一条街、发展成果展等一系列大型活动，受到国家、省、市各级媒体的强烈关注。畲族三月三被评为"最具特色民族节庆"，入选国家级非物质文化遗产代表性项目名录。

（2）群众品牌风生水起。21 世纪以来，在文化大发展大繁荣的推动下，景宁的文化发展模式由最初的"送文化"逐渐向"种文化"、"养文化"转变。凸显群众主体地位，引导群众做真正的文化主人。"凤舞畲山大舞台"、"小小故事林"、"畲家飘歌"、"非遗传承进校园、进社区、进村寨"、"文物保护、你我同行"、"文化入企携手兴工"等一系列文化品牌的不断推出，将文化舞台交给群众，让群众在文化发展中享受文化成果。同时，创新保障机制，以文化项目申报、文化预报、畲乡文化卡、文化策划等一系列文化服务组成的"文化自治五权圆梦"机制充分保障了群众的参与权、知情权、决策权、话语权和监督权，使畲乡文化自治落到实处。

（3）乡镇品牌开花结果。21 世纪以来，景宁加大力度，从人、财、物等方面全力为各乡镇街道提供支持，先后以"文化项目申报制"和"文化策划"的方式为景宁相关乡镇街道量身订制策划了一批"接地气"的民俗文化节事活动，使原本无序、自发的民间式、地下化的一些民俗文化纳入了政府有序的管理和引导中，并逐渐焕发了生机。景宁相关乡镇村先后举办了"景南仁孝节"、"章坑尝新节"、"鸬鹚马仙文化节"、"带溪文化节"、"安亭奏名学法文化节"、"雁溪摄影节"、"九龙鱼灯节"、"梧桐崇学文化节"、"汤氏文化节"等一批规模大、影响强、文化展示充分，经济助推作用明显的乡镇民俗节庆活动。这些活动成为畲乡新的文化地标，"一乡一品"品牌影响力逐渐形成。

（五）全国畲族文化发展基地建设存在的困难与问题

目前，景宁畲族自治县畲族文化的发展虽然为今后工作打下了较为扎实的基础，但必须清醒地看到，发展中还面临许多困难和问题，工作中还存在明显差距和不足，畲族文化基地建设主要存在的困难与问题有以下三个方面。

1. 畲族底蕴不深。历史上收藏和留传的有关畲族方面的古籍不多，在文化工作中挖掘、收集、出版的畲族民歌、古籍、诗词、经文等也不丰富，文化创作整理出书、创编舞蹈、民间文学、民间故事、歌谣、图书、画集更少。畲族博物馆目前仅有馆藏文物 2000 件左右，而畲族三宝——祖杖、祖牌、祖图，也未能很好展示应用。畲族文化产业集聚度与规模化水平低，产品结构单一，产品档次不高，用地瓶颈成为制约畲族文化产业发展的主要因素。畲族文化研究保护不够深入，本地居民对畲族文化、畲族服饰、畲族语言等社会认同度不高，外来文化流对本地文化的原生态和原真性造成极大的冲击和干扰，强势文化对畲文化的同化明显，大规模推广畲族文化及其应用较为困难。畲族文化渊源上的挖掘，在畲族文化的集聚度方面做得不够好。

2. 畲族氛围欠浓。景宁虽然是个畲族自治县，但由于畲族人口偏少，畲汉长期同化，生活习性趋同，其民族氛围十分淡薄。在城里难以明显感受到畲族自治县的氛围，体现在建筑、基础设施、户外广告等跟群众息息相关的生产生活上的畲族特色并不明显。畲族服饰并未体现在整体的生活之中，对外展示形象的机关部门未推广，在旅游景点也仅仅是有旅客时穿一下。当前，许多畲族习俗文化已不存在畲民的现实生活中，只留存在畲族中老年人的记忆里，许多畲族年轻人已不会讲畲族语言，不喜欢穿畲服。"中国畲乡三月三"等大型活动都是官方举办，且一年只举办一次，从外地慕名而来特别是对畲族文化感兴趣的游客如不能赶上畲乡的传统节日，只能留下遗憾，同时这些大型活动所留下的文艺产品没有得到进一步开发和运用。群众自发组织的民间畲族文化活动不多，外地来的游客很难欣赏到畲族的传统文化，许多畲族文艺表演缺乏现代元素，很难适合年轻人的观赏兴趣。

3. 畲族人才匮乏。21 世纪以来，景宁十分重视文化人才队伍建设，通过几年的培训和岗位技能大练兵活动的举办，文化队伍整体素质有所提升，但队伍整体发展"结构不够稳"，主要体现在：一是素质发展不平衡，有些工作人员尽管通过培训业务但水平提高不快；二是人员本身年龄结构与男女比例结构不协调；三是乡镇文化员有名无实"专职不够专"；四是没有一个对畲族文化进行深入研究的固定群体，特别是畲族本民族这方面高水平的人才很少。会写作、会研究，能唱畲歌、善跳畲舞的特殊人才及权威人士极少。至今还没有培养出全国级的畲族歌唱家、舞蹈家、名作家等重量级人才，难以用明星、名人的影响力来推进畲族民间文化事业的发展。景宁畲族自治县畲族文化总部建设人力严重不足。文化创新动力不足，文化传承后继乏人，文化自我发展能力欠缺。

二　全国畲族文化总部建设情况

(一) 成立领导小组和建立联席会议制度

为进一步统筹全国畲族文化总部建设工作，推动县委、县政府有关工作方针、政策的及时有效贯彻落实，强化相关单位间的协作配合，加大工作指导和督查力度，充分发挥畲族文化在促进经济社会发展中的作用。2012 年 12 月成立以县委书记为组长的全国畲族文化发展总部建设领导小组、建立全国畲族文化总部建设工作联席会议制度。

1. 联席会议的主要职能。①研究拟定和修改全国畲族文化总部建设工作总体发展规划、计划，报请县委、县政府审核通过。②研究拟定加强全国畲族文化总部建设工作的决策事项和其他重大事项，确定需要向县委、县政府汇报的重大议题，报请县委、县政府审核通过。③围绕县委、县政府确定的中心工作，研究制订相关工作计划、措施。④督促规划、计划和有关重大工作的落实，统筹协调部门间的重大活动，促进各乡镇、街道和各部门及全社会共同推动全国畲族文化总部建设工作的快速健康发展。⑤通报全国畲族文化总部建设工作过程中的重大事项、重大决策。⑥汇报交流全国畲族文化总部建设相关工作情况，总结经验，研究部署各阶段任务。⑦承办县委、县政府交办的其他工作。

2. 联席会议的工作机构。①联席会议由县文化建设暨全国畲族文化总部建设领导小组直接领导，召集人为县委常委、宣传部长潘晓泉，办公室设在县委宣传部，由吴海东同志兼任办公室主任。②办公室的主要职责是：负责联席会议日常工作，对景宁畲族自治县全国畲族文化总部建设工作中的政策性重大问题进行调研，并提出建议；组织拟订全国畲族文化总部建设工作规划、计划并提交联席会议研究讨论；承担联系会议会务和成员单位日常联络工作；编发有关工作信息和简报，协调督促有关单位落实联席会议决定事项；承担全国畲族文化总部建设工作联席会议交办的其他工作。③联席会议成员由各成员单位主要负责人担任，并确定一名联络员负责与联席会议办公室联系，贯彻落实联席会议决定，对决定事项办理的监督管理和情况通报，确保联席会议各项工作落到实处。

3. 联席会议工作制度及要求。①联席会议原则上每半年召开 1 次，根据工作需要可不定期召开。②联席会议由召集人召集或委托县委、县政府有关领导召集。③联席会议根据景宁畲族自治县全国畲族文化总部建设工作实际情况和阶段工作重点，提出会议议题，由联席会议办公室通知召开会议。各成员单位接到会议通知后，按照会议的议题，认真准备相关材料及要求协调解决的问题。④联席会议将定期不定期开展工作指导和督查，各成员单位可自行开展工作检查。⑤各成员单位每季度向联席会议办公室书面报告工作落实推进情况，重大事项应及时报告。⑥各成员单位要及时向联席会议及办公室、其他成员单位通报有关情况，加强信息沟通。⑦各成员单位应积极参加联席会议，相互配合，相互支持，形成合力，充分发挥联席会议的作用。⑧研究有关重大问题时，联席会议邀请县人大、县政协分管领导及其他与议题相关的乡镇、街道和部门领导出席。

4. 联席会议的组成单位。联席会议由县委办、县府办、县委组织部、县委宣传部（县基地办）、县委统战部、县农办、度假区管委会、县发改局、县经济商务局、县教育局、县科技局、县民宗局、县财政局、县人力社保局、县国土局、县建设局、县农业局、县林业局、县文广出版（体育）局、县旅游局、县工商局、县统计局、畲乡报社、县广播电视台、县文联、团县委、红星街道、鹤溪街道等单位和街道组成。

（二）编制《全国畲族文化总部发展规划》

景宁是全国唯一的畲族自治县，华东地区唯一的民族自治县，在全面深化改革和落实"文化强国"战略的背景下，景宁需要发挥地域民族文化与生态两大优势，要主动担当弘扬畲族优秀文化的历史重任，强化文化引领，走出一条特色发展、科学发展的路子。为贯彻落实习近平同志要求景宁"努力在推动科学发展、促进社会和谐、增进民族团结上走在全国民族自治县前列"和《关于加大力度继续支持景宁畲族自治县加快发展的若干意见》（浙委〔2012〕115号）等文件精神，加快推进景宁"全国畲族文化总部"建设步伐，特编制《全国畲族文化总部发展规划》（以下简称"本规划"）。本规划以现状分析和价值发现为基础，以文化生态保护工程、文化优势集聚工程、文化创新研发工程、文化产业振兴工程、公共文化服务工程、文化体制创新工程、文化品牌铸造工程、文化传播辐射工程"八大工程"建设为重点，以制度机制创新为保障，通过十年的努力，把景宁建设成为全国畲族文化总部。

1. 指导思想

高举中国特色社会主义伟大旗帜，坚持以邓小平理论、"三个代表"

重要思想和科学发展观为指导，紧紧围绕省委"八八战略"、"两创"总战略、"两富"总目标和市委"绿色崛起、科学跨越"战略总要求，遵循"中国畲乡·小县名城"的发展定位，全面落实生态立县、产业富县、文化名县"三县并举"发展战略，以全国唯一畲族自治县和华东唯一民族自治县"两个唯一"优势为依托，以畲族文化和少数民族工艺文化"两大特色"资源为支撑，以文化引领和产业推进"双核驱动"为主线，以文化优势聚合力、文化产业竞争力、文化传承创新力、文化品牌辐射力"四大能力"建设为核心，以平台搭建和项目建设为抓手，以全面深化改革和务实创新为保障，按照"凤鸟展翅、点面联动、百鸟朝凤"的空间布局，推进县域民族文化与文化产业的大繁荣大发展，不断提升全国畲族文化总部的聚合、引领、示范与辐射功能，努力在推动科学发展、促进社会和谐、增进民族团结上走在全国民族自治县前列。

2. 战略定位

紧紧抓住文化大繁荣大发展和产业调整的重大战略机遇期，坚持社会效益与经济效益相统一，立足景宁，放眼全国，抢占战略制高点，按照"超前谋划、高点定位、把握时序、特色发展"的思路确定战略定位，形成"三大高地"核心内涵，全面建设"全国畲族文化总部"。

（1）全国畲族文化传承、交流与体验中心

景宁作为全国唯一的畲族自治县，有责任有义务在畲族文化传承、发展上担当起畲族文化总部的职责。建设全国畲族文化总部，其根本要义在于增强景宁在全国畲族聚居地区的文化感召、产业集聚和品牌辐射，更好地传播与弘扬畲族优秀文化，提升地域经济社会发展水平，提高群众文化生活品质。具体建设过程中，要立足大畲族、大文化的理念，注重集聚整合民族文化优势资源，采取文化引领、产业推进"双核驱动"机制，强力推进文化优势聚合力、文化产业竞争力、文化传承创新力、文化品牌辐射力"四大能力"建设，全面提升景宁在畲族文化方面的聚合、引领、示范与辐射"四大功能"。

（2）全国少数民族文化创新实验基地

全国畲族文化总部是一个全新的文化发展模式，建设过程中涉及许多问题与环节，必须以改革创新来推进各项工作。作为全国畲族文化总部，其范围远超县域范围，迫切需要更高层面和全方位的支持配合，因此必须紧紧抓住当前全面深化改革和少数民族地区加快发展的战略机遇，积极抢占战略制高点，创建"全国少数民族文化创新实验基地"。一方面争取国家层面以及各少数民族聚居地区民族主管部门的支持帮助，整合各方面的文化优势资源，强化优势集聚；另一方面努力推进文化发展模式创新探索，在全国民族文化发展中发挥示范引领作用，尽快实现在民族文化发展上走在全国民族自治县前列的目标。具体工作中，应围绕文化优势集聚、文化业态培育、文化生态建设、文化品牌传播四大内涵，积极争取国家民族文化主管部门及社会各界的政策、财力、智力支持，强力推进改革创新，努力探索建立科学、有效、可持续的民族文化发展新模式。

（3）全国少数民族工艺品集散中心

文化引领和产业推进是全国畲族文化总部建设的两个核心引擎，在实际建设中，需要有具体的平台项目作为载体来激发引擎作用的发挥。一方面景宁作为华东地区唯一的民族自治县，与其他少数民族地区相比，具备明显的区位、理念、市场、技术、信息等方面的优势；另一方面，少数民族工艺品业具有弘扬民族传统文化和发展产业经济的双重价值，具有巨大的文化影响力和产业竞争力。因此，积极创建"中国少数民族工艺品博览城"和举办"中国少数民族工艺博览会"，意义特别重大。在具体工作中，一方面要认真学习借鉴义乌国际商贸城的成功经验，以展示与销售双重功能建设为重点做好"工艺博览城"规划；另一方面，要积极争取国家民委及各民族聚居区民族主管部门的支持，积极构筑高端平台，举办"中国少数民族工艺品博览会"、"中国少数民族工艺品创意设计大赛"。积极推进系列硬件建设和招商宣传。通过不懈努力，将景宁打造成为全国少数民族工艺品集散中心。

"三大高地"定位中，"全国畲族文化传承、交流与体验中心"是关键目标和核心工程；"全国少数民族文化创新实验基地"既是全国畲族文化总部建设的动力源泉，也是文化总部体制机制建设成效的集中反映；"全国少数民族工艺品集散中心"既是全国畲族文化总部建设战略性支撑平台，也是文化总部建设品牌影响力及文化经济综合效益的具体体现。

3. 空间布局

"全国畲族文化总部"不仅是简单的县域文化事业和文化产业建设，它还涉及域外广大范围的文化优势聚合、产业竞争、传承创新与品牌辐射。从全国畲族文化总部特殊功能的要求出发，科学把握现实基础和长远走向，注重对景宁畲族自治县域内外各类优势资源的有效整合，结合景宁现有相关规划，构筑"凤鸟展翅、点面联动、百鸟朝凤"的五大空间布局架构。

"凤鸟展翅、点面联动、百鸟朝凤"布局具有宏观和微观的双层含义。微观层面立足景宁畲族自治县域，构筑"凤鸟展翅、点面联动"框架，其空间功能设置如下。

"凤身"：以县城为核心，包括外舍区块、环敕木山、澄照区块。为畲族文化保护传承展示、文化体验服务和民族文化产业核心区块。重点平台载体项目包括金山垟畲族集聚区、省级畲族文化创意产业园、中国畲乡三月三暨中国少数民族工艺品博览会、澄照农民创业园、澄照畲族集聚区、中国畲族文化发展研究中心、畲族文化体验中心、环敕木山畲族风情省级旅游度假区、县城畲族文化与建筑风貌集中展示区、网络新媒体项目等。

"西翼"：向西沿景泰公路及其支线至望东洋为脊线，包括西部各乡镇。为畲族文化传承展示、畲族风情旅游业和特色文化服务业的重要区块。主要载体平台项目包括畲乡之窗、云中大漈、梦里畲乡旅游度假养生园、飞云峡度假区、大东景、沙川农家乐综合体（民宿养生基地）等。

"东翼"：向东沿千峡湖到下金山为脊线，包括东部各乡镇。为畲族文化保护展示、湖泊体验型文化产业重要区块。主要载体平台项目包括郑坑畲族风情保护地、千峡湖生态旅游度假区、滩坑库区农家乐综合体等。

"点"：是指民族重点乡镇、畲族文化保护体验区、标志性文化设施、风情街、风情景区、民族村、物质遗产与非物质遗产保护点、畲族文化集中展示点等。

"面"：是指区域性畲族文化展示区、文化产品生产区、文化产品展销区和畲族文化创意产业园等。以点带面，形成点面联动发展格局。

宏观层面立足景宁"凤凰"，放眼全国畲族文化聚集地和全国少数民族工艺品聚集地，依托全国性的相关平台，构筑文化可集聚、产业可辐射的大空间架构，形成"百鸟朝凤"格局。

第二节 文化产业发展状况

县委、县政府高度重视文化产业发展，强调要进一步增强生态自信、文化自信、发展自信，加快推进文化产业大发展，推动经济转型升级，努力把文化产业培育成景宁经济的重要增长点，努力使景宁成为畲族文化的经济总部和文化总部。

一　增强创新动力，强化人才培养

（一）建立人才培养加强横向联系借力发展

1. 设立县职业高中为畲族文化人才培养基地（景宣〔2013〕24号文件），通过学校开设畲语、畲舞等畲族文化特色的课程教育为景宁县文化事业输送人才。

2. 出台人才政策，设立"助力畲乡·人才工作室"，签约多位省市级专家，为宣传文化事业建设提供智力支持。经专家指导的《千年山哈》获第四届全国少数民族文艺汇演表演金奖，成功推出"中国畲乡三月三"第一个吉祥物——凤妮、畲字旗等，签约合作项目受到省市各级领导的肯定。

（二）成立国有文化企业为文化产业发展注入新的活力

2013年5月，景宁畲族自治县文化产业发展有限公司正式成立，为景宁县文化产业发展注入了新的活力。县文化产业发展有限公司隶属县委宣传部建设全国畲族文化发展基地办公室，自成立以来，公司先后向国家版权局和工商局申请报送了"幸福吉祥"字符、三月三LOGO、凤妮，"幸福吉祥"礼仪动作、中国畲乡三月三、畲旗、《千年山哈》等十余项景宁县创作设计的作品，对作品进行了商标及版权注册保护登记。申请了《畲族特色文化产品研发项目》可行性报告。另外，浙江畲族艺术团有限公司、畲乡影视传媒有限公司、景宁畲族自治县环敕木山建设投资有限公司、景宁畲族自治县千峡湖投资开发有限公司、景宁惠民广电网络有限公司等一批国有文化企业纷纷设立，大大提升了文化企业的规模和档次，为义化产业发展的注入了新的活力。

（三）成功改编《印象山哈》市场运作推动演艺产业发展

畲族旅游大型歌舞剧《印象山哈》于4月3日正式开始对外公演，至今已市场化运行两个月，共计演出10场。从目前情况看，市场化操作模式取得初步成功，《印象山哈》正在成为提升畲乡文化形象、展示畲族文化底蕴、推动畲县旅游发展的新动力。演出质量不断提高，观众游客好评不断，到景宁必看《山哈》成为一种现象；文化吸附显现后劲，游客开始走进剧场，10 场演出中通过旅行社组团观看的外地游客为 1646 人，上座率 37%；产业带动成效初显，1646 位游客中在景宁吃晚饭并夜宿景宁的有 593 人，留住率达 36%。毫无疑问，该剧作为推动景宁县演艺产业发展定位已经明确。

（四）政府组织强化畲族服饰推广助推服饰产业发展

县委办公室和县人民政府办公室《关于进一步强化畲族服饰推广工作的通知》（景委办〔2014〕3 号）规定：成立了以县政府主要领导为组长，以县民宗局、县建设全国畲族文化发展基地办公室主要领导为办公室主任副主任的组织机构，对 10 类人员强化畲族服饰推广工作：①全县副县以上领导干部；②各乡镇（街道）、县直机关各单位、省市直管单位副科及副科以上干部；③各乡镇（街道）、行政事业单位、省市直管单位、行政村两委畲族干部和 44 个民族村干部；④行政事业服务窗口工作人员（着国家统一定制的制服除外）；⑤国有企业服务窗口工作人员（如有统一定制的制服，需添加畲族服饰元素）；⑥44 个民族村常住村的群众；⑦定做校服的学校师生（添加畲族服饰元素即可）；⑧全县二星级及以上宾馆、酒店、各旅游景点工作人员，农家乐服务人员；⑨人民路、环城西路、鹤溪路、府前路、复兴路、团结路、民族路等主要街道临街的超市和较大商铺工作人员；⑩其他与民族、旅游、文化、服务等工作有关的人员。

（五）制定出台畲族服饰系列标准促进产业发展

景宁畲族文化历史悠久、底蕴深厚，畲族服装作为非物质文化遗产的传承发扬，已进入产业化开发。在县质监局的指导下，由龙凤民族服饰有限公司制定的《畲族服装》系列标准通过专家组审定，并经行业主管部门依法备案。标志着首个畲族服装企业标准的正式出台，填补了畲族服装生产的标准空白。系列标准共包含畲族工作装（男款）、畲族工作装（女款）、畲族节日盛装（妤纶装款）三个子标准。本次标准的出台对畲族服装的生产，保障产品质量和消费安全、促进产业的可持续发展具有积极的意义。同时，也为景宁畲族自治县"畲乡特色游"服务标准化项目建设增添了新的活力。

二　科学编制文化产业规划，找准产业发展着力点

(一) 编制《景宁畲族自治县文化产业发展总体规划》

文化产业发展的战略定位与发展目标：打造四大核心平台。①畲族文化创意产业园（中国少数民族工艺品市场）。重点建设中国少数民族工艺品市场、建设文化产品创意设计与展示体验区。②文化旅游景区与养生（度假）基地。建设高山湖泊型度假区与疗养基地、系列民宿养生（度假）基地及系列风情体验区。③文化艺术（体育）服务基地。建设畲族文化研发（推广）中心、系列特色文化艺术（教育）服务基地、山地湖泊体育训练与拓展基地。④中国畲乡三月三暨中国少数民族工艺品博览会。把"中国少数民族工艺博览会"作为"中国畲乡三月三"节庆活动主要培育方向，举办民族文化论坛、民族工艺研究论坛等活动，举办高端工艺品、古董、古玩的鉴赏、拍卖活动，招募全国及部分海外民族工艺品制作企业进行集中展销，打响"中国少数民族工艺集散地"品牌、形成对全国的民族工艺品产业的集聚、辐射能力。

(二) 编制《全国畲族文化总部发展规划》

战略定位是建立三大高地：全国畲族文化传承、交流与体验中心；全国少数民族文化创新实验基地；全国少数民族工艺品集散中心；"三大高地"定位中，"全国畲族文化传承、交流与体验中心"是关键目标和核心工程。"全国少数民族文化创新实验基地"既是全国畲族文化总部建设的动力源泉，也是文化总部体制机制建设成效的集中反映。"全国少数民族工艺品集散中心"既是全国畲族文化总部建设战略性支撑平台，也是文化总部建设品牌影响力及文化经济综合效益的具体体现。主要目标：通过十年的努力，到自治县成立40周年之际，形成具有时代特征、民族特色、地域特点的文化总部发展格局。文化优势聚合力、文化产业竞争力、文化进步驱动力、文化品牌辐射力"四大能力"得到全面提升，景宁成为全国畲族文化总部、全国少数民族文化发展样板、全国少数民族工艺之都。

(三) 编制其他规划

为助推产业发展，编制的其他规划有《集中式畲文化体验中心概念性规划》《景宁畲族风情旅游度假区环敕木山畲族村寨概念性设计》《景宁畲族自治县历史文化古村落保护与利用总体规划》《景宁畲族自治县深

垟村历史文化村落保护利用规划》等。

（四）建设风情小镇

依托畲族风情独特，加快促进文化与旅游的融合，策划包装两个重大旅游项目和精品景点，把它们打造成为吸引游客、宣传畲乡景宁的畲族风情综合体中心。

1. 中国畲乡雷氏第一村。雷氏第一村旅游综合体（包凤区块）项目规划总面积600亩，利用包凤古村原有的建筑物和宅基地建设畲乡文化古村，分文化体验区（包凤古村）、修身养性区（水井湾地块）、强身健体区（十里长廊）三大区块，主要建设度假接待中心、畲乡养生会所、主题度假酒店等旅游设施，总投资3.5亿元。项目分两期建设，一期主要建设畲乡养生养老基地、雷氏文化村、体验农场、赏竹基地等一些配套的服务设施，总投资2.5亿元；二期主要建设原生态度假酒店、品茗茶舍、十里长廊、写生摄影基地、狩猎场、森林探险等一些配套服务设施，总投资1亿元。

2. 集中式畲族文化体验中心。这是景宁畲族风情旅游度假区的主入口。该项目规划占地约247亩，一期总投资3亿元。位于鹤溪街道塔堪村，主要建设畲族风情小镇、游客接待中心、千年山哈宫、度假酒店、商业房产等项目，功能涵盖游客接待、居住、畲族风情体验、娱乐休闲、购物等。项目区块结合规划结构布局及旅游需要，分为"一轴一带两翼五区"，包括畲文化轴、滨水山哈生态风情带、旅游服务集散区、旅游漫居社区、历史文化展示区、文化遗产传承及体验区、山水休游区。项目依托景宁优良的自然山水环境，以原真性展示与体验畲族人文生态为主题，集畲族朝圣问祖、畲族文化遗产保护与开发、畲族历史与文化展示、畲族民俗风情体验、慢生活度假等功能于一体，目标打造成为采用1＋N综合开发模式的——中国畲族朝圣问祖殿堂、国际畲族生态与休闲养生旅游综合体、原生态慢生活旅游度假服务区、新畲文化孵化地与发祥地。

三　建设民间文化博物馆

（一）晓琴畲族民间陈列馆

创于2007年。由民间自行组织、独家收藏并对社会免费开放，这景宁第一家民办博物馆，整个展馆占地面积1300平方米，收藏着畲族民间珍贵的服饰、银饰、生活家具、工艺品等藏品。有民族文化遗产8500余件，畲族民间刺绣品 5000 余件，民间工艺品 2000 余件，银饰品 1500 余件，其中有 200 余件藏品具有较高收藏、观赏和参展价值。

（二）畲乡民俗博物馆

位于景宁红星街道人民北路 37 号，创于 2006 年。主要展示畲族民间文化艺术珍品，承担着保护畲族民间文物、传承弘扬畲族非物质文化遗产、展示畲乡风采、宣传景宁、培训文化传承人等重要作用。博物馆成立以来，每年接待旅客 30 余万人次，累计达 200 余万人次，深受旅客的喜爱和社会各界的好评。现已收集到的藏品达 1 万多件，共九大类：家具类1100 余件、服装类 380 余件、银饰类 1800 余件、生产工具类 8700 余件、石质类 770 余件、刺绣品类 2900 余件、生活用品类 370 余件、畲族文献类 70 余件、其他类 1700 余件等。

四　文化企业培育工程

景宁现有文化企业 56 家，其中制造业文化产业法人单位 12 家、服务业文化产业法人单位 39 家、批零业文化产业法人单位 5 家。2012 年，景宁县畲山凤民族工艺品开发有限公司列入浙江省文化产业发展"122"工程首批重点文化企业，龙凤民族服饰有限公司入选为国家"十二五"少数民族特许商品定点生产企业。2013 年，县畲山凤民族工艺品开发有限公司、县龙凤民族服饰有限公司被评为丽水市首批重点文化企业。开展景宁畲族自治县"首批重点文化企业"评选活动，经企业申报、部门推荐、综合考核等程序共评出 16 家企业为景宁县首批重点文化企业，作为文化企业培育工程"培育对象"。2014 年，县富利达木制工艺品有限公司"儿童益智玩具生产基地建设"、县金林木制工艺厂"儿童和成人智力玩具生产线建设"两个项目列入 2014 年丽水市文化产业重点建设项目计划。

第三节　畲族服饰产业发展

县委、县政府高度重视对畲族文化的保护和宣传，吸引了更多来往景宁的游客，游客们对于畲族特色旅游商品的需求也随之增加，尤其是具有畲族标志的畲族服装服饰、手工艺制品等产品引起游客的浓厚兴趣和关注。因此，用科学发展观的眼光来挖掘、整理、开发畲族服饰产业显得十分重要，这不仅能够促进传统畲族文化的传承、保护与发展，而且对于发展景宁少数民族地区特色经济，全面建设小康社会，推进畲族文化基地建设都有积极意义。

一　畲族服饰产业的发展现状

（一）积极扶持培育引领企业示范

畲族服装、服饰是畲族文化资源的重要象征之一，其产品历史悠久、品种繁多，有服装、头饰（如凤冠等）、手工布鞋、工艺鞋、彩带、刺绣、银手镯、银耳环、银项链等，造型独特、做工精美，极具民族风情和地域特征，散发着浓郁的山区生活气息，别具一格的畲族文化之美。随着社会的不断发展，民营企业如雨后春笋在畲乡景宁迅速崛起。全县生产畲族服装、服饰产品的企业主要有浙江省文化产业发展"122"工程首批重点文化企业1家（景宁畲族自治县畲山风民俗工艺品开发有限公司），国家"十一五"、"十二五"少数民族特许商品定点生产企业1家（景宁龙凤民族服饰有限公司），规模以上企业1家（景宁畲艺坊服饰有限公司），景宁畲山凤民族服饰有限公司、景宁百纳鞋业有限公司、景宁金美畲族服饰设计有限公司、景宁玉山银饰品有限公司、景宁畲乡囊李亮工艺坊、景宁蓝延兰畲族民间工艺品工作室等9家，产品除在本地和周边县市销售外，还销往福建、广东、江西等。

（二）举办畲族服装服饰大赛推动畲族服装服饰产业发展

设县30年来，先后举办了5届全国性的畲族服装服饰大赛：1998年畲乡风情节举办的"首届中华畲族服饰大赛"、2004年20周年县庆暨中国畲乡风情节活动举办的"第二届中华畲族服饰大赛"、2009年中国畲乡三月三举办的"第三届中华畲族服饰风格设计大赛"、2012首届中国（浙江）畲族服饰设计大赛、2014年30周年县庆暨中国畲乡三月三活动举办的第二届中国（浙江）畲族服饰设计大赛。为弘扬畲族传统文化、开发畲族特色服饰、展示畲族民俗风貌、推进畲族文化产业发展奠定了基础。

（三）政府组织强化畲族服装服饰推广

中共景宁畲族自治县委办公室景宁畲族自治县人民政府办公室《关于进一步强化畲族服饰推广工作的通知》（景委办〔2014〕3号）成立了以县政府主要领导为组长，以县民宗局、县建设全国畲族文化发展基地办公室主要领导为办公室主任副主任的组织机构，

（四）制定出台畲族服装系列标准

在景宁质监局的指导下，由景宁畲族自治县龙凤民族服饰有限公司制定的《畲族服装》系列标准通过专家组审定，并经行业主管部门依法备案。标志着首个畲族服装企业标准的正式出台，填补了畲族服装生产的标准空白。

二 畲族服装、服饰产品产业存在的问题及原因

（一）企业规模偏小，厂、店、点相对分散

从总体来看，景宁畲族服装、服饰产品生产企业以小规模居多，主要表现在企业注册资本普遍偏小、厂地面积小、从业人员较少、产量普遍不高四个方面，其经营规模、盈利能力等方面都与规模以上企业有相当大的差距，企业生产条件相对较差，抗风险能力较低，而且具有畲族特色的服饰产品生产企业、定点销售单位及旅游景点不相配套，相对小而分散。

（二）缺少精品，畲族服装服饰产品档次低

景宁的畲族特色服装、服饰产品，以其民族性、唯一性和丰富性具有明显的竞争优势，但由于多数企业对品牌建设的重要性和必要性认识不够，缺乏品牌建设的发展规划和系统的品牌运营意识，没有把品牌看作是影响企业长期竞争力的无形资产，制约了资源优势向产业优势、经济优势的转化，畲族服装服饰产品的生产与开发还限于粗糙包装，产品档次低，文化品位不高，缺乏精品，拿不出代表畲族千年民族文化底蕴的拳头产品。

（三）产品质量良莠不齐，标识标志不规范

畲族服装服饰产品之所以独具特色，其色彩、表达形式和内容都与众不同。大多为原始的手工艺，具有古朴典雅、造型新奇的特点，如彩带的编织，便是用传统的、原始的手工艺，世代相传，具有鲜明艺术代表性。这就要求畲族服装服饰产品在制作时要精益求精，而实际情况却是价廉物不美，质优价太高，且标识标志不规范。

（四）畲族服装、服饰产品的发展与民族文化保护脱节

市场经济条件下，把民族文化视为一种商品作为产业来兴办已成为人们的共识。21世纪以来，景宁旅游业发展迅速，畲乡游成为旅游热点，相应地，畲族服装服饰产品也成为畅销货，但其中却存在不少问题，许多

从业者只追求经济利润，完全忽略民族服装服饰产品的文化内涵，不顾民族传统，不尊重民族文化，不赋予畲族服装服饰产品应有的艺术与文化价值。同时，如彩带编织等民间工艺的传承也成为十分急迫的问题，许多制作传统工艺品的艺人逐渐衰老，后继无人，面临失传窘境。

（五）专业人才匮乏，宣传力度不够

众所周知，畲族服装服饰产品是畲族文化的代表和艺术结晶，表现出鲜明的民族特色。而景宁畲族自治县畲族服装服饰产业队伍整体素质偏低，经营管理、畲族历史和文化研究、产品设计、导购、解说等方面的专业人才紧缺。同时，存在着经营管理不善，服务质量不到位、接待服务水平不高等问题。另外，宣传促销有待加强，畲族服装服饰产品作为旅游产品不是简单的物质商品，旅游者对产品了解并产生购买欲望，要靠各种媒体的有效宣传，区域旅游产品的不可转移性的特点决定了在旅游市场上，促销的重要性超过其他商品商场。而景宁畲族自治县民族旅游的宣传促销力度显然不够，缺乏多元化促销手段，加之各自为战，对外宣传未形成合力，整体形象还不够鲜明、生动与突出，民族旅游也尚未打造成精品品牌，造成"藏在深山人未识"的现象。

三　弘扬畲族文化，发展畲族服装服饰产品的思考

针对景宁畲族服装服饰产业发展中存在的上述现实问题，按照科学发展观的要求，以标准化为切入点，挖掘、整理、发扬光大畲族服饰产品，促进畲乡风情旅游产业升级，带动地方经济的发展。

（一）建立旅游商品集中展示销售中心

随着旅游业的发展，越来越多前来观光的游客却不知到哪儿买、买些什么畲族特产才好，因此，应建立景宁旅游商品集中销售展示中心，把景宁分散零乱的畲族服装服饰及土特产等旅游商品聚集一起，集中到旅游商品展示销售中心，让游客光临该中心，就可以买到任何想买的景宁土特产品及各种畲族特色的民族产品，实行规模经营、标准化管理，以畲族特色旅游商品销售中心为依托，将景宁旅游商品进行展示推荐，把畲族旅游品牌做大做强。同时，还应在旅游产品的开发上下工夫，注意突出畲族特点和民俗风情，对产品的包装要讲究，尽量用小包装、精包装，便于携带。

（二）塑造景宁畲族服装区域品牌

一个品牌代表一个企业的形象和实力，也是一个行业、一个区域竞争

力的象征。目前,景宁畲族服装处于加工贸易向产品设计的过渡时期,形成自己的名牌尚需时日,而形成驰骋海外的世界名牌更需要时间、实力和智慧。当务之急,政府也要有所作为,从景宁畲族服装业整体出发,打造具有畲族特色的服装区域品牌。就像"义乌小商品"、"绍兴轻纺",它并没有某个厂家的知名品牌,但作为一个地区产业,其名声却响彻国内外。整合畲族服装业的优势,以景宁地域特色,提升畲族服装的整体形象,再由龙头企业带动个体作坊的生产经营方式,形成一个磁场,滚出一个雪球,不断壮大畲族服装产业规模,充分发挥畲族服装在景宁经济建设中的集聚效应。

（三）推行畲族服饰产品及包装监制制度

为提高景宁畲族服装服饰产品的质量安全性和信誉度,提高市场占有率,促进旅游业的发展,更大限度地发挥其经济效益和社会效益,在畲族服装服饰产业中,推行相关行业协会定点监制制度（中介机构）,在符合要求生产畲族服装服饰产品的企业实行定点生产、销售,让消费者买得更加称心、放心。

（四）引进人才,重视人才的培养

景宁畲族服装服饰产业的发展受制约的因素较多,要解决"瓶颈问题",关键是人才。目前,畲族服装服饰产业的经营管理、产品设计、历史与文化研究等方面的专业人才紧缺。人才的培养不仅仅是旅游企业的事,政府也应当重视,并在政策上、环境的优化上体现出来。同时,不失时机地引进急需人才,并采取有效的措施营造吸引人才、留住人才的环境和机制。

第四节　文化产业存在问题与发展思路

改革开放以来,景宁的文化产业犹如雨后春笋般涌现出来。经过20多年的发展,已粗具规模,并走出了一条调动社会力量办文化企业的新路子,形成了以政府投资为基础、社会融资为主体的多渠道投融资体系,以演出业、服饰业为主体的多门类、多层次产业结构。娱乐业稳步前进,印刷业粗具规模,演出业花开不败,体育业方兴未艾,文化旅游业蓬勃发展。文化产业正呈现出较好的发展势头,为景宁县社会经济发展带来较大的经济效益和社会效益。但总的来看,景宁文化产业的发展还处在起始阶段，文化产业市场尚未完全形成，文化产业在经济总量中的份额还较小，文化产业的发展壮大还需一个较长的培育过程。

一　存在的问题和困难

（一）从企业的数量上看，文化企业"偏少"

从文化法人单位来看，景宁全县总共有法人单位企业 1745 家，其中文化法人单位 56 家，占总数的 3.21%。在文化产业法人单位中，文化产（用）品和设备制造业法人单位 12 家，占全部制造业法人单位数的 8.7%；文化服务业法人单位 39 家，占全部服务业法人单位数 5.3%；文化产（用）品和设备批零业法人单位 5 家，占全部批零业法人单位数的 3.0%。

（二）从企业的规模上看，企业的规模"偏小"

全县规模（2000 万以上）工业企业 38 家，其中亿元以上规模企业 3 家，文化企业只有 7 家，1000 万—2000 万规模企业十余家（景宁畲族自治县晓琴畲族民间陈列馆、景宁畲族自治县旅游开发有限公司、景宁联诚家电有限公司、浙江景宁畲族自治县新华书店有限公司、景宁畲族自治县畲山凤民族工艺品开发有限公司、景宁畲族自治县龙凤民族服饰有限公司、百纳鞋业有限公司等）。

（三）从企业的产值上看，产业结构比较"单一"

全县 38 家规模以上工业企业中，文化企业只有为数不多的 7 家（景宁畲族自治县富利达木制工艺品有限公司、景宁畲族自治县宏强竹制品有限公司、景宁隆尚工艺品有限公司、景宁畲族自治县乐源工艺品有限公司、景宁畲族自治县天威电子厂、景宁畲艺坊服饰有限公司、景宁畲族自治县琦特鸟服饰有限公司），其中"竹木工艺制品"企业 4 家占主导。随着企业的发展和规模的不断扩大，竹木工艺制品现已由加工逐步发展到自己研制开发新产品，产品越来越多地受到广大消费者的接受和喜爱，市场持续扩大，行业前景非常广阔。2013 年 1—7 月行业累计实现产值 0.35 亿元，同比增长 35.17%。

（四）从行政推动力看，问题还是"缺钱"

景宁属于边远欠发达的县，财力物力有限，资金投入相对发达县市困难较大。

二　文化产业发展思路

近年来，景宁文化产业发展在省委、省政府和市委、市政府的关心，县委、县政府的高度重视下，先后出台了多项政策措施，明确了发展思路。

（一）围绕"总部"发展战略，明确文化产业发展目标

围绕畲族文化总部建设目标和文化产业"引领、示范、集聚、辐射"要求，以科学发展观为指导，按照"加速崛起"的总体要求，深入实施"总部"发展战略，突出"风情旅游（养生）业、特色文化服务业、少数民族工艺品制作、销售业"。打造华东民族风情旅游（养生）首选地、浙江特色文化服务业重要基地、中国少数民族工艺品集散地。努力完成到2020年的总体目标：文化产业增加值占全县GDP比重力争达到8%；地域特色产业体系和架构基本确立，文化产业链进一步拓展；品牌影响力在长三角地区进一步扩大；人才集聚能力进一步加强，要素保障能力进一步提升，体制机制更富活力，企业文化创新能力显著增强；文化产业整体实力具有省级影响力。

（二）构建整体产业框架，推动文化产业全面发展

1. 构建产业框架。构建产业核心区，构建以民族工艺品为重点的文化产品制造业、文化产品销售业中心，畲族文化研发推广中心、体验型文化旅游（养生）集散中心，演艺等文化服务业中心，县域网络新媒体业中心，打造畲族文化创意产业园（中国少数民族工艺品市场）、中国畲乡三月三暨中国少数民族工艺博览会、澄照农民创业园、畲族文化研发推广中心、畲族风情旅游度假区、梦里畲乡旅游度假养生园、余山度假区、环敕木山农家乐综合体（民宿养生基地）、畲族文化与建筑风貌集中展示区等，以及畲族博物馆体验中心、网络新媒体等公共文化服务相关项目。

2. 打造四大平台。一是打造浙江畲族文化创意产业园（中国少数民族工艺品市场）。重点建设中国少数民族工艺品市场、文化产品创意设计与展示体验区。二是建设文化旅游景区与养生（度假）基地。建设系列风情体验景区、高山湖泊型度假区与疗养基地、系列民宿型养生（度假）基地。三是建设文化艺术服务基地。建设畲族文化研发（推广）中心、系列特色文化艺术（教育）服务基地、山地湖泊型体育训练与拓展基地。四是办好中国畲乡三月三暨中国少数民族工艺品博览会。把"中国少数

民族工艺博览会"作为"中国畲乡三月三"节庆活动主要培育方向，举办民族文化论坛、民族工艺研究论坛等活动，举办高端工艺品、古董、古玩鉴赏、拍卖活动，招募全国及部分海外民族工艺品制作企业进行集中展销，打响"中国少数民族工艺集散地"品牌，形成对全国民族工艺品产业的集聚、辐射能力。

（三）注重发展环境建设，保障文化产业健康发展

一是完善组织管理。建立健全组织领导机构，加强对全县文化产业发展工作的领导。成立以县委、县政府主要领导为组长，相关县领导为副组长，相关部门、街道、乡镇等主要领导为成员的"景宁畲族自治县畲族文化产业发展领导小组"。形成党委统一领导、政府大力支持、文化主管部门具体实施、有关部门密切配合的领导体制和工作机制。二是文化产业办公室作为副科级单位，人员配齐配强，加快推进文化产业园区建设，着力培育一批龙头企业，形成一批主导产业，打造一批知名品牌。三是出台《景宁畲族自治县加快文化产业发展实施意见》，进一步明确加快文化产业发展的总体要求和发展目标。四是出台《景宁畲族自治县文化产业建设扶持政策》，参照旅游业扶持政策，加强在土地、财政、税收、人才、资金及配套建设等方面的倾斜扶持。对重大文化产业项目实施"一项一策"措施。五是加大招商引资与外联。在重点引入外地"三高"（高创意、高品牌、高投入）企业的同时，重视本土企业和景宁人"回归创业"对文化产业的推进作用。强化运营管理市场化，政府投资项目原则上由企业运营管理。创意产业园区、工艺市场等重大新建项目投资运营优先考虑市场化运作。六是加强文化研发支撑。凝聚政府、企业、社会及县外智力，按照"推进一批、启动一批、储备一批"的原则，一方面，分年度、分批次，推出系列重点创意设计项目，采用引智外包、组团攻关、创意赛事等形式进行重点设计；另一方面，通过奖励政策、扶持措施，鼓励企业进行文化的经济化表达研究，对有重大价值的设计项目进行重点奖励。

（四）探索整合发展投入渠道，加强面上工作指导

一是充分发挥各乡镇、街道和县直有关行业主管部门的主导作用，加大对文化产业发展的整合力度的同时，充分发挥文化企业主体地位，积极探索政策扶持和自身发展途径。二是开展重点文化企业申报评选工作，实施重点文化企业培育工程，对生产型文化企业和销售型文化企业年主营业务收入规模原则上达到1500万元以上，服务型文化企业和创意型文化企

业年主营业务收入规模原则上要达到 500 万元以上的文化企业进行培育和面上指导工作。

（五）积极推进文化演艺产业，提高景宁县整体竞争实力

积极探索《印象山哈》市场化运作，推动演艺产业持续发展，推进文化演艺产业与旅游等相关产业的结合，填补整个"丽水夜游"旅游项目的空白，形成"白天看美景晚上赏大戏"旅游观光模式，增强景宁风情旅游内涵的厚度，形成系统完善，具有市场竞争能力，合理规范的经营演艺市场体系，提高景宁县文化产业整体竞争实力。

第八章

景宁的和谐民族关系的形成与
精神文明建设

第一节　和谐民族关系的形成与发展

20 世纪 50 年代以后，民族关系进入了崭新的历史阶段。畲族人民在政治上得到彻底翻身解放，民族歧视和民族压迫的日子不复存在。随着我国社会主义民族政策的实施，畲汉各个领域的交流进一步加强，畲族与其他各兄弟民族关系和睦，畲族聚居区逐渐形成了和睦相处、和衷共济、和谐发展的良好氛围。

改革开放以后，民族关系又有了新的发展。紧紧围绕着各民族"共同团结奋斗、共同繁荣发展"的民族工作主题，党和国家、地方党委政府加大对少数民族经济社会发展的扶持力度。畲乡民族团结进步事业的发展全面推动，民族大团结空前高涨，平等、团结、互助、和谐的社会主义民族关系得到巩固和发展。

一　历史上的民族关系

畲族是一个友善的民族。在与周边汉族的亲密接触中，畲族群众充分表现出谦和、善良、乐于助人的优秀品格。畲汉之间结成了深厚的友情，他们互相学习、相互融合、共同进步、和谐共生。畲谚云："畲汉一家亲，黄土变黄金。"德国民俗学家史图博所著的《浙江景宁敕木山畲民调查记》中写道："他们总是非常好客、亲切、有礼貌，我们从没有听到过争吵，他们既不纠缠不休，也不好奇，不唯利是图，是一个和平的、谦虚的民族。"

在漫长的封建社会里，畲族人民被迫不断迁徙。由于他们所受的压迫深、生活苦，因而反抗也最激烈。他们不但和当地汉族人民一起，披荆斩棘，共同开发山区经济，而且在历史上曾多次联合起义。1933 年《景宁县续志》记载，1914 年冬的反抗苛捐杂税的"打酒局"，1930 年冬的反抗盐霸屯积食盐制造盐荒的"打盐霸"，1931 年为争取"二五减租"的大游行，都是景宁畲汉人民共同进行的。

畲、汉两族人民长期的经济、文化交流，促进了生产方式的转变。畲族早期的生产方式是游耕和狩猎。明清以后，畲族才逐渐发展起以梯田水稻耕作和定耕旱地杂粮耕作为核心的生产模式。梯田水稻耕作是在汉族先进生产方式影响和畲族内部生产力提高等因素的交互作用下发展起来的。而现在的畲族在生产方式上与汉族已经没有了边界，两个民族互相学习，共同进步，为畲乡经济的发展共同作出努力。

明清时期，畲族在政治、经济和文化各方面都发生了很大的变化，这种变化主要是由于汉族的生产方式和文化对畲族起着愈来愈明显的促进作用。由于畲汉杂居共处，畲族人民日益受到汉文化的影响，除保留一些本民族固有的习俗和语言以外，其他诸如政治、经济和文化等方面都同当地汉族大致一样。新中国成立后，实施平等的民族政策，畲汉之间的融合进一步加强。畲族人民基本会讲汉语，穿汉服，节日、信仰等也基本与汉族无异。除畲族聚居区保留畲语和部分民族传统习俗外，其他已与汉族没有区别。

历史上，畲汉两族还有互拜干亲的现象。1915 年，景宁鹤溪镇一位省议员的女儿拜惠明寺畲妇为干妈，该议员后来将该畲妇干妈赠送的惠明茶带去，在巴拿马"万国博览会"上获得了金奖。

在长期的交往中，畲、汉两族人民共同接受了佛教、道教、儒家思想传统世俗文化的熏陶。在浙江景宁，畲族和汉族一样信佛、信风水。景宁地方神汤夫人、马天仙和闽东传入的陈靖姑女神是景宁畲汉百姓共同崇拜的地方神，在景宁即使一些巫师和风水先生也是通用的。在旧社会，由于有民族歧视，畲族不得不实行族内婚，但畲族有一个"招儿子"的独特婚俗，男方到女方落户，改成女方的姓，女方给男方一定的彩礼，实际上成了"嫁男"。一些汉族男子会到畲家落户，只要学会畲语，不会受到歧视，故历来各畲村都有招汉族男子为儿子的。新中国成立后，逐步消除了民族歧视，畲汉互相通婚日渐增多。据 1989 年统计，景宁畲汉通婚有 287 对，其中汉族男子到畲族女方落户有 113 人，畲族女子嫁汉族男子有 90 人，汉族女子嫁到畲族家 73 人，畲族男子到汉族当女婿 11 人。又如景宁畲族包凤村，新中国成立前一对畲汉夫妻也没有；然而，到了2014年，全村畲汉通婚38对，村支书张东升就是畲家汉族女婿。随着时代的发展，两族通婚将更加普遍。

景宁畲汉共建行宫。浙江景宁澄照乡漈头村有雷潘行宫。雷潘行宫，也称雷潘两姓议事厅，它是雷潘两姓人民和睦交往、友谊深厚的象征。清康熙年间，雷姓从外地迁居漈头村，在村东部的山坡上建后山村，之后潘姓于乾隆年间迁到漈头村定居。古时景宁地方百姓都信奉马二仙姑，后来雷潘两姓村民在漈头村中合建马二仙行宫，迎神时节演戏，平时两姓人在此议事，因此村民俗称"马二仙行宫"。畲汉议事厅坐落在漈头村东面，建于清光绪十七年（1891），坐南朝北，整个建筑的中轴线上，一条水沟纵向贯穿，把一个建筑的地下分成两半，可谓独具匠心，意蕴深远。后山村和漈头村是两个不同的村子，雷姓和潘姓是两个不同的民族，在水沟分开的地盘上共建房屋。两边的屋架栋梁、檩条和梁枋形成一个紧密相连的不可分割的整体，象征着两个村子畲汉两族携手共建家园。地下由水沟分界，而地上的屋架相连，意寓后山村雷姓与漈头村潘姓一水相依，畲汉人民友谊绵远流长。

雷潘行宫也是漈头雷潘两姓、畲汉两族的友谊的戏台。重檐处灰壁上的题字也可看出，"钧天广乐"是指神话传说中的天上的音乐，雷潘两姓人民在厅中敬神演戏，看戏娱乐，享受天上的仙乐，普天同乐，表达了畲汉两族人民对美好生活的向往。古老的戏台，历史的舞台，后山村和漈头村雷潘两姓、畲汉两族人民在此演绎了几百年的民族团结的好戏。议事厅作为畲汉两族人民友谊的象征，它对于进一步促进民族团结、共建和谐社会具有一定的历史意义和现实意义。

二　新世纪景宁和谐民族关系的形成

进入21世纪以来，景宁畲族自治县紧紧围绕"共同团结奋斗、共同繁荣发展"的民族工作主题，团结带领全县17万各族同胞，解放思想、抢抓机遇，攻坚克难、奋力拼搏，开创了畲乡发展史上经济综合实力提升最快、城乡面貌变化最大、各族群众得实惠最多的新时期，开创了民族团结进步事业蓬勃发展的新局面。全县各民族人民和睦相处，和衷共济，和谐发展，使神奇秀美的畲乡更加多姿多彩。

（一）抓好民族团结进步小康村创建工作，着力推动畲乡和谐发展

2009 年以来，为广泛、深入开展民族团结进步活动，不断巩固和发展平等、团结、互助、和谐的社会主义民族关系，景宁立足自身优势，以"发展特色经济、提升人居环境、打造和谐村落"为抓手，结合民族特色村寨建设，深入开展民族团结进步小康村创建工作，先后有 7 个村被评为浙江省民族团结进步小康村。

1. 以民族团结主题活动为基点，营造畲乡和谐氛围。一是抓好宣传教育，建好宣传阵地。要求每个民族村设立一幅固定的民族团结进步宣传标语，一处民族政策法规、团结事迹宣传栏，一个村级广播室，同时，把民族团结内容纳入村规民约，融入日常生产生活之中，努力营造民族乡村民族团结进步氛围。二是抓好政策落实。设立地方民族发展资金，构筑了民族发展的经济保障。县委出台《关于进一步加强民族工作深化少数民族经济社会发展扶持工作的意见》等法规和文件，为全县经济社会发展提供了制度保障。将地方财政收入的 2% 设为当年少数民族发展资金，2013 年达 818 万元，有力地保障民族经济的发展。把民族工作列入乡镇、部门的考核范畴，督促落实党和国家的民族政策和规章制度。三是抓好主题活动。以"1231"示范工程为载体，即创建 10 个民族团结进步小康村，评选 20 个民族团结进步先进个人，评选 30 户民族团结进步示范户，组织 10 场民族团结进步主题晚会。进一步夯实民族团结进步的基础。

2. 以特色民居保护和改造为重点，提升群众生活环境。一是保护特色古民居。对保留较完整的传统村落、民居以保护为主，按"修旧如旧"的原则，进行"原汁原味"的保护。控制现代建筑，谨慎拆建，民居外形尽量保持原状，内部尽量完善设施，适应现代生活。二是打造特色民居。在"一村一貌"塑造村庄个性特色的基础上，积极推进"美丽庭院"创建工作，对 1000 多户的庭院进行美化、绿化、亮化改造，努力形成"一村一景、一户一韵"的民居布局。三是特色设施建设。建成了一批富有民族特色与自然环境相配套的公共设施。吴山头的特色村寨大门，深垟的畲乡特色廊桥等，都为畲乡增添了一道道亮丽风景。

3. 以特色产业培育与发展为核心，促进群众增收致富。一是全面优化产业结构。重点发展惠明茶、毛竹、香榧三大主导产业，稳步提升食用菌、高山蔬菜等区域性优势产业。并对少数民族实行"叠加"补助政策，推动产业结构调整。二是全力开发乡村风情旅游业。充分发挥民族村特有

的民族旅游资源优势，依托城镇郊区和主旅游景区、交通干线，开发集畲乡风情和农家风味于一体的"畲家乐"休闲观光旅游业，把民族旅游业作为新的经济增长点加以培育。三是着力壮大村集体经济。创新模式，将民族发展资金以股金形式投入前景好的企业、合作社，分红为村集体收入，并通过公证处公证，进一步壮大村集体经济。

4. 以民族文化保护和发展为亮点，丰富群众精神生活。收集民族村中散落的古书籍，先后完成1200多册古籍的整理。对30多个民族特色文化项目进行摄像、录音。抢救了畲医畲药、传师学师等一批濒临失传的畲族文化精品。培养了国家级文化传承人1人，省级9人。在10个民族村建立畲族文化传承基地。东弄村民族村被评为省非物质文化遗产旅游景区。

通过民族团结进步小康村的创建，民族村产业结构调整明显，群众增收步伐加快。成功打造了环敕木山带的"茶叶村"、东坑片的"毛竹村"、李宝的"药材村"等特色产业村和特色产业带，2010年以来少数民族农村人均收入增速高于全县平均水平。创建活动有效推动了乡村旅游业的发展。民族团结进步小康村的创建，促进了文化、信息、观念的交流，提高村民文化水平和道德素养，增进了文明进步。同时，项目的建设也大大地改善农民的生产和生活条件，目前，景宁全县44个民族村全部通路、通水、通电视和广播，开展了村庄整治、创建活动。充分体现了党和国家对少数民族的优惠政策，让民族群众真真切切地感受到了党和国家民族政策的阳光雨露，进一步增强了民族凝聚力和向心力，培育了感恩之情，增进了民族的团结进步。

（二）抓好"八个一批"工作，致力营造畲乡团结氛围

开展民族团结进步宣传活动是做好民族工作、营造良好氛围、促进民族和睦的重要举措，是展示民族地区开拓进取、奋力拼搏、大力发展民族经济社会事业的重要载体。作为民族自治县，一直以来，景宁高度重视民族政策法规的宣传教育工作，积极开展民族团结进步事业创建活动，努力提高全县干部群众执行民族政策、法律法规的自觉性和坚定性，努力营造畲乡各民族团结和谐的新氛围。

1. 举办一批少数民族培训班。景宁畲族自治县每年都将举办四期以上的少数民族培训班，分别是：一期少数民族干部培训班，一期民族工作干部培训班，一期少数民族技术技能培训班，一期暑期学生畲族文化培训

班。着力提升少数民族群众、干部素质，进而推动民族团结事业发展。同时，景宁将民族政策、法规列入县委党校培训内容，全面深入开展党的民族理论、民族政策、民族法律法规的学习宣传和普及工作。

2. 举办一批民族政策宣传主题晚会。每年举办二期以上的民族政策宣传主题晚会，晚会演员以畲族文化艺术团成员为主，形成"大篷车"流动剧场，有时在县城剧院、公园广场、居民楼前，有时又在乡村平地，覆盖全县每个民族乡村。晚会上除了表演精彩的畲族特色文化节目，还发放民族团结进步宣传资料，穿插民族知识问答，让民族知识、政策在欢声笑语中得到宣传教育。

3. 举办一批民族工作成果展。通过"三月三"、"国庆"、"县庆"等活动平台，举办一批民族工作成果展，大力向公众宣传民族政策和民族工作成果，进一步增进民族凝聚力和向心力，培育感恩之情。例如：2012年举办民族特色村寨建设图片展，拍摄民族工作纪录片；2013年举办民族团结进步图片展。

4. 建设一批民族团结进步教育基地。在公路沿线、民族乡村等地的醒目之处设立民族团结进步宣传标语，建立民族政策宣传栏，积极创建一批民族政策法规宣传阵地，创建一批民族团结进步教育基地。2012年景宁中国畲族博物馆被评为"全国民族团结进步教育基地"。景宁畲族博物馆自2010年10月布展完工并对外免费开放以来，加大管理力度，通过内部教育、礼仪讲座、培训学习等途径，不断强化服务意识、提高服务质量，进一步满足广大畲汉群众的精神文化需求，不断探索总结民族团结进步教育基地工作的新载体、新经验、新方法，有力推动民族地区文化事业的繁荣和发展，促进了畲乡民族团结进步事业的发展。

5. 建立健全一批民族工作机制。设立民族工作领导小组，组长由县委、县政府主要领导担任，成员由相关部门组成，下设办公室，县政府分管领导任办公室主任，每年至少召开一次民族工作领导小组成员会议，每五年召开一次民族工作大会、一次民族团结进步模范集体和个人的评选活动。把民族工作列入乡镇、部门的考核范畴，督促落实党和国家的民族政策和规章制度。

6. 开展一月民族团结进步宣传活动。把每年的9月确定为景宁民族团结进步宣传月，同时，建立活动组织，制定活动方案、活动目标。例如：2013年景宁以"共同进步发展 共创和谐畲乡"为民族团结进步宣传月活动主题，开展了主题微博秀、专题蹲点调研、"两村"创建图片展、畲语畲歌培训班、最美民族干部评选、民族村政策宣传、民族知识进校园、民族政策宣传主题晚会 8 个子项目活动，各个活动组织得有声有色，成效显著。

7. 开展一批民族团结进步模范评选。设县以来，景宁开展了"民族团结进步模范集体"、"民族团结进步模范个人"、"最美民族干部"、"民族团结进步小康村"等荣誉评选活动，树立模范典型，加强示范引领，着力营造畲乡团结氛围。自 1994 年以来，景宁畲族自治县共有 49 个民族团结进步模范单位和 61 名模范个人分别受到中央和省、州、县市的表彰，其中 12 个模范单位和 11 名模范个人受到国务院、国家民委和省委、省政府的表彰。1999 年，景宁畲族自治县人民政府被国务院授予"全国民族团结进步模范集体"荣誉称号。

8. 安排一批县少数民族发展资金。1999 年开始，景宁按地方财政收入的一定比例安排年度县少数民族发展专项资金，资金逐年提高，扶持力度不断加大。1999 年占地方财政收入的 0.25%，2006 年为 1%，2010 年为 2%。2014 年，景宁召开了民族工作大会，出台《关于进一步加强新形势下民族工作，深化少数民族经济社会发展扶持工作的若干意见》（景委发〔2014〕16 号），继续加大县财政资金扶持力度，每年按上年度地方财政收入 3%继续安排少数民族发展资金，2014 年就达 1434 万元。

第二节　传统家族文化、民间信仰文化的现代特殊功能

一　畲族传统家族文化

在家族文化中，编修家谱、修建祠堂、祭祀先祖是最重要的三件大事，最能反映畲族的传统家族文化及其特殊功能。

（一）谱牒

1. 畲族谱牒现状

畲民自古就有编修家谱的传统。据景宁《雷氏宗谱》记载："五世不修谱乃祖宗之罪也。"《蓝氏宗谱》亦说："无谱不成家，三十年不修谱，谓之不孝。"由此可见编修家谱、族谱、宗谱是畲民家族、个人生活中的

一件大事，以至如今一个村可以没有祠堂，但"族不可无谱"。家谱是一种以表谱形式，记载一个以血缘关系为主体的家族世系繁衍和重要人物事迹的特殊图书体裁。家谱不仅记录着该家族的来源、迁徙的轨迹，还包罗了该家族生息、繁衍、婚姻、文化、族规、家约等历史文化内容。

在景宁尚存蓝姓族谱 15 本，蓝氏族谱主要存敕木山、暮洋湖、东弄、石圩、金岱垟、金丘、四格、驮戩、新村、林山、何村。雷姓族谱 14 本，主要存于包凤、栋底、王畈、河畈埠、吴山、大张坑、吴山头、吴村、半岭、叶山头、后山村。钟姓族谱 2 本，主要存于山外村、半山村。这些家谱基本上是清朝以后修编的，以清乾隆、嘉庆年间编修的居多，后来编写的大多是在原有基础上的延续和完善。畲族各姓族谱的郡头、香案神榜郡头、坟碑郡头、祠堂郡头都与"龙麒"三子一婿的封地传说一致。另外，各谱均有《本姓源流序略》《广东重建祠宇序说》《历朝诏封恩荣记录表》《凤凰山祖宗故图》《历代排行字头》《本谱排行字头》《本宗谱世系》《本谱支系排列》等内容。

2. 畲族谱牒的特点

畲族内部有特殊的排行方法，各姓略有不同。"排行算来你细听，雷姓无念钟无千，男人无一女无二，蓝姓排行六行全。"上述即蓝姓按"念、大、小、百、千、万"六字排行，雷姓无"念"，钟姓无"千"，周而复始排，且规定男性排行不用"一"，女性排行不用"二"，据说此数字留给不满 16 岁夭折者。排行，一般以支族或本村房谱为单位，每年排一次，由族内辈分较高的人私下研究，并把本年出生的男女人丁按辈分排行及出生年月日大小写上族谱。另外，如果有学过师者还要补写上学师人的法号、法名。受汉文化影响，畲族后来基本上取消了这种排行方法，更多的是以排世、字辈分长幼，目前景宁渤海安亭上寮村畲民仍用这种排行辨长幼。

畲族谱牒受汉文化影响较深。畲族族谱大多为清代及民国的产物。由于没有自己本民族的文字，特别是受生产力水平低下的影响，畲族文化水平偏低，族谱多由汉人主撰或参与编修。当然，汉儒撰修的族谱无疑会打上汉文化的烙印，凡例、体例与大多数汉修族谱相类，因此在畲族族谱中我们不难看到"盖闻木有本，水有源，而人则有祖者也……"等相关记载。另外，在内容上，封建等级规范、伦理纲常的记载同样不可或缺，有的甚至把宋儒朱熹、范仲淹、欧阳修等有关修谱的论述也直接引载谱中。

3. 畲族谱牒的现代化功能

由于谱牒是族人血缘关系的记录，是社会文明进步的轨迹，是以特殊形式记载的关于家庭起源、家族形成、民族融合及其繁衍生存、迁徙分布、发展兴衰的重要史籍，蕴藏着丰富的文化遗产，是我国宝贵的地方史料。

（1）族谱是了解畲族源流的重要工具

关于畲族来源，学术界有诸多观点，如"畲、瑶同源"说、"古越人"说、"河南夷"说。从各类畲族族谱来看，有关畲族后期迁徙路线的记载通常较为清楚翔实，但追溯到源头却往往语焉不详，不过从中也能窥见一斑。

（2）族谱是了解各时期畲民生活的重要文献

家族是社会的基本单元，家谱是记载家族历史变迁的文献。通过家谱，我们能够比较真实地了解到当时的历史面貌、时代精神、社会风尚，了解不同历史背景下人们的生产、生活情况，因此家谱和正史、方志一样是重要的历史典籍，是史学的重要组成部分。畲族族谱保存有与本族有关的盘瓠传说、源流序列、行第排行、族规家训、公产记载和一些官府文告及凡例序言之类的文字。很明显，家谱、族谱中包含了该家族的制度（组织系统、族规、婚丧礼仪制度、管理方法等）、经济（田产数量、分布、收益）和文化（家庭教育、科举、技艺、诗文等）等方面的信息与内容，这对于研究畲族家族史、宗法制度有重要价值，对经济史、人口史、民俗史的研究也有一定参考作用。厦门大学郭志超教授就以畲族谱牒资料的收集与分析为突破口，对畲族、客家的先民通婚进行研究，展示畲汉通婚的史实，纠正了长期以来"史料未见畲汉通婚"的误断，这对畲族婚姻制度的探索有新的发现。此外，通过畲族族谱，也可以了解畲族华侨出国的历史和现状，对华侨史研究也有参考意义。

（3）族谱具有教化作用，可"敦宗睦族"

作为一个家族血缘关系的总记录，族谱、家谱是我国几千年来宗法社会的特殊产物。它通过"载祖德、立族规、明宗支、分族丛"，借以增强"木本水源"、"敬宗睦族"的思想感情。

在家谱、宗谱、族谱中一般都有族规家训，这些训规戒律对畲族成员具有规范、教化作用。清光绪二十五年修的岚青《冯翊郡雷氏宗谱》，记载了"雷氏宗谱族规"共15条："一为人以孝悌忠信为本,不可作逆忤事,倘有人面兽心,灭伦乱行者,谱内削名;二祖坟山上下左右,原系诸房荫山,不许挖掘附葬,其祖荫山木亦不许盗砍私卖以伤祖坟,违者革逐治罪;三祀田国课,务宜早完,若值祭,抗、欠,辱及祖宗,合族攻之;四祖遗田地祀产,不准私行批札,其祭祖公业当依次轮流,不许分越背典;五子孙虽贫,须自食其力,倘有失志降为奴仆、皂隶、娼优、轿役等辈,不许入祠;六族内无嗣,例当亲派继之,若应继无人,方许别录……十五藏谱之家,不许通同舞弊,违者治罪,或收藏不谨以致霉烂朽蠹,虞者议罪。"很明显,上述对族内子孙在道德品质、行为规范、保护祖坟、完课祀田、子嗣继承、族内互助、敬宗睦族、修谱藏谱等方面作出了严格的规定,对社会成员有规范、教化作用。

家谱中所保存的家规、家训以及治家格言等,从一开始实际上就以积极、进取的立场、价值、态度来讨论家庭环境和社会氛围的建设。除上述内容外,还有就是"睦族人"、"和亲友"、"恤孤贫"以及"戒赌博"、"戒奢侈"、"戒懒惰"、"戒淫逸"等,提倡正气、社会和谐。

（二）祠堂

1. 景宁祠堂概况

景宁全县境内,蓝姓祠堂主要分布在鹤溪街道的敕木山、暮垟湖、东弄以及澄照乡的金丘、四格,英川镇的乌饭恰（新村）等村也有蓝姓宗祠。而雷姓宗祠则分布于鹤溪街道的包凤、吴泽岗、暮垟湖、惠明寺和红星街道的王畈,东坑镇的大张坑、吴山头、黄山头,大均乡的李婆坑和澄照乡的田源、后山、东畔以及郑坑乡的半岭等村也有雷姓宗祠。蓝氏祠堂大门匾额为"蓝氏宗祠"、雷氏祠堂为"雷氏宗祠"、钟氏祠堂为"钟氏宗祠"字样。

祠堂内一般有郡望和堂号。"郡望"一词,是"郡"与"望"的合称。"郡"是行政区划,"望"是名门望族,"郡望"连用,即表示某一地域范围内的名门大族。据《蓝氏宗谱》记载："本氏汝南郡系出于姓,春秋时,楚公子置封于蓝,谓之蓝尹,后遂以邑为氏,此汝南郡之所由始也。"汝南郡以汝水之南而得郡名,雷姓畲族郡望为冯翊郡,畲族钟姓郡望为"颍川郡"。颍川郡以发源于河南嵩山之颍水而得名。堂号是一个家族源流世系,区分族属、支派的标记,比姓名更重要。堂名的来历比较广泛。有以族望地名为堂名,如"汝南堂"、"颍川堂"、"冯翊堂"等;有以先祖字号为堂名，如"敬业堂"、"种玉堂"、"谦让堂"、"戒君堂"、"钦义堂"等。

景宁蓝姓畲族有"敬业堂"，以始祖入迁景宁的高辛175世嫡裔孙蓝万七郎敬泉为堂号，意为要继承敬公之业之义。"种玉堂"，源于肇姓始祖蓝田公的字号"种玉"。另外，景宁县境还有雷姓畲族的"谦让堂"，以及钟姓畲族的"颍川堂"。通常，在景宁蓝、雷、钟畲族家中中堂照壁上方常题有堂名，两侧有通用堂联，右首为"功建前朝帝誉高辛亲敕授"，左首为"名垂后裔王子王孙免差徭"。或者右首为"绩著平番帝世王朝连赐宠"，左首为"名昭定国宗支祖派现沾恩"。中堂正中放置总排位。

2. 祠堂的现代功能

在封建社会，祠堂是封建政权得以维系的基础单元，作为封建宗法制度的化身，祠堂的社会作用逐渐被正统化，是基层社会、国家政权得以维持的力量，曾在人们的社会生活中发挥过特殊作用。作为传统道德的载体，祠堂教化人们自觉遵守规范体系。如有人犯上作乱、不忠不孝，或动龙脉、毁水口、斫祖林、毁家谱，过去常在祠堂执法，调节族内矛盾，理顺尊卑秩序，维护"忠、孝、节、义"。作为置放列祖列宗牌位的地方，祠堂的初始功能应是祭祀祖先。过去祭祀与兵戎是头等大事，民间的祠堂则以管理祭祀为重大事务，因此形成了一系列关于祭祀的条例，规定着人们祭祀的义务与权利。当然祭祀的目的之一便是让所有子孙知道自己的来历，不忘根本。

不过，随着时代的变迁，祠堂的功能发生了很大变化。有的功能得以延续，如凝聚族人；有的功能已经消失，如维持等级、宗法秩序。不过，新时代又赋予了祠堂新的功能，民俗旅游、文化旅游就是新的价值之一。在我国，现存的祠堂大多数都被开发作为旅游资源，畲族古老祠堂也是如此。2014年10月，景宁金坵蓝姓祠堂举行祭祖仪式便是在文化旅游、乡村农家乐的驱动背景下开展的，它除了祭祖凝聚同族外，更重要的是发展当地村落旅游。

二　畲族民间信仰

畲族的民间信仰丰富多元，既包括历史遗存的图腾崇拜、自然崇拜、鬼神崇拜、祖先崇拜以及预测占卜，也包括后来从汉族地区传入的道教、佛教，甚至从西方而来的基督教。在特定的生存环境和历史背景下，畲族的信仰文化广泛地融入畲族的经济生活、节庆习俗、人生礼仪和诸多的民俗生活中，生动地反映了畲族的社会发展历程。景宁畲族民间信仰分述如下。

（一）猎神信仰

畲族古时盛行狩猎采集，狩猎生产具有悠久的历史。浙闽交界地区畲族多居于山腰、山巅，狩猎活动曾是他们生活的一大组成部分。正是缘于这一生产民俗、生计活动，畲民具有浓郁的猎神崇拜。即使今日，畲民已不再行猎，过刀耕火种的生活，但在畲族最隆重的"传师学师"宗教活动中也须挂"猎神图"［有的也称猎神像，左（右）兵马图，或陈八大王图等］，敬射猎师爷神。古时围猎、行猎，之前须备三牲、香烛祭猎神。在景宁，凡会组织狩猎的村都设有一位猎神，放在最会打猎者家的偏间或某一岩洞。出猎时，持香火祭拜，并在猎神前问凳占卜。狩猎结束，拾猎物谢猎神，感谢神灵佑助后再宰割分配。

（二）女神信仰

女神信仰是畲族信仰文化的重要内容，畲族常见的女神信仰有陈十四信仰、马天仙信仰和汤夫人信仰。

（1）陈十四信仰

陈十四，俗名陈靖姑，又称临水夫人、顺懿夫人、慈济夫人、顺天圣母、天仙圣母、碧霞元君、助生娘娘等，民间则习惯称之为陈夫人、陈太后、临水奶等。据说陈靖姑是唐末五代福州下渡人（有的又说古田人）。传说她与林九娘、李三娘义结金兰，并一起赴闾山学法，师承许旌阳真人。由于陈靖姑善于"医病、除妖、扶危、解厄、救产、保胎、送子、决疑"，所以不仅在古田、福州地区乃至浙江、江西、广东、广西、台湾和东南亚等许多地方，也都广为传颂和崇拜。历史上，畲族辗转迁徙于闽南、闽东等妈祖与临水夫人信仰的发源地之间，与当地汉族长期互动、交往，其信仰文化深受影响。畲族传统的宗教舞蹈奶娘醉罡、传师学师、铃刀舞、祈福舞等，深刻地反映了临水夫人在闽东、浙南畲族民间信仰中不可替代的地位。就景宁而言，畲民把临水夫人当作求得子息的唯一女神加以奉祀，他们在各家香案中一般都特设陈十四，或陈林李三夫人神位。此外，在景宁乡下各庙宇、宫殿一般都可见陈十四神位。

（2）马天仙信仰

马天仙，又称马七娘、马孝仙、马佛、马夫人、马元君。作为民间性流传的仙班人物，马天仙是中国古代典型的孝媳贤妇，因其侍婆敬姑、极尽孝道而被后人尊称为马孝仙。马天仙信仰广为流传于浙闽赣沪一带，尤以浙江景宁、福建柘荣等地为甚。由于马天仙是在景宁鸬鹚村头横岭九龙山之巅升天，后人为了纪念她，便在山顶建了一座"上天殿"，也叫"云壁阁"。后在马天仙原居住的横山岭脚下，建了一座"护国马氏天仙殿"，供人们礼拜。清时雍正年间的景宁县令李应机更是几赴鸬鹚殿，筑亭勒石，题记"马孝仙故地碑记"，立于殿前。另外，大均村头观音阁崖壁上的"浮伞仙迹"崖刻，以及后人为此而作的"浮伞词"都为后来当地畲汉的马天仙信仰起了推动作用。景宁鸬鹚村是马仙文化的发源地，这里有"马仙故里"的美称。

就景宁畲族而言，马天仙信仰十分普遍，在畲族传统祭祀仪式中，报土地公请本境神都要请马天仙神。另外，在畲族各家各户香案上也要立马氏天仙娘娘神位。而在一些畲族村落，如渤海安亭上寮畲族村还有马氏天仙庙。特别是在景宁鸬鹚村，每年正月十五马仙诞辰日和农历七月初七马仙上天日，村民都会齐聚在马仙祖殿举行迎神庙会等节庆活动。2011年，马天仙的传说申报为景宁县非物质文化遗产保护项目，2013年被列入丽水市级非物质文化遗产保护项目名录。

（3）汤夫人信仰

汤夫人为浙西南、闽东北地方信仰的神祇，也称"灵应神女惠泽夫人"、"汤夫人"、"汤氏真仙"。据《景宁县志》"人物"篇记载："汤女仙，名理，字妙元，（宋）徽宗时人，自幼神异好道，奉亲至孝，父农者，世居敕木山下，旱时，女以竹刳去节，引下水田倒流以灌上田。崇宁元年壬午，结庐山巅修炼，至绍兴十四年，甲子七月观望，风雨暴作，遂飞去，南渡时以显灵运木功，高宗大喜，降敕褒奖，封灵应神女，远近崇祀之，遇水旱疾病，祷之则应。"景宁有关汤夫人庙宇修筑的最早记载则为元代末年："大元顺帝至正二年壬午岁（1342），天然和尚开山供奉，募缘开创祠宇。延明及清，秉昭赫耀。"

明清时，景宁汤夫人崇拜多为汉族，后不断向文成、青田、泰顺等周边地区辐射，更被迁入景宁的畲族所吸纳并发扬。明代万历年间，"六保"畲民入迁景宁后陆续定居于敕木山一带。他们入乡随俗，信仰、重构了汤夫人信仰，并利用近水楼台的地理优势介入并逐渐主导敕木山顶汤夫人庙，他们不仅长期承担庙宇的照看管理工作，更长期负责对残破庙宇的修葺与完善。《浙江景宁县敕木山畲民调查记》记载："敕木山还有对本地一个女神汤氏的崇拜。这种崇拜是畲民从汉族那里接受过来的，而且开始于畲民在此定居之前。敕木山的蓝村长家就注意照管汤氏的庙。此外还给汤氏在敕木山山顶上建立了一块纪念碑。"在畲民接受汤夫人信仰的同时，陆续建立以汤夫人为主神的多神信仰的六保各村庙，从而营造了专属六保内部的汤夫人信仰空间。此外，当地畲民为巩固内部的汤夫人信仰体系，将重构后的汤夫人传说编成长篇畲族叙事歌《汤氏夫人歌》在畲族乡村传唱。

目前景宁畲族汤夫人信仰十分普遍，除各祭祀仪式报地主须请本境汤夫人外，在各家香案上都会立汤氏真仙娘娘神位，其当地畲族村落宫庙一般都有汤氏夫人像、神位，或有专门的汤夫人庙殿。

第三节　县乡两级精神文明建设

21世纪以来，景宁畲族自治县在注重经济建设的同时，深入开展文明县城、卫生县城的创建工作，着力推进廉政文化进社区活动，大力建设农村文化礼堂。切实提高群众思想道德素质，不断满足群众的精神文化需求，有效促进和谐社会建设进程，推动畲乡社会文明进步。

一　创建省级文明县城，着力打造和谐新畲乡

21世纪以来，景宁畲族自治县按照共建共享的要求，着力推进文明县城创建，全力打造宜居县城。在创建过程中，景宁精心设计创建载体，丰富文明创建内容。通过文明县城的创建，景宁的政务环境、法治环境、市场环境、人文环境、生活环境、生态环境明显改善，广大市民更加直接地享受到改革发展的成果，市民素质得到明显提升，有效推动了景宁经济持续稳定健康发展。2010年1月29日，中共浙江省委、浙江省人民政府发义命名景宁畲族自治县为"浙江省文明县城"。

（一）明确目标，建立健全创建工作机制

一是目标管理到位。县委、县政府把创建省级文明县城工作列入景宁十方面实事，作为全年工作重点来抓，县委常委（扩大）会议、县政府全体会议多次对文明县城创建工作进行研究部署。制定下发了《开展创建省级文明县城工作的实施意见》。二是组织领导到位。成立了以县委书

记、县长为组长，分管领导为副组长，县直相关部门和鹤溪镇主要负责人为成员的创建工作领导小组，主要负责研究解决创建工作的重大问题。领导小组下设办公室和七个专项工作组，全面指导创建工作的开展。县直各部门、鹤溪镇也相应成立了本单位创建工作领导小组，具体负责本单位、本部门责任范围内的创建工作。三是责任落实到位。景宁县委、县政府与各单位签订了创建责任书，明确了创建工作的牵头单位、责任单位、责任内容和完成时限，逐一分解责任，层层抓好落实。实行卫生包干责任制，将城区分成四个片，片内再细分小区，由 26 位县领导担任片长。同时，景宁还建立健全以"包卫生、包绿化、包秩序"为内容的门前"三包"责任制，将责任落实到单位、住户、个人。四是投入保障到位。在财力紧张的情况下，景宁坚持勤俭节约办实事，按照"拉框架、强功能、创特色、出亮点"的思路，近三年累计投入 2.3 亿元开展市政设施建设，积极改善人居环境，夯实创建基础。县财政拨付创建经费 506.7 万元，确保了创建工作的顺利开展。五是宣传发动到位。及时召开了景宁创建省级文明县城动员大会，各单位、各社区也多次召开会议，进一步提高对创建工作的认识，组织开展了"万人签名仪式"、"创建文艺晚会"等一系列主题活动，积极利用公益广告、在电视台播放滚动信息、专题访谈、在《畲乡报》开辟专版、开设创建办网站、编发工作简报、发放《致市民公开信》和《创建省级文明县城市民读本》等形式，开展了轰轰烈烈的宣传，在全县上下形成了"人人知晓创建、人人支持创建、人人参与创建"的浓厚氛围。六是督促检查到位。成立了以县人大常委会主任、县政协主席为组长的创建工作督查组，分别组织人大代表和政协委员开展了视察活动，有效督促创建工作的顺利开展。

（二）丰富创建载体，切实提高公民素养

1. 强化党员干部理论教育。结合学习实践科学发展观活动，将文明县城创建的要求贯穿其中，进一步提高了党员干部的政治素养、文明素养和精神面貌。组织县领导和部门领导深入联系乡镇开展政治理论宣讲，组织宣讲团赴基层宣讲，使宣讲更贴近工作实际，更具针对性和指导性。

2. 推进公民思想道德建设。一是开展首届道德模范评选活动，评选出 8 名助人为乐、诚实守信、敬业奉献、孝老爱亲道德模范。认真开展景宁畲族自治县县道德模范、全省勤廉兼优先进事迹宣传，在全县上下形成了"学模范、赶超模范"的文明新风尚。二是县领导上街开展文明劝导活动，组建了大学生文明劝导志愿者队伍，通过文明劝导推动公民思想道德水平的提高。三是成功举办以"做和谐邻居、建和谐社区、共创省级文明县城"为主题的2009丽水市暨景宁畲族自治县第二届邻居节启动仪式，进一步增强了邻里之间的团结。组织开展了"做一个有道德的人"征文活动和以"迎国庆、讲文明、树新风"为主题的文明礼仪知识竞赛，促进了市民道德文明素质的提高。

3. 狠抓未成年人思想道德建设。为加强未成年人教育，景宁开展了丰富多彩的活动。一是广泛开展"青春健康教育"知识进学校、进社区活动，通过形式多样的健康教育活动，促进未成年人健康成长。二是组织开展"向国旗敬礼，做一个有道德的人"网上签名寄语活动，全县有8000多名未成年人通过网络向国旗敬礼并留言寄语，受到了教育，提升了道德水平。三是深入开展净化社会文化环境活动。对学校周边网吧实施清理，校园周边环境得到净化。组织职能部门对县内文化经营场所逐一检查，文化市场进一步规范。四是利用春节、清明节等节日开展传统文化和传统美德教育，提高未成年人的思想道德水平。

（三）突出重点，狠抓环境卫生整治

1. 强化环境卫生整治

积极开展污水管网清理、破损路面修补、零星绿化等民生工程建设，以县城出入口、客运站、县城主要街道、居民区、农贸市场、城乡结合部为重点，开展环境卫生整治，特别是对临街暴露垃圾和卫生死角、城乡结合部背街小巷的"脏、乱、差"现象进行彻底整治，改善了县城卫生状况。

2. 强化交通秩序整治

加强县城交通设施建设，增设红绿灯、道路标牌，完善道路标线，增划停车泊位。积极开展交通秩序整顿，查处违章驾驶、违章停车行为，通过推行红绿灯高峰岗执勤、集中专项整治等，发放各类宣传资料8000余份，查处乱停乱放交通违法行为5000余起，查获酒后驾驶交通违法70起，其中醉酒后驾驶13起，行政拘留13人，暂扣机动车驾驶证64本，有力维护了城区交通秩序。

3. 强化经营秩序整治

重点整治临街店铺占道经营、夜市摊点、无证经营等现象，规范临街店铺经营项目，取消不符合经营条件的店铺，严禁超店堂经营。加强农贸市场整治，制定《农贸市场整治与改造实施方案》，落实监管巡查制度，以管理有条、整洁有序、干净卫生为内容开展竞赛。县财政专门投入 50 多万元资金，临时搭建自产自销市场，切实改善了市场周边的环境秩序。

4. 强化社会治安整治

深入开展"平安景宁"创建，坚持"严打"方针，全力维护社会稳定。县文明办、文化出版、公安、工商等部门经常对电子游戏、音像、书店、网吧、舞厅等场所进行整治。2007 年以来共检查出版物市场 291 家次，收缴非法盗版书刊 2055 册，取缔临时书刊摊点 6 处，检查经营场所 1295 家次，查处违规单位 6 家次，取缔地下网吧 3 家，有效遏制了文化娱乐场所的违法违规经营行为，促进了文化市场的健康发展。

（四）城乡联动，构筑合力创建格局

1. 抓文明社区创建

一是开展争做文明居民活动。倡导广大市民自觉遵守《鹤溪居民文明公约》和《鹤溪居民"十不准"行为规范》，组织市民学习《创建文明县城市民读本》，使广大居民自觉遵守文明公约和"十不准"行为。二是开展争创文明家庭活动。通过落实"门前三包"责任制、文明劝导、发放宣传单等"文明入千家、进万户"活动，引导每个家庭做到邻里团结、家庭和睦、崇尚文化、讲究卫生、遵纪守法。三是组织小区居民共创环境优美、秩序优良、服务优质的文明楼院，积极推进文明居民小区创建活动。四是积极开展"丰富社区文化"活动。邻居节期间举办了九县市邻里才艺展演，腰鼓大赛、秧歌大赛、健身舞大赛、民歌大赛活动，迎国庆期间举办了红歌大家唱等活动，极大地丰富了社区群众的文化娱乐生活。

2. 抓生态文明村镇创建

按照新农村建设的基本要求，以"百村示范，千村整治"、生态乡镇村和卫生乡镇创建等工程为载体，广泛开展农村垃圾乱丢乱倒、污水乱泼乱排、建筑乱搭乱建、杂物乱堆乱放的治理，深入推进改路、改水、改厕工作，进一步改善了乡村环境。截至 2009 年，景宁已创建省级文明村镇 3 个，市级文明村镇 5 个，县级文明村镇 21 个。

3. 抓文明单位创建

景宁窗口行业和执法部门积极开展文明行业创建活动，参加文明行业评选的覆盖面达到 100%。此外，景宁扎实推进机关效能建设，通过对景宁县窗口单位进行专项督查、明察暗访，以及开展"比形象、比服务、比效能"三比活动，不断提高窗口单位的服务质量，努力打造优质高效的窗口服务品牌。

（五）凸显特色，充分挖掘畲族文化内涵

21世纪以来，景宁注重打造民族品牌，挖掘人文内涵，凸显畲乡特色，鹤溪镇（现鹤溪街道）被省政府评为省级历史文化名镇，文化精品不断涌现。一是做大名品。重点围绕畲族的"演艺文化"、"茶文化"、"酒文化"，通过召开研讨会、开展博览会、摄影节等各种方式加以演绎、宣传，进一步提高文化软实力。二是打造名节。积极打造中国畲乡"三月三"等重大节庆品牌，通过举办中华服饰设计大赛、中国畲族民歌节、畲族集体婚礼大典等民族特色文化活动，将畲族文化通过歌舞、服饰、竞技、展演加以表达。三是创建名景。着力打造畲乡风情旅游业，积极扩充各大景区的畲族风情内涵，形成集文化开发、旅游观光、休闲度假、民俗风情于一体的畲族文化展示窗口。四是建设名点。启动中国畲族博物馆建设，对孔庙进行保护维修，构筑一个大型的、多功能的畲族文化研究、展演平台，为了解畲族人文历史、解读畲族风情开辟了重要窗口。

二　创建省级卫生县城，聚力打造魅力新畲乡

自2006年以来，景宁畲族自治县把创建省级卫生县城作为一项民心工程，各部门单位把创省卫工作作为"一把手"工程来落实，结合山区和后发地区实际情况，发挥民族特色，坚持不懈地开展创建卫生县城工作，推动了县城基础设施建设，改善了环境卫生面貌，加强了卫生防病工作，提高了人民群众的文明卫生意识，卫生创建工作取得了显著成效，有力地提升了城市品位。浙江省爱卫会于2009年1月23日正式发文命名景宁畲族自治县为"浙江省卫生县城"。

（一）主要做法

1. 围绕宣传发动，着力营造氛围

2008年以来，景宁通过各种有力的宣传措施，组织了一系列丰富多彩、形式多样的宣传活动，全面发动社会方方面面的力量，着力营造浓厚的创卫氛围。一是通过媒体开展宣传。设计街面创省卫公益广告，制作"创省卫专题访谈"，制作播放创省卫专题公益广告，编发《创省卫简报》《每周一报》，创建创办创省卫网站。此外，还通过出动宣传车上街宣传、

举办"创省卫知识竞赛"、设计"创省卫文化墙"等方式,全方位宣传创省卫工作的最新动态,让创省卫意识不断深入人心。二是通过发放资料开展宣传。县创建办、鹤溪镇向广大市民编发《致全体居民的一封公开信》15000多份,编发《景宁畲族自治县创建省级卫生县城市民读本》10000余册,向相关单位下发"鹤溪镇居民'八不'公约"宣传牌2000多块;县卫生监督所向各食品卫生经营户发放《创省卫公开信》及各行业创省卫标准4000余份;县诗词学会编发《沐鹤诗芯之创省卫专刊》1200多份,以诗词形式大力宣传创省卫知识。三是通过活动开展宣传。举办"'创省卫文艺晚会'走进社区"、"'创省卫、文明健康与奥运同行'千人环城健康跑暨万人签名活动'"、"创省卫电影月"、"'创省卫杯'景宁县首届越剧演唱擂台赛"、"'拥抱健康,人人创省卫'景宁县国土杯男子篮球乙级联赛"、"我要读书,我要创卫"读书节、"机关干部'创省卫歌曲'大合唱比赛"、"'创卫杯'中美国际职业篮球对抗赛"等一系列活动,让创省卫文化以多样的形式生动活泼地走进社区、走进群众,让广大市民在轻松愉悦的氛围中深受教育,提高了群众对创省卫知识的知晓度。四是通过志愿者开展宣传。组织创省卫志愿者队伍,通过志愿者开展"保护母亲河"行动;向居民分发创卫宣传资料;对乱扔垃圾、乱停车、乱放养、占道经营等不文明行为进行劝导等活动,维护了市容秩序,营造了更好的创卫氛围。通过广泛宣传,全县上下基本形成了人人了解创卫、人人支持创卫、人人参与创卫的良好局面。

2. 围绕机制建设,注重长效管理

长效管理机制是保证巩固原有创卫成果,让各项规范要求成为市民自觉行为的根本保障。一是建章立制促进长效管理。依据有关国家法规,景宁制定了《景宁畲族自治县爱国卫生工作管理办法》(景政发〔2008〕28号)、《景宁畲族自治县县城环境卫生有偿服务管理办法》《景宁畲族自治县城市道路保洁质量标准》等,把创建省级卫生县城的各项工作纳入法制化管理,切实落实城市管理的长效性,同时,建立"数字城管",在县城的卫生保洁、市容市貌、市政公用、城市秩序等公共服务领域,建立起更为完善的城市管理信息发现机制、问题处置机制、综合评价机制以及管理规范、运转高效的城市管理长效机制。二是积极推行"门前三包"责任制。县政府下发了《景宁畲族自治县城区"门前三包"责任制管理办法》(景政办发〔2008〕60号),创建办、建设、工商、卫生等部门与各单位、商店签订了《门前"三包"责任协议书》2000多份，并发放了责任制公示牌，明确"三包"区卫生管理范围和管理责任，实现了城市环境卫生管理由单一管理向综合管理的转变。三是建立居民小区长效保洁机制。业主投资建成的居民小区，以"谁投资谁管理谁保洁"的原则建立起长效机制；单位宿舍楼，以"谁家孩子谁抱走"的方式，以"单位出一部分，住户自筹一部分"的原则落实了保洁经费，确定了保洁员，逐步建立起长效保洁机制。四是改革环卫清扫保洁机制。对城区街道里弄54万平方米的道路保洁面积，分别采取18、16、12小时动态保洁管理。对县城主要道路、商业街区、密集居住区等重点区域、主要城市道路实行一级保洁标准（18小时动态保洁），县城次要道路、一般居住区等二级城市道路实行二级保洁标准（16小时保洁），其他区域实行三级保洁标准（12小时动态保洁）。实行了"多把扫帚并一把扫帚"管理，并将县城54万平方米道路保洁面积全部实行市场化管理。通过健全各项规章制度，完善城市长效管理机制，景宁创卫工作已逐步由突击性整治向常规化管理的健康长效轨道转变。

3. 围绕保障有力，加大政府投入

景宁县委、县政府倾全县之财力，聚全县之智慧，全身心投入创省卫工作，全力打造神奇畲乡休闲胜地。在县财力相当紧张的情况下，2006—2008年景宁畲族自治县累计斥资近1.7亿元，全面提升县城品位，为创建省级卫生县城打下了坚实的物质基础。一是狠抓道路改造工程。投入230多万元对城内街道路面进行硬化和修补。二是狠抓城区供水工程。投资2000多万元先后改造了县城区自来水厂和自来水管网，日供水能力2万吨，现日供水1万吨，基本解决了城区居民用水问题。三是狠抓市政公用设施工程建设。投入资金2400多万元按标准建设的垃圾填埋场，投资390万元对建城区内20座公厕按标准进行改造和修建，其中2座达到国家二类标准；投资25万元建成了大型临时停车场。四是狠抓城区绿化工程。先后投入资金达500多万元，兴建了鹤溪河景观带，人民南路绿化带等一大批城市绿地，种植了大量富有地方特色的花卉、盆景、苗木等名贵树木和草坪，县城现有公园3座，面积23公顷。成区绿地面积28.86公顷，人均公共绿地面积8.2平方米，绿化覆盖率33.2%，使绿化面积达到省卫要求。五是狠抓县城亮化工程。在人民中路、鹤溪中路、环城西路等主要街道安装了广告灯箱和夜景灯饰，且实现了自动化管理，城内的路灯亮化率基本达到省卫要求。

4. 围绕示范亮点，注重特色创新

创卫伊始，景宁就一直将抓示范、抓亮点当作一项重要工作来抓，要求在示范点建设中，既落实规范，把规定动作做到位，又要注重创新，谋划好自选动作。例如：仙童区块以教育局、县工行等为示范，建立起扎实有效的单位宿舍、居民小区卫生长效机制，并召开现场会，组织大家观摩学习；县人民医院从实际出发，专门制定《创建省级卫生县城工作奖惩办法》（景医〔2008〕41 号）；全面规范完成了过境公路两边的灯箱、广告牌，整个设计体现了畲族特色；投入 820 万元对鹤溪河景观带、桥梁及河道进行全面改造，投入 1050 万元对复兴西路进行的立面、人行道改造及亮化建设，使整条街道充满了民族气息，成为县城的一大亮点。

5. 围绕健康教育，活动有声有色

景宁坚持将健康教育作为公民素质教育的重要基本内容来抓，严格按照相关要求，制定健教计划，健全健教网络，落实健教责任，在社区、学校、医院、单位等开展了一系列丰富多彩的健康教育活动。一是结合创省卫工作，开展健康教育。组织人员经常深入医院、学校、重点行业、各社区进行业务指导，向居民发放《健康教育知识读本》，并组织健康教育讲师团队伍深入社区进行健康教育知识讲座等，使市民健康知识知晓率达83.4%，健康行为形成率达 81.7%。二是结合卫生监督执法，开展健康教育。县卫生监督所采取多种形式，经常开展从业人员卫生知识培训工作。定期组织从事食品、公共场所从业人员进行《食品卫生法》《传染病防治法》《公共场所卫生管理条例》等卫生法律法规和卫生知识的培训。三是结合疾病控制工作，开展健康教育。根据景宁常见传染病防治工作，开展健康教育。充分利用各种形式和方法，通过电视台、广播、《畲乡报》宣传专栏等，向市民宣传卫生知识，使广大群众掌握了预防急性肠道传染病和其他有关疾病的基本知识。四是结合各种卫生日活动，开展健康教育。每年的世界卫生日、全国预防接种宣传日、全国爱牙日、世界艾滋病日、"3·15"消费者权益日等特殊节日，积极组织相关人员上街头开展咨询、义诊等服务，并通过宣传车、县电视台、《畲乡报》、挂图展示、标语等形式，宣传疾病预防、卫生保健知识。五是结合学校教育活动，开展健康教育。景宁县根据相关要求，认真开展学校健康教育工作，城区 6 所中小学健康教育开课率达 100%，做到"有教师、有课本、有教

案、有课时、有考分、有评价"。同时，向学生发放《中小学生健康教育读本》，丰富了学生的健康教育知识。通过学校组织的"全民健康教育知识测试"，县城学生的健康教育知识知晓率达到了90.4%、卫生行为形成率达到了85.2%。

（二）主要成效

1. 市民素质有了明显提高

通过几年来的创建活动，我们明显感觉到，在市民中关注景宁建设、关注景宁发展的现象多了，乱扔果皮纸屑、乱贴乱画、违章占道、乱停车辆、粗话脏话等各种不文明行为少了、不见了，参与创卫，投身创卫，已成为畲乡广大市民普遍的自觉行动，广大市民真正成为卫生城市的创建者、见证者和享有者，在畲乡市容市貌变美了、变亮了的同时，市民的素质越来越高了，变得越来越文明了。

2. 城市基础设施建设明显改善

景宁县委、县政府以经营城市为理念，坚持科学发展，着眼长远，狠抓市政设施建设，实施"五大工程"（道路改造工程、城区供水工程、市政公用设施工程、城区绿化工程、县城亮化工程），全面提升县城品位，为创建省级卫生县城打下了坚实的物质基础。

3. 爱国卫生运动持续开展

近几年来，景宁大力开展爱国卫生活动，做到了爱国卫生与创省卫工作相互促进，共同提高。一是积极开展除"四害"活动。二是加强食品卫生的监督检查，三年来城区未发生重大食物中毒事件。三是积极做好二次供水单位的管理工作。每月对城区管网水进行监测，管网水色度、浑浊度、细菌总数、总大肠菌群、粪大肠菌群、游离余氯等合格率均达100%。四是狠抓卫生先进单位（村）建设。全县累计创建省级卫生单位18个，省级卫生村3个，市级卫生单位16个，市级卫生村9个，县级卫生单位24个，县级卫生乡、村26个，基本达到省卫要求。

4. 健康教育活动有声有色

景宁坚持将健康教育作为公民素质教育的重要基本内容来抓，严格按照相关要求，制订健教计划，健全健教网络，落实健教责任，在社区、学校、医院等单位开展了一系列丰富多彩的健康教育活动，使市民的健康教育知识知晓率、健康行为形成率都有了明显提高。落实"五结合"，一是结合创省卫工作，开展健康教育。二是结合卫生监督执法，开展健康教育。三是结合疾病控制工作，开展健康教育。四是结合各种卫生日活动，开展健康教育。五是结合学校教育活动，开展健康教育。

5. 环境保护工作取得新进展

这几年来，景宁环保工作以深入贯彻落实科学发展观为目标，以强化一票否决为主线，全面推进目标制的落实，狠抓环境整治工作，特别是全省开展"811"环境污染整治行动三年来，相继开展了饮用水源保护、污染企业限期治理、排污口规范化整治、推行清洁生产、生活污水处理、生活垃圾处理、万里清水河道、畜禽养殖场污染治理、空气质量自动监测站建设、环境监测监控中心建设、环境监察和监测机构标准化建设等十余项环境整治专项行动，为景宁县的经济可持续发展创造条件。

6. 市容市貌得到全面整治

景宁认真对照省卫标准的 10 大项 66 小项内容，奋力整治，狠抓落实，始终把开展城乡环境专项治理作为创卫的重要抓手，对影响城市管理的不文明、不规范现象，违法违规行为和影响城市品位的重点区域、重点路段进行了集中整治，收到了良好的效果。一是开展市场及周边环境综合整治。二是开展各安置小区环境整治。三是开展街容街貌整治。四是开展"六小"行业整治。五是开展"六乱"整治。六是取缔了建成区内所有烟草广告。七是城中村、城乡结合部的整治。八是着力于市民关注的热点问题的解决。

7. 长效管理机制基本形成

长效管理机制是保证巩固原有创卫成果，让各项规范要求成为市民自觉行为的根本措施。没有健全的长效管理机制，过去的努力就会化为乌有，所以在创卫过程中，景宁始终把长效管理机制建设贯穿于创卫的整个过程。一是建章立制促进长效管理。二是积极推行"门前三包"责任制。三是建立居民小区长效保洁机制。四是建立城中村保洁机制。五是改革环卫清扫保洁机制。

三　开展社区廉政建设，大力创建阳光新社区

2010 年以来，景宁把廉政文化建设作为防腐倡廉的一项重要工作，纳入社区党风廉政责任制目标，以廉政文化进社区活动为载体，大力创建阳光新社区，推动社区精神文明建设，在全县营造了一种"以廉为荣、以贪为耻"的良好氛围。

（一）搭建平台，培育地方特色，多种形式调动群众参与廉政文化建设的积极性

一是群众文艺进社区。各社区分别成立了军乐队、老年合唱队、秧歌队、腰鼓队、文艺队、健身操队等群众文艺团队，创作脍炙人口、符合群众口味的歌舞、三句半、相声、小品等作品，编排群众喜闻乐见、贴近生活的节目，举办以廉政文化为主题的广场文艺晚会，丰富农村文化生活，倡导积极、健康、向上的生活方式。二是科技图书进社区。利用现有的图书馆，拓展图书馆服务网络，提高图书馆辐射能力，最大限度的发挥政府投入的社会效益，帮助市民群众增知识、长智慧。三是法律知识进社区。依托普法阵地和法律服务队伍，宣传法律法规知识，以提高公众对法律知识的知晓率，引导市民守法律、讲文明。四是廉洁知识进社区。充分发挥黑板报、宣传窗的宣传作用，布置廉政宣传栏、廉政黑板报，张贴廉政标语，设置廉政公益广告和格言警句牌，发送廉政文化资料等，进一步扩大廉政文化进社区的覆盖面，加深市民对反腐倡廉的认识理解，引导市民尚廉洁、树新风。

（二）营造氛围，注重阵地建设，多方努力提高市民对反腐倡廉的知晓率和满意率

一是依借电视、报刊等，开展廉政文化宣传。在电视台、《畲乡报》上发布廉政信息，宣传廉政成效，营造浓厚的廉政文化社会环境，提高廉政文化建设的整体效能。二是依托文体、文联等部门，打造廉政文化精品。在全县范围开展廉政诗词、楹联、人生格言、小寓言等征集活动，共征集诗词、楹联各100多首（副），人生格言数十条，专门推出《廉政诗词》专刊。通过联合举办反腐倡廉广场文艺晚会、传唱自编廉政歌曲等活动，寓教于乐，使广大群众在潜移默化中受到教育。三是依靠教育部门，加强对青少年的廉洁教育。通过学唱反腐倡廉歌曲、讲廉洁故事、背廉政格言、办廉洁手抄报等主题班队活动，让学生认识、参与、体验、感悟廉政文化，强化青少年廉洁意识。

（三）注重融合，健全监督机制，不断增强廉政文化建设的落实力

坚持把廉政文化作为加强街道社区基层党风廉政建设重要内容和载体，积极建立监督机制。社区专门成立廉政文化进社区领导小组，由社区主任分管，组织社区干部、居民小组长、楼院长等认真学习中央《建立健全教育、制度、监督并重的惩治和预防腐败体系》等文件精神，建立

健全有效的预防腐败体系，进一步提高大家开展廉政文化进社区的自觉性和积极性。把社区廉政文化建设摆上议事日程，定期召开创建工作会议，做到工作年初有计划，年中有检查，年终有总结。真正做到廉政文化进社区工作有人管事、有章可循。

（四）整合资源，创新活动形式，多措并举不断增强廉政文化建设的实效性与生命力

积极创新活动形式，以新颖、活泼和有趣的文化形式增强廉政建设的吸引力、渗透力和感染力。在设计活动载体时，从实际出发，体现社区特色，把廉政文化融入内容健康、形式活泼、群众喜闻乐见的文体娱乐活动中。通过内容丰富，形式多样的廉政教育，营造廉政氛围，强化廉政意识，不断增强廉政文化进社区工作的实效。一方面积极争取辖区单位的支持，将辖区单位的文化活动场所作为廉政文化阵地，开展群众性的廉政教育活动。另一方面充分整合社区内各单位及社区居民中的人才资源，发挥他们的才干，把身边的廉政典型、廉政事迹和一些社会现象改编成文艺节目和宣传题材，在社区内弘扬正气、抨击腐败，使群众从中得到教育、受到熏陶。同时，将廉政文化建设与创建文化社区、文明社区、平安社区、和谐社区结合起来，努力建设具有社区特色的廉政文化，引导社区居民开展丰富多彩的廉政文化创建活动。

四 建设农村文化礼堂，合力构筑精神新家园

21世纪以来，景宁深入贯彻党的十八大和省第十三次党代会精神，深入调研，科学谋划，紧紧围绕"文化礼堂、精神家园"的主题，立足实际，整合资源，完善功能，因地制宜，突出特色，扎实推进农村文化礼堂建设，农村文化礼堂成为农民的"精神家园"和"文化殿堂"。

（一）农村文化礼堂的建设与发展

2013年，县委、县政府高度重视，成立专门的领导小组，立足实际，深入调研，科学谋划，制定出台了《景宁畲族自治县关于推进农村文化礼堂建设的意见》，全面启动农村文化礼堂建设。

1. 明确总体布局和功能定位

根据县村镇分布、人口分布和各类群体精神文化需求特点，按照"为民、惠民、利民"要求，统筹协调，明确五年分步分批建设65个村的总体目标，着力构建农村文化礼堂"一心三沿"分布格局。"一心"即

中心城区文化礼堂，形成以县城畲族文化中心为中心，以城中村文化礼堂、社区文化礼堂和企业文化礼堂为分布点，县城各文化公共场所资源为功能点的大城区文化礼堂。"三沿"即沿溪线、沿山线、沿湖线，沿溪线包括大均、梧桐、标溪、沙湾、秋炉、英川等乡镇，沿山线包括澄照、东坑、大漈、景南等乡镇，沿湖线包括渤海、九龙、郑坑等乡镇，形成以中心镇、中心村为重点、"三沿"人口集中村为分布点的大农村文化礼堂。景宁县农村文化礼堂建设明确以"两堂四室六展"的基本功能进行建设，"两堂"即礼堂、讲堂；"四室"即广播室、图书室、共享室、活动室；"六展"即村史展、民风展、崇德展、家园展、时政展、特色展，着力打造一批功能完备、管理有序的畲乡文化礼堂。

2. 落实保障措施，全力推进

农村文化礼堂是一件实实在在的惠民工程，为确保工作落实到位，景宁专门编制了《景宁农村文化礼堂建设工作手册》，内容主要包括实施意见、指导组联系名录、各种类型礼堂活动示例（方案）等，可操作性强。县财政专门安排专项资金，用于农村文化礼堂建设。同时捆绑"美丽乡村·魅力畲寨"、民族特色村建设等项目资金，不断壮大配套资金。建立业务指导组和部领导联系制度，通过召开业务培训会、深入现场指导等，开展"一村一人"对口业务指导，为各创建村理思路、明路径、细项目，量身定做村级规划蓝本，全程指导农村文化礼堂的创建工作。同时，通过定期书面汇报制度、考评机制和召开现场会、进行定期督查等形式，为景宁县全面落实农村文化礼堂建设奠定了坚实的基础。

3. 俗文化与地方特色共融，畲乡礼堂"有滋有味"

景宁按照"一村一品"的思路，充分挖掘各村文化资源禀赋，注重传统民俗文化与现代文明的融合创新，重点打造畲乡"五型文化礼堂"。一是畲族文化主题风格。景宁作为全国唯一的畲族自治县，在创建的畲族村中，将畲族元素融入文化礼堂建设当中去。如安亭村，以现有"传师学师堂"为主体，在礼堂的建筑风格、展陈的布置中，重点挖掘畲族精神、宗教、习俗、服饰、文化等内容素材，大力弘扬畲族传统文化。二是非遗文化主题风格。在建设过程中，景宁县致力将散落于民间的文化遗存整合包装。如东弄村，整合利用民间非遗文化展示馆、各非遗项目传承人工作室，指导组建畲族山歌队、畲族山歌家庭组合等，保留和推广畲族原生态生活模式；章坑村、西一村等分别建成非遗展示馆（室）。三是景区文化主题风格。对景区景点的村庄，建设过程中，注重与景区文化的充分融合。比如大均村专门制作村歌，在"县十大藏书之家"、景点浮伞祠制作解说牌；在展廊中开辟"大均诗词"版块，记录历史上古诗词人对大均的印象描述等，串点成片，为景区景点起"妙笔生辉"之用。四是乡村文化主题风格。充分挖掘各村文化资源禀赋，将各村自己独特的乡村文化融入礼堂。比如毛垟村融入带溪文化，深垟村融入古村落文化和孙氏文化等。五是道德文化主题风格。道德是精神文明建设的重要内容。景宁把孝老、仁爱、互助等道德文明寄于文化礼堂之中，大力倡导文明新风尚。如忠溪村，着力传承仁孝美德，将"新二十四孝"进行陈展，全力打造"仁孝忠溪"。

4. 活动形式与文化内涵共行，畲乡礼堂"多姿多彩"

景宁始终把"内容为先"理念贯穿于展示展览、活动策划各个环节，使农民群众在观瞻文化、参与文化过程中，接受心灵洗礼，达到修身养性、明德向善的目的。在讲堂，通过邀请专家授课、远程教育和土专家宣讲等形式，积极开展党的形势政策、科学、法律知识、农民实用技能培训等一系列理论宣教活动，不断提高农民群众的文化素养。在礼堂，根据各村传统习俗，积极举办开蒙礼、成人礼、敬老礼等一系列文化礼仪活动；结合文明村、文明家庭创建，积极开展最美人物、道德模范等一系列乡风文明评议活动，进一步倡导文明新风。如景南乡忠溪村、鸬鹚乡鸬鹚村开展好婆婆、孝子、孝媳、"文明示范户"、"五好家庭"等评选活动，大力弘扬"忠、孝、仁、义、礼、智、信、廉"的优秀农村传统美德；坚持送文化与种文化、育文化相结合，积极举办"凤舞畲山"百姓大舞台、"大地飞歌"农民艺术节等年度文化活动和一系列乡土文化娱乐活动，如大漈乡的抢猪节、毛垟乡的带溪文化节、雁溪乡的迎神节等，寓教于乐，不断丰富农民群众的精神生活。

5. 运行管理与机制创新共进，畲乡礼堂"常用常新"

制定严格的考评体系，在组建各村"三员一队伍"的基础上，先后建立了组织领导机制，设施维护机制，"文化预报制"，礼堂、讲堂和功能室管理机制等，健全各功能室的开放时间、管理要求等，确保村村礼堂"有人管事、有人干事"。另外，为进一步丰富群众的精神生活，景宁着力打造"文化菜单"服务品牌。联合文化、科技、卫生、农业等15个部门，组成项目服务团队，根据农民群众需要，开出 30 多项服务农村文化礼堂的"文化菜单"，供各村挑选，积极开展送服务下乡活动，不断丰富着农村文化礼堂的活动内容，确保长效运行。

（二）农村文化礼堂建设的主要成效

2013 年，全县已建成农村文化礼堂 26 个。在年度考核中，分别被评为省级农村文化礼堂建设工作积极县和市级一类县。

1. 农村文化礼堂成为乡村一道亮丽的文化景观

农村文化礼堂以庄重、大方、美观为基本要求，与村庄特色相结合，与村庄面貌相协调，在建筑风格、展示内容、活动样式等方面巧妙融入村庄。在一定程度上讲，农村文化礼堂已成为农村一道亮丽的文化风景，成为村庄一个引人注目的文化标志。

2. 农村文化礼堂成为一个红色的基层宣教场所

农村文化礼堂充分发挥讲堂的作用，积极开展党的形势政策宣讲、科学和法律知识讲座、实用技术培训等，使农村文化礼堂真正成为党引领农村社会思潮，传播社会主义先进文化，培育新型农民的教育基地，通过宣传教育活动，进一步坚定了农民群众建设社会主义的信心和决心，增强了凝聚力、向心力。

3. 农村文化礼堂成为一个弘扬正气的乡风文明场所

农村文化礼堂突出价值引导，将农村精神文明建设贯穿始终，整理挖掘村庄积极健康的家训、族训、村规民约；把我们党所倡导的精神与农民群众喜闻乐见的内容结合起来进行展览展示，特别是通过展示农村精神文明建设中涌现出来的各种先进事例和农民群众身边的典型，用群众身边的"最美人物"来感化教育周边的人，讴歌真善美，远离假恶丑，成为农民群众净化心灵的精神家园。

4. 农村文化礼堂成为一个陶冶情操的群众娱乐场所

农村文化礼堂承载着举办农村传统节事、大型群众文化活动，组织"天天乐"群众文体娱乐活动等职责功能，它极大地丰富了农民群众的精神文化生活。图书室、活动室等的建立和对外开放，为农民群众茶余饭后看书、下棋、健身提供了一个个休闲的好去处，广大农民群众既可以接受文化的熏陶，又可以进一步陶冶情操。

第九章

景宁的教育、卫生、科学事业的
发展与人才培养

第一节　民族教育事业的发展

民国时期，景宁只有 1 所贯道书院、若干所村私塾和县立高等小学；1950 年，景宁县有 92 所小学，1 所初中，农村扫盲运动蔚然成风；1984 年景宁设畲族自治县后，制定了八年义务教育的实施规划和校舍改造规划，实行了"农科教"结合的三个计划（星火计划、燎原计划、丰收计划）；1986 年，拨款 58 万元建造了县民族中学，对畲族学生适当放宽录取条件；1988 年，景宁通过了省"双教"验收；1996 年，景宁通过"扫盲"评估验收，1997 年，景宁又顺利通过"普九"评估验收，至此，景宁顺利完成了"两基"评估验收。

21 世纪以来，景宁畲族自治县认真贯彻执行《关于加快基础教育改革与发展的决定》，围绕"两基"攻坚，以普及为主题，以提高质量为根本，以改革创新为动力，以现代信息为依托，以提高教师素质和改善办学条件为保障，举景宁县之力，大力推进教育事业发展：2000 年通过了省"普及实验教育县"验收；2005 年通过了省"两高普九"验收。特别是"十一五"以来，县委、县政府以"办畲乡人民满意的教育"为目标，以创建省级教育强县①为工作载体，把教育事业提到更高的战略地位，景宁教育工作呈现出"大规划、大投入、大建设、大变化"的良好态势，成为景宁教育史上财政投入力度最大、基础设施项目建设最多、教育面貌变化最明显、群众教育受惠面最广的时期，景宁教育真正实现了历史性的跨越。2010 年通过了省"教育强县"评估验收，为"十二五"创建教育现

---

① 2007 年制定创建省级教育强县实施方案，2008 年建立教育局创强办公室，2009 年全面推进教育创强各项工作，2010 年 4 月被评为省级教育强县。

代化县奠定了扎实的基础。

一 各类教育协调发展，全民教育成就显著

（一）学前教育转型升级

学前教育是现代教育体系的重要组成部分，是学校教育和终身教育的奠基阶段。2005 年以来，景宁畲族自治县紧紧抓住学前教育优质资源严重短缺、幼教队伍力量薄弱、总体办园质量不高、人民群众对优质学前教育需求矛盾日益突出这个主要矛盾，积极转变学前教育办学思路，创造性地将学前教育纳入公共服务范围，先后印发了《景宁畲族自治县学前教育三年行动计划（2011—2013 年）》（景政办发〔2011〕88 号）和《景宁县学前教育专项资金使用管理办法及新建民办幼儿园补助办法》，每年县财政安排学前教育发展专项资金 150 万元，通过"以奖代补"的形式专门用于幼儿园升等级奖励，新建、改建民办幼儿园奖励等，助推学前教育快速发展，为幼儿健康成长、赢在起点奠基。

一是加速学前教育硬件建设，奠定学前教育发展格局。2008 年前全县仅有一所省二级幼儿园，16 个乡镇幼儿园，45 所民办幼儿园，2008 年，投资 2000 多万元，按省一级标准新建了县实验幼儿园，2010 年 9 月正式投入使用；并通过安排用地等优惠政策，鼓励社会力量投资 1200 多万元按省二级标准新建了首个民办性质的蓝天幼儿园。同时投入 210 万元对 6 个乡镇幼儿园进行园舍全面改造，投入 100 万元为乡镇幼儿园装备"平板电视、大中型玩具、幼儿桌椅、电子琴、消毒柜"等幼教设施，使15 个乡镇中心学校附属幼儿园逐渐成为独立的省二级或三级幼儿园，景宁县形成了以公办幼儿园为示范，以乡镇幼儿园为骨干，以社会力量兴办幼儿园为补充的学前教育发展格局。2013 年，全县共有幼儿园 34 所（如表 9 - 1 所示），其中公办独立园 3 所，乡镇中心学校附属幼儿园 17 所，社会力量办园 13 所；景宁县共有等级园 21 所，其中省一级 1 所、省二级5 所、省三级 15 所，等级园的覆盖率从 2010 年的 32.64% 提高到83.27%。到 2013 年年底成功创建市级学前教育示范乡镇 7 个。

表 9 - 1　　　　　　　景宁畲族自治县幼儿园统计　　　　单位：所

年度 等级	2001	2003	2006	2009	2011	2012	2013
省一级							1

续表

等级＼年度	2001	2003	2006	2009	2011	2012	2013
省二级园				1	4	4	5
省三级园				6	13	15	15
民办园	39	45	48	28	21	19	13

　　二是核定幼儿教师编制，为学前教育可持续发展奠定坚实基础。2008年县编委办首次核定全县幼儿教师编制164名，幼儿教师核编这项举措走在了全市乃至全省前列。到2013年，全县共有学前教育教职工455人，专任教师231人，在园幼儿3977人。如表9-2所示，2013年有教师资格证书教师达到179人，持证率从2010年29.75%提高到72.47%。

表9-2　　　　　　景宁畲族自治县幼儿园教师、幼儿情况统计

类别＼年度	2001	2003	2006	2009	2011	2012	2013
全部职工	87	93	108	317	445	441	455
专任教师	41	37	55	165	239	249	231
持证教师率（%）					36.5	52.7	72.47
在园幼儿数	2506	3313	4031	4241	4589	4326	3977

　　三是遵循"积极鼓励、大力支持"的原则，强化互助帮扶。将乡镇中小学校布局调整后闲置的校舍无偿提供给社会力量开办幼儿园，并准予景宁县104名民办幼儿园教师参加职评；设立幼教专项经费，实施"以奖代补"方式给予农村办园补贴。对学前教育的高度重视及取得的成效得到上级领导部门的充分认可，2008年、2009年，分别在全省学前教育工作会议和全市教育工作大会上作典型经验交流。

　　（二）义务教育优化调整

　　九年义务教育是我国法定的国民受教育重要阶段，核心作用是打基础、广普及。1999年6月，景宁顺利通过省政府"两基"复查验收；1999年11月，县中小学普及实验教学100%达标，并通过省政府"普实"评估验收；2002年4月，义务教育阶段大部分指标已超过"两基"要求。1998—2007年，市级教育强乡镇获评5个、省级教育强乡镇获评13个。

2013 年，全县义务教育阶段省标准化学校共有 12 所，其中县城 3 所，镇级 3 所，乡级 6 所，标准化学校占比达到 44.4%，

一是小学布局从分散走向集聚。景宁 80 年代小学布局呈"村村有小学"的分散状态，通过撤、并双管齐下，从 1992 学年全县 350 所小学调整到 1999 学年的 188 所，其中 1 个乡（大均乡）实现了"一乡一校"制。2001 年，丽水市教育局制定了《丽水市 2001—2005 年中小学布局调整规划》，根据逐步实行"城乡一体化"的要求，并遵照"小学向中心镇和中心村集聚"的原则，统筹规划、继续调整小学网点布局。通过联、改、撤、并及库区移民，全县小学从 1999 年的 188 所调整为 2013 年的 16 所，2008 年，景宁实现了"一乡一校"制的教育资源配置。

表 9 - 3　　　　　　　　景宁畲族自治县小学调查情况统计　　　　单位：所；人

年度 类别	2001	2003	2006	2009	2011	2012	2013
县城小学	5	2	2	2	3	3	3
乡镇中心小学	70	36	22	18	15	15	13
在校学生	9322	8910	8652	8231	8645	8806	8994

二是中学布局逐步实现优化整合。为适应"撤区扩镇并乡"的需要，结合景宁县中小学管理体制调整要求，除县属中小学外，全县乡镇中心学校原附设初中班的，一律改为乡镇中心学校初中部。2001 年 9 月，全县有完全中学 1 所，初中部 18 个班级，在校生 1251 人；独立初中 6 所，在校生 4813 人，初中专任教师 436 人；九年一贯制学校 1 所，在校生 1026 人；乡镇附设初中部 2 个，在校生 439 人；私立初中 2 所，在校生 444 人。2006 年 9 月，全县有完全中学 1 所；独立初中 5 所，班级 74 个，在校生 3323 人，专任教师 285 人。截至 2013 年 6 月，全县有独立初级中学 5 所，班级数 84 个，在校生 3765 人，专任教师 256 人（见表 9 - 4）。

表 9 - 4　　　　　　　　景宁畲族自治县初级中学调查情况统计

年度 类别	2001	2003	2006	2009	2011	2012	2013
县城中学	2	2	2	3	3	3	3
乡镇中学	5	5	3	3	2	2	
在校学生	6917	3324	3323	4092	3733	3648	3765

三是积极推进教学资源共享和教学集团互助共同体建设。为促进教师资源的流动共享和学校间的联手发展，县教育部门制定了《关于"强校接管农村学校"和"互助共同体"的实施意见（试行）》（景教〔2010〕80号）文件，将全县义务教育阶段学校分为五个集团。即：实验一小集团、实验二小集团、民族小学集团、民族中学集团、城北中学集团，逐步形成抱团成长、互惠共赢的发展局面。

（三）高中教育稳步推进

景宁中学是景宁目前唯一的一所省一级重点中学，创建于1938年，2006年9月，学校迁入总投资8950万元、按省一类标准建设的新学校，校址位于鹤溪街道旱塔村，校园面积155亩，建筑面积40074平方米。景宁中学先后荣获国家、省、市各类荣誉40多项。2009年12月，景宁中学生物馆被评为"全国青少年科普教育基地"；2009年12月，景宁中学被评为"斯巴鲁生态文明学校"。2009年8月，沙湾中学高中部并入景宁中学，实现了全县100%的高中生在县城就读。2013年共有班级数36个，在校生1775人，专任教师145人。

为适应全县人民群众就读高中的需求，景宁想方设法在困境中求突破，努力发展高中教育。一是挖掘一切潜力，扩大高中段招生规模，使初升高（含职高）比例从2003年的62.15%提高到2013年的98.22%。二是景宁中学以质量为立校之本，全校上下齐心协力、严谨治学，广泛运用现代教育技术，教育教学质量不断提高。1984年设县以来，取得省理科状元1人（1999届的吴苗青）、市理科状元3人、市文科状元3人。建校74年来，在一代又一代景中人的共同努力下，为社会主义现代化建设培养了数以万计的人才。

2004年，景宁高考在优秀生源大量外流的情况下仍取得了较好的成绩：普通高校报名人数696人，上线人数共574人，上线率为82.47%，其中前三批上线共275人。2006年，普通高校报名人数776人，录取人数共625人，录取率为71%，其中前三批上线共197人。2013年，高考第一批上线人数达102人，其中文化科上线37人，音体美特长生上线65人，本科上线率49.3%，超出2012年42.3%的7个百分点，本科率创历史新高（如表9-5所示）。

表9－5　　　　　　**景宁畲族自治县高等教育上线情况统计**　　　单位：人；%

类别	2004	2006	2008	2010	2011	2012	2013
报名人数	696	776	670	574	531	561	608
上线人数	574	625	593	532	502	475	580
上一本线人数	26	9	19	17	13	19	37
本科上线率	41.09	35.05	28.8	39.55	32.96	42.30	49.3

（四）职业教育逐显成效

　　景宁畲族自治县职业高级中学是全县唯一的一所中等职业技术学校，学校集职业高中、职业技能培训于一体，是国家科技部星火计划农民科技培训学校，也是景宁农村劳动力转移、再就业培训基地。2006年8月，学校搬迁至景宁中学原校址，占地面积22254平方米，新建了机电实训大楼和旅游实训基地，办学条件上有了质的飞跃。2010年开始，乘"校安工程"改造东风，县政府投资3000多万元，对原教学楼、实验楼、男女生宿舍、操场进行了重建、改造，校园面貌焕然一新。

　　县职业高中实行"2＋1"为主、"3＋2、2＋3、2＋2"为辅的人才培养模式，开设了机械加工与数控技术应用、水电厂机电设备安装与运行、旅游服务与管理、酒店服务与管理、计算机网络技术、汽车运用与维修等专业，其中旅游餐饮服务、小水电专业成为省级示范专业，机械加工与数控技术应用专业由浙江机电职业学院帮扶建设，旅游类专业由浙江旅游职业学院帮扶建设，汽车运用与维修专业与全国最大汽车民营企业吉利汽车集团所属学校（浙江吉利汽车技师学院）联办，教育教学成绩日益提升（如表9－6所示），2005年，刘琪同学以627分的成绩取得高职电子电工专业全省第14名。

表9－6　　　　　　**景宁畲族自治县职业高中上线情况统计**　　　单位：人；%

类别	2004	2006	2008	2010	2011	2012	2013
报名人数			80	51	57	63	120
上线人数			18	41	48	38	112
录取人数	43	58	17	40	47	37	109
上线率			22.5	80.39	84.21	60.32	93.33

县职业高中还充分利用教育条件，积极开展农民茶叶采摘、茶叶加工、茶叶低产改造、计算机、电焊工等十多项科技培训，促进劳动力转移，实现农民增收，为畲乡经济建设服务。

（五）成人教育迅速发展

景宁畲族自治广播电视大学是景宁唯一的综合性成人高等学校，原是县教育局的一个科室，2006年8月升格为副科级事业单位，由县教育局负责管理，2007年搬迁至原职业高中旧址办学，2008年又升格为浙江省广播电视大学景宁分校。

2002年，县政府投资49万元实现了景宁电大现代化远程教学宽带网的全省连接，使电大拥有了50台电脑和1个多媒体教室。2003年，电大全体教师进行现代教育理论培训，并开展新教师培训、科研基础知识培训与考试、校长继续教育培训、普通话培训与考试共计1654人次，顺利通过省电大"现代远程教育"的验收。2004年，景宁电大进一步规范内部管理，不断提高文化队伍的业务水平和整体素质，一年来共招收新学员155人，使在校生数达到507人，向社会输送合格大专毕业生119人。几年来，电大教育取得了显著成绩，优化了畲乡文化人才的结构，壮大了具有较高素质的文化队伍，形成了一批适应文化建设需要的科技人才、文化人才群体，较好地推进了教育文化大省的建设。

景宁畲族自治县还大力提倡自学成才，把高等教育自学考试工作纳入学校教育发展的总体规划，把自学成才由密集型城镇考试向农村粗放型延伸，大力发展农村人才文化，积极鼓励具有一定文化水平的农村人参加自考。2002年，景宁共报自考2513人次，较上年增长44%；报考4723科次，较上年增长29%。2002年，景宁高等教育自学考试毕业生达85名；8月，景宁第一批高等教育自学考试本科毕业生申报学士学位。2003年景宁学历考试共报考2460人，报考科次达5064科次，较上年有稳步提高。此外，景宁还组织了非学历考试——国税法等级考试、全国公共英语等级考试、剑桥少儿英语等级考试、信息技术等级考试、心理健康教育等专业考试，非学历考试成为景宁县自学考试新亮点。其中，中、小学信息技术等级证书考试发展迅速，从2002年参考的201人发展到2013年的2515人，强有力地推动了景宁信息技术教育的发展；2004年景宁学历考试共报考1940人，报考科次3771科次。非学历考试发展更是迅猛，参加小学信息技术等级证书考试的有1035人；参加心理健康教育专业证书考试的有 500 多人，有 100 多人取得双科合格证书，有 300 多人取得单科合格证，名列全市前茅。

二 教育投入不断加大，办学条件跨越发展

（一）布局调整基本完成

景宁于 1993 年拉开学校布局调整的序幕，对农村中小学进行大刀阔斧的撤并，到 2013 年共撤并小学 327 所、初中 3 所，学校布局日趋合理，校均学生数从"十五"期末的 342 人提高到 2013 年的 561 人，切实提高了农村学校办学效益，促进教育均衡发展。到"十一五"中期，全县有 3 所高中、4 所初中、23 所小学（点）、3 所骨干幼儿园的较为稳定的教育格局基本形成。

（二）校舍改造全面推进

景宁畲族自治县按照"教育优先发展"战略，全力实施城区教育资源优化整合"一扩两迁四建"① 工程，总投入 2.6 亿元，建成一批"花园"式学校，县城新增学校建筑面积约 11 万平方米，与"十五"末景宁学校建筑面积总和相比，总量翻一番，等于再造了一个景宁教育。景宁学生在县城就读率从"十五"末的小学 39.8%、初中 52.9%、高中 76.6% 上升到 2013 年的小学 82.6%、初中 90.8%、高中 100%，提前实现了"十一五"预定的目标。农村学校通过 1995 年以来的"扶贫建校"、"万校标准化建设"和"消除危房"等行动，新建校舍面积 13.5 万平方米，彻底消除了中小学危房，并投入 650 多万元完成 25 所中小学校的标准化建设，23 所通过省三类标准验收，达标率达 92%。

（三）办学条件明显改善

为提升校园品位，景宁畲族自治县投资 1172 万元完成 15 所学校 21

---

① "一扩"：投资 900 万元实施城北中学一期扩建工程。2008 年 11 月，完成 300 米环型跑道塑胶运动场建设。"两迁"：将职业高中搬迁到原景宁中学校址，并投资 310 万元新建实训基地，借"全省职业教育六项行动计划"的东风，进一步扩大办学规模，积极争取创省二级重点职校。2009 年 4 月，将县第一实验小学迁到原民族中学校区进行办学，投资 450 多万元对原校区进行改造。"四建"：投资 9000 多万元新建景宁中学。占地 160 亩，2006 年 9 月投入使用，并升格为省一级重点普通高中。投资 4950 万元按省一级标准新建县民族小学。占地 80 亩，48 个教学班，2007 年 9 月投入使用。投资 8500 万元按省一级标准新建民族中学，占地 80 亩，36 个教学班，2008 年 10 月投入使用。投资 2000 万元按省一级标准新建鹤溪镇中心幼儿园，占地 14 亩，18 个班级，可容纳 540 名幼儿就读。

个学生食堂、宿舍改造项目，改造食堂面积3100平方米，宿舍面积7547平方米，并配置学生食堂"餐桌、椅子、柜子"和学生宿舍"床架、卫生设备"等内部设施，使寄宿生就餐和住宿环境彻底改善；投入620万元组织开展对13所中小学的"校舍、防雷设施、消防设施、校园绿化"进行改造修缮，办学条件明显改善。2003年度教育局被评为"市级校舍建设管理先进集体"。

农村学校网点调整后，全县24个乡镇逐步有22个乡镇小学实现"一乡一校"寄宿制办学模式，在寄宿制学校开展"吃、穿、住、行、育"的保育工作。由此而开展了寄宿制学生保育课题的研究。从2004年12月开始，景宁畲族自治县高度重视寄宿生营养工作，大力推进"一荤一素一汤"的营养餐工程，全县3150名农村寄宿小学生告别"霉干菜"时代。景宁各寄宿制学校积极开展快乐校园建设，真正实现"让家长在家放心、孩子在校安心、社会基本满意"的目标。至此，景宁探索出了一条一乡一校寄宿制办学模式的成功路子。

（四）装备建设积极跟进

2001年，景宁初级校园网络11个，电脑教室13个，电脑621台，多媒体教室28个，课件制作室9个，校园音响系统2套。2003年利用社会捐资和学校自筹等渠道筹资283.6万元用于中小学教育技术现代化装备，仅电脑就新添619台。到2003年年底，景宁投入信息化建设的资金已达1600余万元，县民族中学、城北中学、实验一小、实验二小四所学校被命名为"省现代教育技术实验学校"。景宁24个乡镇以上学校全部配备了电脑房，景宁已拥有学生电脑1423台，电脑房39个，多媒体教室64个，校园音响系统9套，平均每11个学生就拥有一台电脑，并开展了信息技术课，电脑真正走进"畲山娃"的课堂。从2006年开始，继续加大投入，实施"教学设施装备工程"，为教育内涵发展"添砖加瓦"，三年累计投入资金2200多万元，生均约1500元。目前，全县所有中小学配备计算机教室，学生计算机达2274台，生机比为6.8：1；教师计算机1544台，师机比为1：1；全县所有中小学多媒体进班级；所有中小学的音体美器材、电教设备按照省一类标准配备；全县共拥有图书448380册，生均28.97册，景宁县实验室及功能教室数量350个。2008年，在县民族小学建立了景宁县中小学图书配送中心，新配图书8万余册，覆盖景宁所有农村中小学，定期为农村孩子提供课外读物，让农村孩子享受到阅读的快乐。

根据创省教育强县标准要求，"十一五"期间把现代信息技术教育装备和音、体、美、卫器材配备等作为学校内涵发展的重点工作加以突破，使景宁县学校音体美卫器材、电教设备、图书均达省一类标准，网络覆盖所有学校，并建立"畲乡教育信息化"网络管理平台系统，实现局机关到各学校的高效"无纸化"办公。

三　素质教育全力推进，教育质量不断提高

景宁在教育硬件大提升的背景下，为实现从"有书读"到"读好书"的转变，坚持硬件、软件同步发展思路，在基础设施建设"补课"的同时，加快了提升质量的"赶趟"步伐，2007年制定出台了《景宁畲族自治县基础教育质量提升行动指导意见》，全面实施"人格奠基、教学质量提升、人才强教强校"三大工程，景宁教育坚持不懈地行走在"素质教育"的路上。

立德树人，润泽生命。在实施"人格奠基"工程中，树立大德育观，建立德育大网络。景宁出台了《景宁县基础教育质量提升行动人格奠基工程实施方案》《中小学班主任工作手册》和《班主任星级评选实施意见》，开展星级班主任评比，召开系列德育现场会、班队课观摩等，充分调动班主任德育工作积极性，夯实学校德育基础。围绕"丰富学生活动、创建校园文化、打造平安校园"实践载体，全面推进德育工作。一是活动育人。出台《景宁中小学生"养成教育"主题德育工作实施方案》，全面落实养成教育为中心的主题德育活动，每年开展艺术节、读书节、体育节和科技节等四节活动，积极创建"书香校园、快乐校园"，在活动中培养学生的知、情、意、行，让每一位学生懂得并学会做人做事的规矩，实现了从"底线德育"到"特色德育"的跨越。二是文化育人。全面落实《校园建设二十看》和《中小学德育工作管理手册》，广泛开展"一班一品、温馨教室创建、校风示范校评比"，以优良的环境与和谐的校园文化熏陶每一个学生。三是社会育人。构建"学校、家庭、社会"三位一体全员德育体系，开展优秀学生家长评比，推进平安校园创建，建立安全预警制度，切实加强食品卫生、防溺、消防、交通和自然灾害等安全知识教育和校园周边环境治理。多年来，没有重大安全事故和青少年学生违法犯罪行为发生，全县中小学"平安校园"创建率达到100%，安全意识深入

人心。

聚焦课堂,有效教学。在实施"教学质量提升"工程中,全面推进新课程改革。围绕"减负增效"主题,深化课程改革,坚持教学中心地位不动摇,修订出台《景宁县中小学学科教学新常规》,狠抓教育教学常规管理,关注教学常态,做好控制课堂教学难度和进度、作业数量、考试难度"三控"工作,走轻负高效之路。一是以规范办学为切入点,全面规范课程设置。根据《浙江省教育厅关于进一步规范中小学办学行为的通知》精神,落实校长责任制,各校严格按规定"开齐、开足、开好"课程,特别是音体美等专业课教师得到补充,确保了课程门类齐全和课时数充足。充分利用实验课、实践活动、体育艺术课程以及校园科技节、体育节、艺术节等活动,积极培养学生兴趣,做到学生每天体育锻炼一小时,每周参加课外艺术活动两次,努力推进素质教育。二是以提高教育质量为目的,着力加强教学改革。针对景宁农村学校自然小班学额的实际,突出"农村小班化教学"研究,2006年进行农村小班化教学试点,2008年提炼出《农村小班化教学实施意见》,对小班化的环境、教学、作业、辅导、批改、评价等做详细规定,全面铺开农村小班化教学研究。通过组织景宁农村小班化课堂教学评比、先进校评比表彰、农村小班化教学经验交流等活动推进了农村学校小班化教学实践与探索,初步凸显出农村学校"环境变化大,优课提高快,质量在提升,研究在深入,领域在拓宽,推进有榜样"。研究的总课题《景宁农村学校小班化课堂教学策略的研究》获市级重点课题一等奖。城区学校开展"有效教学"研究,重点从"有效备课、有效课堂管理(监控)、有效作业布置、有效培优辅差、有效测试与评价、有效进行学习习惯培养和学习方法指导"六个方面进行研究与落实。形成了农村与城区一体两翼的教改格局。三是以落实各项举措为抓手,全面提高教育质量。加大培优辅差工作力度,增强后20%学困生的关注率,并作为单独指标列入学校发展性评价考核内容,突出个别辅导、跟踪辅导,实行作业面批和二度批改,提高了后20%学生的转化率和特长生的发展;加强质量评价工作,围绕调测监控,开展教学质效分析,不断寻求管理、教研与教学的改进;将教育教学改革与人事制度改革有机结合,把学校教育质量、教师教学业绩与学校领导班子和教师的评先评优、评职称、调动及奖惩相挂钩,强化"减负提质"意识。

四　教师素养整体提高，队伍建设日趋成熟

为提高景宁教师队伍的整体素质，根本转变教师的教育观念，促进文化畲乡的建设，多年来，景宁畲族自治县高度重视教师队伍的建设与优化，通过发展自考、函授、培训，送出去、请进来、上挂，辞退、引进、补充、调整等途径优化教师队伍结构。开展教育科研、名师带徒、文化扶助、校本培训等方式促进专业化学习型合作组织教育队伍的形成。2001年，清退全部中小学代课教师，调整和优化教师队伍，使全县专任教师学历合格率达95.37%。2003年，景宁县小学专任教师学历合格率达95.45%，初中专任教师学历合格率达97%，普高专任教师合格率66.17%，职高专任教师合格率38.64%。新补充的中小学教师学历合格率为100%。2009年，全县在职在编教职工1588人，其中专任教师1373人。小学、初中、普高、职高专任教师学历合格率分别为99.65%、99.33%、98.40%和98.41%；小学专任教师取得大专毕业及以上学历的比例为83.30%，初中专任教师取得本科毕业及以上学历的比例为78.86%。2013年，全县在职在编教职工1405人，其中专任教师1155人，小学、初中、普高、职高专任教师学历合格率分别为100%、100%、100%和89.47%。教师队伍的整体素质得到了明显的提高，文化人才的结构得到明显的优化，初步造就了一批素质优良、结构合理、富有活力和创新精神的教育文化人才群体，以适应现代化教育的需要，从根本上提高了全民思想文化素质，培育了社会主义"四有"公民。

创新机制，实施"人才强教强校"工程，师资水平得到新提升。景宁畲族自治县把全面推进素质教育的着眼点放在激活教师个体潜能上，建立经费保障新机制，政府将教师培训经费列入县财政预算，按教师工资的3%提取，专项用于教师培养培训；建立骨干教师培养机制，以"走出去学习"和"请进来培训"相结合的方式；建立城乡教师互动机制，以强扶弱，加速教师专业成长；建立教师合理流动制度，减少优秀教师外流；建立新教师招聘制度，及时补充新鲜血液等，多措并举加强了两支队伍建设。一是强化充电蓄电，打造"四型"校长队伍。现代教育呼唤着新型的学校管理者，面对以往粗放式、经验式的学校管理，景宁重新定位新时期校长角色，着力打造"领导型、管理型、学者型、专家型"校长队伍。首先是转变校长

"行政化"之风，狠抓校长姓"教"工作，明确规定校长兼课的学科和课时，深入课堂教学研究，每学期定期举办校长公开教学展示周活动，强化专业发展；其次是完善校长培训制度，采取集中培训、自我研修、异校挂职、专家引领等形式，提升校长综合素质，2006 年以来选派校长 100 多人次到宁波、上海等地为期一个学期的外挂锻炼，想方设法通过名校引领；最后是搭建平台互动发展，开展"校长系列论坛、校长攻读著作、名校长评选、外出学习考察、集团化校长研究、校长公开教学展示、撰写反思日记"等活动，三年来累计培训 230 余人次，加快了校长队伍专业化管理进程。二是立足开渠引水，建设"名优型"教师队伍。在做好省里组织的"教师素质提升培训"和"领雁工程"培训的同时，拓宽培养渠道，坚持"全员参与、分类培训"原则，深入开展骨干教师外挂培训、名师培训、新教师上岗培训、学科教师培训、班主任培训、教务主任培训、教研组长培训。2006 年县财政投入资金 50 万元，公费选派 42 名教师到丽水学院进行为期两年脱产进修；几年来，选派骨干教师到"宁波市鄞州区、北仑区，上海"等发达地区学校跟班学习 300 多人次；请进全省知名专家、教授、名师开展教师业务培训达 20 余场；县内通过"校本教研"和"校本培训"、"集团培训"等方式，平均每年受训教师达 2000 多人次，全方位、多层次推进教师队伍建设；举办中学文科、理科，小学语文、数学、综合和艺术等六个学科的课改骨干教师"滚动培训"班，有效促进教师业务水平的提高。三是引进新生力量，推行城乡教师互动机制。为解决专业骨干教师缺乏，紧缺专业教师严重不足，教师年龄结构失衡问题，重新核定中小学教师编制，创新人才引入机制，2006 年以来通过"直接引进"和"公开招考"两种方式录用中小学教师 166 名，充实到高中、初中、小学、幼儿园中，灵活性的人才引进机制，为教育事业发展注入了新的活力，并于 2009 年开始实施"县城骨干教师下派支教，农村新教师上挂培训学习"制度。通过骨干下乡支教，引领农村教师专业快速成长，均衡城乡师资素质；通过新教师在县城学校挂职锻炼，使新教师汲取县城学校较为先进的教育理念、科学的教学模式，以便回到农村学校能更好地驾驭课堂教学，提高教育质量。

近五年来平均每年受训教师达 2000 多人次，师资队伍整体素质得到有效提升。现有省特级教师 1 人，省市教坛新秀 91 人，市级名师名校长 17 人，市级学科带头人 34 人，县级名师名校长 48 人，县级教学（德育）能手 61 人，为全面提高景宁学校办学水平，实现教育可持续发展提供了强大的智力支持。

五　普惠政策全面落实，畲乡孩子广受其益

（一）设立民族教育扶助资金

对全县小学初中的少数民族学生免交杂费，并对处于生活低保线、五保户、孤儿、烈士子女的少数民族学生全免代管费和住校费。如 2004 年全县免少数民族小学、初中学生的"三免"达 27 万余元。此外，景宁畲族自治县还对在校畲族学生发放生活补贴，每生每年 300 元，对少数民族高中生学费资助一半以上，保证了少数民族学生更好地接受教育。

（二）设立民族教育奖励资金

2000 年，县民族宗教事务局制定了《关于对少数民族优秀学生实行奖励的规定》：优秀畲族小学毕业生每年奖励 10 人，每人一次性奖励 300 元；优秀畲族初中毕业生每年奖励 5 人，每人一次性奖励 500 元；考取重点大学的畲族生一次性奖励 1000 元。对少数民族高中生学费资助一半以上，考取少数民族大学的新生资助：重点大学一次性奖励 5000 元，其他本科生 2000 元，专科 1000 元。

（三）改善民族学生就学环境

给予农村畲族学生在县城就读政策，根据《景宁畲族自治县自治条例》中"民族中学以招收畲族学生为主，对文化基础差的畲族乡村实行定额招生"的规定，明确了民族中学的办学方向。民族中学在完成县城学生九年义务教育外，面向全县招生畲族学生，乡镇学校的畲族学生只要提出自愿就读申请即可到县民族中学就读，大人改善了畲族学生教育教学环境。

（四）争取高考加分政策

国家和省级招生政策规定，在高校招生中有对畲族学生降低 10 分录取的政策。在《景宁畲族自治县自治条例》中第 36 条明确规定"在各级招生主管部门的监督下，高等院校和中等专业技术学校在招收新生时，自治县考生享有降分录取的照顾"。"自治县考生"理应包括自治县户籍的

所有考生。为此，为争取汉族考生也能享受高考优惠政策，时任县政协秘书长吴建强依据《自治条例》撰写了"关于落实景宁畲族自治县考生在高考录取中依法享有降分录取照顾政策的建议"及社情民意信息。该信息引起各级领导的重视，最终进入省委、省政府的决策程序进行研究，得到落实。2008 年，浙江省高校招生委员会、浙江省教育厅印发的《2008年浙江省普通高校招生工作实施意见》中第 50 条明确规定："根据省人大审议批准的《浙江省景宁畲族自治县自治条例》有关规定，对户籍在景宁畲族自治县，且在当地完整完成高中阶段教育的考生，可以在其统考成绩总分的基础上加 5 分投档，由高校审查决定是否录取。"据不完全统计，2008—2011 年，全县有 1573 名考生享受到高考加 5 分的优惠政策，累计 67 名汉族考生因加 5 分后高考批次前移或上线，累计 312 名汉族考生因加 5 分后被录取到更加理想的学校就读。

（五）推行少数民族学生十五年免费教育

2014 年，景宁县委、县政府出台了《关于进一步加强新形势下民族工作深化少数民族经济社会发展扶持工作的若干意见》，明确了多项对少数民族学生的优惠政策。即：少数民族学生实行"十五年"基础教育免费制度；实行少数民族学生中考加 20 分政策，并确保景宁中学当年招收少数民族学生不低于前三年平均录取率；实行少数民族大学生补助、奖励政策；设立少数民族学生奖励基金，对优秀在校少数民族学生进行奖励；每年选送 2—3 名景宁籍畲族初中毕业生到中央民族大学附属中学学习。

（六）深入实施爱心营养餐工程

2005 年，浙江省全面实施农村中小学爱心营养餐工程，而景宁从2002 年开始，部分农村学校就开始尝试开设爱心营养餐。此后，县财政不断加大营养餐资金的投入，从 2008 年开始，对于义务教育寄宿制学生，每天可以享受一餐或以上的爱心营养餐。2014 年，根据浙政办发〔2012〕30 号文件精神，进一步改善农村中小学寄宿制学生营养状况，景宁将营养餐资助基准标准调整到每生每年 1100 元，同时争取一些社会力量资金的投入，鼓励有条件的学校积极开创蔬菜基地，像英川镇小、东坑中学、标溪乡校、九龙乡校等部分学校实际标准已超过了 1100 元的基准。至2013 年年底，全县享受营养餐的学生为 1103 人。他们每天都能享用到搭配合理，营养较为丰富的爱心营养餐。标志着全县农村中小学寄宿制学生"自备菜"的时代结束。

（七）其他各项惠生工程广泛开展

扶困助学工程不断完善，助学面达到40％以上，保障了家庭经济困难学生平等接受教育。农村学校周末班车工程持续开通，寄宿生"安全返家"的问题得到较好解决，全面深化平安校园创建，安全工作取得显著成效，为广大家长切实解决了孩子在校读书"吃、住、行、学"的后顾之忧。

六 存在问题和对策建议

景宁在教育发展进程中取得了一定成绩，但与上级要求和人民群众的期望相比还有一定差距，用发展的眼光审视现状，景宁教育基础依旧薄弱，教育总体水平还不是很高，还不能完全满足群众对教育事业的需求。主要问题及解决措施有以下三方面。

一是城区教育资源出现新一轮紧缺，农村学校生源逐步萎缩。近年来，随着城镇化步伐的加快，外来务工人员的迁入等原因，生源进一步向县城聚集，县城初中、小学就读压力加大，全县在县城学校就读的学生比例已达87％，县城学校尤其是小学班额过大。针对这一问题，景宁进行了学校布局规划，县城在现有三所小学的基础上，计划新建外舍小学、红星小学、澄照小学、启文中学。2012年开始新建的按省一类小学建设标准建设，占地42亩，总投资5500多万元的鹤溪小学，已于2014年9月投入使用，有24个教学班，可容纳学生960名。

二是学校内涵发展有待深化，教育质量有待进一步提高。近年来，虽然通过各种措施加强管理，提高质量，教学成绩呈现逐年好转趋势，但是与周边县（市）和发达地区相比较，在教育内涵发展水平的提升、教育教学质量的提升方面还有较大差距。景宁计划积极采取措施，加强各段教育教学管理，全面贯彻县委县政府《关于进一步提升新时期畲乡教育质量的若干意见》，全面提高教育质量。

三是师资队伍结构还不合理，整体素质有待进一步提高。前些年，受各种因素影响，县内骨干教师外流较多，著名高校毕业人才招进较难，再是新招考进来的毕业生整体素质不是很高，致使教师队伍整体综合素质偏低。景宁将创新灵活的人才引进和用人模式，扎实开展教师培训，提升在职教师专业水平和敬业精神，全力实施《"畲乡名师工程"建设实施办法》，强化全县中小学教师队伍建设。

　　景宁畲乡教育坚持走教育优质化、均衡化、特色化、现代化之路，努力做到办学条件更好，教师素质更高，教学质量更优，从而更好地服务群众、服务社会。

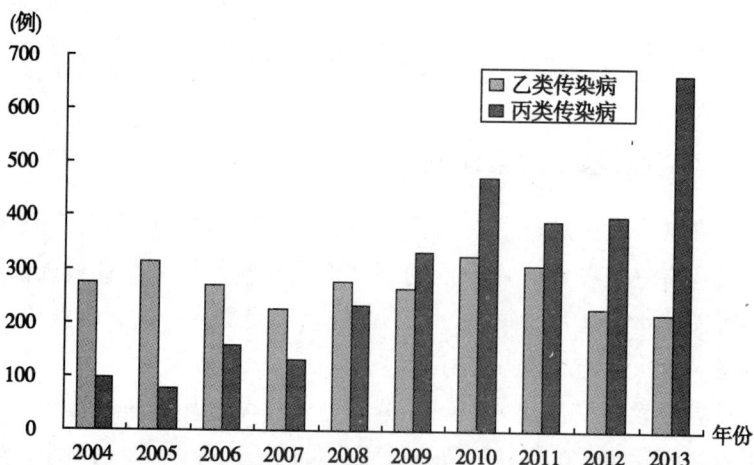

图 9 - 1　2004—2013 年景宁县乙、丙类传染病发病率

第二节　民族医疗卫生事业的发展

　　新中国成立前，景宁县医药卫生事业十分落后，传染病流行，人口出生率低，死亡率高。新中国成立以后，医疗卫生事业经历了曲折的发展阶段，1949—1978 年，卫生事业从十年"文化大革命"的浩劫之后逐渐复苏、调整；1984 年，景宁畲族自治县建县，各乡镇卫生院也逐渐设立、平稳发展；1992—2000 年，社会主义市场经济体制改革浪潮的奔涌，推动全县各类医疗卫生机构步入市场化，相继进入"自主经营、自负盈亏"的生存模式；2000—2008 年，城乡医疗卫生发展差距不断拉大，"看病难、看病贵"问题日益凸显，群众需求与医疗服务之间的矛盾冲突日益激化。2009 年之后，景宁县认真贯彻党中央、国务院和省委省政府深化医药卫生体制改革重大决策部署，牢牢把握将基本医疗卫生制度作为公共产品向全民提供的核心理念，紧紧围绕"人人享有基本医疗卫生服务"的总体目标，坚持"保基本、强基层、建机制"的基本原则，建立健全各项政策措施，加大投入、创新机制，扎实推进各项改革，景宁医疗卫生

事业实现了跨越式发展。

2013 年年末，景宁无甲类及重大传染病疫情发生和流行，人均期望寿命达到 77.47 岁。婴儿、5 岁以下儿童死亡率逐年下降，从 2008 年的 7.22‰、11.82‰下降到 2013 年的 6.01‰和 6.68‰，免费婚前医学检查率达到 100%。连续 6 年未发生孕产妇死亡，城乡居民主要健康指标达到中等收入国家水平。建成自来水厂（站）352 个，改水受益人口 13.1 万，受益率 95%。每个行政村至少建成一个以上农村公共厕所，1418 个自然村的 4.48 万户中已建卫生厕所 4.39 万户，卫生厕所普及率 98%。其中三格式无害生态厕所 2.7 万户，无害化厕所普及率 60%。

一　医疗卫生服务体系逐步健全和提升

1999 年，景宁建制乡镇卫生院 23 家，5000 人以上乡镇有卫生院 11 家，县人民医院 1 家，县城有 9 家个体行业医疗机构。但当时城乡医疗卫生条件相差巨大，县人民医院得益于香港爱国华侨沈炳麟先生的资助，专业医师队伍、医疗器械设备、医疗服务能力等方面都远胜乡镇卫生院，是一家大型的综合性医院，而大多数乡镇卫生院却因为"自收自支"的经营模式而生存困难，专业医疗治卫技人员流失严重，临时工占了全部乡镇卫生院职工总数的 78%，水平低下、条件简陋、管理混乱成了卫生院健康发展的桎梏。为彻底改变卫生院发展现状，从 2008 年起，景宁就致力于乡镇卫生院体制机制改革的探索，并于 2008 年底制定出台了推进景宁城乡社区卫生服务体系建设的实施方案和四个配套政策。主要内容概括起来就是"五定"①。2009 年，开始逐步推进乡镇卫生院体制机制改革工作，首先将情况最为复杂的鹤溪镇卫生院作为改革的试点，到 6 月，试点

---

① 一是定性，将景宁县所有乡镇卫生院定性为准公益性事业单位，并根据服务人口和地域性质分别转型为城乡社区卫生服务中心和站，突出"服务"功能，使乡镇医疗机构回归公益本质。二是定编，根据《浙江省城市社区卫生服务机构设置和编制标准实施意见》核编，共核定编制 230 人，并打破编制随人走的旧体制弊端，彻底解决十多年来编制不足、在编不在岗的问题。三是定人员，实行全员聘用制、人事代理制和合同管理制，逐步建立起能上能下，能进能出的用人机制。四是定保障，被聘任的在编人员人头经费按 70% 比例予以补助，年人均约 17400 元。对具有执业资格被聘用的临时人员，县财政给予每人每年 1.2 万元补助，被聘用的在编人员和退休人员社会保障经费中单位支付部分由县财政补助，人年均约 7500 元。五是定机制，在队伍建设机制方面规定每年向社会公开考录 10—20 名卫技人员充实到社区卫生服务机构，并且 2009 年起县属医疗卫生单位在编制范围内需补充人员的，除紧缺专业外，原则上定向从社区卫生服务机构公开选调。

工作顺利结束，改革工作开始面向全县推开。也正是在这段时间里，4月7日，中共中央国务院发布了医药卫生体制改革方案，对照全国医改方案，景宁乡镇卫生院体制机制改革工作正是其中的一项内容，从而更加增强了景宁完成这项改革的信心和决心。到2009年年底，景宁乡镇卫生院转型改制工作全面完成，原25个乡镇卫生院（分院）转型为11个社区卫生服务中心，22个社区卫生服务站，都定性为准公益性事业单位，统一了单位性质，达到了资源整合、优化配置、提高效率的目的。

到2013年末，全县设有各类医疗卫生机构106个，其中：政府举办公立医疗卫生机构26家，其中县直属医疗卫生单位6个，即县人民医院、疾病预防控制中心、妇幼保健所、卫生监督所、医疗卫生服务中心、爱国卫生运动委员会办公室，乡镇卫生院19个（辖设8个分院），社区卫生服务中心1个（辖设1个分中心，5个社区卫生服务站）；单位医务室5个；社会办医机构17个；村卫生室58个，村巡回诊疗点146个。共有医疗床位435张，每千人拥有医疗床位2.51张。卫生总资产达1.64亿元，净资产1.25亿元，拥有固定资产总值0.8亿元，专用设备总值0.68亿元，房屋面积56210平方米。各级公立医疗机构总收入1.99亿元（其中：业务收入1.65亿元），总支出1.84亿元。

二　医疗卫生条件不断改善

设县以来，景宁基层医疗服务能力不断增强，服务体系建设基本完成，卫生资源得以合理配置，服务能力有了质的提升，有力地保障了城乡居民的身体健康。作为浙江省农村医疗卫生服务体制机制改革试点县，省、市级规范化卫生院率达71%，村卫生室紧密型管理率100%。1984年，乡镇卫生院千元以上的医疗器械寥寥无几，配备30-50MA的X射线诊断仪的卫生院仅有3家。2010—2013年，共投入资金1808万元，基本完成了全县乡镇社区卫生服务中心（站）业务用房建设及基本医疗设备配置。截至2013年年底，所有乡镇卫生院（社区卫生服务中心）装备了B超、全自动血球仪、尿液分析仪、心电图机、半自动生化仪等医疗设备，其中7家较大乡镇卫生院还装备了彩色多普勒超声诊断仪、全自动生化仪、数字X线诊断仪。乡镇卫生院（社区卫生服务中心）年门急诊人次由1984年的9.5万人次增加到2013年的14.9万人次。自2009年启动医药卫生体制机制改革以来，县人民医院累计投入资金2340万元，完成住院楼改扩建工程和大型医疗设备的添置，极大改善了医院软硬件基础设施建设，并在 2011 年通过了二级甲等综合性医院的创建验收；2013 年 5 月，根据县人民政府和浙江大学医学院附属第一医院的合作协议精神，县人民医院还增挂浙医一院民族分院牌子。

三　基本公共卫生服务均等化积极推进

景宁不断加强公共卫生服务体系建设力度，着力提升疾病预防控制、卫生监督执法、妇幼儿童保健、爱国卫生和医疗服务能力。为切实加强基本公共卫生服务工作的领导，组建了包括县委宣传部、卫生、财政等多个部门分管领导组成的公共卫生工作委员会，下设办公室在卫生局。2009 年，景宁卫生局设置了公共卫生科，进一步强化公共卫生科的组织协调作用，有效推进疾控中心、卫生监督所、妇幼保健所对城乡社区卫生服务机构的业务指导和监督检查。同时健全并规范了乡镇责任医生及公共卫生联络员制度，不断完善县、乡（镇）、村三级公共卫生管理与服务体系，稳步提高城乡社区卫生服务机构的公共卫生服务水平。

三大类十二项基本公共卫生服务项目①深入开展。扎实开展两癌筛查、艾滋病梅毒乙肝母婴阻断、免费增补叶酸和住院分娩补助工作，不断完善农民健康体检工作制度。实施农民健康体检工作以来，累计体检 36 万多人次。截至 2013 年年末，景宁城乡居民电子健康档案建档率达到 83.7%；慢性管理率达到 87%，其中高血压和糖尿病的规范管理率分别为 91.5% 和 84.16%。

全科医生的服务模式全面推行。全面开展全科医师签约服务，深化服务内涵，截至 2013 年年末，以户为单位，全科医师签约率达 73.45%。

食品安全监管不断加强。1984 年卫生局下属的卫生防疫站负责全县食品卫生工作，当时业务用房 1400 平方米，配备了执法车辆和器材。

---

①　一是针对全体人群的公共卫生服务任务。为辖区常住人口建立统一、规范的居民健康档案。向城乡居民提供健康教育宣传信息和健康教育咨询服务。二是针对重点人群的公共卫生服务。为 0—36 个月婴幼儿建立儿童保健手册，开展新生儿访视及儿童保健系统管理。为孕产妇开展至少 5 次孕期保健服务和 2 次产后访视。对辖区 65 岁及以上老年人进行健康指导服务。三是针对疾病预防控制的公共卫生服务。为适龄儿童接种乙肝、卡介苗、脊灰等国家免疫规划疫苗。及时发现、登记并报告辖区内发现的传染病病例和疑似病例，参与现场疫点处理，开展传染病防治知识宣传和咨询服务。对高血压、糖尿病等慢性病高危人群进行指导，对确诊高血压和糖尿病患者进行登记管理，定期进行随访。对重症精神疾病患者进行登记管理；在专业机构指导下对在家居住的重症精神疾病患者进行治疗随访和康复指导。

2001 年 1 月，县卫生监督所与县卫生防疫站分设。2005 年，成立景宁畲族自治县食品安全委员会办公室，挂靠在县食品药品监督管理局。党的十八大之后，党中央、国务院对食品药品安全工作作出了一系列新的重要部署，对改革完善食品药品监管体制作出了重大决策，景宁的食品安全监管工作进入全新的发展时期。2012 年，景宁全面推行食品安全网格化管理模式；2013 年 6 月，根据省市机构改革的统一部署，将县食安办作为常设机构与县食品药品监管局合署办公；2014 年 3 月 14 日，景宁畲族自治县工商局和食品药品监督管理局合并，成立市场监督管理局。为保障景宁的食品安全，狠抓"四监管一整治"工作。一是开展农业投入品监管：从源头上做好农产品生产安全，至 2013 年年底景宁已通过"三品"认证企业 22 家，获得国家、省"三品"认证产品 38 个。二是加强配送环节的监管：以提高"万村千乡市场工程"配送率和配送面为切入点，加强配送环节的监管，2013 年新建行政村连锁便利店 12 家，直营店 8 家。三是加强流通环节的监管：严格执行食品流通许可、进货检查验收、不合格食品退市召回等制度，重点加强对农贸市场农产品的监管，2013 年新安装电子监管用户 10 家，累计总数达 29 家。四是加强餐饮环节的监管：严格餐饮服务许可管理，对无证餐饮单位采取分类管理，指导整改发证一批，劝说关停或转业一批，分流一批，取缔一批。五是加强专项整治：先后开展了"放心肉、放心奶、放心菜、放心油"专项等系列整治行动。通过努力，2011 年景宁成功创建成为省级食品安全示范县，2013 年景宁又成功创建省级餐饮服务示范县、省餐饮服务食品安全示范街，形成点、线、面结合，多层次、全业态的食品安全示范群体。

四　国家基本药物制度惠及民生

景宁为浙江省基本药物制度改革试点县，分别于 2010 年 2 月 25 日和 2011 年 12 月 26 日起在所有乡镇卫生院（社区卫生服务中心）、村卫生室实施基本药物制度，药品零差率销售。一是完善制度。景宁作为全省首批 30 个实施的县（市、区）之一，为确保国家基本药物制度的顺利实施，先后出台了《景宁县基本药物制度实施方案（试行）》《关于提高新型农村合作医疗门诊待遇的通知》及相关配套政策，实行基本药物"五统一"管理，即统一配备使用基本药物、统一集中网上采购、统一配送、统一组织结算和统一实行零差率销售。目前乡镇卫生院在统一配备使用307种国家基本药物基础上，省目录增补了150种，县目录增补了50种非基本药品，形成了基本药物和非基本药物供给体系。二是扩大基本药物实施范围。从2011年12月26日起，景宁在全市率先将纳入政府规划设置，并取得《医疗机构执业许可证》的53家村卫生室实施国家基本药物制度，实行药品零差率销售，实现基本药物制度在全县基层医疗机构全面覆盖。三是群众得到更多实惠。通过增加基本药物品种配备数、广泛宣传和药品配送质量评价、严格督查，使基本药物制度取得了显著社会效益。改革以来，乡镇卫生院门（急）诊人次较改革前增加了41%，药品费用降低了34%，门（急）诊人均费用降低了29%。

五　医疗卫生养老保障水平逐步提高

"合作医疗"发端于20世纪50年代，以村为单位成立"医药合作社"，村民靠"凑份"的办法互帮解决病困。后经不断发展，当地90%以上的大队办起合作医疗。到了20世纪80年代，农村集体经济发生重大变化，合作医疗缺乏集体经济的支持而跌入低谷。1999年，景宁畲族自治县制定出台了《景宁县农民合作医疗大病统筹实施办法》，并率先在东坑镇启动白鹤、桃源、深垟、根底岘4个行政村的农民合作医疗试点，4村总人口为1475人，参保804人，占总人数51%；当年实际报销人数109人，报销金额23757.36元（见表9－7）。①

表9－7　　1999年、2000年景宁县农民合作医疗大病统筹参保情况

年度	参合乡镇（个）	参保人数（人）	参保率	筹资情况（元）		实际报销人数（人）	实际报销金额（元）
				个人和集体	政府筹资		
1999（试点）	1	804	51%	17358	3160	109	23757.36
2000（扩大）	9	1185	37%	24987	1766	—	—

数据来源：《景宁畲族自治县1993—2002十年卫生发展纪实》。

进入21世纪后，新型农村合作医疗逐步实施。2004年，景宁畲族自治县成立由14个部门组成新型农村合作医疗管理委员会，把农

---

① 浙江省景宁畲族自治县卫生局：《景宁畲族自治县1993—2002十年卫生发展纪实》（2003年编），第81—82页。

村合作医疗列入乡镇年度目标管理考核，2004 年制定了《景宁畲族自治县新型农村合作医疗制度实施办法》《景宁畲族自治县新型农村合作医疗实施细则》，从 2005 年 1 月 1 日起实施，当年度筹资标准：所有对象以户为单位参加农村合作医疗，按每人每年 20 元标准缴纳，省、县财政对参加合作医疗的农村人口给予每人每年 20 元补助，合作医疗大病统筹基金每人每年为 40 元。2005 年修订了《景宁畲族自治县新型农村合作医疗制度实施办法》，从 2006 年 1 月 1 日起实施；同年，景宁畲族自治县按每个农业人口每年补助 3 元标准制定了低保、五保、特殊困难农民医疗救助政策；还对残疾人和计划生育家庭的新型农村合作医疗进行减免优惠。2009 年新型农村合作医疗的筹资标准提高到每人每年 140 元（其中：个人每年缴纳 35 元，县财政每人每年补助 41 元，中央、省财政补助 64 元）；到 2010 年 12 月底全县新型农村合作医疗保险参保人数为 127281 人，参合率达到 95%，当年度共收取新型农村合作医疗统筹基金 2532 万元，支出基金 1923 万元，当年结余 609 万元，累计结余 1749 万元。

表 9-8　　　2005—2010 年景宁县新型农村合作医疗政策实施概况

项目	参合率（%）	参合农民住院（人次）	总治疗费用（万元）	新农合报销住院医药费（万元）	县级财政人均年补助标准（元）	农民自筹标准（元）
2005	41	1660	—	195.28	20	20
2006	77	4145	—	447.98	20	20
2007	84	1657	842.65	186.11（1—5 月）	40	20
2008	92	4742	—	755.9（1—11 月）	80	20
2009	94	4216	—	746（1—8 月）	105	35
2010	95	7435	5496.98	1754.15	130	50

资料来源：《景宁畲族自治县卫生志》。

景宁是丽水市首个实现医疗保险"城乡一体化"的县市。2010 年 6 月 3 日，景宁畲族自治县制定了《景宁畲族自治县城乡居民社会养老保险实施细则（试行）》，基本实现了养老保险制度的全覆盖，标志着景宁已建立了覆盖城乡居民的社会保障体系。同年 11 月出台了《景宁畲族自治县城乡居民医疗保险试行办法》，率先对原城镇居民基本医疗保险和新型农村合作医疗两项制度进行整合，完善覆盖城乡居民的基本医疗保障体系，建立了统一的城乡居民医疗保险制度，成为丽水市首个实现医疗保险"城乡一体化"的县市。重点调整了参保对象、筹资标准、报销比例、提高最高支付限额等内容，完善覆盖城乡居民的基本医疗保障体系。取消了城乡户籍差异，凡具有景宁户籍除了已参加城镇职工基本医疗保险外的城乡居民统一参加城乡居民医疗保险。逐步扩大和提高门诊费用报销范围和比例，推行门诊统筹制度，政策范围内住院报销比例提高至60%，最高支付限额为10万元，提高保障水平。根据在校学生的特点，特设了在校学生医疗保险制度，为在校生建立了风险补助。加大对少数民族的政策倾斜与扶持力度，新增加了对少数民族参保对象进行缴费补贴。2012年为深化国家医改政策，健全补偿基层医疗机构实行药品"零差价"的销售政策，城乡居民医疗保险增设门诊就诊一般诊疗费10元/人次并按70%补偿。住院医疗费用在政策范围内的，报销比例提高到70%；并全面提高儿童白血病、儿童先天性心脏病、终末期肾病等20种重大疾病医疗保障水平工作，在现行城乡居民医疗保险报销比例基础上提高10%。2013年进一步完善城乡居民医疗保险制度，提高成年人在社区卫生服务机构报销比例到75%；为维护患重大疾病人员的医疗保障，建立了重大疾病高额补助制度。从征缴资金中按每人每年10元标准建立重大疾病医疗补助基金，超过统筹基金支付限额以上医疗费用补助，补助比例为50%，最高补助限额为5万元，当年最高报销封顶为15万元。截至2013年12月底，当地城乡居民医疗保险参保人数达139160人，参保率达到96%。

从2014年1月1日起，全县城乡居民医疗保险实现市级统筹，为健全多层次医疗保障体系，建立了大病保险制度，对符合医保政策范围内的医疗费用，个人累计自负超过2万元部分，由大病保险基金按50%比例支付，年度最高支付限额为10万元，当年最高报销封顶提高到25万元。市级统筹后当地仍然保留了少数民族群众等一些特殊群体的参保优惠政策。

表 9 - 9　　　　　2011—2013 年景宁县城乡居民医疗保险政策实施概况

项目	参保率（%）	城乡居民住院（人次）	住院医疗费用（万元）	医疗基金报销支付（万元）	县级财政人均年补助标准（元）	城乡居民自筹标准（元）
2011	95	9567	6916	2991	215	100
2012	95	13119	11227	5843	260	100
2013	96	14532	13000	6893	320	130

数据来源：景宁畲族自治县社会保险事业管理中心 2011—2013 年统计报表。

　　此外，景宁还不断完善医疗救助体系，专门制定了《关于进一步完善城乡居民医疗保险制度的通知》（景政办发〔2011〕110 号）及《关于提高儿童两病医疗保障水平和农村重大疾病医疗保障试点工作实施方案》（景人社〔2011〕0053 号），对一些特殊的群体进行救助。

表 9 - 10　　　　　景宁畲族自治县 2010—2013 年医疗救助情况

项目	患有重大疾病医疗救助（人）	救助资金（万元）	为城乡低保户、五保户、优抚、少数民族等对象代缴医疗保险和新农合参保金（万元）	对先天性心脏病儿童治疗提高待遇（人）	对终末期肾病治疗提高待遇（人）
2010	—	—	80	—	—
2011	—	—	230	—	—
2012	102	119	290	3	40
2013	228	372	378	6	56

六　公立医院改革稳步实施

　　2012 年 12 月 15 日启动公立医院综合改革，实现了药品零差率销售，同步调整医疗服务收费价格，合理增加财政投入，破除以药养医机制。截至 2013 年 12 月底，景宁县人民医院按要求配备基本药物品种数为 296 种，占比为 64.70%，基本药物销售额占药品总销售额的比例为 18.6%。实施电话预约诊疗，实施临床路径 24 种，全部病区开展了优质护理服务。门诊就诊 351214 人次，住院人数 12905 人次，床位使用率 95.15%；入院与出院、术前与术后、临床与病人诊断符合率都在 99% 以上。门诊人均费用 141.76 元，住院均次费用 7214.89 元，较 2012 年同期分别增长 2.33% 和 2.97%。

七　卫生人才培养成效显著

2000 年以来，随着经济社会的飞速发展，卫生事业也实现了跨越式发展，医疗卫生队伍不断发展壮大，卫生人才整体素质显著提高。从 2009 年起，景宁开展了新一轮医药卫生体制改革，在人事制度上实行卫生院院长（中心主任）竞争上岗、一般干部双向选择，编外人员规范管理。全部人员实行岗位聘用、合同管理，初步建立起能上能下、能进能出的人事管理机制。2009—2013 年共招录卫生技术人才 196 人，其中面向畲族招录 10 人。2009—2013 年，定向委培全科医生、临床医学、预防医学、护理 4 个专业共 51 人，其中畲族 5 人。累计培训全科医生、社区护士和其他医技人员 1685 人次。

景宁现共有医疗卫生人员 728 人（其中：编内 541 人，编外 187 人），注册医师 447 人（其中：执业医师 301 人、执业助理医师 146 人），注册护士 219 人，注册乡村医师 64 人，全县每千人拥有医生 4.21 人。

2004 年以来，全县医疗卫生人才队伍总的表现为：卫技人才总量更加充实，临时聘用人员逐年减少；高级职称人才从 8 人增加至 73 人，中级职称从 84 人增加至 220 人；高学历人才比例不断提高，特别是既懂专业又善管理的复合型人才增长到 33 人（如表 9-11 所示）。

表 9-11　　　　　　　景宁畲族自治县医疗卫生人才情况统计

类别	2004	2006	2008	2010	2011	2012	2013
卫技人员	609	498	460	476	508	763	872
高级职称	8	12	11	18	39	59	73
中级职称	84	115	115	123	119	219	220

八　中医药（畲医药）稳步发展

新中国成立前，群众就医主要以中医为主；新中国成立初期，西医逐步得到发展，到 1993 年底，景宁所有卫生院均设中医科，开展各种中医医疗业务。1997 年，乡镇卫生院设中医病床 15 张，中医生数计 65 人。2006 年，中医药情况调查统计显示：全县 24 个乡镇卫生院中设中医科的有 16 个，有 8 个乡镇卫生院未设中医科，中医类别医师 58 人，其中，执业医师 31 人，执业助理医师 27 人。2009 年 4 月，根据浙江省卫生厅的文件精神，29 名原无医师执业资格人员，经上报审核并考试通过，确认具备执业（助理）医师资格，类别为中医。截至 2013 年年末，全县注册中医类别执业医师有 89 人，其中，执业医师 67 人（含师承 25 人），执业助理医师 22 人（含师承 9 人）。到 2013 年年底，20 家乡镇卫生院（社区卫生服务中心）中能开展各种中医医疗业务的只有 6 家。21 世纪，畲药产业稳步发展，目前景宁累计建成厚朴基地 5.9 万亩，是国内较大的厚朴生产基地，厚朴年产量 5000 多担，约占全国总产量的 30%；东坑镇深垟村有"食凉茶"栽培基地；大均乡李宝村有金银花栽培基地；标溪乡何庄村的农民长期栽培元胡、白术等中药。2008 年，畲族医药列为第二批国家级非物质文化遗产名录，2009 年，畲医畲药获首届中国（浙江）非物质文化遗产博览会铜奖，雷建光被评为省、市非物质文化遗产（传统医学）项目代表性传承人。由于畲医药主要以外伤、骨伤、蛇药为主，但随着传承人越来越少，一些治疗偏方面临失传境地。

九　民族医院建设加快进程

随着城镇化建设步伐加快，人口逐步向城镇和交通便利的地方集中，群众对公共医疗卫生资源的需求日益加剧。21 世纪以来，虽然医疗卫生事业有了较大的发展，但现有医疗环境、规模、数量仍不能满足社会的需求，特别是县人民医院现在的住院人次与设县时相比，住院病人增加了 10 倍，门诊量增加了 8 倍，病房经常处于超负荷运转的状态。由于医院处在县城中心交叉地段，已无拓展空间，容量与需求的矛盾日渐凸显，群众反映较为强烈。

为此，景宁于 2012 年启动民族医院（县人民医院迁建）项目前期工作，2013 年进入实施阶段。项目建设规模为 800 张床位，总投资 5.225 亿元，一次规划，分期实施。民族医院建设新址位于景宁县城北鸭蛋坑区块（人民北路以东、凤凰路以北、鸭蛋坑路以南，东面为预留发展用地），总用地面积 133400 平方米，其中一期用地面积 68034 平方米，建筑面积约 66000 平方米，建设内容包括门诊楼、急诊楼、医技楼、住院楼及相关配套设施等。一期投资估算 3.3 亿元，建设 550 张床位。二期拟建 250 张康复床位，建设用地面积 98 亩，建筑面积 30000 平方米，二期概算投资 1.9 亿元。建设周期 4—5 年。

民族医院的建设将有助于景宁形成诊疗、养生、保健、康复和畲医药研发为一体的民族医疗、科研服务体系，是景宁民族医药卫生工作新的跨越，为开创民族医药卫生事业新格局打下扎实基础。

十　困难与问题

近年来，景宁医药卫生工作取得了较大成效，但仍然存在一些困难和问题，主要表现在以下三方面。一是医疗资源配置不合理。由于优质医疗资源主要集中在县城，基层医疗卫生机构医技水平偏低、编制少，群众对基层医师信任度不高，导致分级诊疗、双向转诊未能真正实现，县、乡、村三级医疗系统未能得到均衡发展。二是卫技人员技术水平不高。主要表现在人才总量少，专业结构不合理，比如中医少，基层卫生院检验、影像等专业更少。同时，村医知识结构老化，年龄结构偏大，业务能力普遍较低，存在医疗风险隐患，群众无法放心就近就医。三是群众满意度未能明显提高。随着经济的发展，群众的健康需求与基层的服务理念、服务水平的矛盾日渐凸显；群众的用药观念与医改推行的基药制度，倡导的健康理念存在很大差距；绩效考核体系没能得到根本性突破，新的"大锅饭"现象依然存在，卫技人员积极性和主动性没能充分发挥等，导致群众对医疗机构的满意度未能明显提高。

十一　对策及建议

一是在体制机制创新上下工夫：建立以病人利益为导向的分级诊疗工作机制。实行当地医疗机构首诊制，除危急患者需要采取紧急措施以及手术病人复诊、急诊和特殊情况外，参保人员未经转诊，自行到县域外医疗机构就诊的其医保报销比例要在原有基础上明显下降；在绩效考核方面，探索绩效考核体系的建立和绩效工资分配机制的调整，建立科学、合理、量化的绩效考核体系，并以此为手段引导广大管理人员和一线卫生工作者形成积极向上、求真务实、积极热情的工作作风，创建既有竞争又充满和谐的工作氛围；以国家第二批公立医院改革试点为契机，进一步完善医院经济运行、内部管理、上下联动协作、人事管理激励等机制。二是在加强人才培养上下工夫，抓住浙一专家团队入驻县医院的有利时机，充分发挥浙一专家团队优势，用足其资源，带动学科建设，增强自身内功实力；引导卫生人树立正确的价值观和良好的职业道德，转变新时期卫生工作服务意识和服务模式，缓解与群众日益增长的健康需求；加大人才引进和队伍的教育培训，提高卫技人员的专业水平。三是在提质增效上下工夫，以医疗质量为核心，狠抓重点科室、重点医疗环节、重点医疗不良事件的分析和整改，完善制度，提高安全诊疗水平；完善卫生信息网络平台，实现电子病历、健康档案等医疗信息共享；创建规范化卫生院，提升基层卫生的综合服务水平。四是开展牵手社区（乡镇卫生院）活动，带动社区、乡镇卫生院发展。

21 世纪初期景宁卫生工作得到了大跨步发展，随着医药卫生体制改革的不断深入，以及民族卫生工作的持续强化，畲乡景宁的卫生事业将不断发展。

第三节　民族科学技术事业的发展

新中国成立前，景宁科技事业以农业试验为主，1916 年曾设立农事试验场，1949—1984 年，先后建立了科技研究所、病虫情报所、林科所、良种场、种子推广站等科研单位。景宁畲族自治县设县后，科研单位剧增，达二十多家，主要为民办科研单位。但由于人才资源稀缺和经济发展水平条件的限制，科研水平较低，主要为农业耕种技术的传播和国家推广的新技术的复制，鲜有自主创新技术的研发与推广。步入 21 世纪，景宁充分发挥科技"引进创新，示范推广"的主力军作用，着力引进开发应用新技术，加快运用先进技术改造提升传统产业，在促进经济转型升级，支撑经济社会快速健康发展发挥了重要作用。自 2000 年以来，景宁民族科学事业取得很大成绩，先后被评为全省科技工作先进 5 次，全省科技宣传与普及工作先进 4 次，全省县（市、区）防震减灾工作先进 3 次，全市科技工作先进 5 次，全市实施科技富民强县工程先进 1 次，全县目标管理综合考核工作创新奖 3 次。

一　政策引领，推动科技创新

景宁为推进科技创新与科技进步，先后出台了《关于加快科技进步推进经济增长方式转变的意见》（景委〔2006〕16 号）、《景宁畲族自治县专利示范企业认定管理办法》（景政办发〔2007〕134 号）、《景宁畲族自治县科学发展奔小康行动计划》（景政发〔2009〕44 号）、《关于加快工业经济和总部经济发展的若干意见》（景委〔2013〕11 号）等系列科技发展扶持和优惠政策，建立健全了党政领导科技进步目标责任制。而且，在浙委〔2008〕53 号、〔2012〕115 号专门扶持景宁加快发展的文件精神指引下，省科技厅先后为景宁出台了《关于科技帮扶景宁畲族自治县加快发展的意见》《关于扶持景宁畲族自治县科技进步的复函》两个专项帮扶文件，建立了省厅主要领导和分管领导联系景宁科技工作的制度，省厅农村处作为主要责任部门，每年至少一次赴景宁听取科技工作的意见，研究协调景宁科技发展中的重大事项。这些政策的出台，为景宁县的科技进步与发展赋予了强大的的动力支撑。

二 人才保障，夯实创新基础

景宁高度重视科技人才培养工作，先后出台了《关于进一步加强景宁县人才队伍建设的意见》《关于进一步加强党政人才队伍建设的意见》《关于进一步加强专业技术人才队伍建设的意见》等政策文件，从整体上、宏观上把握景宁人才队伍建设的方向和目标。同时还出台了《加强高层次人才队伍建设的若干意见》《高层次人才政府岗位津贴实施办法》《高层次人才培养资助实施办法》《高层次人才住房保障实施办法》的"1＋3"文件，进一步健全高层次人才政策体系，增强县域吸引和集聚人才能力。2012 年以来，还提出了"助力畲乡·人才工作室"建设的模式探索和制度创新，进一步促进人才的引进与人才作用的发挥。

同时也鼓励企业加强人才队伍建设，对于成功申报和引进国家、浙江省"千人计划"和"绿谷精英"人才的企业，专门给予奖励。

科技特派员是景宁科技服务人才的突出代表，省科技厅在科技特派员方面给予了景宁大力帮扶，为景宁派驻了 22 名省级科技特派员，率先在全省实现了省级科技特派员的乡镇全覆盖。科技特派员围绕县委、县政府的"农民增收六大目标"和"全面小康六大行动计划"要求，组建了科技特派员团队开展科技帮扶，技术支撑了高山冷水茭白、中药材、稻田养鱼等优势产业的发展，"十一五"期间，共实施科技特派员再创业项目 70个，引进与推广新品种 120 个、新技术 180 项，建立了科技特派员示范基地 22 个、面积 11000 亩，开展技术培训 80 期，培训人员达 10000 人次以上，引导和规范新型经济合作组织 22 个，带动辐射农民达 5 万人。通过科技特派员的带动，科技助推能力也日益增强，成绩显著。2005 年、2007 年、2008 年、2009 年、2010 年、2011 年六个年度被省委、省政府授予省级科技特派员管理先进单位荣誉称号，1 名科技特派员荣获全国个人先进，2 人荣获省功勋科技特派员称号，1 人荣获省突出贡献科技特派员称号。

三　项目推动，提升科技服务水平

项目的申报与实施是推动景宁科技事业发展的重要载体，是科技支撑县域经济发展的主要抓手。"十一五"期间，景宁共实施各级各类科技项目 298 项，其中部省级项目 105 个、市级项目 21 个，争取到上级项目经费 1998 万元，比"十五"期间分别增加 210%、57% 和 487%。共有 94 个国家、省、市级和 152 个县级项目通过评审验收，项目到期验收率达 98%，比"十五"期间提高 22%。依托项目实施，引进推广先进实用新技术 236 项，实施国家、省级农业成果转化项目 8 项，建立科技示范基地 22 个。"十一五"以来，统一规范了惠明茶品牌，攻克了惠明白茶白玉仙茶繁育、惠明茶产地标准、白术产业发展的病害防治、大球盖菇栽培基质本地化、稻田养鱼产业化进程等一批关键共性技术，推进了惠明茶、稻田鲤鱼、食用菌等产业系列产品开发进程，延长了产业链，取得了"惠明白茶罩袋增湿法"、"灵芝复合茶系列产品的研制与开发"等一批具有原创性、带动性、产业化前景广阔的科技创新成果，提升了传统优势产业的市场竞争力。

截至 2013 年年底，景宁争取省部级科技项目 236 项，争取项目经费 3998 万元，基本突破了过去由于科技投入不足制约景宁科技发展的瓶颈问题。特别是争取到两轮国家科技富民强县专项行动计划——惠明茶产业化开发项目，项目补助经费 640 万元，是景宁设县以来最大的科技项目，通过专项行动计划的实施，全面提升了景宁惠明茶产业整体水平和核心竞争力，成为景宁最具区域特色和比较优势的支柱产业。

四　制度激励，启动创新引擎

为鼓励和支持企业研发和引进高新技术和产品，景宁结合县域经济发展水平和现有财力，制定了各类奖励激励措施，尽力激发科技创新潜力。

一是对高新技术企业的奖扶。被认定为国家、省、市农业科技企业的（含科学技术成果），分别奖励10万元、3万元和1万元。被认定为国家、省、市高新技术企业的，分别奖励20万元、5万元和2万元；其中国家级、省级以上的，自认定之年起二年内缴纳的税收收入地方所得部分，国家级的按100%、省级的按70%奖励给企业，后五年按前二年奖励比例减半执行（省科技型中小企业参照执行）。

二是对高新技术产品的奖扶。省级以上高新技术和技术创新产品（含发明和实用新型专利产品）单项销售收入5年内首次年销售收入达到500万元和1000万元规模的，分别奖励5万元和10万元。被认定为国家重点新产品、国家新产品（含国家级技术创新项目）、省高新技术产品（含省级技术创新项目和省级新技术、新产品）、市高新技术产品，并投入批量生产的，分别奖励10万元、6万元、3万元和1万元。

三是对高新技术项目的奖扶。引进国家和省级高新技术和技术创新产品项目（含发明专利）在景宁产业化的，项目投产三年内，单项销售收入首次达到1000万元的，按技术转让费的20%额度给予奖励，该项目奖励总额不超过50万元。鼓励企业设立各类研发中心、技术中心、质检中心，被认定为国家级、省级和市级的，分别奖励20万元、10万元和2万元。

四是对专利企业和产品的奖扶。被列入省、市、县专利示范企业的，分别奖励5万元、2万元、1万元。获得国外发明、国家发明、实用新型和外观设计专利的，分别给予4万元、2万元、5000元和1000元的奖励（一项专利限一次奖励），属于职务发明的，其发明人所得不少于50%。

五是对企业技术改造的奖扶。对应用节能新技术、新产品改造高耗能工艺设备，投资在20万元以上的项目，竣工验收后，按设备投资额的2.5%给予一次性补助；对开展合同能源管理（EMC），实行节能改造，且技术先进、节能效果明显的技改项目，按设备投资额的5%给予补助，其中补助资金的50%给予合同能源管理服务机构，补助资金的50%给予节能应用单位。每家企业当年最高补助额不超过20万元。景宁县每年还筛选、包装项目向省经信委申报工业转型升级财政专项资金项目，重点扶持景宁战略性新兴产业和装备制造业，促成企业做强做大，推进产业结构调整。

制度的激励推动了技术创新的深入实践，截至 2013 年年底，景宁申请专利 607 件，授权专利 488 件，培育国家高新技术企业 2 家，市级高新技术企业 3 家，省农业科技型企业 6 家、省专利示范企业 1 家，市专利示范企业 3 家，高新技术产业增加值占工业增加值的比重达 3.22%。

五　科技助农，传统农业绽现新生机

景宁科技特派员们结合当地实际，创新"四大运行模式"，深入一线为"茶、菌、菜、竹、药材、油茶"产业开展科技服务，有力助推了畲乡农民增效致富。

一是"科技特派员 + 企业 + 农户"运行模式。该模式以涉农高校、科研院所为技术依托，农业企业、农业科技企业为龙头，带动周边农民参与。如浙江省农科院的郭方其，从 2003 年到 2009 年在景南乡任科技特派员期间，成立了"景宁华丰生态农业发展有限公司"和"高山花卉省级星火技术服务中心"，发展百合种球生产，并创立了"香水百合"品牌，组织举办培训班 15 期，培训农民 700 多人次。2009 年生产反季节东方百合切花 50 万枝，繁育东方百合种球 100 万粒，切花品质明显提高，产品大量销往杭州和上海等地，种植户每亩纯收益达 5000 元以上。

二是"科技特派员 + 协会 + 农户"运行模式。该模式是通过科技特派员牵头组织农民专业技术协会，农民以股份制形式参加。如浙江省农科院的科技特派员叶琪明在入驻的大漈乡组织成立了"景宁县大漈雪松茭白专业合作社"，先后建立了高山茭白新品种引进与规模化中试科技示范基地 7 个，示范基地主要开展新品种引进和试种。2009 年，该乡的茭白种植面积从 2004 年的 11 亩发展到 5000 余亩，仅此一项就创收 2000 多万元。此外，特派员还帮助该合作社注册了"雪松牌"商标和"无公害农产品"标识的认证，目前已发展社员 300 人。

三是"科技特派员 + 种养大户 + 农民"运行模式。该模式是科技特派员通过培育一批种养科技示范大户，培养一批科技致富带头人，辐射带动周围农户致富的"科技入户模式"。如浙江理工大学副教授姜永厚，2009 年在大均乡建立了中药材规范化种植示范基地。他引进浙贝、元胡、白术种植技术，其中李宝村的 2009 年度浙江省科普惠农兴村带头人、县科技示范户雷刘东专业户试种了浙贝、元胡 30 亩，净赚 8 万元。

四是"科技特派员 + 示范基地 + 农户"运行模式。该模式以科技特派员创建的示范基地作为科技成果展示平台，辐射带动周边农民创业增收。如浙江省中药研究所江建铭高级工程师在景宁梧桐乡先后建立了"千亩中药材产业示范基地"和"厚朴优质苗繁育科技示范基地建设"，引进了浙贝、元胡、白术、金银花、铁皮石斛等新品种植技术。2007年在"浙江省首次农业特色优势产业强县强镇（乡）评比"中，梧桐乡被省政府认定为全省七个"药材强乡"之一，实现了从"厚朴之乡"到"药材强乡"的跨越式发展，中药材产业真正成为梧桐乡农民增收致富的主导支柱产业之一。2009年全乡实现产值近1010万元，占农业产值的22.5%，新增利润约430万元，增加农民人均纯收入740元，占农民总收入的17.2%。

六　深入推广，畲民积极实践新技术

景宁先后投入100多万元完善了景宁科技信息网、中国浙江网上技术市场——景宁分市场、中国星火计划景宁农村信息网三个科技信息网站设施建设，建立了22个乡镇农村科技远程教育视频中心系统，每年培训农民2000多人次，依托各类项目培养有国家职业资格证书技术人员219名，全民科学素质普遍提高，农业新技术也得到了广泛的推广和应用。

（1）加强农技推广体系建设。2008年景宁全面开展构建新型农技推广体系工作，制定出台了《关于深化"三位一体"基层农业公共服务体系建设的实施意见》（景政发〔2011〕19号），理顺了管理体制，科学合理设置了机构，在景宁19个乡镇、2个街道建立了"三位一体"农业公共服务机构，将人员及工作经费纳入财政预算，实行全额管理。经试点建设后，2012年开始全面推进基层农业公共服务中心建设，到2013年年底全县21个乡镇（街道）全部完成了基层农技推广基础设施条件建设；建成示范性基层农业公共服务中心3个（澄照乡、鹤溪街道、标溪乡），建成非示范性基层农业公共服务中心9个。

（2）加强农民科技培训。21世纪以来，农民培训呈现一些新的特点：内容从单一的农作物栽培管理技术向农业产业结构调整、农业标准化生产、农业信息化、生态循环农业、农村劳动力转移技能培训等多元化方向扩展；培训对象涵盖了农民、合作社、企业、下山脱贫农民、妇女等；组织培训部门除了农业、林业、水利等职能部门外，县扶贫办、人事社保局、县妇联、团县委、县关工委、县科委、县残联等许多部门也积极参与。深入开展定向培养基层农技人员和现代农业领军人才的培养，从2012 年开始与浙江农林大学合作每年定向培养基层农技人员 4 名，到各乡镇农技站空缺岗位工作。在新型农民培训基础上，遴选一批杰出职业农民（现代农业领军人才）选送到农业高等学校进行高级研修，每年 3—4人。办好农业中专学历教育，对初、高中毕业生和返乡农民工进行农村创业培植，支持农业创业人才学历教育。2000—2014 年已招生农广校学员500 多人，毕业学员 452 人，职业技能鉴定 225 人。深入推进"千社千顾问"活动，组织开展冬春农业科技大培训，实施"农村劳动力素质"培训和"新型农民培训"，努力提高农民使用农业科技的素质和能力，年举办各类农业技术培训班 100 多期，培训新型农民 2800 人，农村实用技术培训 1.2 万人，培育科技示范户 800 户。

（3）积极推广农业科技项目。21 世纪以来，景宁农业局先后组织实施了"农业丰收"项目，省、市农技推广基金会项目，浙江省农技推广项目。其中：2004—2014 年省基金会扶持项目 13 个，共 42.7 万元，市基金会扶持项目 15 个，共 31.8 万元。2011 年由自强稻田专业合作社实施的"稻—鱼"种植模式，经验收亩收超万元，得到了省委葛慧君副省长的批示——"千斤粮、百公斤鱼、万元钱的生态种养模式值得推广"。是丽水市稻田养鱼生产经营模式转型的一个成功范例，对丽水市乃至浙江省稻田养鱼产业的发展都产生了积极的影响。2000—2014 年省农技推广项目共 56 项，下达资金 280 万元。2000—2014 年实施市"农业丰收"项目共 48 项，获市二等奖 17 项，三等奖 31 项。

（4）深入应用农业新技术。一是在种养技术方面，水稻栽培实施了"千斤粮万元钱"种养综合集成技术[①]、单季晚稻"五改"技术、水稻强化栽培技术和稳粮增效生产模式等；茶叶栽培实施了无性系良种化新茶园密植速生技术[②]、茶叶清洁化生产技术、多茶类开发技术[③]、机采及色选配套集成

[①]　第一，水稻或玉米、大豆、马铃薯等鲜食杂粮作物为一季作物。第二，搭配菜、药、食用菌等高效作物或稻鸭、稻鱼等共生共育种养生产模式。第三，遵循种养结合、粮经结合、水旱作物轮作、农业废弃物循环利用等原则。第四，实现亩产千斤粮万元钱或吨粮五千元目标。

[②]　第一，选用安吉白茶、龙井 43、金观音等无性系品种。第二，开垦 40×40 种植沟施足底肥后回土。第三，大行距 1.5 米，小行距 0.4 米，株距 0.2 米双条密植，亩用苗 4000—6000 株。

[③]　第一，选用龙井 43、白茶、金观音等无性系品种。第二，根据茶厂自身情况配备扁形名茶、螺形名茶、香茶及乌龙茶、红茶等多茶类生产线或机具。第三，根据市场需求，春茶早期生产扁形、螺形名优茶绿茶、春茶中后期及夏秋茶生产半烘炒机制丽水香茶为主体，根据茶园品种和市场订单适时生产部分乌龙茶和红茶。

技术、茶园生物物理综合防控病虫害技术[①]、茶叶统防统治技术等；蔬菜栽培实施了蔬菜安全高效生产技术、蔬菜水肥一体化微蓄微灌技术、稻菜轮作栽培技术、蔬菜多茬高效栽培模式及配套技术、山地蔬菜生长季避雨栽培技术等；食用菌栽培实施了花菇高效立体培育技术[②]、中温型香菇L808栽培技术、反季节高温香菇栽培技术、无棚架袋栽黑木耳技术、竹菌复合高效栽培技术等；水果栽培实施了提质增效综合技术、设施栽培技术、柑橘精品栽培技术、矮化栽培技术、果园反光膜运用技术、采后商品化处理技术等；禽畜养殖实施了农牧结合生态循环养殖技术、畜禽养殖自动化喂料装备及技术、牛羊等草食动物高产养殖技术、林茶果园养鸡技术等（表9-12）。

表9-12　　　　　　　　　　　景宁县禽畜2013年主推品种

序号	禽畜	主要品种
1	生猪	长白猪、大约克、杜洛克及杂交商品猪；碧湖猪、太湖猪及杂交组合
2	家禽	鹊山鸡、绿壳蛋鸡等土蛋鸡；三黄鸡、麻鸡、仙居杂交鸡；缙云麻鸭、白麻鸭、番鸭；浙东白鹅、灰鹅
3	羊	波尔山羊、南江黄羊、黑山羊、长江白山羊及其杂交品种、湖羊
4	牛	黄牛及其杂交品种、温岭高峰牛
5	兔	獭兔、新西兰肉兔、比利时野兔、福建黄兔、中国白兔
6	蜂	意蜂、中蜂
7	特种动物	野猪、肉（蛋）鸽、钱江野鸭、梅花鹿、石鸡、山鸡、鹌鹑

　　二是在施肥技术方面，21世纪以来，施肥技术有了很大变化，从单一使用化学氮肥变为使用化学氮肥、复合（混）肥和推广实施沃土工程、测土配方施肥技术。尤其是测土配方施肥的大面积推广，通过对某一作物

---

　　① 第一，保护和利用捕食性天敌，如瓢虫、草蛉、蜘蛛、捕食螨等控制各种蚜类、茶蚜、小绿叶蝉及茶叶螨。第二，推广灯光诱杀技术。5—10月采用频振杀虫灯夜间开灯诱杀成虫，每20—30米为茶园挂放一盏。第三，推广黄板诱杀技术。5—11月用黄板诱杀假眼绿叶蝉。第四，利用有益微生物如苏云金杆菌、白僵菌、蚜霉、韦伯虫座孢菌、座壳孢菌等生物制剂防治茶树病虫。第五，推广应用植物源农药。大力推广应用天然除虫菊、苦参碱、印楝素等植物源农药防治害虫。

　　② 第一，花菇优良菌株选育和科学组合。第二，花菇高效立体培育技术的集成与示范。包括花菇培养基质优化、花菇菌棒安全越夏技术、花菇立体层架式培育及催蕾催花新技术等关键技术集成与示范。第三，制定和完善花菇高效立体培育技术规范，推行菇棚标准化改造。

在不同肥力的土壤上布置田间试验、以不施任何肥料的空白田产量来确定土壤肥力基础产量，和这一土壤中不同用肥水平下取得最高产量作为这一土壤可能达到的目标产量；或把当地某一作物前三年在正常的气候下已获得的平均产量再提高10%，作为今年的目标产量；继而选定最佳肥料品种与最佳肥料施用量进行科学合理施肥。三是农作物病虫害防治技术方面，防治技术从1984年以化学防治为主，逐渐更新推广农业防治、物理防治、生物防治、化学防治、综合防治、统防统治、绿色防控等不同作物、不同病虫害的节本增效的防控方法。特别是推广病虫害绿色防控技术，通过选用抗病良种、水旱轮作、健身栽培等措施，避免或预防病虫害发生，利用杀虫灯、色板、防虫网、银灰膜等物理诱杀、阻隔、趋避害虫，并达到"治虫防病"的效果，推广使用昆虫信息素与诱捕器、以螨治螨、稻田养鱼等方法，减少使用化学农药，禁止使用高毒高残留、国家禁用农药，科学合理使用农药；同时利用生草或留草技术，保护基地生态环境的生物多样性和生态平衡，以充分发挥自然因素的调节和控制作用，达到生态调控平衡。四是动物防疫技术方面，景宁县动物疫病防治技术是在坚持"预防为主、防重于治"的方针指导下，根据不同时期疫病的流行趋势和发展特点，采取并实施了免疫技术、综合防治技术、生物安全技术。同时，2013年，制定出台了《景宁畲族自治县病死动物无害化处理及监管试行办法》，加强设备建设和监管责任落实，进一步规范病死动物和病死动物产品无害化处理行为，促进了动物防疫工作朝着生物安全目标快速迈进。五是植物检疫防疫技术方面，景宁自1985年就正式设立了植物检疫机构，配备了专职植物检疫员，经过近30年的发展，植物检疫队伍得到壮大，检疫水平也得到很大提高。防控体系进一步健全，并根据工作内容先后制定了《景宁畲族自治县植物检疫性有害生物防控应急预案》《景宁畲族自治县柑橘黄病防控工作实施方案》《景宁畲族自治县重大植物疫情防控阻截带建设方案》《景宁畲族自治县加拿大一枝黄花防控方案》《景宁畲族自治县梨树疫病防控技术方案》《景宁畲族自治县梨树疫病冬、春季防控技术要点》等规章制度，有效防治了重大植物疫情的发生。

七　存在的主要问题

景宁的科技工作虽然取得了显著成效，科技在转变发展方式、提升发展质量、解决民生问题、促进社会和谐发展与畲族文化传承等方面发挥的作用越来越大，但在取得成绩的同时，也应清醒地认识到，景宁科技工作整体环境与国内科技工作先进地区相比还存在不少差距，一些不足之处也有待在今后的工作中进一步改善。

一是科技进步环境还有待进一步优化与完善。对科技工作与科技人才的重视、关心与支持力度还应提高，与省科技厅的科技帮扶对接潜力还应挖掘，财政科技投入还应增大，科技政策的落实力度还应加强，提高全民科技意识与创新氛围的科技政策、成果宣传力度还应强化。

二是科技进步对促进县域经济发展的支撑能力还有待进一步提高。企业科技创新能力薄弱，高层次科技人才缺乏，社会科技投入不足，自主创新载体建设滞后，科研机构不健全，产品科技含量与产业化程度不高，市场占有率低。

三是科技人才队伍管理与能力建设还有待进一步加强。高层次科技创新人才引进与培养机制未能形成突破性成效，科技人才的资源整合与科技人员创业创新意识能力还有待加强，科技人员创办的经济实体规模小、抗风险能力差，做大、做强、做新创业实体的魄力不够宏大。

四是科技服务信息化长效管理机制还有待进一步健全。科技"三网"信息化服务的网络维护、信息采集等作用发挥不够；"三级"科技服务网络未能覆盖全社会、全行业，影响了科技服务示范作用的发挥，科技服务信息化带动产业发展作用还应加强。

八　对策及措施

以科技创新为动力，以科技创新体系建设为重点，以关键共性技术研发、技术推广应用和科技成果转化为抓手，以促进特色产业技术进步和循环经济发展为突破口，支撑引领经济发展方式转变和产业结构调整优化，不断提高科技持续创新能力和综合竞争力。

一是坚持人才优先。突出高级技术人才、紧缺人才的引进、培养、使用，营造良好的创新创业环境。

二是坚持企业为创新主体。加强政府的宏观指导与政策扶持，引导企业加大科技投入，加强专有技术的研发，使企业真正成为技术创新的主体。

三是坚持自主创新。着力提高原始创新、集成创新和引进消化吸收再创新的能力，以引进创新和集成创新为重点，在原始创新上取得更大突破。

四是坚持科学可持续发展。开发应用资源循环利用技术，着力推进生态经济、特色经济的发展。

五是坚持借力发展。整合科技资源，构筑借力平台，拓宽合作渠道，建立完善的科技成果开发、引进与推广新机制。

六是坚持有所为有所不为。以高新技术发展为重点，围绕县经济社会发展目标，立足县域特色优势资源、优势产品和优势产业实现资源优势向经济优势的高效转换，着力在制约景宁县特色产业发展的关键技术和共性技术方面取得突破。

景宁科技事业的创新发展，推动了全县加快经济社会的繁荣与进步，2011 年，景宁顺利创建为"全国科技进步县"，开创出了科技工作新局面，为全面建设"安康幸福、景秀人宁"中国新畲乡提供了坚强的科技支撑。

第四节　畲族人才队伍的建设与发展

在 21 世纪初期，景宁畲族自治县还没有设立专门的人才管理服务机构，人才工作处于较为松散、落后的状况。2006 年 6 月，县委组织部成立人才工作办公室，为全额拨款事业编制；2009 年 7 月，人才工作办公室主任确定为高配副科级，标志着景宁告别过去人才工作无专门机构管理的状况，翻开了人才工作的新篇章。

一　人才队伍发展的基本情况

1984 年，景宁具有大中专以上学历或取得技术员以上业务职称的专门人才只有 829 人，其中大学本科毕业生只有 64 人，专科毕业生 129 人。截至 2013 年年底，共有各类人才 7358 人，其中畲族人才 559 人，占总数的7.6%。党政人才 1549 人，其中畲族人才 142 人，占 9.17%；专业技术人才3237 人，其中畲族人才 267 人，占 8.24%；企业经营管理人才 1112 人，其中畲族人才 96 人，占 8.63%；技能人才 1256 人，其中畲族人才 42 人，占3.34%；社会工作人才 91 人，其中畲族人才 9 人，占 9.89%；大学生村官113 人，其中畲族人才 3 人，占 2.65%（见图 9-2）。在高层次人才中（副高以上职称），纳入县委人才工作领导小组办公室管理有 246 人，其中畲

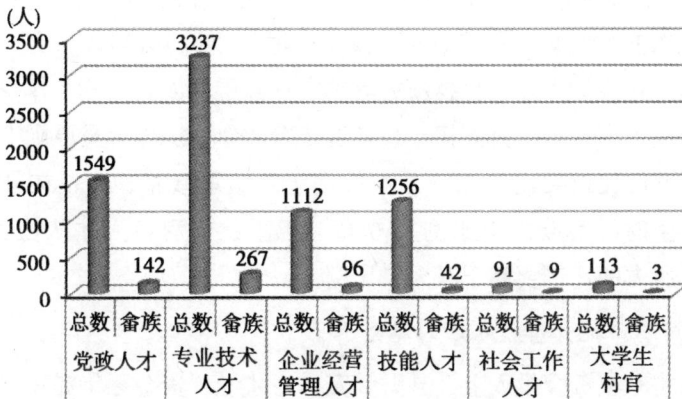

图 9-2 2013 年人才队伍情况

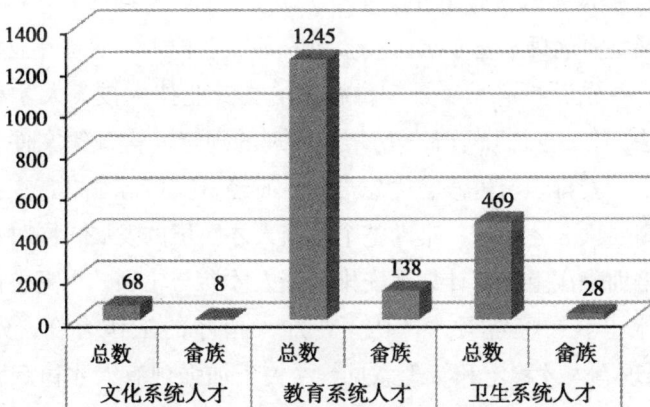

图 9-3 2013 年专业技术人才情况

族人才 10 人,占 4.1%。在党政人才领域中,科级干部 576 人,其中畲族 51 人,占 8.9%;处级干部 33 人,其中畲族 6 人,占 18.2%。在专业技术人才领域中(如图 9-3 所示),文化系统人才 68 人,其中畲族人才 8 人,占 11.8%;教育系统人才 1245 人,其中畲族人才 138 人,占 11.08%;卫生系统人才 469 人,其中畲族人才 28 人,占 6%。

二 加强畲族人才队伍建设的基本举措

(一)不断加大畲族人才的培养选拔力度

先后出台《关于建立党外干部、少数民族干部工作联席会议制度》

《关于进一步加强民族工作、深化少数民族经济社会发展扶持工作的意见》等政策文件，规定重点民族乡镇（街道）、部门必须按一定比例配备畲族干部，在拔尖人才、科技新秀等景宁县高层次人才培养工作中给予倾斜；县级机关事业单位公开招录公务员、事业单位工作人员原则上实际招录畲族干部的比例要高于12%；积极向上级争取政策，高校在景宁招收定向委培生时，畲族学生比例要占15%以上；在后备人才队伍建设中，畲族公民所占的比例要高于其人口比例。

（二）不断提升畲族人才的能力水平

在人才专项资金投入上，县财政安排人才专项资金逐年提高，特别是21世纪以来，从2007的15万元，到2011年的343.7万元、2012年的639.78万元，一直提高到2013年的1662.2万元，为畲族人才发展提供了资金保障。在人才队伍培养上，实施"才聚畲乡·系列人才品牌建设"计划，开展畲乡名师、畲乡名医、畲乡农师、名护士、后备专业技术人才选拔工作，并先后制定了《景宁畲族自治县专业技术拔尖人才和科技新秀管理办法》《关于加强干部学历培训管理的规定》等政策文件，通过提升学历水平、安排学习进修、优先给予科研经费支持等举措，在县级层面培育一批高层次人才队伍，带动整个畲族人才队伍的发展；同时，在县级各类主体培训班次上，有计划地安排畲族人才参与轮训，提高整体畲族人才的能力水平。在稳定人才队伍上，加大留才的工作力度，先后出台《关于加强现有人才稳定和管理意见》《关于加强现有人才稳定和管理的补充意见》等文件，以征收教育培训费等形式加强人才队伍管理和保持人才队伍稳定。

（三）不断强化畲族人才的待遇保障

2011年以来，景宁相继出台了《加强高层次人才队伍建设的若干意见》《高层次人才政府岗位津贴实施办法》《高层次人才培养资助实施办法》《高层次人才住房保障实施办法》《关于开展"助力畲乡·人才工作室"建设，推动人才工作科学发展的意见》等政策文件，对1—7类人才分别给予每月500—1万元的岗位津贴、每年3万—30万元的平台资助、5000—300万元的专项奖励、每月500—2000元的租房补贴或每年5—60万元的购房补贴等；通过刚性和柔性相结合、个人和团队相结合、个人和项目相结合的方式大力引进高层次人才，带动畲族人才的发展。

（四）培养选拔使用党政干部

近年来，景宁将培养选拔少数民族干部工作作为推进全县经济社会更好更快发展的战略性、基础性、系统性工程，深入把握少数民族干部成长规律，突出超前谋划、大胆选拔、重点培养三个关键，强化措施、健全机制、着力培养选拔能够推动科学发展、加快经济发展的少数民族干部队伍。目前，县处级少数民族干部6名、科级少数民族干部51名，少数民族党政干部队伍结构、专业知识结构、年龄结构得到进一步优化。

三　存在问题及对策措施

总的来说，自1984年设县以来，景宁的畲族人才队伍得到了前所未有的发展，人才总量稳步增长，人才素质明显提升，队伍结构持续改善，政策环境不断优化，初步形成了一支门类比较齐全、具有一定整体实力的畲族人才队伍，为景宁县经济社会又好又快发展提供了强有力的人才保证和智力支持。但同时也应看到，在各地人才争夺愈加白热化，人才流动愈加频繁的今天，景宁畲族人才工作也面临挑战：一是引进难，特别是高层次人才引进更难，因景宁目前还没有大型企业，没有形成产业集群带，适合高层次人才创业、就业的平台没有完全成熟，大平台的提供不到位，对一些优秀的畲族人才回流不具有吸引力；二是留人才难，特别是教育、卫生行业，受发达地区优质的教育卫生资源、良好的经济待遇感召，外流的人才较多。针对以上问题，景宁将大力优化人才发展环境，吸引更多优秀人才到景宁创业、服务；全面优化人才培育与发展的系列政策措施，提高保障待遇，使人才引得进、留得住；同时着力加强各行业人才队伍建设力度，不断提升知识结构和能力水平，使本土人才得到更好的挖掘与发展。

第十章

景宁的生态文明与可持续发展

第一节　环境保护和省级生态县创建

　　景宁畲族自治县地处浙南山地中部，洞宫山脉自西南向东北斜贯，属亚热带季风气候。是浙江省山区县，重点林业县，生态示范县。峰峦耸立，拥有千米以上山峰779座，500多种珍稀动植物和40多种国家一、二级保护动物。土地总面积292万亩，其中林地面积242.4万亩，占全县土地面积的83.01%，森林覆盖率77.9%，居全国区域经济综合实力前15个少数民族自治县首位。长期的封闭环境制约了经济的快速发展，但也使景宁保持了湖清林茂、山水争秀、风光旖旎的自然环境。

　　2008年3月28日，景宁畲族自治县七届人大二次会议、政协七届二次会议上，全体人大代表、政协委员共同倡议，发布《保护生态家园·景宁宣言》。宣言认为："生态兴则文明兴，生态衰则文明衰。"宣言包括四点共识，即："一是牢固树立科学发展观。以建设生态文明为目标，充分认识生态建设和环境保护的重要性，增强保护和改善生态环境就是保护和发挥生产力的观念，以环境保护优化经济发展，推动景宁经济社会实现新跨越。二是遵守生态建设和环境保护的法律法规及政策。……全社会要认真落实生态建设和环境保护的法律法规及政策，相关部门要坚持依法行政，依法严厉打击各种破坏生态环境的违法行为。三是坚持在保护中发展和在发展中保护。正确处理经济建设与环境保护的关系，坚持以最小的环境代价实现最大的经济效益，充分考虑生态环境能动与环境资源的承载能力，合理、有序地利用自然资源，使发展与保护有机地结合，实现发展与保护的良性互动。四是动员全社会力量保护生态环境。……共同营造全社会关心、重视、参与生态环境保护的良好氛围，使每个公民在享受环境权益的同时，自觉履行保护生态环境的法定义务。"宣言激发景宁广大干部群众保护生态环境、建设生态文明的自觉性。

一 环境保护机制的建立

景宁历届县委、县政府认真贯彻落实党和国家环境保护基本国策、全面执行国家环境保护相关法律法规、努力践行科学发展观，在环境保护工作中不断探求，使保护机制日趋完善。

1984 年设县时，景宁就成立了县城乡建设环境保护局，但环保功能不健全，只设置了环保股、环境监测站内部机构。随着环保需求的进一步加大，1998 年，设置了环境监理站；2001 年年底，县委、县政府将环境保护局单设事业局；2005 年升格为行政局，全面提升了环境保护功能。环境保护局下设环境监察大队、环境监测站，县政府生态办同时挂牌。2006 年，为应对一些乡镇污染源点多面广、问题较多的现实，在 6 个乡镇的经济发展办公室增设环境保护办公室，其余乡镇则在经济发展办公室内设置环保监管职位。

（一）环境保护政策机制

城市规划布局政策。进行城市整体规划，实行环境功能分区。在工业建设中实行工业建设合理布局政策，包括两个方面的内容：一是新建工业的合理布局；二是老工业不合理布局的改善。

农村能源环境保护政策。推广农村清洁能源，积极发展沼气，逐渐普及家用燃气灶和太阳能热水器。调整农业结构、布局，实行农、林、牧、渔全面发展的方针。保护植被，控制水土流失。保护珍贵的野生动植物资源。

工业、能源环境保护政策。建立能源消费总量控制目标分解落实机制，加强重点用能单位节能管理。利用得天独厚的自然资源优势，开发利用水电清洁能源，2004 年，景宁被水利部授予全国第一个"中国农村小水电之乡"。大力发展循环经济，全面推进清洁生产，工业锅炉符合"安全可靠，节煤节电，消烟除尘"的要求。

水环境保护政策。主要内容为：压缩耗水量、压缩排污量，通过加强企业管理、技术改造，"三废"资源化以及排污收费等措施，尽可能把污染物控制在生产过程中，最大限度地压缩排污量。

自然环境保护政策。合理利用自然资源，防止生态系统的退化和破坏；发展经济和保护自然资源相结合；实现自然资源的永续利用。

（二）环境保护制度机制

环境监测制度。对辖区内各种环境要素的质量状况按照国家统一规定要求，制定监测计划和进行经常性监测，定期向上级主管部门报送监测数据。对辖区内排放污染物单位进行定期或不定期监测，监督和检查各单位执行各类环境法规和标准的情况，为排污收费、环境管理等工作提供监测数据。

环境保护规划制度。先后编制和修订了《景宁畲族自治县生态县建设规划》《"十一五"环境保护发展规划》《生态环境功能区规划》《农村环保小康行动方案》《农村环境保护规划》《"十二五"环境保护发展规划》等基础规划，全县21个乡镇均完成《生态乡镇建设规划》。

污染物总量减排制度。将总量控制指标逐渐分解到各排污单位，严格控制县域范围内污染物排放总量，所有新建、扩建和改建项目必须符合环保要求，做到增产不增污，努力实现增产减污。进一步加大淘汰落后产能，先后关停了永泰纸业有限公司等两家造纸企业，县城玄坦殿村黏土砖瓦窑等六家黏土砖瓦窑，景宁渤海阀门有限公司、景宁东海泵阀制造有限公司等十余家阀门铸造企业。

环境影响评价和"三同时"制度。凡依法应当进行环境影响评价的重点流域、区域开发以及建设项目，必须严格履行环境影响评价程序，同时过程必须公开透明，充分征求社会公众意见。"三同时"制度：实行污染防治措施必须与主体工程同时设计、同时施工、同时投产的"三同时"制度。目前景宁建设项目"三同时"制度执行率达到了100%、建设项目环境影响评价制度执行率达到100%。

环境保护治理制度。主要有排污收费、排污申报登记及排污许可证制度，以及限期治理制度。

环境保护宣传月制度。2011年6月，景宁生态办决定：从2011年开始，将每年的6月定为景宁的环境保护月，集中开展骑行活动、绘画大赛、广场活动、知识竞赛等系列宣传活动，切实提高了公众参与环保和改善环境的积极性，建立起了环境保护宣传长效机制。

环境保护一票否决制度。把各乡镇、部门党政领导班子履行环保工作职责情况，作为对领导班子考核的重要内容之一，实行目标管理年度考核。对未完成年度环保目标责任书和减排任务的乡镇（街道）及部门实施"一票否决"；对未完成年度环保目标责任书和减排任务的企业及企业负责人实施"一票否决"；同时建立了环保工作问责制和责任追究制。

环境监督员制度。聘任了一批包括人大代表、政协委员、对于环保工作有突出贡献或在当地有较高威望的人士，担任县域的环境义务监督员。监督员全面监督县域环境保护工作中环境热点、难点、焦点问题，协助和参与宣传环境保护法律法规、政策规定及相关的环境保护知识，对加强和改进环境保护工作提出合理化建议。

（三）环境保护管理机制

严格建设项目环境管理。坚持"六不批"，即不符合产业政策的不批、不符合城市总体规划的不批、没有总量控制指标的不批、建设项目环境情况不明的不批、项目选址不当的不批、不符合清洁生产原则的不批。

集中开展重点行业的环保执法检查活动。按照省、市环保部门和县政府的工作部署和要求，集中开展整治违法企业损害群众利益突出问题的专项行动。采取挂牌督办、限期治理、断电断水、吊销营业执照和例行及突击检查等方式，加大执法频次和力度，依法取缔不符合产业政策的"十五小"企业。

定期开展对饮用水源进行保护专项执法检查活动。认真组织开展饮用水源地保护区环境违法行为清理整顿工作，拆除了违法企业的污水排放口，整治规范了排污口；定期与不定期结合，对饮用水源地源头各乡镇村的污水处理设施和垃圾收集设施运行情况进行检查，确保截污成效。

开展环保设施运行情况执法检查。重点对不锈钢管、矿山等十几家重点企业的污染设施运行情况进行检查，对停运污染处理设施和偷排污染物的环境违法行为进行查处。

二　创建省级生态县的工作

景宁地处瓯江、飞云江两江源头，被誉为"浙江的西双版纳"，华东的"香格里拉"，生态优势十分明显。1998 年 12 月 3 日，浙江省环保局批准景宁畲族自治县为第二批生态示范区建设试点县之一。2003 年，顺利通过了国家级生态示范区建设试点验收并获得命名。自 2004 年起，景宁从国家级生态示范区建设转入更高层次的生态县建设，坚持把生态县建设作为落实科学发展观、转变经济增长方式、构建和谐社会的重要载体，环境保护和生态县建设工作取得了阶段性成效。2010 年，景宁按照"三个走在前列"的要求，自我加压，提出了提前一年完成省级生态县的创建目标。经过全县上下的共同努力、齐心共创，2011 年 11 月，顺利获得省级"生态县"命名。

（一）始终坚持生态优先理念

生态是景宁最大的优势，保护生态就是保护长远生产力。景宁历届县委、县政府都十分重视生态环保工作，特别是进入"十一五"以来，在县委"一三四八"发展战略的指导下，景宁紧紧围绕省委、省政府对景宁提出的"全国十强、基本小康、文化基地"三大目标，按照"绿色生态立县"要求，牢固树立"发展决定一切，生态先于一切，民生高于一切"的工作理念，深化认识，强化领导，积极推进省级生态县创建活动。一是突出生态创建主题。2010 年年初，景宁就生态县创建工作召开动员大会，确定了"生态畲乡、景秀人宁"的创建主题，明确指出要举全县之力提前一年完成省级生态县创建目标，动员全县上下立即行动起来，以建设生态文明为统领，以生态文化为先导，以生态经济为支撑，以生态班子为保障，共同开展省级生态县创建活动。二是健全建立组织机构。为加强对生态县建设工作的组织领导，成立了生态县创建工作领导小组，各乡镇、部门也成立相应工作机构，形成"横向到边、纵向到底，协调配合、齐抓共建"的工作网络体系；县委、县政府每年召开生态环保工作会议，部署落实生态环保各项工作任务，大力引导广大党员干部牢固树立正确的政绩观，改进考核办法，严格执行生态环保"一票否决制"，逐步纠正传统考核重经济、轻生态的倾向，推进了"绿色 GDP"考核的研究与实践；县人大常委会、县政协经常性地开展各种视察和调研活动，对生态建设工作进行监督指导和建言献策。三是提升群众环保意识。为把广大群众的环保需求提升为景宁县集中统一的行动，景宁充分利用自治县特有的立法权，先后制定了《景宁畲族自治县自治条例》《景宁畲族自治县水资源管理条例》《景宁畲族自治县民族民间文化保护条例》，将生态保护工作写进法规条文中并规范地加以实施。如《景宁畲族自治县自治条例》第三章第二十七条明确指出："自治县依照法律规定，加强环境保护工作，改善生态环境和生活环境、防治污染和其他公害"，将环境保护与生态建设通过立法的形式予以固化。四是强化生态规划引领。按照建设"生态畲乡"和"构筑全省生态屏障"的工作要求，先后编制了《景宁畲族自治县生态县建设规划》等六部生态建设规划。同时，将生态建设和保护的各项目标任务融入经济社会事业发展各项规划之中，认真做到"该保护的严格保护，可开发的科学开发，该修复的限期修复"。五是大力弘扬生态文化。在每年的"中国畲乡三月三"、世界环境日等各类活动中，始终贯穿民族和生态主题，突出畲乡生态文化的先导作用，积极建设全国最具原生态的畲族文化发展基地，努力营造独具特色的畲乡生态文化，形成"景宁的优势在生态、景宁的未来靠生态"的全民共创氛围。

（二）大力推进生态经济发展

景宁是全省六个重点欠发达县之一，发展急于一切；景宁又是全省"生态屏障"县，生态先于一切。如何处理发展与保护的关系问题，直接关系景宁的未来。为此，景宁充分利用生态资源和民族政策优势，积极探索生态经济发展道路，加快转变经济发展方式。一是大力发展生态农业。县政府出台了推进现代农业园区和粮食生产功能区建设的意见，每年安排2000多万元资金，对惠明茶、毛竹、高山蔬菜、食用菌、中药材、山茶油等农业产业进行扶持，努力培育鹤澄、大东景、千峡湖、沙川四个现代农业综合区，引导农业向园区集聚、由粗放经营向集约经营转变。加快来料加工、农家乐乡村旅游等特色产业发展，尽量减少农业耕作对生态环境的破坏。二是积极探索异地发展工业的路子。继20世纪90年代景宁在宁波鄞州创建全省首个"飞地"——"鄞景扶贫经济开发区"后，在丽水市委、市政府的特殊扶持下，2008年景宁又在丽水经济开发区内设立了4平方公里的"丽景民族工业园"，重新开始了保护县内生态与异地发展工业的新征程。景宁将以大企业、大集团为招商引资重点，根据园区产业发展规划，引进高效低耗型企业，努力将丽景民族工业园打造成为自治县特色工业发展的重要平台。与此同时，景宁按照"内优外拓、内外并重、错位发展、做大总量"的工业经济发展思路，着力抓好景宁经济开发区的扩容提升工作，优化县内工业产业结构，逐步淘汰落后产能，大力发展总部经济，尽量减少生产性企业对资源环境的破坏。三是积极发展旅游业和文化产业。景宁坚持"畲族文化有形化、文化载体项目化、文化成果精品化"的原则，着力推进畲族文化、茶文化、农耕文化、香菇文化的传承和发展，使之成为最环保、最具魅力的产业。把旅游业作为富民强县的重点产业，积极促进畲族文化与生态旅游业的融合，狠抓大景区建设，奋力开拓旅游市场，旅游收入逐年增加，2010年三产增加值占地区生产总值的比重达到45.3%。四是发展外向型经济。21世纪以来，景宁坚持实施"内聚外迁"战略，一方面通过积极引导下山移民、加快中心镇中心村建设，推进人口和生产要素集聚；另一方面积极引导农村富余劳动力外出经商务工，发展劳务经济，努力实现"常住人口降下来、在家人口聚起来、人均指标高起来、生态环境好起来"的目标。目前，景宁已经形成一定规模的"小超市、小水电、小宾馆"的"三小经济"。

（三）合力推进各项创建工作

在创建活动中，景宁突出强调创建是手段而不是最终目的，要求全县上下通过创建活动的开展，实实在在地推进生态文明建设。一是突出重点抓创建。2007 年以来，景宁紧紧抓住环境保护重点问题，开展了一系列的整治活动，有效维护了群众利益。实行严格的林木采伐制度，对采用钢丝索伐木现象进行了重点整治；对采砂厂采取限批拒批、边整改边治理、关停、责任包干等形式进行整治；对规模以上养殖场重新进行环境评估，符合养殖条件的进行"二分三化"和种养结合等生态综合措施加以整改；以"铁的决心、铁的手腕、铁的措施"整治水环境，组织拆除滩坑库区两沿乱搭乱建污染点源，对千峡湖水库的水环境进行综合保护，对县城饮用水源地龙潭桥水库进行综合治理；为保护青山绿水，保护百姓赖以生存的宝贵资源，先后捣毁多个地下炼铜厂、地下洗牛皮厂、地下塑料颗粒加工厂。2008 年以来，认真开展了景宁经济开发区环境污染整治行动并顺利通过验收，依法关停了部分对环境污染严重、群众反响较大的工矿企业。大力推进清洁生产，组织企业进行生态化改造，大力发展循环经济。建设和巩固在线监控系统，景宁洁净钢管生产企业全部安装入网，实施全程监控，"飞行监测"达标率有较大幅度提升。二是突破难点抓创建。针对城镇脏乱差、污水处理系统雨污不分、农村垃圾收集处理难、农业面源污染面广等难点问题，以系列创建工作为载体，积极创新管理模式，通过创建活动的开展努力破解长期困扰环境保护的难点问题。景宁积极巩固省级卫生县城、省级文明县城创建成果，切实加强对县城环境卫生的综合整治，形成"大街小巷有人清，死角死弄有人扫"的良好氛围。着力加强城市污水处理厂运行的管理，对污水收集管网进行维修改造，延伸了管网长度，有效达到了雨污分流与提高进水浓度的目的。建成新的垃圾填埋场，提升垃圾填埋场处理能力和水平。按照"拉框架、强功能、创特色、出亮点"的要求，着力加快城市绿化、洁化、美化进程，全面启动省级森林城市创建工作，完善县城功能，提高县城品位。全面开展"两沿四区"坟墓专项治理活动，转变农村群众的丧俗观念，降低青山白化率。认真实施"农药减量控害增收"工程，大力推广测土配方施肥、秸秆还田技术，努力控制农业面源污染，提高生态农业综合效率。三是突出亮点抓创建。经济要发展，生态要优越，项目是基础。2004—2010 年，景宁共安排生态建设项目 148 个，共计完成投资 21.4 亿元。全面实施生态公益林扩面、千万农民饮用水和万里清水河道等工程，深入开展"治水、治砂、治矿、治城、治林、治墓"六治活动，高度重视生态多样性，加强溪源湿地的保护，积极开展国家级自然保护区、省级自然保护区以及省级地质公园的申报工作。按照"科学规划布局美，村容整洁环境美，创业增收生活美，乡风文明素质美"总体要求，以保护水源、田园、家园为目标，大力实施"十村示范、百村整治"等工程建设，狠抓农村环境综合整治，将农村饮用水等项目进行有效整合，建成一大批独具特色的"泥巴房"、"石头屋"、"田园村"、"畲族寨"，村容村貌和生态环境得到显著改善。

（四）基础设施建设全面改善

一是完善城乡垃圾收集处理系统。景宁农村生活垃圾集中收集清运工程自 2011 年 4 月开始实施，投入资金 2000 余万元，建成 6 个垃圾中转站，7 个垃圾收集站，增设 1000 多个垃圾收集箱，改造新增了 300 多个垃圾收集池。按照"户集、村收、乡运、县处理"的方式，采用市场化运作模式，在全县 21 个乡镇管理区中，除梅岐乡作为县城集中水源保护区生活垃圾另行处置外，其余 20 个乡镇分为 6 个垃圾收集片区，由 6 家保洁公司承包，进行日常保洁、设备维护、垃圾清运等工作，将 238 个村及滩坑库区的垃圾纳入收集处理范围，对尚未纳入收集范围的采取就地分类沤肥方式处理。同时建立了一个由"县生态办牵头、各部门分块负责、各乡镇属地管理、各村户监督配合"的监管体系。工程开创性地将市场化运作引入生活垃圾收集清运工作，进一步降低了农村垃圾收集处置的行政成本。自 2013 年 6 月 1 日起，景宁除 3 个未通康庄公路的行政村未纳入清运范围外，全县 256（包括 2 个新社区）个行政村（社区）中有 253 个行政村（社区）开展生活垃圾集中收集清运，行政村生活垃圾收集清运覆盖率为 98.8%。该工程的市场化运作模式获得丽水市新农村建设体制机制创新奖。二是建成城乡生活污水处理设施。2010 年年底，县城日处理能力 5000 吨的溪口污水处理厂稳定运行。在农村，先后建成了 18 个乡镇所在地污水处理设施，其中污水处理厂 3 个，乡镇所在地集中污水处理设施覆盖率为 90%，乡镇所在地污水日处理能力达到 2200 吨。此外，景宁县还建成了空气质量自动监测站、环境监控中心和县城饮用水源水质自动监测站等一大批环境基础设施，环保基础设施落后的局面得到了全面改善。

三　推进"国家级生态县"的创建

自 2011 年景宁获得"省级生态县"荣誉后，努力向更高层次迈进——"国家级生态县"建设。在三年多的创建工作中，始终坚持把国家级生态县建设作为落实科学发展观的着力点，着力建设资源节约型、环境友好型社会，坚持走生产发展、生活富裕、生态良好的文明发展道路，实现经济发展与人口、资源、环境相协调，加快"美丽畲乡"建设，2015 年 5 月通过国家级生态县创建技术评估。

（一）强举措，实施生态立县

一是优先组织保障。成立了由县委书记任组长、县长任常务副组长、县委副书记和分管副县长任副组长，有关部门主要负责人为成员的高规格生态县建设工作领导小组，全面负责组织、协调、监督、指导实施生态县的建设工作。各有关部门和乡镇、街道均成立相应的创建组织，乡镇、街道配备专兼职环保员，形成了上下贯通，覆盖全县的生态组织网络。人大、政协专题调研，出谋划策；职能部门突出重点，分工明确；社会团体、企事业单位和人民群众热烈响应，积极行动，真正形成了党政主导、干部主动、群众主体的良好生态创建格局。二是注重规划引领。为了有序推进生态县建设工作，2004 年景宁编制了《生态县建设规划》，通过有关专家论证后，由县政府提请县人大审议通过后颁布实施。2010 年对规划进行了修编，进一步突出了创建国家生态县的目标与重点，2011 年通过县人大审议，颁布实施。根据生态县建设目标管理的要求，全县所有乡镇（街道）均编制实施了生态乡镇建设规划或实施方案。还先后出台了《景宁畲族自治县水资源管理条例》《景宁畲族自治县民族民间文化保护条例》《饮用水源保护区管理办法》《农村生活垃圾集中处理实施方案》等系列政策性条例、文件，为稳步推进全县生态环保工作提供政治保障，指明了发展方向。三是加强资金保障。县财政在十分困难的情况下，多方筹资，优先用于生态环境保护工作，2011—2013 年，全县环境保护投资总额分别为 1.28 亿元、1.45 亿元、1.64 亿元，用于清水河道、饮水工程改造、河道综合治理，污水管网建设、绿化造林等工作。目前，环境保护投资占 GDP 的比重达到 4.23%。建立了以奖代补制度，促进配套资金和政策处理等问题的解决。同时，乡镇（街道）也创新方法积极筹集资金，加大生态建设的资金投入，确保生态建设重要项目按期完成。四是强化政策考核。县委、县政府将生态创建工作纳入乡镇和部门年度综合考评，将生态环保、"五水共治"工作列入全县"一票否决"项目，每年组织召开高规格的生态环保大会，与各部门、各乡镇（街道）签订生态建设与环境保护工作目标责任书，并对年度创建工作成效突出的单位和个人给予表彰奖励，建立起有效的奖励机制。同时，县委、县政府、人大、政协主要领导还定期深入乡镇、部门检查指导，经常性召开联席会议，着力解决生态创建中的重点问题。

（二）重保护，加大生态修复

一是划定生态红线。划定《景宁生态环境功能区规划》《浙江省景宁草鱼塘森林公园总体规划》《景宁省级地质公园总体规划》《景宁望东垟高山湿地保护区总体规划》《景宁大仰湖溪源湿地群省级保护区总体规划》《龙潭桥水库饮用水地表水源保护区规划报告》。建成省级森林公园 1 个、市级森林公园 1 个、省级湿地自然保护区 2 个，畲族风情省级旅游度假区 1 个、合格规范化水源地 5 个，景宁县重要生态功能区的保护、敏感区保护、保育区生态红线划定工作已全方位覆盖。二是大力开展生态转移项目建设，增强生态环境承载力。通过采用自建房式下山、公寓式下山、资金补助式下山等多种方式，积极鼓励引导深山、远山、库区周边、地质灾害隐患区等区域的农民向县城、中心镇、中心村集聚，切实加快农村生态环境修复。三是积极推进森林生态建设，加强森林资源保护。扎实开展"森林景宁"建设，大力推进城乡绿化美化工程和生态建设，于 2012 年年底成功通过创森专家组验收，成为省级森林城市。继续开展平原绿化扩面工作和森林抚育提质工程，全县在建重点生态公益林面积 129.2 万亩，占县域面积的 44.2%。四是加强湿地保护工作。为有效保护湿地生态系统，维护湿地生态功能和生物多样性，县政府公布了《景宁畲族自治县湿地保护名录（第一批）》。全县有 2 个湿地类，共 6 处重点湿地区，总面积达 3942.2 公顷。根据《浙江省湿地保护条例》要求，逐个明确了地理位置、土地权属、管理机构与主管机构。由于湿地保护工作出色、宣传到位，景宁被《人民日报·经济周刊》国际湿地中国办事处评为"保护湿地政府贡献奖"。望东垟高山湿地自然保护区被命名为首批"省生态文明教育基地"。五是加强饮用水源保护力度。为切实加强县城饮用水安全管理，县政府出台了《龙潭桥水库饮用水地表水源保护区划分报告》《饮用水源保护区环境污染整治实施方案》和《龙潭桥水库饮用水地表水源保护区管理办法》等相关制度，对划定的一级、二级保护区，设置了保护区界碑、界桩等实行分级保护，并对水源保护区内的生活污水排放、化肥农药使用、垃圾和废渣弃置、畜禽放养与网箱养殖等作了明确规定，从而强化了水源保护。

（三）增福祉，创建文化名县

一是以生态县创建为载体，拓宽生态文明宣教渠道。积极开展媒体宣传，发挥《畲乡报》、电视台等主流新闻媒体的舆论引导作用，在《畲乡报》开设宣传专栏，在县电视台黄金时段播放生态环保宣传标语，大力宣传环境保护和生态文明，提高公民生态文明意识。并以6·5"世界环境日"、6·30"浙江生态日"、7·11"世界人口日"和9·14"世界清洁地球日"等生态纪念日为契机，组织开展形式多样、各具特色的环境宣传活动。二是推进生态创建示范力度。组织实施"811"生态文明建设推进行动。发布实施《景宁县"811"生态文明建设推进行动方案》，制定完善了十大专项行动方案，目前各个专项行动已完成设定目标，效果显著。组织开展生态示范点建设，以生态乡镇村、绿色家庭、绿色学校、绿色企业等"多绿"细胞工程为抓手，深入开展主题教育，倡导文明行为。三是加快生态文化建设步伐。把传统的人际伦理向生态伦理延伸，弘扬崇尚自然、天人和谐、物我合一的思想，引导社会成员善待现有的生态环境，善待后代的生态环境，善待非人类生命生存的生态环境，实现人的发展与自然发展的协调统一。着力推动生态文化和民族文化的"强强联合"，努力把资源优势转化为经济优势。每年成功组织举办"走进神奇畲山，唱响多彩畲歌"等大型系列活动，宣传中国畲族博物馆、畲乡"三月三"节庆和畲族山歌、畲族婚嫁习俗、畲族民间工艺、畲族茶俗茶艺等风土人情。以畲族文化、非遗文化、乡村文化、景区文化、道德文化等"五型文化礼堂"为品牌建设模式，打造了一批功能完备、管理有序、风格鲜明的畲乡文化礼堂。

四　生态县创建的成效

（一）生态环境质量始终保持领先

景宁在推进经济社会跨越发展的同时，始终保持生态总体质量全国领先位置。2005 年，根据国家环保总局的第一次全国生态环境质量调查数据显示，景宁生态环境质量位居全国第五位。据省环境监测中心于 2010 年 11 月公布的《浙江省生态环境状况评价报告》显示，生态环境状况级别评价为优，位居全省第三，持续保持领先水平。2013 年景宁环境空气质量达到全国二级标准以上优良天数为 356 天，优良率达到 97.53%，酸雨率 1%，为全市最低，地表水环境质量优于相应的水环境功能要求，其中Ⅰ、Ⅱ类水质占 95% 以上，景宁—青田交接断面水质合格率为 100%，饮用水源地水质达标率为 100%，声环境达到相应声环境功能区标准要求。2013 年，景宁县环境监测站增加 PM2.5 监测项目，监测数据在《畲乡报》、环保网站按时公开，全年县城 PM2.5 日均值为 28 微克/立方米，符合国家 1 级标准。第九届全国县域经济基本竞争力评价结果显示，景宁在全国 2001 个县中基本竞争力排名从 2005 年的 1163 位上升到 2009 年的第 902 位，在 120 个少数民族自治县中的排名从第 28 位上升到第 15 位。如果按照人均值衡量，则排位更为靠前，人均地区生产总值为第 14 名，人均地方财政收入为第 9 名。

（二）生态保护理念深入人心

"十一五"初，景宁提出"一三四八"发展战略，把"绿色生态立县"确立为三大战略方针之一，并把"生态协调"列为八项战略举措之一。在 2011 年召开的县第八次党代会上，景宁又提出了"三县并举"发展战略，即"生态立县、产业富县、文化名县"。以省级、国家级生态县创建为载体，持续加大生态乡镇村创建力度，开展"绿色系列"创建，打造生态示范项目，培育精品亮点，努力使每个创建单元都成为生态文明建设的示范亮点，做到处处皆景。望东垟高山湿地自然保护区、景宁中学、畲族博物馆先后被命名为省级生态文明教育基地。发挥《畲乡报》、电视台等主流新闻媒体的舆论引导作用，大力宣传环境保护、环保法规和生态文明，提高公民环保法制和生态文明意识，营造科学发展氛围。广泛动员青少年和社会公众积极投身于生态环保宣传实践活动，扎实推进绿色志愿者队伍建设。充分发挥妇联在家庭和社区的工作优势，组织妇女家庭低碳健康万里行活动，推进节能减排家庭社区行动，普及生态知识，倡导生态低碳理念。把生态文明观念渗透到群众生产生活的方方面面，提高全民素质，生态环保的关注度、支持率、参与率较往年均有大幅度提高，根据《浙江省统计局关于反馈 2013 年度浙江省生态环境质量公众满意度调查数据的函》数据显示，景宁公众满意度总得分为 71.92 分，在全省各县（市、区）里位列第三，全市第二。

（三）污染防控能力稳步提高

2008 年 5 月，溪口污水处理厂正式运行，县城污水日处理能力达到 5000 吨，日处理能力 3 万吨的县城二期污水处理厂于 2014 年 9 月正式动工，预计将于 2015 年底全面发挥污防效益，届时县城及周边纳管区域污水处理率将达到 85%以上。全面加快农村生活污水治理，2014 年将完成 100 个行政村污水处理设施，2015 年完成 100 个行政村污水处理设施，2016 年完成 54 个行政村，通过 3 年时间将全县 254 个行政村农村生活污水处理设施全部建设完成。城乡垃圾一体化工程稳步推进，新建的垃圾填埋场已投入使用，县城及建制镇建成区垃圾处理率为 96.5%。县经济开发区污染处理设施逐步完善，重点工业行业整治取得较好成效。景宁县污染减排工作扎实推进，主要污染物排放程度逐年下降，2011—2013 年，全县化学需氧量、氨氮、二氧化硫、氮氧化物累计净削减率为 4.14%、5.93%、17.93%、0.4%，占"十二五"总净削减率的 51.75%、56.48%、239.07%、40.0%。

（四）生态创建列入国家"名录"

相继创成省级卫生县城、省级文明县城、省级生态县，省级文化先进县，省级森林城市，2 个国家级 4A 级景区，3 个省级生态文明教育基地，10 个国家级生态乡镇，2 个省级生态街道，17 个省级生态乡镇，189 个市级生态村；省级绿色社区 4 家、市级绿色社区 5 家，省级绿色企业 1 家、市级绿色企业 3 家，省级绿色家庭 14 户、市级绿色家庭 14 户，省级绿色学校 6 座、市级绿色学校 14 座，省级生态环境教育示范基地 2 个、省级绿色医院 1 家、省级绿色矿山 3 家；省级森林村庄 7 个、省级森林城镇 2 个、绿化示范村 92 个。并先后被命名为国家级生态示范区、全国畲族文化发展基地、中国农村水电之乡、中国文化艺术之乡、国家绿色能源示范县、中国最佳民族风情旅游名县、中国国际旅游文化目的地、浙江省乡村旅游点、省级教育强县等荣誉。2014 年 3 月，被国家发改委和环境保护部联合确定为全省 6 个国家主体功能区建设试点示范县之一。

第二节　生态林业与林业产业

景宁历届县委、县政府一直高举生态旗、主打生态牌、紧走生态棋、齐唱生态歌，坚持"生态立县"发展战略，打造"绿水青山就是金山银山"的畲乡样板，不断解放思想、锐意改革、狠抓落实，特别是"十一五"开局以来的四年多时间，可以说是景宁生态建设的历史性转折期，全县经济社会和环境保护工作实现了双赢目标。2012 年成功创建"省级森林城市"，生态环境总体质量始终位居全国第五。着力走出了一条具有畲乡特色的生态文明发展之路，努力建设美丽畲乡，实现生态永续发展。

一　生态公益林与生态建设

景宁土地总面积 292 万亩，其中林地面积 242.4 万亩，占全县土地面积的 83.01%；省级以上生态公益林 129.2 万亩，占林地面积 53.3%；活立木蓄积量 761.46 万立方米，居全国少数民族自治县前列；森林覆盖率 77.9%，居全国区域经济综合实力前 15 个少数民族自治县首位；海拔千米以上的山峰 779 座，有 500 多种珍稀动植物和 40 多种国家一、二级保护动物。景宁是浙江省 9 个重点林区县之一，素有"浙南林海"之誉，"九山半水半分田"的自然条件决定了林业在景宁发展中的基础地位和重要作用。十多年的生态公益林建设与保护工程，为景宁生态建设谱写了新的篇章。

（一）公益林建设历程

1999 年，景宁被列入林业分类经营试点县；2001 年，根据省政府提出的"到 2010 年建设重点公益林 3000 万亩，到 2020 年建设公益林 5000 万亩"的建设目标，组织开展了公益林首次区划界定工作，全县共区划界定公益林面积 82.9 万亩；2003 年，完善区划界定方案，区划界定公益林面积 85 万亩。

2004 年，景宁根据国家、省林业及财政主管部门的有关要求，在 2001 年、2003 年区划界定成果的基础上，对全县省级以上重点生态公益林作了进一步调整、完善。调整后，景宁省级以上重点生态公益林建设规模约 72.06 万亩，占林业用地总面积的 30%。其中国家级重点公益林约

41.91 万亩，占重点公益林总面积的 58.2%；省级重点公益林约 30.15 万亩，占重点公益林总面积的 41.8%。同年，省委、省政府全面实施森林生态效益补偿制度，按每年每亩 8 元的标准实行补偿。2005 年，制定了《景宁畲族自治县重点生态公益林管护实施意见》，建立了生态公益林管护体系。

2006 年，景宁新增集体公益林约 1.04 万亩；2008 年，根据省林业厅的要求，景宁国有林场新增重点生态公益林约 1.93 万亩。经过这两次扩面，到 2009 年，景宁重点生态公益林约 75.03 万亩。

2009 年，省委、省政府决定扩大省级公益林建设规模，增加公益林面积 1000 万亩。景宁及时组织开展了省级公益林扩面区划界定工作。2010 年，新增省级重点公益林约 54.18 万亩。经过 2009 年的扩面后，景宁省级以上重点公益林约 129.2 万亩，占景宁林业用地总面积的 53.3%。其中按事权等级分，国家级生态公益林约 48.81 万亩，省级生态公益林约 80.39 万亩；按权属分，国有林场公益林约 10.36 万亩，村集体及个人所有的公益林约 118.84 万亩。

景宁重点生态公益林分布于景宁县 21 个乡镇（街道）的 231 个行政村和 2 个国有林场的 26 个林区，大体上形成"一环三带四块"的生态网络格局，体现了"重点突出，兼顾一般，布局合理"。通过十多年的生态公益林建设与保护，景宁重点生态公益林建设取得了明显成效，为景宁生态文明建设构筑了绿色生态屏障。

（二）公益林建设取得的主要成效

森林资源健康快速增长。通过对生态公益林实施封禁管护、封山育林、补植造林、阔叶林改造等措施，促进了景宁森林资源健康快速增长。

根据景宁 2008 年森林资源二类清查的最新森林资源建档数据显示，实施生态公益林建设以来，林业用地中林木亩均蓄积量由 1998 年的 1.76 立方米增加到 2008 年的 3.13 立方米，生态公益林平均每亩蓄积量由 1998 年的 1.77 立方米增加到 2008 年的 3.36 立方米，10 年来重点生态公益林平均郁闭度提高 0.2。优质林分达 85%。经测算，重点生态公益林生物总量 712.38 万吨，年增长量 50.8 万吨。2004—2010 年，重点生态公益林吸收二氧化碳 586.47 万吨，植被固碳 155.95 万吨，释放氧气 417.5 万吨，平均每年新增储能量 668.43 亿兆焦耳，调蓄水量 6.18 亿吨，减少土壤流失量 2148.43 万吨，生态效益总价值达 216.64 亿元。

公益林建设还促进了林种结构及树种结构的明显优化。林种结构上，景宁防护林及特用林的比重由 2001 年的 10.7% 提高到 2011 年的 53.3%，商品林的比重由 2001 年的 89.3% 减少到 2011 年的 46.7%，林种结构更加合理；树种结构上，2011 年阔叶林面积比 2001 年净增约 12.19 万亩，阔叶林及针阔混交林的比重由 2001 年的 22.3% 提高到 2011 年的 39.9%，针叶林的比重相对降低，树种结构渐趋合理，林分质量进一步提高，森林生态功能进一步增强。

生态环境明显改善。生态公益林具有保持水土、涵养水源、防风固沙、净化空气、消除噪声、调节气候、保护生物多样性等诸多功能。自从实施生态公益林建设与保护工程以来，地质灾害明显减少，2001—2010 年未发生过有人死亡的特大泥石流地质灾害事故。

在生态补偿资金中，损失性补偿资金是直接补偿给对公益林享有所有权或经营权的个人及农村集体经济组织的。2004—2010 年，景宁共发放损失性补偿资金 5168.1 万元，直接受益对象涉及 22 个乡镇（管理区）约 1.53 万户林农和 221 个农村集体经济组织，以及林业总场和上标林场 2 家单位。7 年时间，直接拨付给农村集体经济组织的损失性补偿资金 1332.4 万元（用于缴纳农民个人社保、医保等 197.2 万元，占 14.8%；直接发放给农户个人 214.5 万元，占 16.1%；用于村级公益事业，如修建路、桥、公园等 494.4 万元，占 37.1%；用于发放村干部工资、补贴等 91.9 万元，占 6.9%；用于林业生产、公共护林补助等 186.5 万元，占 14%；用于农村旅游环境维护和 "农家乐" 投资等 147.9 万元，占 11.1%）。平均每个直接受益的农村集体经济组织增收超过 6 万元；直接拨付给林农个人的损失性补偿资金 3225.7 万元，平均每个直接受益的农户增收 2115 元。景宁自 2004 年开始实施森林生态效益补偿制度，2004—2010 年共拨付森林生态效益补偿资金 7333.3 万元，其中中央、省财政下拨生态补偿资金 6600 万元，县财政拨付生态补偿配套资金 733.3 万元。生态公益林建设不仅改善了农村的生态环境，给农村集体经济组织和广大林农带来了直接的经济收益，还改善了农村公共福利和农民生活条件，推动了农村生态旅游业的发展，从而促进农村经济社会的全面发展。

公益林抚育经营成效显著。2004—2010 年，景宁在生态公益林区中对火烧迹地及荒山实施绿化造林 9895 亩，对疏林、低效针叶林等低产低效林分进行补植造林和改造约 2.59 万亩，营造高产高效阔叶林和针阔混交林 8528 亩，实施中幼林抚育 3.58 万亩。目前，已有约 5.5 万亩低产低效公益林经过抚育经营而成为优质林分。

景宁通过对生态公益林认真实施绿化造林、低效林分改造、针叶林阔叶化改造、抚育经营等措施，不仅提高了生态公益林林分质量，还将单调、景观效益低下的松木林、荒山变为阔叶林、针阔混交林，林相、季相变化明显，森林景观效益突出；培育了光皮桦、香樟、甜槠、深山含笑等大量珍贵树种，使建成的公益林抚育经营示范基地在具有良好的生态、景观效益的同时，又具有较好的经济效益。

公益林区火灾发生率明显下降。森林火灾是生态公益林的"天敌"。为了加强森林防火工作，自实施生态公益林建设与保护工程以来，景宁多措并举，一方面在森林火灾易发区边缘营造生物防火林带；另一方面强化护林员队伍建设，建立了全方位的护林防火网络体系，有效防止了森林火灾的发生。据统计，2001—2010 年，非公益林区森林火灾发生率 8.7 次/10 万公顷，受害率约 0.79‰，控制率为 9.09 公顷/次；公益林区森林火灾发生率为 2.2 次/10 万公顷，受害率约 0.05‰，控制率为 2.4 公顷/次。

自 2001 年以来，景宁在生态公益林区营造生物防火林带 218 公里，其中主防火林带 165 公里，副防火林带 43 公里。生物防火林带采用木荷、杜英、苦槠等，耐火抗火力强，树形又美观的树种进行营造，生物防火林带成了既具有阻隔林火的作用，又具有良好的生态景观功能的"绿色防火长城"。在营造生物防火林带、实现主动预防的同时，积极建立公益林护林防火网络体系。层层落实防火责任，县乡村三级联动，划分森林防火监管区和责任区，责任落实到人；聘用村级护林员 821 人，加强护林防火宣传工作，建立了一个行之有效的护林防火网络体系。为了更加有效地保障森林生态安全，2013 年 9 月，景宁正式开展护林员巡查考勤系统。9 月26 日，县林业局为全县 21 个乡镇（街道）243 名护林员配发了 GPS 定位手机，并组织使用培训，这意味着护林巡查队伍建设更趋规范化、专业化和现代化。

二　集体林权改革促守生态环境

（一）集体林权改革的基本过程

景宁集体林权制度主体改革历经林业"三定"（1981—1984 年）、完善林业生产责任制（1989—1990 年）和延长山林承包期（2006—2007

年）三个阶段。每个阶段，县委、县政府都强化组织领导，制定实施方案，统一规划部署，实行"先试点—后展开—再总结"的步骤，较完整地完成了集体林权主体改革工作。截至 2012 年 6 月，经林权勘界，景宁林业用地确权到户面积 171.6 万亩，确权到户率 100%，家庭承包率 75.9%。应发证户数 3.14 万户，已发证户数 3.14 万户，发证到户率 100%。

（二）开展林业"三定"

1981—1984 年，根据省委、省政府统一部署，景宁开展了"稳定山权林权、划定自留山和落实林业生产责任制"的林业"三定"工作。1981 年，县委成立了林业"三定"工作领导小组，设立林业"三定"办公室，明确各公社工作队人员和护林员。当年 5 月 21 日—6 月 23 日，景宁在外舍开展试点工作，并总结试点工作经验，制定有关政策和方案，开展全县范围的林业"三定"工作，到 1984 年基本完成。通过开展林业"三定"工作，稳定了山权林权，确定山林权属面积 211.2 万亩，核发山林权属证 1893 份；划定自留山 42.5 万亩、落实责任山 103 万亩，发证超 3 万份；集体统管山 33.68 万亩，有 23 万亩山林未确权（含国有林）。"三定"工作完成后还整理和建立了林业"三定"档案，并按规定移送县档案局保存。此举既稳定了林权，又因为实行责任到户、专业承包，做到权、责、利分明，在一定程度上解放了林业生产力，调动了农民营林的积极性。

（三）完善林业生产责任制

1989—1990 年，根据浙江省委的统一部署，县委发出了《景宁畲族自治县委关于稳定和完善林业生产责任制若干问题的规定》文件，按照"稳定、完善、发展"的原则，针对林业"三定"工作前后出现的一些新情况、新问题开展工作。着重做好完善承包合同、明确山林"四至"、收缴责任山集体提留款、调处山林纠纷、建立健全村级护林组织、完善档案资料等方面的工作。1989 年 12 月—1990 年 1 月，县政府组织在东坑镇（原白鹤乡）开展完善林业生产责任制试点工作。试点工作后，景宁完善林业生产责任制工作（以下简称"完善"工作）全面展开，到 1991 年 1 月 15 日基本完成。

1. 落实责任，确权发证

景宁完成 37 个乡镇的"完善"工作以及 6 个国有林单位的定权发证

任务，确定山林权属面积 228.25 万亩，补发权属证 462 份，面积 7.6 万亩，落实统管山面积 60.04 万亩；签订责任山合同书 2.34 万份，面积 140.7 万亩；落实自留山使用面积 27.5 万亩，其中补发和换发使用证 3482 张，面积 1.7 万亩。

2. 明确"三山"概念，划清界至

对 37 个乡镇所属的各个村委、村民小组之间，有关单位所有的山场之间，以及各农户的自留山、责任山山场之间的所有"四至"范围都重新进行核定，凡是没有明显自然界至标志的都标立和埋设了界桩，使村与村、户与户的山权林权"四至"标界清楚。

3. 调处大量纠纷

"完善"工作前，县山林办和各区、镇、乡立案的山林纠纷有 318 起，"完善"工作中发现 5581 起，总计 5899 起。属本县范围内调处 5866 起（95% 属户与户之间纠纷），已处理了 5631 起，占应调处数的 95.5%。县外调处 33 起，经各方努力，得到省、地山林办重视获突破进展的有 7 起，特别是被称为全省 4 个"热点"之一的文成、景宁两县的 3 起特大纠纷得到圆满协商解决。

4. 兑现合同，收缴提留

景宁应收缴山林提留款 31 万元，已收 30 多万元，占应收总量的 99.97%。

5. 恢复建立乡、村林场

恢复建立乡、村林场 251 个，占景宁县行政村数的 91.12%。其中乡办林场 19 个，面积 1.52 万亩；村办林场 232 个，面积 16.37 万亩。

6. 建立健全林业档案

景宁共建立林业档案 1710 卷，其中县级 626 卷，乡级 259 卷共 666 册，村级 825 卷共 1650 册。同时，各乡镇还统一配备了同规格的林业专用档案柜，规范管理。

景宁通过完善林业生产责任制工作，取得了显著工作效果，并获得良好的社会反响。一是广泛地宣传了党的林业政策，给林农吃了"定心丸"，消除了恐变心理，林农爱林、护林、造林的积极性进一步提高，热情进一步得到激发，促进了林业生产的健康发展。二是集体和个人之间的利益分配关系得到正确处理，完善了"双层经营"体制，提留款兑现，增强了村级经济实力。个人与集体之间权责得到进一步明确，建立了有效的林业生产内部运转机制，提高了集体观念、公有制观念，更加明确了社会主义制度下新时期农村改革的方向，坚定了广大农民的信心，提高了党的威望。三是落实消灭荒山规划和责任。四是进一步明确了"双层经营"的含义和意义，完善"统分结合"的经营体制，充分发挥集体的优越性和家庭经营的积极性，为集约化、规模经营林业打下良好的基础。五是解决了一大批山林纠纷，明确山场界至，消除了不稳定因素，促进农村稳定团结。六是建立健全林业档案资料，使县乡村三级林业档案齐全、清楚、准确，并交由专柜、专人保管，便利了林业生产服务工作。七是落实好移民山场，使移民和移迁地人民融洽相处，消除不满情绪。八是纠正和处理了少数干部错登、强登山林的不良现象，密切了党群、干群关系。

（四）开展延长山林承包期工作

2006 年，景宁成立延长山林承包期工作领导小组，下设办公室（设在景宁县林业局），制订工作计划，明确目标任务，提出实施方案。通过县、乡两级政府的共同努力，各相关单位密切配合，广大林农积极参与，完成全县 19 个乡镇、2 个国有林场、221 个行政村、1405 个村民小组、3.14 万户延长山林承包期工作。发放林权证 4.73 万本，其中，集体山林所有权证 3760 本，统管山 1145 本，自留山和责任山 4.23 万本，发证率达到 99.5%（除千峡湖库区）。签订责任山合同书 2 万多份，合同签订率达 99.9%，妥善解决山林纠纷 974 起（发生山林纠纷 1007 起），调处率 96.7%。建立了 4 套完整规范的山林权属档案，装订档案 2283 卷，分别由行政村、乡镇、县档案局和县林业局保存。进一步明晰了林业产权关系，依法保障了林农的合法权益，调动了林农的积极性，激活了林业经营机制。

在开展山林"延包"过程中，县林业局、县档案局及 18 个单位配合默契，共同下乡指导和督促检查山林"延包"业务工作和政策宣传。特别是档案馆工作人员接待查阅山林档案资料人数 450 多人次，提供档案 2800 多卷，复印相关资料 4000 多张，并根据省林业厅、省档案局《关于做好延长山林承包期有关档案管理的通知》文件精神，会同林业局等单位指导乡镇建立山林"延包"档案工作，使山林档案归档材料齐全、管理规范。各乡镇加强与延长山林承包期工作办公室联系，及时反映工作中出现的各种问题。同时，各乡镇之间开展互相学习交流、借鉴做法和经验。如沙湾片 6 乡 1 镇集中到标溪乡进行了电子表格输入的学习，简便规范工作程序，共同推进工作进程；又如梅岐乡通过多方努力，落实了桂远村6000多亩自林业"三定"工作时一直未能落实的林权问题，把林权证发放到农户手中，切实保障了农民的合法权益，维护了林区的稳定。数据录入，提升管理水平。为了使山林"延包"工作既符合《关于切实做好延长山林承包期工作的通知》文件要求，又能切合本县实际，在制订相关实施方案之前，由县林业局组织骨干力量做了大量的调查研究和前期准备工作，把"数字化"操作引入山林"延包"工作中，建立山林权属信息管理数据库。

（五）进一步深化集体林权改革

景宁在在完成集体林权制度主体改革的基础上，围绕"建设森林景宁，弘扬生态文明，实现强林惠民"这一目标，积极推进林权制度配套改革，促进林权流转，增加实现林权抵押贷款额度，积极培育新型林业经营主体，更好地服务于畲乡景宁经济社会全面发展。为了既能保护好生态，又能盘活森林资产，推动林业经济发展，从2008年开始进行林权抵押贷款，当年完成林权抵押贷款1013万元。2009年完成林权抵押贷款余额6210.8万元，2010年完成16469.19万元，2011年完成21727万元，2012年完成27691万元，2013年完成33572万元，截至2013年12月底，累计林权抵押金额达到106682.99万元。2014年还推出果园、茶园、集体林等产权抵押贷款，只要办理了林权证，均可作为抵押物获得贷款。真正使林权证件变成一张张绿色"信用卡"，让林农的"活树"变为了"活钱"。

据2014年6月统计，林权IC卡建档28715户，并在林权IC卡的基础上，进一步加强成果应用，协调金融系统做好对林农的授信工作；2011年县人民政府专门出台《景宁畲族自治县关于加快集体林地流转促进林业规模经营的实施意见》，对符合规范流转、规模经营的林地进行扶持。县财政每年安排林地流转奖励专项资金，对符合规定的林地流转的林业项目贷款贴息，优先安排财政扶持项目以及对规模经营和规范流转的基地，选派专业对口的林业技术人员进行科技指导服务。截至2014年6月，全县流转的林地0.7万亩。

三　保护林政森林资源管理

景宁林业用地面积占土地面积的83.01%，人均林地面积14.3亩，是全省林地人均面积 2.05 亩的 7 倍。森林资源是景宁生态、社会和经济可持续发展的重要资源，肩负着促进山区经济发展和维护自然生态环境的双重使命。为了确保森林资源安全有序健康发展，县林业局强化森林资源管理，建立完善森林资源监管各项制度，打击破坏森林违法犯罪行为，正确处理保护和利用的关系，为建设美丽畲乡和生态家园做出应有的贡献。

（一）强化森林资源源头管理

1. 提高对加强森林资源管理工作重要性的认识

森林资源是生态建设的物质基础，是林业持续发展的命根子。森林数量的多少、质量的高低是衡量一个地区生态状况的重要指标。在林业和生态建设中赋予森林资源管理核心地位，在林业产业发展中赋予森林资源管理基础地位，在林业行政执法中赋予森林资源管理主体地位。特别是实施以生态建设为主的林业发展战略，促进人与自然和谐，打赢相持阶段攻坚战，对森林资源管理工作提出了更高的要求。

2. 依法加强森林资源监管，确保森林资源安全

一是强化林地保护利用管理。加强对林地日常监管，开展经常性的整治和督查行动，严肃查处违法使用林地案件，坚决遏制毁林开垦和乱占林地的行为。坚持把林地放在与耕地同等重要的位置，实施最严格的保护管理制度和措施。按照"分类保护、分区管理"的原则，确定林地保护和利用等级，制定分区域的林地主导用途和利用方向，实施林地用途管制，确保林地面积只增加不减少。进一步完善林地征占用审核审批制度，加强工程建设征占用林地全过程的监管与服务，对征占用林地选址情况、用地规模实行预先论证，确保工程建设不占或少占林地。采取最严厉的措施，杜绝林地的非法流失。二是加强森林采伐和利用管理。认真执行《浙江省森林管理条例》和《浙江省林木采伐管理办法》，坚持"限额采伐、凭证采伐"的原则，严格执行"十二五"期间年森林采伐限额，加大对采伐限额执行情况的监督检查力度。坚持凭证采伐制度，切实强化林木采伐的源头管理，严格执行伐区调查、设计、拨交、验收等规定，严禁虚假设计和违规采伐，坚决杜绝超限额采伐现象的发生。坚持木材凭证运输制度，充分发挥木材检查站、林政稽查队的作用，依法加强对木材运输的监督检查，坚决杜绝非法木材进入流通市场。依法强化木材经营加工的监督管理，科学制定发展规划，明确准入条件，严格审批管理，加强服务引导，规范市场秩序，坚决打击非法

木材流通和违法经营加工木材的行为，为合法经营加工创造良好环境。三是加强林政队伍建设，提高林业行政执法水平。加强林政管理体系建设，健全林政管理机构，充实林政管理队伍；切实做好林政执法人员的教育培训工作，提高林政人员整体素质和依法行政能力与水平；强化林政管理执法监督，明确执法范围，规范执法行为。及时查处破坏森林资源的违法行为，严厉打击乱砍滥伐森林、乱捕滥猎野生动物、乱批滥占林地等违法犯罪活动，巩固林业建设成果。

3. 建立保护发展森林资源目标责任制

全面加强森林资源管理工作的领导，完善领导干部林业建设任期目标管理责任制，把森林资源的数量消长、质量升降和保护管理情况等作为责任目标考核的重要内容，真正将森林资源保护和发展的责任落实到地方各级政府。认真落实政府主要负责人是林业建设的第一责任人，分管负责人是林业建设的主要责任人的责任制，森林资源保护各项责任落实到各乡镇（街道）。同时，细化森林资源培育和保护责任，县委、县政府将林业经济单列，对各乡镇进行考核。印发《关于建立保护发展森林资源目标责任制的通知》，成立领导小组，制定考核办法及评分标准，进一步深化落实保护发展森林资源目标责任制。加大资金投入总量，切实加强森林资源管理系统的装备和基础设施建设。按照事权划分的原则，将森林资源管理系统所需经费纳入财政预算。各级林业主管部门大力宣传森林资源管理工作的地位和作用，广泛宣传森林资源管理战线的先进人物和先进事迹，以多种形式宣传森林资源管理政策法规，在全社会形成爱林、护林的良好氛围。

4. 建立森林资源管理奖惩制度

积极建立以政府奖励为导向、部门奖励为主体、定期表彰与适时表彰相结合的森林资源管理奖励制度，对在森林资源管理工作中有突出贡献的单位和个人进行表彰奖励。建立和完善破坏森林资源责任追究制度，严格执行国家林业局《关于违反森林资源管理规定造成森林资源破坏的责任追究制度的规定》，对因监督管理不力、有案不及时报告、案件查处不到位而导致森林资源破坏的单位及相关责任人，依法严肃追究责任。切实加强林政案件管理制度建设，抓好各类破坏森林资源案件的查处工作，规范受理、查处、报告程序，建立林政案件管理档案，做好林政案件统计分析工作，不断提高林政执法成效。

5. 深化集体林权制度改革，增强林业发展活力

集体林权制度改革是巩固和完善农村基本经营制度的必然要求，是促进农民就业增收的战略举措，是建设生态文明的重要内容，是推进现代林业发展的强大动力，是对农村土地经营制度的丰富和完善，它有利于推进社会主义新农村建设，有利于发挥林业的生态、经济、社会和文化等多种功能，促进人与自然和谐，推动经济社会可持续发展。完善集体林权制度改革，一是推进林业投融资改革，拓宽林业融资渠道。加大林业信贷投放，完善林业贷款财政贴息政策，大力发展对林业的小额贷款。二是规范林地、林木流转。在依法、自愿、有偿的前提下，林地承包经营权人可采取多种方式流转林地经营权和林木所有权。建立健全产权交易平台，加强流转管理，依法规范流转，保障公平交易。加强森林资源资产评估管理，加快建立森林资源资产评估师制度和评估制度，规范评估行为，维护交易各方合法权益。三是完善林木采伐管理机制。编制森林经营方案，改革商品林采伐限额管理，实行林木采伐审批公示制度，简化审批程序，提供便捷服务。严格控制公益林采伐，依法进行抚育和更新性质的采伐，合理控制采伐方式和强度。四是建立支持集体林业发展的公共财政制度。建立和完善森林生态效益补偿基金制度，多渠道筹集公益林补偿基金，逐步提高森林生态效益的补偿标准。建立造林、抚育、保护、管理投入补贴制度，对森林抚育、木本粮油、生物质能源林、珍贵树种及大径材培育给予扶持。

6. 严格加强"双防"工作，严控森林病虫害蔓延

森林病虫害是"不冒烟的森林火灾"。而有松树癌症之称的松材线虫病防治是景宁森林生态安全与生态建设的大事。森林病虫害防治以"预防为主、科学防控、依法治理、促进健康"的森防工作方针为指导，加强森林病虫害预测预报体系、检疫检查体系和野生动物疫源疫病监测点建设。重点做好松材线虫病防治、竹林经济林病虫害防治、苗圃病虫害防治、野生动物疫源疫病监测。景宁深刻认识到森林火灾也是危害森林资源的主要因素之一，全面落实行政领导负责制和责任追究制，深入开展森林防火宣传教育，形成全民防火局面。贯彻"以人为本、预防为主、积极扑救"的森林防火工作方针，实施森林火灾远程视频监控系统和森林火险预警系统建设。大力宣传森林防火教育力度，开展群众喜闻乐见的、形式多样的森林消防宣传教育活动，进一步增强全民森林消防意识，营造浓

厚的森林消防氛围，提高全民安全用火意识和安全防患意识，从源头上消除森林灾害隐患。

（二）林地保护利用管理更加完善

县林业局以科学发展观为指导，依照《景宁县林地保护利用总体规划》，根据国家林业局批准的"十一五"期间征占用林地定额，制定征占用林地定额管理的具体办法。对使用林地的项目实行调控，逐步形成"总量控制、定额管理、合理供地、节约用地"的林地使用机制，不断提高林地资源的利用效益。同时，加强对林地日常监管，开展系列整治和督查行动，严肃查处违法使用林地案件，坚决遏制毁林开垦和乱占林地的违法行为。

从建县之初至今，全县的森林面积逐年增长，从1985年的163.31万亩增加到2008年的225.47万亩，增加了62万多亩，增加率为38.06%；活立木蓄积量从1985年的488.22万立方米增加到2008年的761.46万立方米，增加了273.24万立方米，增加率为55.96%，实现了森林面积和乔木林分蓄积量的"双增长"，极大地改善了景宁县的生态环境和人居环境。

景宁编制了《景宁畲族自治县林地保护利用规划（2010—2020年）》（以下简称《规划》），加强对林地规划利用的管理。《规划》以2009年为规划基准年，2020年为规划目标年。本着"严格保护、节约集约利用、提高保护利用效率"的原则，阐明了规划期内景宁林地保护利用目标和任务，明确了规模、措施及相应重点工程，制定了林地分区、分类、分级、分等保护利用方案，落实了各主导功能区域定位、目标、原则，提出了规划实施的主要保障措施。计划到2020年，全县林地保有量稳定在242.4万亩，与2009年总量保持平衡，占国土面积的比重保持在83%以上；森林保有量达到227.71万亩，比2009年增加8500亩，森林覆盖率稳定保持在78%以上。

（三）森林采伐和利用更加规范合理

景宁坚持"限额采伐、凭证采伐"的原则，加强天然林、生态公益林、阔叶林的保护。规定用于各种防护性质的森林严禁商品性采伐，若确需进行卫生伐、更新伐的森林，要科学设计，严格检查，慎重审批。按照《浙江省林木采伐管理办法》和《浙江省行政许可监督管理办法》"谁许可，谁监管"的原则要求，对采伐山场进行检查，遏制"少批多砍"现象的发生。及时查处非法采伐林木者，依法从重从严惩处。

规范的制度和严格的执行力使得景宁活立木蓄积、森林覆盖率、竹林面积均有大幅增长。2008 年森林覆盖率 77.9%，比 1998 年森林覆盖率 76% 增加近 1.9 个百分点；林地面积由 1998 年的 239.8 万亩增加到 2008 年的 242.4 万亩；活立木蓄积量由 1998 年的 424.9 万立方米增加到 2008 年的 761.46 万立方米，年均净增 33.7 万立方米；乔木林单位面积蓄积量由 2.1 立方米/亩提高到 3.8 立方米/亩。竹林面积也保持增长态势，间隔期内增加 5.74 万亩，年均净增 5743 亩，年均净增率 2.68%。毛竹总株数期内增加 2023.44 万株，年均净增 202.34 万株，年均净增率 6.73%。

（四）野生动植物资源更加丰富

景宁通过对野生动植物保护知识的宣教和对破坏野生动植物违法犯罪行为的打击，野生动植物资源得到有效保护。目前，景宁拥有较丰富的国家重点保护野生植物资源，其中，南方红豆杉、伯乐树被列为国家一级保护植物；福建柏、香果树、榧树、厚朴等被列入国家二级保护植物；三级保护植物有黄山木兰、短萼黄连、银钟花等 40 余种。浙江省珍稀植物有大叶三七、江南油杉等 30 种。

县境内山林广阔、地形复杂、垂直高差悬殊，植被资源丰富、类型多样，适于多种野生动物栖息、生存、繁殖。根据对《浙江动物志》《浙江林业自然资源·野生动物卷》《丽水市志》《景宁畲族自治县森林资源规划设计调查成果报告》等文献资料的检索和整理，境内有陆生野生动物 274 种，隶属 26 目 84 科。其中兽类 8 目 18 科 43 种，鸟类 13 目 47 科 162 种，爬行类 3 目 11 科 40 种，两栖类 2 目 8 科 29 种。黑麂、云豹、金钱豹、金雕、黄腹角雉、白颈长尾雉、白鹳等均属国家一级保护动物。

同时，景宁还对境内丰富的古树名木资源进行了勘测和调查保护。据 2002 年古树名木普查及 2012 年补充调查成果，境内有古树名木 8305 株，其中树龄 500 年以上的一级保护古树 260 株，树龄在 300—499 年的二级保护古树 1034 株，树龄在 100—299 年三级保护古树 7010 株、名木 1 株。这些古树名木按区域分，城市 17 株、农村 8245 株、保护区 43 株；按位置分，庭院 101 株、宅院 4 株、寺院 73 株、公园 1 株、村宅 5701 株、路旁 1554 株、水旁 117 株、田旁 290 株、山坡 451 株、其他 13 株，按分布分散生 2620 株、群状 5685 株。

此外，景宁还在省林业厅的支持下建立了景宁木兰珍稀物种保护区，以保护景宁特有的种质资源。1989 年陈征海教授在县林业总场草鱼塘分场考察发现的景宁木兰，属木兰属新种，自然分布范围狭窄、种群数量少，为景宁特有种。专家提出将景宁木兰作为国家重点保护一级植物，列为极度濒危种类，并建议列入 IUCN 保护名录。在全面、详细地调查现有景宁木兰种群及生长状况的基础上，景宁确定了保护区核心区和缓冲区界线，确定 50 公顷的景宁木兰原生地保护中心区和 100 公顷的保护缓冲区。

（五）湿地资源保护成效显著

景宁湿地类型多样，资源丰富，拥有望东垟、瓯江、飞云江、滩坑水库、大仰湖等重要湿地。根据 2007 年湿地资源调查研究成果，8 公顷以上的湿地总面积为 9842 公顷。其中，河流湿地面积 3670.69 公顷，占 37.3%；沼泽湿地面积 76.13 公顷，占 0.77%；人工湿地 6095.18 公顷，占 61.93%。为有效保护湿地生态系统，改善湿地生态状况，维护湿地生态功能和生物多样性，充分发挥湿地的综合功能，推进生态文明建设，2013 年，景宁畲族自治县人民政府根据《浙江省湿地保护条例》的有关规定，公布《景宁畲族自治县湿地保护名录（第一批）》，将望东垟高山湿地省级自然保护区等 6 块湿地列入保护名录。现已建成望东垟高山湿地和大仰湖高山湿地群 2 个省级自然保护区。

1. 望东垟高山湿地

位于县南部，是华东最大的高山湿地，也是浙江省内唯一以高山湿地为保护对象的自然保护区，被誉为"华东第一湿地"。境内珍稀动植物比比皆是，有赏心悦目的野生观赏性植物，有漫山遍野的药用植物，还有随处可采摘的野果、野菜。年平均气温 12℃，天空如碧，空气清新，夏日凉爽，为度假避暑之胜地。

2. 大仰湖高山湿地群省级自然保护区

大仰湖高山湿地群主要由大仰湖、金针湖、仰天湖（牛塘湖）、水牛塘等高山湿地组成。保护区位于景宁东南部，属洞宫山脉，南邻乌岩岭国家自然保护区、文成铜铃山国家级森林公园和景宁望东垟高山湿地省级自然保护区，核心区面积达 2.4 万亩。

3. 滩坑水库

又名"千峡湖"，是浙江省第二大人工湖。滩坑水库整个湖面峡湾非常多，"千峡环湖"的壮丽景色给人无限遐想，可媲美千岛湖。库区沿岸山峦蜿蜒叠翠，原始林木奇俊秀丽，生态环境原始自然，景色极其优美，

是生态旅游度假胜地。

四　产业富民

景宁县委、县政府提出"早期抓茶叶、中期抓毛竹、远期抓香榧"的发展战略，林业产业以毛竹、香榧、油茶为主导产业，三大产业正成为景宁兴林富民、生态建设、"新山区"建设的"主力军"。建县30年来，景宁共建立毛竹精品园4个，完成毛竹低改15万亩，发展香榧基地6175亩、油茶基地1.1万亩。

（一）毛竹产业

畲乡景宁现有竹林25万亩，毛竹立竹4023万株，毛竹林分立竹平均每亩167株，竹林分布在全县21个乡镇（街道）、国有林场，分布呈区域性特点，东南部的乡镇分布集中，西北部则分布较少。

毛竹产业是一个绿色产业，它既能满足农民快速增收的迫切愿望，又与景宁的"生态立县"战略相呼应，与建设生态县目标相吻合。县政府先后制定了《景宁畲族自治县关于加快毛竹产业发展的实施办法》《景宁畲族自治县人民政府办公室关于加快毛竹产业发展的补充意见》《景宁畲族自治县群众增收致富奔小康——毛竹产业提升项目实施方案》《景宁畲族自治县群众增收致富奔小康——林区道路建设项目实施方案》等政策，有力推动了景宁竹产业的快速发展和提升。2013年，景宁出台了"真金白银"的扶持政策——《景宁畲族自治县林业主导产业扶持实施意见》。《意见》指出，为进一步加快景宁林业产业化发展，调整优化林业产业结构，提升林业产业化经营水平，实现生态效益、经济效益和社会效益多赢的目标，县财政将每年安排毛竹产业专项资金300万元，扶持毛竹产业加快发展。

由于景宁的竹林大部分处在交通不便地区，竹笋和毛竹出山都要靠人肩挑背驮，不仅工作效率低、成本高，而且费工费力，劳动强度大，严重影响了竹农的生产积极性。而竹林道路建设投入产出比高，增效明显。为此，景宁进一步拓宽资金筹集渠道，加大投资力度建设竹林道，每年建设100公里，真正实现林农增收、竹林增效。2007—2012年，全县共建竹林道430.9公里，受益竹林面积10万亩，受益竹林每百斤毛竹出山费从原来肩扛的10—20元降到4—5元，极大地降低了生产成本，提高了经济效益。

东坑镇有毛竹林面积 3391 亩，人均有竹林 5.6 亩。2009—2013 年共建竹林道 20 条，总长度 30 多公里，遍布全村的竹山。之前，每百斤毛竹的平均背工需要 15 元，而竹林道修建完成后，毛竹出山的平均运费只要 3 元。每亩按砍毛竹 2500 斤计，亩节省成本 300 元，全村农民直接从减少毛竹背运费中增收 100 万元。

大漈乡茶林村有毛竹林面积 3508 亩，人均有竹林 6.1 亩。原来竹林离公路较远，用人工背一天所卖的毛竹钱还不到 100 元，还不够付雇工的工资。但开通竹林道路以来，每百斤毛竹的平均运费只需 6 元。2012 年，该村建成竹林道后共砍伐竹材 220 万斤，销售收入达 70 万元。由此可见，竹林道路建设带来的经济效益和社会效益是非常显著的。

为使景宁毛竹林的亩均效益全面提高，在继续做好竹材加工企业发展的同时，景宁还积极扶持了一批竹笋加工企业。竹木加工业是景宁的传统产业，通过扶持培育，一批骨干龙头企业快速成长，从原来单纯的半成品加工逐步向成品加工发展。木制产品以玩具、家具、棋类等产品为主，笋竹制品以笋罐头、竹菜板、竹筷和竹胶板等产品为主，产品远销欧洲、日本、越南等地。据调查，2012 年，全县共有竹木制品企业 195 家，其中省级林业龙头企业 4 家，市级林业龙头企业 4 家，年产值 1000 万以上的企业有 7 家，年产值 500 万—1000 万的有 9 家。2012 年全县竹木加工业产值达 6 亿多元，从业人员 7000 多人。

2014 年建成了城北竹木加工园区，并吸引 6 家重点竹木加工龙头陆续入园，企业的固定资产及生产规模实现了跨越性发展，将带动景宁竹木加工业向精深加工发展。县林业局还加大了对竹木加工企业、专业合作社的服务和指导，积极组织竹木加工企业参与龙头企业的评选，每年都积极组织企业参加中国义乌国际森林产品博览会，展示本县优质的毛竹产品，学习外界先进的产业发展思路，为毛竹产业的发展寻找商机。同时，县林业局还深入实施竹林分类经营方针，以冬笋精品园、高效笋竹两用林、材用林示范基地建设为重点，大力推广测土施肥和"一竹三笋"等技术，确定竹、笋产品培育目标定位，加强基础设施建设，争取到 2015 年建成产加销一体化发展、竹林年亩均效益 1000 元以上、达到全省先进水平的毛竹现代示范园区 2 万亩；以示范园区为龙头，辐射带动景宁毛竹林经营水平大幅度提高，目前全竹林面积增加到 26 万亩，建成高效笋竹两用林基地 8 万亩，竹业产值达到 3 亿元。

毛竹成林，满目翠绿，是人们度假休闲的好去处，景宁也将不断加强生态竹林建设，把以毛竹为主题的旅游项目列入地方旅游的总体规划，积极发展"竹乡农家乐"等以竹文化为主题的生态旅游，延伸产业链。

（二）香榧产业

景宁抓住浙江省"香榧南扩"机遇，制定出台《景宁畲族自治县林业主导产业扶持实施意见》，加大财政补助和政策扶持力度，明确帮扶细则与目标，以林地租赁承包、股份合作、农户造林等多种形式推进香榧基地建设。县财政每年至少安排 300 万元用于香榧产业发展。"香榧—茶叶"立体发展模式还得到了省委书记夏宝龙和省长李强的充分肯定。2013 年，景宁已完成香榧种植面积 3000 余亩，成功建成澄照乡金丘村香榧示范基地，并以金丘村香榧基地为示范引领，通过股份合作、土地流转、农户自行投资造林等方式，落实香榧产业项目。东坑镇白鹤村规划建设占地 3600 亩的香榧招商引资项目，辐射周边，将东坑镇打造为"景宁香榧第一镇"。计划到 2020 年发展香榧 10 万亩，建成市级以上示范性专业合作社 3—5 家。

景宁县委、县政府高度重视山区生态建设和山区经济社会发展，将生态作为立县之本，统筹推进山区经济建设，加快实现生态、经济"两手抓"。同时，加大宣传力度，营造氛围，利用电视台、《畲乡报》、林业信息网等平台，对香榧产业发展进行立体式宣传，提高对发展香榧产业的社会知晓率与影响力，吸引工商资本投入香榧产业。深入结合"双服务，双支持"主题实践活动和党的群众路线教育，组织精干力量，深入生产一线，为景宁香榧种植户提供科技帮扶，促进产业优化发展。

浙江立勤林业开发有限公司董事长杨忠，正是被景宁的"大环境"和"小环境"吸引而来此地投资的。他在景宁注册成立"景宁立勤香榧产业园有限公司"，实地考察后将景宁香榧产业招商引资项目落户在东坑镇白鹤村，拟在此处建设 3600 亩香榧基地。他说："景宁的地理环境适宜香榧生长，政策扶持的力度也很大。工程分两期建设，一期建设规模1200 亩，2013 年 7 月开工，至 2014 年 6 月基本建成；二期于 2014 年 10月开工，至 2016 年 6 月建成。项目总投资 6000 万元，其中一期投资 2000万元。"该项目建成后，将大力助推景宁香榧产业的发展，为景宁生态经济建设增添新的动力。东坑镇党委书记何向平有一个打造"景宁香榧第一镇"的梦想，计划到 2015 年，全镇发展香榧 5000 亩。以白鹤村为核心，向吴山头、徐砻、何村、马坑 4 个村辐射，在海拔 800 米以下的适宜区块都种下白茶并套种香榧。在马坑村，记者看到，村长梅小东于 2013 年年初自发种植的香榧已经挂果。虽未严格按照技术规程种植，但因此地土质松软，傍着溪流，地理环境极其适合香榧树生长，所以长势仍然喜人。

金丘村通过土地流转的方式将村里荒废的土地重新利用，计划打造粮食功能区、特色种养区和居民生活区三大区块，在特色种养区通过与茶叶复合种植、改造老竹园等方式实行香榧套种，优化资源，实现生态种植，并在林下放养家禽。茶叶单亩可种植 3000 株，香榧单亩种植 25 株，实现套种完全不影响两者生长，既提高了产业效益，又增加了广大群众的经济收入。蓝文忠说："基地的香榧虽已结果，但是真正出效益还要等 1 年多。我们采用大苗种植，投资虽大，但可以提前结果，提前收回成本。"香榧是 1 年种植、1 年开花、1 年结果，果实 3 年才能成熟，到第 10 年方可采摘，15 年左右才进入丰产期，投资回报周期较长。但香榧树的寿命可达千年，一旦长成，单株产值就能达到 3000—5000 元，最高甚至可达10 万元，经济效益高，且年年结果不断，逐渐呈现出"三代同树"的奇观，是名副其实的"长寿树"和"摇钱树"。在很多地方，由于香榧种植投入高，农户不愿参与，多是承包商单片承包，限制了种植面积的扩大。而在此地，村干部带头种植，通过让农户入股的方式，实现合作经营，同时又消除了投入资金大的顾虑，收效显著。

围绕"产业富县"，景宁加快提升"绿水青山就是金山银山"新境界，实现森林生态效益和山区经济发展的良性互动与和谐共赢。以产业为翅膀，充满活力的景宁香榧正放飞着富民的梦想。

（三）油茶产业

油茶是景宁传统产品，在 20 世纪 70 年代，景宁就开始大力发展油茶，面积达 5 万余亩，绝大多数村都有种植，主要分布在瓯江小溪沿线一带的鹤溪、外舍、九龙、英川、沙湾、鸬鹚等乡镇，占有林地面积的2.1%，是当时农村食用油的主要来源之一。80 年代后停滞发展。21 世纪以来，随着国民经济快速发展，人民生活水平不断提高，木本油料作为高品质食用油得到社会广泛认同，从中央到地方各级政府对油茶产业十分重视，作为战略产业来发展。景宁从 2010 年开始围绕当地农业主导产业发展总体要求和特色优势农产品区域布局规划，组织实施木本油料产业提升项目，强化良种推广、基础设施等建设，推进景宁木本油料产业发展，促进山区经济发展和农民持续增收。据 2013 年统计，现有油茶林主要分布在沙湾、鸬鹚、外舍、九龙等乡镇，面积约 2.26 万亩，成片油茶林只有 3373 亩，产油约 150 吨，产值 900 万元。

2009 年以来，景宁申报的油茶产业提升项目，经浙江省林业厅批准立项，为油茶产业发展提供了良好的机遇。通过实施，到 2013 年建良种推广基地 12320 亩，技术推广基地 2799 亩，拨付资金 1535.457 万元。新建"浙江景宁畲之坊茶油开发有限公司"（2009 年成立，注册资金 369 万元，加工能力 800 吨，年产值 1000 万元）、"浙江绿康油茶有限公司"两家公司，新建景宁库周油茶专业合作社、景宁油娘子山茶油专业合作社、景宁渤海星雨油茶专业合作社、景宁点点香山茶油专业合作社、景宁金大方油茶专业合作社 5 个合作社，培训农户 910 人次，联系科技示范户 140户，取得较好成效。

（四）其他林产

以千峡湖库区和沙湾、东坑等乡镇为重点，实施油茶产业发展重点县示范林建设项目，2011—2013 年，完成新建油茶基地 9087 亩。依托沙川生态治理、阔叶林发展工程项目在沙湾、英川、鸬鹚、葛山等乡镇新造大径材基地 3250 亩，建设珍贵树种基地 1470 亩、大径材基地 8750 亩。

第三节　水资源与"五水共治"

一　水资源概况

景宁分属瓯江、飞云江两大水系，为飞云江源头、瓯江上游，现有大小河道 662 条（其中县级河道 54 条），总长 1863 公里，水域面积 10.7 万亩（含滩坑水库）。

小溪是瓯江最大支流，发源于庆元县大毛峰山麓，在景宁境内干流长 124.6 公里，自西向东北流经毛垟、沙湾、标溪、梧桐、大均，汇入滩坑水库，在九龙乡岳口村进入青田县，流域面积 1725.56 平方米，占景宁总面积的 88.5%。小溪在沙湾以上交见圩分为两支，主支毛垟港，集水面积 781.2 平方米，河道长度 77.0 公里，另一支为英川溪，集水面积 403.3平方米，河道长度 42.5 公里；主要支流有英川溪、标溪、梧桐坑、大赤坑、鹤溪、炉西坑、大顺溪等。

飞云江发源于景南乡境内海拔 1611 米的白云尖北谷，流经景南、白鹤、东坑等乡镇进入泰顺县，境内流长 31.9 公里，流域面积 224.42 平方米，占全县总面积的 11.5%。

景宁的地形、地域差异较大，东南部降雨较多，西北部降雨较少，高山地区多，河谷地区少。径流量年际变化大，年内季节分配不均。景宁水资源丰富。据 2000—2010 年丽水市水利局编制的《丽水市水资源公报》表明：县域多年平均降水量 1617.6 毫米，约为 34.3113 亿立方米，多年平均总水资源量为 21.73 亿立方米，人均拥有水资源量 2.012037 万立方米。河流基本上没有工业污染，含沙量较小，县域 98% 的地表水达到 Ⅱ 类以上水质，小支流均达到 Ⅰ 类水。

二 "五水共治"

浙江省委、省政府十三届四次全会提出"五水共治"即治污水、防洪水、排涝水、保供水、抓节水。景宁根据浙江省和丽水市政府的工作部署，结合当地的实际，以治水为总引擎，以项目建设为突破口，全力推动"五水共治"各项工作，为提升群众生活品质、建设"中国畲乡、小县名城"提供坚实的生态环境保障。

景宁县水资源较为丰富，景宁县水资源总量达 22.2 亿立方米，人均为全国的 7 倍，水能理论蕴藏量 67 万千瓦，可开发装机容量 53 万千瓦。年产电量 18.56 亿千瓦小时，占浙江省水力资源可开发量的 1/10。截至 2010 年 12 月底，景宁已建成电站 153 座，装机 31.664 万千瓦，2010 年发电量 8.9 亿度。

(一) 综合施策，"治水"规定动作不走样

景宁成立了由县委书记任组长、县长任常务副组长的"五水共治"工作领导小组，并设立"一办六组"：领导小组办公室，工业治污组，城市治水组，水利治水组，农村治污组，农业治污组，林业治水组。抽调人员，落实经费，全面指导和协调"五水共治"工作。相关部门和各乡镇（街道）同步成立"五水共治"领导小组，制定工作实施方案，切实抓好所辖范围内的"五水共治"。强化动员部署，多次召开会议进行部署动员，2014 年 2 月 21 日召开景宁"五水共治"暨国家级生态县创建和扩大有效投资大会，3 月 24 日召开农村工作会议暨农村"五水共治"推进会，

切实增强持之以恒抓治水的坚定性和自觉性。建立了"五水共治"工作联席会议制度，每半个月召开一次，集体讨论、解决工作推进中的重大问题。同时，以党的群众路线教育实践活动为契机，把"清三河"作为检验教育实践活动的标尺，作为锤炼干部、考验干部的大平台，建立"治水"指导员制度，按照村村派驻"治水"指导员的要求，采用 1 + 1 的形式（1 个领导干部 + 1 个后备干部），组织力量赴景宁县各行政村开展"五水共治"指导服务。

景宁组织乡镇开展了县域各河道流域的调查摸底，排查出境内共有垃圾河 28 条，河流总长度 42.95 公里；臭河 7 条，总长度 33.46 公里。对每条"垃圾河"、"臭河"逐一进行注册登记、编码，标明各河段名称、所在位置、长度、存在问题、治理初步对策及污染源的判定、计划治理时间、措施及河长等基本情况。同时，分别在清理前后，进行照片拍摄，建立数据库；整合力量。建立了部门结对"垃圾河"、"黑臭河"制度，并将 2014 年 4 月定为"全民清洁月"，集中开展了"清三河"、"清道路"、"清村庄"活动，4 月的每个周五，县领导都深入联系乡镇指导和参与清洁活动，机关单位组织人员到联系乡镇（街道）参加清洁行动，真正形成了"乡镇主体、部门配合、人人参与"的氛围；重点突破。开展企业污水治理专项行动，委托专业设计部门编制《景宁畲族自治县企业污染整治实施方案》，完成 19 家不锈钢企业的中水回用改造工程。有序推进了污水处理设施和配套管网建设，总投资 1.9 亿元的县城污水处理二期工程已进入 BT 投标中，英川镇污水处理工程进入施工招投标阶段，东坑镇污水处理厂第三方托管运营的洽谈工作正顺利推进。扎实开展县城老旧管网的改造提升，提高管网收集能力；加强鹤溪河两岸截流口改造提升，提高纳污能力；强化污水收集管网、污水井的清理保洁，保障管网畅通；并针对部分雨污合流区进行雨水分流改造，保障污水纳管率，提高排洪防涝能力。

县政府出台《关于进一步加强水环境保护和综合治理的实施意见》和《景宁畲族自治县"河长制"实施方案》，将全县河道分成 8 个河段，分别由县四大班子主要领导和相关副县领导担任"县级河长"。每位"县级河长"均对责任河道进行了踏勘调研，并组织开展了综合整治，目前正由 8 个河段的联系部门负责形成各自河段的"一河一策"。同时，施行河长月报告制度，要求相关乡镇（街道）级河长每月填写"月报告单"

向县级河长报告工作进度。将8个省、市、县领导联系的河道每月定期委托监测，确保水质达标。全县总计设立县级河长15位，乡镇（街道）级河长168位，村级河长277位，做到每条河流均有乡镇领导牵头负责治水事宜。在河道的显要位置，设立了乡村级河长公示牌共计331个，县乡级河长公示牌20个，市县级河长公示牌4个，各公示牌上均标明了"河长"职责、河道概况、整治目标和监督电话等内容，接受群众监督。

景宁县将"治水"资金放在优先安排位置；按照自愿的原则，在机关、企事业单位、社会团体等单位掀起了"五水共治一月捐"热潮，全县机关企事业单位共捐款328.5万元；建立"百企联百村"制度，动员"两新"组织党组织与所在村（社区）结对，帮助解决河道治理、污水处理等有关难题；削减县级"三公"经费的30%，约1400万元用于"治水"工作；设立"零星"项目资金1000万元，专门用于"清三河"；并认真跟省、市对接，积极争取上级支持，全力筹集项目建设资金。2014—2018年，景宁1000万元以上项目59个，总投资35.35亿元，包括治污水项目17个，投资8.1559亿元；防洪水项目18个，投资13.5109亿元；排涝水项目13个，投资6.9267亿元；保供水项目7个，投资3.86亿元；抓节水项目4个，投资2.8965亿元。2014年景宁计划实施1000万元以上治水项目41个，总投资6.79亿元，2014年1—5月完成投资0.97亿元，项目开工率43.59%。针对项目进度偏慢的问题，及时启动了"项目攻坚月"活动，有9个治水项目列入攻坚计划，确保在7—8月开工建设。

景宁编制完成了《景宁畲族自治县农村生活污水治理县域规划》和《景宁畲族自治县深化"十村示范百村整治"工程全面推进农村生活污水治理三年行动计划》。通过邀标形式，择优选择了6家公司对景宁县2014年启动的100个行政村进行村点设计，6月已完成了85个行政村的设计。为了确保农村生活污水处理工程做一个成一个，选择了大均乡、澄照乡和景南乡开展试点工作，为全面推广积累经验。目前3个试点乡镇和5个连心工程建设村已经开工建设，其中金坵村的两个自然村和米岩山村施工已基本结束。同时，起草完成材料采购的公开招投标文件，待完成招标后，7月底将可全面启动施工。

景宁出台了《景宁畲族自治县农业面源污染治理实施方案》《景宁畲族自治县畜禽养殖禁养区限养区划分方案》和《景宁畲族自治县开展养殖污染整治的若干意见》。组织各乡镇街道按照"三个一律"的要求，拉网排查辖区内畜禽养殖污染情况的调查摸底，明确景宁畜禽养殖污染整治任务为搬迁或关闭禁养区域内 70 个小规模养殖场（户），以及 27 个规模养殖场进行排泄物综合利用改造。2014 年计划建设的 10 个乡镇病死动物无害化处理池基本落实了土地，7 月开工建设。同时，推广实施测土配方施肥 4 万亩、推广有机肥 1200 吨、推广病虫害统防统治 5000 亩、完成化肥农药减量控害 5000 亩。

（二）立足县情，"治水"自选动作有亮点

景宁于 2011 年 4 月开始实施农村生活垃圾集中处理工程，工程的市场化运作模式 2014 年获得丽水市新农村建设体制机制创新奖。这一年开展农村生活垃圾集中处理工程，是在基本保留市场化运作模式的基础上，以强化乡镇责任主体地位为核心，努力提升工程效益。相较上一轮垃圾收集清运工程，有如下新特点：强化政府公共服务职能，由原来每年投入 700 万元增至每年 1100 万元，强化政府农村保洁公共服务职能；明确管理主体，按照属地管理的原则由乡镇采取竞争择优方式落实保洁队伍，并负责本收集区域垃圾收集处理的组织、实施、监督、考核工作；实行清扫与清运分离，清扫工作的经费、人员由乡镇统一监督管理，清运工作则由清运队伍承包，实行市场化运作；强化扩面提质，将自然村以及流经村庄的河道纳入工程范围，按每村常住人口 20 元/人为标准计算，综合考虑河道保洁和乡镇（街道）大清扫费用、设备购置、保洁人员保险等开支，在落实经费的基础上提升乡镇自主管理积极性，确保工程质量。

景宁在理顺部门交叉重复的管理职能的基础上，落实责任，成立公安驻环保联合执法办公室，建立环保、公安联动执法机制，建立河流"警长制"，将河流分成 14 个河段（片区），确定了 6 个县级警长，14 个乡镇（街道）级警长，协助各"河长"做好河道水环境治理工作，强化对涉嫌环境违法犯罪行为的打击。严格水环境监管，严厉惩处污染直排、偷排漏排，违章搭建、私自占用河道、随意倾倒固体废物等环境违法行为，对水环境污染事件"零容忍"，成功处置群众反响强烈的浙江景宁金属科技有限公司环境安全隐患问题，2014 年 1—6 月，共出动环境监察人员 310 余人次，现场检查企业 117 次，立案查处企业 13 家，罚没款 41.8 万元，下发整改通知书 56 份，解决污染事故与污染纠纷调查处理信访件 30 件，结案率达 100%。对 6 月 29 日电视问政曝光的东坑镇两个区块企业连夜开展调查，并责令其停产进行整改。

开展"寻找黑河、臭河、垃圾河"电视公益活动，充分调动社会各界参与寻找"三河"，广泛开展"你寻找，我整治"、"你点评，我整改"、"我治理，你评议"等与广大人民群众互动的治理模式，监督"清三河"治理成效。组织了农村"好主妇"评选活动，充分发挥广大妇女群众"好母亲"、"好妻子"、"好女儿"的角色优势，鼓励妇女群众做治水的先行者、实践者、推动者。组建畲乡丽人志愿者、"青春治水"志愿服务队、"红领巾"志愿者服务队等志愿者队伍，景宁共计有志愿者2226人，先后开展志愿活动100余次。建立了跨行政区域的联防机制，毛垟乡、秋炉乡和庆元县左溪乡、张村乡4个乡镇签订了联防责任书，齐抓共管水源头治理。开展了第4个"生态环保宣传月"活动，在6月集中开展"监督员评环保"、"低碳生活，绿色出行"骑行活动、"环保杯"摄影大赛、全市书法家环保宣传活动等主题教育活动，不断提高公众关注环保、参与环保的热情和积极性。澄照乡政府组织开展"竞三美、赛治水"活动，将通过各村自查、片办初审、乡考核组评验等步骤竞争评选出3名"最美支书"、3个"最美村庄"、15名"最美媳妇"，充分营造各村各户比学赶超的良好氛围，巩固"消灭垃圾河行动"所取得的成效，全面建立农村"五水共治"的长效机制。

第四节　生态文明和生态旅游

随着经济的增长、科学技术的发展和社会的进步，在人们生活水平提高的同时，人们对回归自然、欣赏大自然美景、享受原野风光和自然地域文化的需求与日俱增；另一方面却面临着许多旅游区已不同程度地遭受到污染和破坏的被动局面，有些旅游区的环境和生态污染已经十分严重，影响了旅游业的进一步发展。因而，如何使旅游业的增长与环境保护协调发展，怎样既发展旅游业，又保护好大自然生态环境，既开发旅游资源又保证持续利用，诸如此类的问题迫切需要寻求新的解决方法和应对措施。因此，生态旅游这一内涵丰富的概念便应运而生了。

立足生态文明优势，践行"绿水青山就是金山银山"的发展理念，树立"景宁县就是一个大景区"的战略思想，将旅游业作为景宁经济发展的主导产业，以优越的生态优势和独特的民族风情构建景宁的生态文明，深入挖掘有鲜明地域性和丰富民族性的生态旅游业。

景宁县委、县政府意识到景宁虽然经济欠发达，但山水风光旖旎，民族风情浓郁，集民俗与生态于一体的自然禀赋，拥有着发展旅游的绝佳优势和巨大潜力。据统计，景宁游客接待量由 1998 年的 2 万人次增长到 2013 年的 432.82 万人次，增长了 216 倍；旅游总收入从 1998 年的 700 万元增加到 2013 年的 18.26 亿元，增长了 260 倍。"十一五"期间，全县游客接待量由 2005 年的 45 万人次增长到 2010 年的 175 万人次，增长了 2.9 倍；旅游总收入从 2005 年的 1.8 亿元增加到 2010 年的 7.3 亿元，增长了 3.05 倍。"十二五"以来，全县游客接待量由 2010 年的 175 万人次增长到 2013 年的 432.82 万人次，增长了 2.5 倍；旅游总收入从 2006 年的 2.03 亿元增加到 2010 年的 7.35 亿元，增长了 3.7 倍。从上述数据统计来看，旅游经济指标对景宁经济社会发展贡献逐年提高，高于其他产业的增长速度，旅游业作为景宁经济发展的主导产业，其促进经济社会发展的作用日益凸显。

一　生态旅游的产品打造

1998 年旅游局成立以来，浙江省委、省政府十分关心景宁旅游产业的发展。每年下达旅游补助及贴息专项资金用于旅游公共服务基础设施建设、旅游综合改革和旅游业转型升级、旅游重大建设项目贷款贴息等方面支出。县政府高度重视旅游，社会各界密切关注旅游，相关部门大力支持旅游，各大企业积极参与，进一步浓厚合力兴旅氛围，形成了良好的旅游发展态势。景宁于 2006 年、2011 年、2013 年分别组织召开了全县旅游大会，2013 年出台了《关于加快发展旅游业的若干意见》《关于推进新景区全域化发展的若干意见》等相关旅游政策，旅游发展专项资金从原来的 150 万元提高到现在的 3000 万元，并根据需要逐年增加。先后协调成立了县旅游发展委员会、县旅游开发有限公司，新设大漈省级风景名胜区管委会、望东垟高山湿地自然保护区管理局，理顺了旅游开发体制，实现政企分离，盘活了旅游发展资金和旅游资源资产。进一步加强旅游业的开发和管理，提升旅游品质，为景宁的旅游产业在激烈的行业竞争中搭建起有利的发展平台。

景宁在发展生态旅游的过程中，坚持规划先行的科学发展战略，紧紧围绕"建设大景区"的理念，以总规划指导各个旅游专项规划编制和实施，确保旅游发展科学有序推行。1998 年以来，先后编制了《景宁畲族自治县旅游发展总体规划》《景宁畲族自治县旅游业"十一五"发展规划》《景宁畲族自治县旅游业"十二五"发展规划》《景宁畲族自治县旅游目的地规划》等一批引领景宁旅游发展规划，以及编制了《景宁畲族风情省级旅游度假区总体规划》《景宁乡村休闲旅游发展规划》等 20 余个旅游专项规划。从战略实施、发展理念等方面明晰景宁旅游产业发展的规划定位，树立"景宁县就是一个大景区"的理念，形成以"一环两沿三区"为基本框架的县域大景区，以环敕木山畲族风情旅游度假区为主要内容的畲族风情区，形成沿景泰公路以云中大漈、上标湖为中心的生态度假区，形成沿千峡湖以溪湖区水上项目和九龙省级地质公园为中心的千峡湖休闲区。

力争建成以畲族风情旅游度假区为核心的民族风情圈，以千峡湖为主线的生态休闲圈，以美丽乡村为支撑的乡村旅游圈。

二　提升旅游产业的整体品质

为了提升景宁旅游业的整体品质，设计优质的旅游项目，优化基础设施，提高从业人员的素质。2009—2014 年，总投资达 20 亿元，打造高等级景区和基础设施建设。2009 年，投资 3000 多万元，建设以畲族文化为核心内容的"中国畲乡之窗"国家 4A 级旅游景区。2010 年，投资 4000 万元，建设云中大漈国家 4A 级旅游景区。投资 2.38 亿元建设侨资项目——西汇民族风情度假村和五星级度假酒店。2011 年启动拟投资 40 多亿元的景宁畲乡风情省级旅游度假区前期工作，2012 年获省政府批准成立。此外，还完成九龙省级地质公园一期项目工程，完成炉西峡通景区公路（门潭—林圩段）路基和林圩地块防洪堤建设，实施望东垟通往景区的公路及接待设施的建设、畲乡大酒店创四星改造工作和鹤溪大酒店创建工作。目前，景宁已建成国家 4A 级景区 2 个，国家 3A 级景区 1 个，省级旅游度假区、省级风景名胜区、省级森林公园、省级地质公园、省级湿地自然保护区、省级旅游强镇各 1 个，省级非遗旅游景区 2 个，省级旅游特色村 5 个，省级农家乐特色村 3 个，市级农家乐特色村 3 个，星级酒店 5 家（四星级 1 家、三星级 1 家、二星级 3 家），旅行社 6 家，星级农家乐 213 家。2009 年以来，每年组织 50 余名领导干部参加省旅游局为景宁举办的乡村旅游高级研讨班，定期举办农家乐、乡村旅游、景区导游等培训。每年累计培训旅游管理和服务人员不少于 2000 人次，到 2013 年年底，旅游从业人员有 6000 余人。景宁按照"吃住行游购娱"等旅游六要素，开展旅游标准化体系建设，制定 31 个单项标准，成为 2012 年首批省级旅游服务标准化试点县。逐步显示旅游产业良好发展态势，为推进新一轮旅游业发展奠定了良好基础。

文化是旅游的灵魂，旅游是文化发展的重要途径。"十二五"时期，文化产业作为"国民经济支柱性产业"，与同样作为"战略性支柱产业"的旅游业融合发展，其中，文化旅游产业是挖掘地方文化、完善旅游产业、促进经济结构调整、撬动地方经济腾飞的重要发展方向。景宁在为人文旅游资源做旅游规划时，将当地的文化和现代的休闲形式有效的结合起来，打造高端文化休闲旅游。

2009 年以来，景宁先后被中华文化促进会旅游文化研究中心、中国国际旅游文化研究办授予"中国最佳民族风情旅游名县"、"中国国际旅游文化目的地"、"中国民间文化艺术之乡"、"中华最佳文化休闲旅游胜地"、"长三角最佳旅游城市"等一系列荣誉称号。自 2007 年开始连续举办七年的"中国畲乡三月三"重大节庆活动，先后举办了"神奇畲乡·幸福之旅"旅游推介会暨合作签约仪式、民俗风情一条街、"游云中大漈·品千古风情"、"乌饭节·团圆宴"、"云中大漈·传奇非遗"、"多彩畲歌·幸福之旅"、"民族团结林"等主题活动，活动精彩纷呈，特色鲜明，赢得社会各界人士和海内外媒体的热切关注，有效提升了畲乡景宁旅游整体形象和影响力。大型畲族风情舞蹈诗《千年山哈》在北京、杭州等地成功演出，荣获第四届全国少数民族文艺汇演金奖和浙江省"五个一工程"奖，进一步打响了"中国畲乡"品牌形象。每年积极组织参加北京、江苏、台湾、上海、湖南等地旅交会及国内国际旅交会、国际旅游商品博览会等各类旅交会和推介会。独具特色的畲乡风情旅游受到各地旅行社、游客的宠爱和好评。充分利用电视、报纸、广播、网络、户外、宣传册等不同媒介，注重各媒体间的配合和深化，立体式进行宣传，取得良好成效。2011—2013 年每年投入 500 余万元，2014 年投入 800 万元，在央视《朝闻天下》栏目，浙江科技频道、浙江民生休闲频道、丽水电视台、浙江交通之声、上海第一财经广播、《青年时讯》动车报、江南游报等主流媒体进行强有力的旅游形象推介；加强旅游宣传品的开发和旅游宣传网络的完善，编制了旅游指南、旅游地图、旅游小册、光碟等旅游外宣品；创建畲乡旅游网、创国家 4A 级景区网站等，与各大知名网站链接；

在杭州、上海、温州设立景宁旅游联络办事处，全方位组合营销提升景宁旅游知名度。

三　问题与思考

（一）旅游产业发展的整体水平不高，停留在山水观光旅游层次，缺乏旅游产品的综合效应

亟须依托《千年山哈》和"中国畲乡三月三"等品牌，以精品展示，培育多品质、多特色、多层次的乡村文化旅游节庆活动，建设畲族文化总部。融入文化、生态、农业、林业等产业，向文化体验、休闲度假、健康养生游转变。

（二）市场化运作程度低，旅游投资开发主体单一，投资开发模式相对落后

亟须资质高、实力强的大型旅游企业或者旅游企业集团开发特色精品项目和拉动力强的精品畲乡旅游资源，配套齐全的"吃住行游购娱"旅游六要素。推进旅游与养生养老融合，养身、养心、养颜、养老、休闲为一体的畲乡风情养生度假基地。

（三）旅游管理和服务水平不高，高级旅游开发和管理人才尤其匮乏

亟须旅游专业人才培养，引进和培养旅游经营管理和从业人员。加快推进畲乡旅游发展的步伐，让畲乡的旅游业成为全国生态和民族特色旅游示范县。

生态公益林建设与保护为生态旅游业的发展创造了条件，景宁县森林旅游业、"农家乐"等得到快速发展，农村公共福利得到不断改善。21世纪以来，相继出现了草鱼塘森林公园、上山头千亩猴头杜鹃林、望东垟高山湿地、飞云峡原始生态区等森林旅游景点；同时，草鱼塘清风湖度假山庄、双后岗农家乐、伏叶农家乐等一批知名"农家乐"如雨后春笋般涌现。

关键词索引

后　记

　　国家社科基金委托项目"二十一世纪初少数民族经济社会发展综合调查"（批准文号 13@ZH001）子课题"二十一世纪初畲族经济与社会发展综合调查"于 2014 年 4 月初正式启动。课题组选择了浙江省景宁畲族自治县与福建省宁德市作为两个调查点，因为景宁是我国唯一的畲族自治县，而宁德是我国畲族人口比例最高，保留畲族文化特点丰富、明显的设区市。由于民族自治地方与散杂居地区的区别，我们采取了不同的调查内容与方式，完成了《中国民族地区经济社会调查报告·景宁畲族自治县卷》和《中国民族地区经济社会调查报告·宁德畲族聚居区卷》两部著作。

　　《中国民族地区经济社会调查报告·景宁畲族自治县卷》的编写得到了景宁畲族自治县委、县政府的高度重视和倾力支持。在景宁县委宣传部的牵头下，组织了 36 个相关乡、镇、街道、县直机关等单位的 46 位人员组成丛书编委，作了前期的资料收集、整理、汇总工作，为书稿的完成奠定了坚实的基础。课题组组长陈建樾，成员马骍、蓝炯熹根据景宁畲族自治县的相关资料编写了全书的结构章节，并于 2014 年 5 月 30 日召开了编写人员工作会议，有关人员按照编写任务和要求，积极开展调查研究和编写的相关工作。期间先后召开了 6 次修改工作会议，还组织了全体人员进行了一次全封闭的、全面而细致的修改工作。在编写组全体成员的共同努力下，书稿于 2014 年 12 月中旬完成。12 月 20 日召开审稿会，国家民委研究室副主任李红杰，福建省民宗厅副厅长蓝秀珍，厦门大学人类学与民族学系教授、博导郭志超，厦门大学人类学研究中心主任、教授、博导石奕龙，丽水学院民族学院党委书记兰俏梅，中国社科院民族学与人类学研究所"大调查"办公室孙懿，中共景宁畲族自治县委原常委、宣传部长潘晓泉，景宁畲族自治县人民政府副县长童巧隽，中共景宁畲族自治县委宣传部副部长吴如峰，景宁畲族自治县财政局主任科员、县政协原秘书长吴建强等领导和专家参与评审。与会人员对本卷提出了相关修改意见，编写组根据相关意见再次进行了修改，形成此稿。

　　本书主编陈建樾，副主编马骍、蓝炯熹。参加编写的人员：马骍（绪论）、张思富（第一章）、叶巍娥（第二章）、陈锋（第三章）、高树文（第四章）、林伟（第五章）、练俊超（第六章）、潘璇（第七章）、雷依林（第八章）、徐黎斌（第九章）、陈英（第十章）。陈建樾、马骍、蓝炯熹、刘建雄、吴建强，任利锋（第一至四章），王增乐（第五至七章），翁晓华（第八至十章）对全书或部分章节进行了统稿。

"二十一世纪初畲族经济与社会发展综合调查"课题组

2015 年 5 月